KOMPENDIEN DER SOZIALEN ARBEIT

Sie arbeiten sich in ein neues Sachgebiet ein und benötigen rasch zuverlässige und umfassende Informationen? Sie möchten die wesentlichen Fakten zu Konzepten, Fällen, Arbeitsfeldern und Anwendungsgebieten der Sozialen Arbeit wissen, Good Practice-Beispiele kennenlernen und Handlungsempfehlungen für die Praxis erhalten? In der Reihe erscheinen Werke mit direktem Praxisbezug. Die Bände richten sich an Professionals, Berufseinsteiger:innen und -umsteiger:innen sowie an Studierende, gerade auch mit Blick auf Praxissemester und Anerkennungsjahr.

Mirko Eikötter | Burkhard Küstermann

Existenzsicherungsrecht für die Soziale Arbeit

Onlineversion
Nomos eLibrary

Die Deutsche Nationalbibliothek verzeichnet diese Publikation in
der Deutschen Nationalbibliografie; detaillierte bibliografische
Daten sind im Internet über http://dnb.d-nb.de abrufbar.

ISBN 978-3-7560-0412-6 (Print)
ISBN 978-3-7489-3663-3 (ePDF)

1. Auflage 2024
© Nomos Verlagsgesellschaft, Baden-Baden 2024. Gesamtverantwortung für Druck
und Herstellung bei der Nomos Verlagsgesellschaft mbH & Co. KG. Alle Rechte, auch
die des Nachdrucks von Auszügen, der fotomechanischen Wiedergabe und der Übersetzung, vorbehalten. Gedruckt auf alterungsbeständigem Papier.

Vorwort

Das Existenzsicherungsrecht des SGB II und SGB XII ist Gegenstand wohl eines jeden Studiums der Sozialen Arbeit. Gleichzeitig haben viele Studierende dieses Studiengangs besonderen Respekt vor rechtlichen Fragestellungen. Die abstrakt formulierten Gesetze erscheinen mitunter als starr und nur schwer verständlich. Zudem werden rechtliche Normen häufig als hinderlich angesehen bei dem Wunsch, sich mit anderen und für andere Menschen zu engagieren.

Das vorliegende Buch möchte einen möglichst grundlegenden und leichten Zugang zum Existenzsicherungsrecht schaffen. Die Autoren haben das Vertrauen, dass es den Studierenden und auch Berufstätigen im Bereich der Grundsicherung mit seiner Hilfe gelingen kann, sich eigenständig dieses Rechtsgebiet zu erschließen. Sie sind zuversichtlich, dass das Wissen, was die Studierenden in ihrem bisherigen Lebensalltag und die Berufstätigen in ihrem beruflichen Kontext erworben haben, einen guten und hilfreichen Ausgangspunkt bildet, um sich die gesetzlichen Grundlagen zu erarbeiten.

Gleichzeitig werden die Lesenden bei der Lektüre nicht allein gelassen. Der für eine Hochschule typische Austausch zwischen Lehrenden und Studierenden spiegelt sich auch im Rahmen dieses Buches wider: Die Leserinnen und Leser werden immer wieder angesprochen und dazu aufgefordert, sich zu konkreten Fragestellungen zu positionieren. Dies ermöglicht die Selbstreflexion sowie die Vergewisserung, die behandelte Thematik verstanden zu haben.

Im beruflichen Alltag wollen Sozialarbeiterinnen und Sozialarbeiter ihre Klientinnen und Klienten dabei unterstützen, eigene Rechte zu erkennen, geltend zu machen und durchzusetzen. Um nach Möglichkeit auch bereits im Studium einen Praxisbezug herzustellen, arbeitet das Buch daher mit Fällen, anhand derer das juristische Denken erlernt und erprobt werden kann.

Zum 01. Januar 2023 bzw. 01. Juli 2023 ist die Grundsicherung für Arbeitsuchende grundlegend reformiert worden (Artikel 1 des Gesetzes vom 16. Dezember 2022, BGBl. I S. 2328). Das Bürgergeld hat das Arbeitslosengeld II und Sozialgeld als Leistung zur finanziellen Existenzsicherung ersetzt. Diese Gesetzesänderung bildete den äußerlichen Anlass, sich erneut grundlegend mit der Thematik zu befassen und sie für die Studierenden in zugänglicher Art und Weise aufzubereiten.

Ein besonderer Dank gilt Frau Professorin Silvia Pöld-Krämer, deren Seminarunterlagen als zentraler Ausgangspunkt zur Entwicklung dieses Lehrbuchs dienten. Ein Dank gilt zudem der studentischen Hilfskraft Cara Beste sowie Thomas Küstermann, die beide mit Sorgfalt das Buch Korrektur gelesen und hilfreiche Anregungen gegeben haben.

Burkhard Küstermann und Mirko Eikötter
Berlin und Mühldorf a. Inn im Frühling 2024

Inhalt

Vorwort	5
Abbildungsverzeichnis	13
Tabellenverzeichnis	14
Abkürzungsverzeichnis	15

I. Kapitel: Verfassungsrechtliche Grundlagen des Existenzsicherungsrechts — 17

1. Fall: Das sanktionsfreie Grundeinkommen — 17

I.1 Grundrecht auf Sicherung des soziokulturellen Existenzminimums — 17
    I.1.1 Leistungsrechte im Grundgesetz — 18
    I.1.2 Umfang des soziokulturellen Existenzminimums — 18
    I.1.3 Gestaltungsspielraum des Gesetzgebers — 19
I.2 Rechtfertigung der Verhängung von Sanktionen — 20
    I.2.1 Möglichkeit der Rechtfertigung — 20
    I.2.2 Prüfung des Grundsatzes der Verhältnismäßigkeit — 21
I.3 Verfassungsrechtliche Grundlagen in der Sozialhilfe — 24
I.4 Wiederholungsfragen — 24

II. Kapitel: Rechtsgrundlagen und Leistungssysteme der Grundsicherung — 25

II.1 Normenhierarchie im Bereich der finanziellen Sicherung — 25
    II.1.1 Normen auf Bundesebene — 26
    II.1.2 Normen auf Landes- und auf kommunaler Ebene — 28
II.2 Leistungssysteme der Grundsicherung — 28
    II.2.1 Einzelne vorrangige Leistungen — 29
    II.2.2 Grundsicherung für Arbeitsuchende und Sozialhilfe — 32

2. Fall: Anna und Tom, die hilfebedürftigen Eltern — 32

    II.2.3 Verhältnis der Leistungssysteme zueinander — 35
II.3 Wiederholungsfall — 39
II.4 Wiederholungsfragen — 40

III. Kapitel: Zuständigkeit und Verfahren — 41

3. Fall: Die neugierige Behörde — 41

III.1 Zuständigkeit — 41
    III.1.1 Sachliche Zuständigkeit, § 6 SGB II — 42
    III.1.2 Örtliche Zuständigkeit, § 36 SGB II — 43
III.2 Antrag, § 37 SGB II — 45
    III.2.1 Form des Antrags, § 9 SGB X — 45
    III.2.2 Behörde der Antragsstellung, § 16 SGB I — 46
    III.2.3 Wirkung des Antrags, § 37 SGB II — 47
III.3 Verfahren — 48
    III.3.1 Untersuchungsgrundsatz, § 20 SGB X — 48
    III.3.2 Mitwirkungspflicht, § 60 SGB I — 48
III.4 Bewilligungszeitraum, § 41 Abs. 3 SGB II — 50

III.5		Zuständigkeit und Verfahren in der Sozialhilfe	50
	III.5.1	Sachliche Zuständigkeit	50
	III.5.2	Örtliche Zuständigkeit	51
	III.5.3	Antrag, Verfahren und Bewilligungszeitraum	52
III.6		Wiederholungsfälle	53
III.7		Wiederholungsfragen	53

IV. Kapitel: Anspruchsvoraussetzungen — 55

4. Fall: Familie Noelle in Nöten — 55

IV.1		Leistungsberechtigung – erwerbsfähige Leistungsberechtigte, § 7 Abs. 1 SGB II	55
	IV.1.1	Alter	56
	IV.1.2	Erwerbsfähigkeit, § 8 SGB II	56
	IV.1.3	Hilfebedürftigkeit, § 9 SGB II	59
	IV.1.4	Gewöhnlicher Aufenthalt	61
	IV.1.5	Zum Fall: Max Noelle ein erwerbsfähiger Leistungsberechtigter?	61
IV.2		Leistungsberechtigung – nicht erwerbsfähige Leistungsberechtigte	63
IV.3		Leistungsausschlüsse	64
	IV.3.1	Leistungsausschluss für Ausländer, § 7 Abs. 1 Satz 2 SGB II	64
	IV.3.2	Leistungsausschluss wegen fehlender Erreichbarkeit, § 7 Abs. 4 und § 7b SGB II	64
	IV.3.3	Leistungsausschluss für Auszubildende, § 7 Abs. 5 SGB II	67
IV.4		Anspruchsberechtigung in der Sozialhilfe	68
	IV.4.1	Grundsicherung im Alter und bei Erwerbsminderung	69
	IV.4.2	Hilfe zum Lebensunterhalt	70
	IV.4.3	Zusammenfassung	71
IV.5		Wiederholungsfälle	72
IV.6		Wiederholungsfragen	73

V. Kapitel: Gemeinschaften — 75

5. Fall: Familie Noelle als Gemeinschaft — 75

V.1		Bedarfsgemeinschaft, § 7 Abs. 3 SGB II	76
	V.1.1	Grundlagen	76
	V.1.2	Konstellationen	76
	V.1.3	Konsequenzen der Bedarfsgemeinschaft	88
V.2		Haushaltsgemeinschaft in Abgrenzung zur Bedarfsgemeinschaft, § 9 Abs. 5 SGB II	92
V.3		Wohngemeinschaft	94
V.4		Gemeinschaften in der Sozialhilfe	94
	V.4.1	Einsatzgemeinschaft	96
	V.4.2	Haushaltsgemeinschaft	97
V.5		Gemischte Bedarfsgemeinschaft	98
V.6		Wiederholungsfälle	99
V.7		Wiederholungsfragen	101

VI. Kapitel: Regelbedarf und Mehrbedarf 103

6. Fall: Familie Noelles Regel- und Mehrbedarf 103

VI.1	Grundlagen	103
	VI.1.1 Berechnung der Hilfebedürftigkeit	104
	VI.1.2 Bürgergeld und Bürgergeld für nichterwerbsfähige Leistungsberechtigte	106
VI.2	Regelbedarf	107
	VI.2.1 Berechnung des Regelbedarfs	108
	VI.2.2 Konkretisierung der Leistungsinhalte	109
	VI.2.3 Regelbedarfsstufen	111
VI.3	Mehrbedarf, § 21 SGB II	114
	VI.3.1 Pauschalierte Mehrbedarfe	115
	VI.3.2 Mehrbedarf in Höhe der tatsächlichen Kosten	118
VI.4	Regelbedarf und Mehrbedarf in der Sozialhilfe	121
	VI.4.1 Regelbedarf	121
	VI.4.2 Mehrbedarf	122
VI.5	Wiederholungsfälle	123
VI.6	Wiederholungsfragen	124

VII. Kapitel: Kosten der Unterkunft und Heizung 125

7. Fall: Familie Noelle und ihre Unterkunft 125

VII.1	Systematischer Überblick	125
	VII.1.1 Verfassungsrechtlicher Hintergrund	125
	VII.1.2 Zuständigkeit	126
	VII.1.3 Art und Höhe der Leistung	126
VII.2	Klärung der Begriffe	128
	VII.2.1 Unterkunft	128
	VII.2.2 Kosten	129
	VII.2.3 Tatsächliche Kosten der Unterkunft	130
VII.3	Karenzzeit	131
VII.4	Angemessene Aufwendungen	132
	VII.4.1 Angemessene Wohnraumgröße	133
	VII.4.2 Angemessener Wohnstandard	134
	VII.4.3 Angemessene Referenzmiete (schlüssiges Konzept)	134
	VII.4.4 Konkrete Angemessenheitsprüfung	136
VII.5	Wohnungswechsel	137

8. Fall: Familie Noelle trennt sich 137

	VII.5.1 Umzug im Vergleichsraum, § 22 Abs. 1 Satz 6 SGB II	139
	VII.5.2 Umzug in einen anderen Vergleichsraum, § 22 Abs. 4 und 6 SGB II	141
	VII.5.3 Sonderfall bei Personen unter 25 (U25)	145
VII.6	Rück- und Direktzahlungen	149
	VII.6.1 Rückzahlungen, § 22 Abs. 3 SGB II	149
	VII.6.2 Direktzahlungen, § 22 Abs. 7 SGB II	149
	VII.6.3 Schuldenübernahme, § 22 Abs. 8 SGB II	150
VII.7	Kosten der Unterkunft in der Sozialhilfe	151

Inhalt

	VII.7.1	Besondere Wohnkonstellationen	151
	VII.7.2	Schuldübernahme	153
VII.8	Exkurs: Bundesmittel für KdU		153
VII.9	Wiederholungsfälle		154
VII.10	Wiederholungsfragen		154

VIII. Kapitel: Abweichender Bedarf und weitere Leistungen sowie Leistungen für Bildung und Teilhabe   157

9. Fall: Familie Noelle und der kaputte Kühlschrank   157

VIII.1	Abweichende Erbringung von Leistungen		157
	VIII.1.1	Darlehen, § 24 Abs. 1 SGB II	157
	VIII.1.2	Gesonderte Leistungen, § 24 Abs. 3 SGB II	162
	VIII.1.3	Darlehen und einmalige Bedarfe in der Sozialhilfe	164
VIII.2	Leistungen für Auszubildende, § 27 SGB II		165
VIII.3	Leistungen für Bildung und Teilhabe, § 28 SGB II		166
VIII.4	Sofortzuschlag		167
VIII.5	Wiederholungsfälle		168
VIII.6	Wiederholungsfragen		169

IX. Kapitel: Sicherung im Krankheits- und Pflegefall   171

10. Fall: Familie Noelle sorgt sich um die Krankenversicherung   171

IX.1	Sicherung im Krankheitsfall im Bereich der Grundsicherung für Arbeitsuchende		171
	IX.1.1	Gesetzliche Krankenversicherung (GKV) und private Krankenversicherung (PKV)	171
	IX.1.2	Mitgliedschaft in der Gesetzlichen Krankenversicherung	172
	IX.1.3	Beitragszahlungen, Leistungen, Zuzahlungen	174
	IX.1.4	Zuschüsse zur privaten Krankenversicherung	175
IX.2	Sicherung im Krankheitsfall in der Sozialhilfe		176
	IX.2.1	Übernahme der Krankenbehandlung für nicht Versicherungspflichtige	176
	IX.2.2	Zuschüsse zur privaten Krankenversicherung	176
	IX.2.3	Hilfe zur Gesundheit	176
	IX.2.4	Hilfe zur Pflege	178
IX.3	Wiederholungsfälle		184
IX.4	Wiederholungsfragen		185

X. Kapitel: Anrechnung von Einkommen und Vermögen   187

11. Fall: Die Eheleute Noelle gehen arbeiten   187

X.1	Grundlagen		188
	X.1.1	Abgrenzung von Einkommen und Vermögen	188
	X.1.2	Reihenfolge der Bedarfsdeckung bei vorhandenen Mitteln, § 19 Abs. 3 SGB II	191

X.2	Einkommen		191
	X.2.1	Nicht zu berücksichtigendes Einkommen, § 11a	192
	X.2.2	Zu berücksichtigendes Einkommen, § 11 SGB II	197
	X.2.3	Anrechnung von Einkommen	200
	X.2.4	Einkommensanrechnung in der Sozialhilfe	207
	X.2.5	Wiederholungsfall	210
	X.2.6	Wiederholungsfragen	210
X.3	Vermögen		210
	X.3.1	Verwertbare Vermögensgegenstände	210
	X.3.2	Nicht zu berücksichtigendes Vermögen, § 12 Abs. 1 Satz 2 SGB II	212
	X.3.3	Karenzzeit	215
	X.3.4	Ansatz des Vermögens	215
	X.3.5	Freibetrag, 12 Abs. 2 SGB II	216
	X.3.6	Vermögen in der Sozialhilfe	217
	X.3.7	Wiederholungsfall	218
	X.3.8	Wiederholungsfragen	218

XI. Kapitel: Leistungskürzungen und Verpflichtungen Anderer   219

12. Fall: Herr Noelle und der Terminstress   219

XI.1	Sanktionen im SGB II		219
	XI.1.1	Subjektiv vorwerfbares Fehlverhalten	221
	XI.1.2	Rechtsfolgenbelehrung	225
	XI.1.3	Fehlen eines wichtigen Grundes	225
	XI.1.4	Anhörung	226
	XI.1.5	Höhe, Dauer und Rechtsschutz	227
XI.2	Verpflichtungen Anderer: Übergang von Ansprüchen		230
XI.3	Blick in die Sozialhilfe		231
	XI.3.1	Einschränkung der Leistung	231
	XI.3.2	Verpflichtungen anderer im SGB XII	232
XI.4	Wiederholungsfall		233
XI.5	Wiederholungsfragen		233

XII. Kapitel: Leistungen für Personen in besonders schwierigen Lebenssituationen   235

XII.1	Hilfe zur Überwindung besonderer sozialer Schwierigkeiten		235
	XII.1.1	Leistungsvoraussetzungen	235
	XII.1.2	Rechtsfolge	238
XII.2	Hilfe in anderen Lebenslagen		239
	XII.2.1	Hilfe zur Weiterführung des Haushalts	239
	XII.2.2	Altenhilfe	240
	XII.2.3	Blindenhilfe	242
	XII.2.4	Hilfe in sonstigen Lebenslagen	244
	XII.2.5	Bestattungskosten	244
XII.3	Wiederholungsfragen		245

XIII. Kapitel: Das vollständige Gutachten   247

XIII.1	Fall SGB II		247
XIII.2	Fall SGB XII		252
	XIII.2.1	Anspruch Manfred Paschulke (M)	252

	XIII.2.1	Anspruch Karin Paschulke (K)	254

XIV. Kapitel: Lösungen zu den Wiederholungsfällen 257

XIV.1	Lösungen zum 2. Kapitel	257
XIV.2	Lösungen zum 3. Kapitel	258
XIV.3	Lösungen zum 4. Kapitel	259
XIV.4	Lösungen zum 5. Kapitel	262
XIV.5	Lösungen zum 6. Kapitel	266
XIV.6	Lösungen zum 7. Kapitel	268
XIV.7	Lösungen zum 8. Kapitel	269
XIV.8	Lösungen zum 9. Kapitel	271
XIV.9	Lösungen zum 10. Kapitel (Einkommen)	275
XIV.10	Lösungen zum 10. Kapitel (Vermögen)	277
XIV.11	Lösungen zum 11. Kapitel	279

Literaturverzeichnis 281

Sachregister 285

Bereits erschienen in der Reihe KOMPENDIEN DER SOZIALEN ARBEIT 289

Abbildungsverzeichnis

Abbildung I.1:	Auswirkungen von Sanktionen auf die Existenzsicherung	20
Abbildung II.1:	Normenhierarchie im Bereich der Grundsicherung	25
Abbildung II.2:	Rangfolge der Leistungen zur Sicherung des Lebensunterhalts	37
Abbildung V.1:	Konsequenzen der Bedarfsgemeinschaft	88
Abbildung VI.1:	Berechnung des Anspruchs auf Grundsicherung	106
Abbildung VII.1:	Pauschaler Regelbedarf und angemessene Kosten der Unterkunft	127
Abbildung VII.2:	Tatsächliche und angemessen Kosten der Unterkunft	131
Abbildung VII.3:	Umzug ohne und mit Trägerwechsel	139
Abbildung VII.4:	Zusicherung der Übernahme der Wohnungsbeschaffungs- und Umzugskosten	143
Abbildung VII.5:	Zustimmung beim Umzug U25	148

Tabellenverzeichnis

Tabelle II.1:	Dauer des Anspruchs auf Arbeitslosengeld	29
Tabelle II.2:	Voraussetzungen der unterschiedlichen sozialen Grundsicherungssysteme im Vergleich	33
Tabelle V.1:	Bedarfsgemeinschaft – Einsatzgemeinschaft – Haushaltsgemeinschaft im Vergleich	95
Tabelle VI.1:	Zusammensetzung des Bürgergeld-Satzes für Alleinstehende in 2024	109
Tabelle VI.2:	Regelbedarfsstufen	113
Tabelle VI.3:	Übersicht zur Berechnung des Mehrbedarfs für Alleinerziehende	116
Tabelle VII.1:	Angemessene Wohnkosten	135
Tabelle VIII.1:	Verhältnis von § 21 Abs. 6 SGB II zu § 24 Abs. 1 SGB II	160
Tabelle IX.1:	Voraussetzungen der Hilfe zur Pflege	181
Tabelle IX.2:	Überblick Leistungsarten der Hilfe zur Pflege	182
Tabelle X.1:	Anrechnung von Einkommen	206
Tabelle XI.1:	Übersicht zur Höhe und Dauer der Sanktionen	229
Tabelle XII.1:	Voraussetzungen der Hilfe zur Überwindung besonderer sozialer Schwierigkeiten	238
Tabelle XII.2:	Höhe der Blindenhilfe (BMAS Stand Juli 2024)	243

Abkürzungsverzeichnis

Abs.	Absatz
Alg	Arbeitslosengeld
Az	Aktenzeichen
BAB	Berufsausbildungsbeihilfe
BAföG	Bundesausbildungsförderungsgesetz
BeckOS	Beck Online Sozialrecht
BerHG	Beratungshilfegesetz
BG	Bedarfsgemeinschaft
BMAS	Bundesministerium für Arbeit und Soziales
BMF	Bundesministerium der Finanzen
BSHG	Bundessozialhilfegesetz
BSG	Bundessozialgericht
Bürgergeld-V	Verordnung zur Berechnung von Einkommen sowie zur Nichtberücksichtigung von Einkommen und Vermögen beim Bürgergeld (Bürgergeld-Verordnung – Bürgergeld-V)
BVerfG	Bundesverfassungsgericht
eLB	erwerbsfähiger Leistungsberechtigter
EM	Erwerbsminderung
EU	Erwerbsunfähigkeit
gA	gewöhnlicher Aufenthalt
GG	Grundgesetz
GKV	Gesetzliche Krankenversicherung
GruSi	Grundsicherung
GruSi A	Grundsicherung für Arbeitsuchende (SGB II)
GruSi B	Grundsicherung im Alter und bei Erwerbsminderung (SGB XII, Viertes Kapitel, §§ 41 -45)
HzL	Hilfe zum Lebensunterhalt (SGB XII, 3. Kapitel, §§ 27-40)
i. S. d.	im Sinne des
i. V. m.	in Verbindung mit
Kap.	Kapitel
KdU	Kosten der Unterkunft
LPartG	Lebenspartnerschaftsgesetz
MuSchG	Mutterschutzgesetz
nF	neue Fassung
Nicht-eLB	nichterwerbsfähige Leistungsberechtigte
PKV	Private Krankenversicherung
RBEG	Regelbedarfsermittlungsgesetz
RBS	Regelbedarfsstufe
RDG	Rechtsdienstleistungsgesetz
SGB	Sozialgesetzbuch
SGG	Sozialgerichtsgesetz
z. B.	zum Beispiel

I. Kapitel: Verfassungsrechtliche Grundlagen des Existenzsicherungsrechts

1. Fall: Das sanktionsfreie Grundeinkommen

Frau Yilmaz ist Mitglied im Deutschen Bundestag. Seit langem begleitet sie die öffentlichen Diskussionen darüber, ob Sanktionen gegenüber Arbeitsuchenden verhängt werden dürfen. Sie ärgert sich sehr, dass es bis heute gesetzliche Bestimmungen gibt, wonach Arbeitsuchenden staatliche Leistungen gekürzt werden, wenn sie nicht aktiv daran mitwirken, ihre eigene Hilfebedürftigkeit zu überwinden. Die Regelungen sehen unter anderem vor, dass sich bei bestimmten mehrfachen Pflichtverletzungen das Bürgergeld für erwerbsfähige Leistungsberechtigte um 30 Prozent des maßgeblichen Regelbedarfs verringert (vgl. § 31a Abs. 1 Satz 3 i. V. m. § 20 SGB II)[1]. Die Dauer der Minderung ist nach der Anzahl der Pflichtverletzungen gestaffelt und beträgt im Fall einer mehrfachen Pflichtverletzung drei Monate (§ 31b Abs. 2 SGB II). Spätestens dann, wenn die erwerbsfähigen Leistungsberechtigten ihre Pflichten erfüllen, ist die Minderung aufzuheben (§ 31a Abs. 1 Satz 6 SGB II). Die Opposition im Bundestag möchte diese Bestimmung sogar noch verschärfen und für jeden Fall der Pflichtverletzung die Dauer der Kürzung auf drei Monate festlegen. Aus Sicht von Frau Yilmaz kann es nicht sein, dass der Gesetzgeber auch noch diejenigen schwächt, die ohnehin schon am Rande des Existenzminimums leben.

Frau Yilmaz bittet um Ihre Einschätzung, ob die gesetzlichen Bestimmungen zur Kürzung des Regelbedarfs um 30 % überhaupt rechtmäßig sind.

Im Jahr 2023 bezogen durchschnittlich 3,9 Mio. erwerbsfähige Personen[2] in Deutschland Bürgergeld nach dem SGB II (laut Statista Januar 2023). Im Jahr 2024 beträgt der Regelbedarf für eine alleinstehende Person 563 €. Werden diese Mittel um 30 % gekürzt, so stehen der hilfebedürftigen Person pro Monat 168,90 € weniger zur Verfügung. Das ist ein erheblicher Betrag. Die Frage nach der Rechtmäßigkeit einer entsprechenden Kürzung ist für die arbeitsuchende Person also von erheblicher Bedeutung.

Aber: Welcher rechtliche Maßstab ist eigentlich anzuwenden, um zu prüfen, ob eine Bestimmung des SGB II – die Bestimmung eines Bundesgesetzes – rechtmäßig ist?

I.1 Grundrecht auf Sicherung des soziokulturellen Existenzminimums

Sie wissen sicherlich bereits, dass über den Bundesgesetzen in der Normenhierarchie das Grundgesetz steht. Die Regelungen des SGB II zur Sanktionierung des Existenzminimums sind also nur dann rechtmäßig, wenn sie mit dem Grundgesetz als höherrangigem Gesetz zu vereinbaren sind. Das Grundgesetz bildet den Aus-

---

1 Vgl. Ausführlich zu den Voraussetzungen einer Sanktion Kap. XI.1.
2 Die Autoren sehen sich der Gleichberechtigung aller Menschen verpflichtet, unabhängig von deren biologischen Geschlecht, Gender, Herkunft, Religionszugehörigkeit, sexuellen Orientierung oder anderer Merkmale. Der besseren Lesbarkeit und Verständlichkeit halber verwenden wir dort, wo keine geschlechtsneutrale Formulierung möglich ist, in diesem Text das generische Maskulin.

gangspunkt bei der Fragestellung, welche Rechte finanziell bedürftigen Menschen zustehen.

I.1.1 Leistungsrechte im Grundgesetz

Zu Beginn des Grundgesetzes finden Sie die Grundrechte (Art. 1 – 19 GG). Diese beschreiben die wesentlichen Rechte, die den Mitgliedern einer Gesellschaft gegenüber dem Staat zustehen und eingeklagt werden können.

Wenn Sie die Artikel überfliegen, werden Sie feststellen, dass es sich bei den Grundrechten ganz überwiegend um *Freiheitsrechte* handelt.[3] Wenn der Staat in ein Grundrecht eingreift, ohne hierfür die erforderliche Befugnis zu besitzen, können die Bürgerinnen und Bürger den Eingriff unter Hinweis auf die ihnen zustehenden Freiheiten abwehren.

Hilfebedürftigen geht es aber regelmäßig nicht darum, staatliche Eingriffe in ihre Freiheiten abzuwehren. Im Gegenteil: Sie wollen, dass der Staat Ihnen gegenüber Leistungen erbringt. So wollen etwa Arbeitsuchende eine finanzielle staatliche Unterstützung, um ihren Lebensunterhalt bestreiten zu können. Solche *Leistungsrechte* finden sich im Grundgesetz nur sehr selten.

Eines der wenigen grundgesetzlichen Leistungsrechte kennen Sie vielleicht bereits aus der Veranstaltung zum Kinder- und Jugendhilferecht. Erinnern Sie sich noch daran, welches es war?[4]

Ein Grundrecht, das Hilfebedürftigen explizit ein *Leistungsrecht zur Sicherung einer menschenwürdigen Existenz* einräumt, findet sich im Grundgesetz nicht. Dem Bundesverfassungsgericht ist es jedoch gelungen, ein entsprechendes Recht aus der Zusammenschau zweier grundgesetzlicher Normen abzuleiten:

- Zunächst einmal ist es die Aufgabe des Staates, die unantastbare Würde des Menschen zu achten und zu schützen (Art. 1 Abs. 1 GG).
- Daraus abgeleitet erteilt das Sozialstaatsprinzip (Art. 20 Abs. 1 GG) „dem Gesetzgeber den Auftrag, jedem ein menschenwürdiges Existenzminimum zu sichern" (BVerfG, Urteil vom 9.2.2010 – 1 BvL 1/09, Rn. 133).

I.1.2 Umfang des soziokulturellen Existenzminimums

Das Bundesverfassungsgericht hat nicht nur festgestellt, dass es ein grundgesetzliches Recht des Einzelnen auf Sicherung eines menschenwürdigen Existenzminimums gibt (Art. 1 Abs. 1 GG i. V. m. Art. 20 Abs. 1 GG). Es hat sich auch mit der Frage auseinandergesetzt, wie dieses Recht inhaltlich zu füllen ist. Es hat überlegt, was ein Mensch alles benötigt, damit er menschenwürdig leben kann. Demnach gewährleistet das Leistungsrecht

---

[3] Z. B. das Recht auf freie Entfaltung der Persönlichkeit, Art. 2 Abs. 1 GG, die Glaubens- und Gewissensfreiheit, Art. 4 GG oder die Meinungsfreiheit, Art. 5 Abs. 1 und 2 GG.
[4] Art. 6 Abs. 4 GG bestimmt: Jede Mutter hat Anspruch auf den Schutz und die Fürsorge der Gemeinschaft. Zur Ausgestaltung dieses Grundrechtes gibt es z. B. das grundsätzliche Kündigungsverbot für (werdende) Mütter gem. § 17 MuSchG.

> „das gesamte Existenzminimum durch eine einheitliche grundrechtliche Garantie, die sowohl die physische Existenz des Menschen, also Nahrung, Kleidung, Hausrat, Unterkunft, Heizung, Hygiene und Gesundheit (...), als auch die Sicherung der Möglichkeit zur Pflege zwischenmenschlicher Beziehungen und zu einem Mindestmaß an Teilhabe am gesellschaftlichen, kulturellen und politischen Leben umfasst, denn der Mensch als Person existiert notwendig in sozialen Bezügen" (BVerfG, 9.2.2010 – 1 BvL 1/09, Rn. 135).

Das Bundesverfassungsgericht erkennt also zwei wesentliche Bereiche der menschlichen Existenz: die physische Existenz einerseits und die gesellschaftliche Teilhabe andererseits. Aus der Zusammenschau dieser beiden Bereiche ergibt sich der Anspruch auf Sicherung des *soziokulturellen Existenzminimums*.

Dieser Anspruch auf Sicherung des soziokulturellen Existenzminimums ist „dem Grunde nach *unverfügbar* und *muss eingelöst* werden" (BVerfG, vom 9.2.2010 – 1 BvL 1/09, Rn. 133). Der Einzelne kann auf seine Menschenwürde nicht verzichten, er kann nicht über sie verfügen. Daher muss er sich den Anspruch auf Sicherung seiner Existenz auch nicht erarbeiten. Er steht ihm kraft seines Menschseins zu.

I.1.3 Gestaltungsspielraum des Gesetzgebers

Die Menschenwürde (Art. 1 Abs. 1 GG) ist der eine Pfeiler, auf den sich das Bundesverfassungsgericht bei der Entwicklung des Rechts auf Sicherung des soziokulturellen Existenzminimums bezieht. Der andere Pfeiler ist das Sozialstaatsprinzip (Art. 20 Abs. 1 GG). Bei dem Sozialstaatsprinzip handelt es sich um eine *Staatszielbestimmung*.

Können Sie erklären, was unter dem Begriff „Staatszielbestimmung" zu verstehen ist?

Wie bereits das Wort selbst zum Ausdruck bringt, handelt es sich bei einem *Staatsziel* um die Definition eines Ziels, das der Staat – hier also die Bundesrepublik Deutschland – erreichen möchte. Deutschland gibt sich selbst die Aufgabe, ein sozialer Staat zu sein. Was genau unter dem Begriff „sozial" zu verstehen ist, erläutert das Grundgesetz nicht (vgl. z. B. Dürig et.al/Grzeszick 2024: Art. 20 GG, Rn. 17-21). Es ist vielmehr die Aufgabe des Gesetzgebers (Bundestag und Bundesrat) zu überlegen, welche Maßnahmen es zur Erreichung dieses Staatsziels benötigt. Der Gesetzgeber hat insofern einen *Handlungsauftrag*. Daher hat auch das Bundesverfassungsgericht ausgeführt, dass das Grundrecht auf Gewährleistung des soziokulturellen Existenzminimums

> „der Konkretisierung und stetigen Aktualisierung durch den Gesetzgeber (bedarf), der die zu erbringenden Leistungen an dem jeweiligen Entwicklungsstand des Gemeinwesens und den bestehenden Lebensbedingungen auszurichten hat. Dabei steht ihm ein Gestaltungsspielraum zu" (BVerfG, vom 9.2.2010 – 1 BvL 1/09, 2. Leitsatz).

I. Kapitel: Verfassungsrechtliche Grundlagen des Existenzsicherungsrechts

Wenn der Gesetzgeber einen *Gestaltungsspielraum* hat, wie er das soziokulturelle Existenzminimum des Einzelnen gewährleisten möchte, dann ist die Gewährung einer „Grundsicherung für Arbeitsuchende" nur eine von mehreren Möglichkeiten, die ihm hierfür zur Verfügung steht.

Versuchen Sie einmal Ideen zu entwickeln, welche Leistungen der Gesetzgeber anstelle von Bürgergeld erbringen könnte, um das Existenzminimum von Arbeitsuchenden zu sichern.[5]

Zum Fall:

Die Verhängung einer Sanktion gegenüber Arbeitsuchenden hat unmittelbar Auswirkungen auf das Recht des Einzelnen zur Sicherung seiner menschenwürdigen Existenz. Es stellt sich daher die Frage, ob eine entsprechende Ausgestaltung verfassungsrechtlich gerechtfertigt werden kann.

I.2 Rechtfertigung der Verhängung von Sanktionen

I.2.1 Möglichkeit der Rechtfertigung

Es ist umstritten, ob eine Kürzung der Grundsicherung für Arbeitsuchende vor dem Hintergrund des Grundrechts auf Sicherung des soziokulturellen Existenzminimums überhaupt gerechtfertigt werden kann:

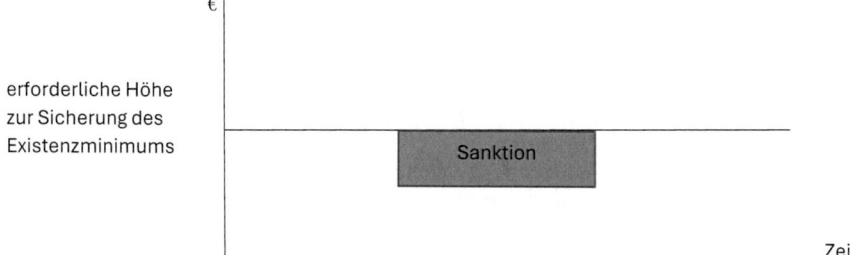

Abbildung I.1: Auswirkungen von Sanktionen auf die Existenzsicherung

Wenn das Grundgesetz den Staat dazu verpflichtet, das Existenzminimum eines jeden Einzelnen zu sichern und die Höhe der gewährten Leistung der erforderlichen Grundsicherung entspricht, dann bedeutet die Verhängung einer Sanktion stets, dass der Einzelne weniger Mittel zur Verfügung hat, als er zur Sicherung seiner Existenz benötigt. Dann liegt der Schluss nahe, dass die Verhängung einer Sanktion – unabhängig von der Höhe – nicht mit dem Grundgesetz vereinbart werden kann (vgl. zu der Thematik z. B. Eikötter 2013).

Diese Argumentation legt das Bundesverfassungsgericht bei seinen Erwägungen allerdings nicht zugrunde. Das Gericht sieht es vielmehr als möglich an, „die

---

[5] Nur um einmal die gedankliche Bandbreite aufzuzeigen: Der Gesetzgeber könnte sowohl über die Gewährung eines bedingungslosen Grundeinkommens nachdenken wie auch über den gesetzlichen Anspruch auf einen Arbeitsplatz.

Inanspruchnahme sozialer Leistungen zur Sicherung der menschenwürdigen Existenz an den *Nachranggrundsatz* zu binden, also nur dann zur Verfügung zu stellen, wenn Menschen ihre Existenz nicht vorrangig selbst sichern können" (BVerfG vom 5.11.2019 – 1 BvL 7/16 – Rn. 123). Das Sozialstaatsprinzip als Handlungsauftrag an den Gesetzgeber ermögliche grundsätzlich eine entsprechende Ausgestaltung. Hierdurch werde sichergestellt, dass „Mittel der Allgemeinheit, die zur Hilfe für deren bedürftige Mitglieder bestimmt sind, nur in Fällen in Anspruch genommen werden, in denen wirkliche Bedürftigkeit vorliegt" (BVerfG vom 5.11.2019 – 1 BvL 7/16 – Rn. 124). Mit dem Nachranggrundsatz ist es aus Sicht des Bundesverfassungsgerichts auch zu vereinbaren, von denjenigen, „die staatliche Leistungen der sozialen Sicherung in Anspruch nehmen, zu verlangen, an der Überwindung ihrer Hilfebedürftigkeit selbst aktiv mitzuwirken oder die Bedürftigkeit gar nicht erst eintreten zu lassen" (BVerfG vom 5.11.2019 – 1 BvL 7/16 – Rn. 126).

Allerdings sei der Gesetzgeber bei der Ausgestaltung von Mitwirkungspflichten und etwaigen Sanktionen an den Grundsatz der *Verhältnismäßigkeit* gebunden. An dessen Anwendung seien strenge Anforderungen zu stellen, da die Minderung existenzsichernder Leistungen zur Durchsetzung von Mitwirkungspflichten „in einem unübersehbaren Spannungsverhältnis zur Existenzsicherungspflicht des Staates" stehe (BVerfG vom 5.11.2019–1 BvL 7/16–Rn. 132).

> **Zum Fall:**
> Die im SGB II vorgesehene Verhängung einer Sanktion in Höhe von 30 % des Regelbedarfs kann aus Sicht des Bundesverfassungsgerichts also mit dem Grundrecht auf Sicherung des soziokulturellen Existenzminimums zu vereinbaren sein, sofern die Voraussetzungen des Verhältnismäßigkeitsgrundsatzes beachtet werden.

I.2.2 Prüfung des Grundsatzes der Verhältnismäßigkeit

Die gesetzliche Grundlage des SGB II zur Verhängung einer Sanktion in Höhe von 30 % des Regelbedarfs muss also anhand des Grundsatzes der Verhältnismäßigkeit überprüft werden.

Den Grundsatz der Verhältnismäßigkeit kennen Sie sicherlich bereits. Welche vier Prüfungsschritte sind im Rahmen seiner Prüfung zu beachten?[6]

I.2.2.1 Legitimer Zweck

Eine gesetzliche Bestimmung ist nur dann mit dem Grundsatz der Verhältnismäßigkeit zu vereinbaren, wenn sie einen *legitimen Zweck* verfolgt.

Der Begriff der legitimen Zwecke ist sehr weit zu fassen. Legitim ist die Verfolgung *jedes öffentlichen Interesses*, das verfassungsrechtlich nicht ausgeschlossen ist (vgl. Dürig et al./Grzeszick 2024: Art. 20 GG, Rn. 111).

---

[6] Legitimer Zweck, Geeignetheit, Erforderlichkeit, Angemessenheit.

Mit der Verhängung einer Sanktion gegenüber Arbeitsuchenden will der Gesetzgeber eine *Verhaltenssteuerung* bei den Betroffenen bewirken. Diese sollen dazu bewegt werden, eigenständig an der Überwindung ihrer Hilfebedürftigkeit mitzuwirken. Dadurch soll der Nachranggrundsatz staatlicher Leistungen mit Leben gefüllt und öffentliche Mittel möglichst schonend eingesetzt werden.

Der Gesetzgeber verfolgt mit der Verhängung einer Sanktion gegenüber Arbeitsuchenden im Falle einer Pflichtverletzung also einen legitimen Zweck.

I.2.2.2 Geeignetheit

Die Verhängung einer Sanktion gegenüber Arbeitsuchenden in Höhe von 30 % des Regelbedarfs im Falle einer Pflichtverletzung müsste *geeignet* sein, um eine Verhaltenssteuerung der betroffenen Personen herbeizuführen.

Geeignet ist eine Maßnahme dann, wenn mit ihrer Hilfe das *gewünschte Ziel zumindest gefördert* wird (vgl. Dürig et al./Grzeszick 2024: Art. 20 GG, Rn. 112).

Wie wird sich eine arbeitsuchende Person verhalten, die weiß, dass ihr im Fall einer mehrfachen Pflichtverletzung der Regelbedarf um 30 % gekürzt wird? Wird sie sich an die gesetzlichen Bestimmungen halten und zumindest versuchen, an der Überwindung der Hilfebedürftigkeit mitzuwirken? Oder wird sie trotz drohender Sanktion ihr Verhalten nicht ändern? Für den Gesetzgeber stellt sich die Herausforderung, dass sich im Zeitpunkt der Gesetzgebung das Verhalten des betroffenen Personenkreises nicht mit abschließender Gewissheit vorhersagen lässt. Daher ist anerkannt, dass er auch im Bereich der Grundsicherung – wenn auch nur in eingeschränktem Maße – mit *Prognosen* arbeiten darf (BVerfG vom 5.11.2019 – 1 BvL 7/16 – Rn. 166).

Das *Bundesverfassungsgericht* hat zwar Zweifel an der Lenkungswirkung von Sanktionen geäußert (BVerfG vom 5.11.2019 – 1 BvL 7/16 – Rn. 167). Aus der Sicht der Gesetzgebung sei es aber durchaus denkbar, dass eine Sanktion in Höhe von 30 % eine Lenkungswirkung gegenüber dem betroffenen Personenkreis entfalte. Daher könne einer Sanktion in dieser Höhe ihre grundsätzliche Eignung nicht abgesprochen werden (BVerfG vom 5.11.2019 – 1 BvL 7/16 – Rn. 175).

I.2.2.3 Erforderlichkeit

Die Verhängung einer Sanktion in Höhe von 30 % des Regelbedarfs im Fall einer mehrfachen Pflichtverletzung müsste *erforderlich* sein, um eine Lenkungswirkung auf Seiten der betroffenen Personen zu entfalten.

Erforderlichkeit bedeutet, dass von mehreren geeigneten Maßnahmen diejenige zu wählen ist, die den Einzelnen und die Allgemeinheit voraussichtlich *am wenigsten belastet* (vgl. Dürig et al./Grzeszick 2024: Art. 20 GG, Rn. 113-116).

Die Prüfung der Erforderlichkeit verlangt *Kreativität*: Welche Maßnahmen könnte der Gesetzgeber anstelle einer Sanktion in der Größenordnung von 30 % des Regelbedarfs über einen Zeitraum von (bis zu) 3 Monaten ergreifen? Wäre etwa eine geringere Sanktion über einen längeren Zeitraum weniger belastend und gleich wirksam? – Aus Sicht des Bundesverfassungsgerichts erscheint es jedenfalls plausibel, dass „eine spürbar belastende Reaktion die Betroffenen dazu motivieren kann, ihren Pflichten nachzukommen, und eine geringere Sanktion oder positive Anreize keine generell gleichermaßen wirksame Alternative darstellen" (BVerfG vom 5.11.2019 – 1 BvL 7/16 – Rn. 180).

Folgt man dieser Argumentation, so ist die Verhängung einer Sanktion in Höhe von 30 % des Regelbedarfs grundsätzlich als *erforderliches Mittel* anzusehen. Das gilt umso mehr, als der Kürzung um 30 % des Regelbedarfs in der aktuellen Fassung des SGB II zwei weniger belastende Maßnahmen vorgeschaltet sind (Minderung um 10 % bzw. Minderung um 20 % des maßgebenden Regelbedarfs). Der Gesetzgeber staffelt also bereits selbst die Intensität der Belastung – die Minderung um 30 % greift nur dann ein, wenn mildere Maßnahmen keine Wirkung entfaltet haben.

I.2.2.4 Angemessenheit

Letztlich müsste die Verhängung der Sanktion in Höhe von 30 % des Regelbedarfs als *angemessen* anzusehen sein, um die Lenkungswirkung auf Seiten der betroffenen Person zu entfalten.

Der Grundsatz der Angemessenheit verlangt, dass die Maßnahme nicht zu Nachteilen führen darf, die zu dem erstrebten Erfolg erkennbar außer Verhältnis stehen (vgl. Dürig et al./Grzeszick 2024: Art. 20 GG, Rn. 117-120).

Im vorliegenden Fall soll durch die Verhängung einer Sanktion eine Verhaltenssteuerung bewirkt werden, um staatliche Mittel möglichst schonend einzusetzen. Im Bereich der Existenzsicherung ist eine Kürzung der für den Regelbedarf zur Verfügung stehenden Mittel um 30 % für die betroffene Person besonders belastend. Um gleichwohl als angemessen qualifiziert werden zu können, sind daher die Auswirkungen der Kürzung in besonderer Weise zu berücksichtigen:

- Zum einen muss der Gesetzgeber *Ausnahmesituationen* Rechnung tragen. Das bedeutet, dass eine Möglichkeit bestehen muss, dass „Minderungen ausnahmsweise unterbleiben (…), wenn sie außergewöhnliche Härten bewirken, insbesondere weil sie in der Gesamtbetrachtung untragbar erscheinen" (BVerfG vom 5.11.2019 – 1 BvL 7/16 – Rn. 184).
- Zum anderen muss die Sanktion *enden*, wenn die Zielsetzung – die Herbeiführung einer Verhaltensänderung – erreicht worden ist. Als unangemessen anzusehen ist es, wenn die Sanktion „unabhängig von der Mitwirkung, auf die sie zielt, immer erst starr nach drei Monaten endet" (BVerfG vom 5.11.2019 – 1 BvL 7/16 – Rn. 186).

Zum Fall:

Folgt man der Argumentation des Bundesverfassungsgerichts, so ist die Verhängung einer Sanktion in Höhe von 30 % des Regelbedarfs im Fall einer mehrfachen Pflichtverletzung grundsätzlich mit dem Grundgesetz zu vereinbaren. Der Vorschlag der Opposition, für jeden Fall der Pflichtverletzung eine starre Kürzung für die Dauer von drei Monaten einzuführen, wäre hingegen nicht angemessen und daher nicht verhältnismäßig. Zudem bedarf das Sanktionssystem notwendig einer Härtefallregelung (vgl. § 31a Abs. 3 SGB II).[7] Zu beachten ist letztlich Zweierlei: Das Bundesverfassungsgericht hatte in der zugrunde liegenden Entscheidung darüber zu urteilen, ob noch weitergehende Sanktionen (60 % des Regelbedarfs bzw. vollständiges Entfallen der Grundsicherung) mit dem Grundgesetz zu vereinbaren sind. Dies hat das Bundesverfassungsgericht im Hinblick auf den Grundsatz der Verhältnismäßigkeit grundsätzlich verneint (BVerfG vom 5.11.2019 – 1 BvL 7/16 – z. B. Rn. 158). Die entsprechenden Bestimmungen des SGB II waren verfassungswidrig und daher notwendig durch den Gesetzgeber zu ändern. Zum anderen ist die Entscheidung in der Literatur vielfach auf Kritik gestoßen (vgl. z. B. Rixen 2021).

I.3 Verfassungsrechtliche Grundlagen in der Sozialhilfe

Der vorliegende Fall behandelt eine Entscheidung des Bundesverfassungsgerichts zum SGB II (Bürgergeld, Grundsicherung für Arbeitsuchende). Die Frage nach der Sicherung des soziokulturellen Existenzminimums stellt sich in gleicher Weise aber auch im Bereich der Sozialhilfe (SGB XII). Menschenwürde (Art. 1 Abs. 1 GG) und Sozialstaatsprinzip (Art. 20 Abs. 1 GG) prägen dieses Rechtsgebiet in gleicher Weise. Das zeigt bereits ein Blick auf § 1 Satz 1 SGB XII: „Aufgabe der Sozialhilfe ist es, den Leistungsberechtigten die Führung eines Lebens zu ermöglichen, das der Würde des Menschen entspricht." Insofern sind die grundlegenden gerichtlichen Erwägungen auch in diesem Bereich anwendbar.

I.4 Wiederholungsfragen

Fragen

- Was hat die Rechtsprechung aus Art. 1 Abs. 1 i. V. m. Art. 20 Abs. 1 GG abgeleitet?
- Was umfasst das Grundrecht auf Sicherung des soziokulturellen Existenzminimums inhaltlich?
- Welchen Spielraum hat der Gesetzgeber bei der Ausgestaltung des Grundrechts auf Sicherung des soziokulturellen Existenzminimums?
- Gehen Sie gedanklich noch einmal die vier Schritte des Grundsatzes der Verhältnismäßigkeit durch und argumentieren Sie, in welchem Umfang Sanktionen im Bereich der Grundsicherung für Arbeitsuchende gemessen an diesem Maßstab zulässig sind.

---

7 Vgl. dazu ausführlich Kap. XI.1.5.

II. Kapitel: Rechtsgrundlagen und Leistungssysteme der Grundsicherung

II.1 Normenhierarchie im Bereich der finanziellen Sicherung

Den obersten rechtlichen Maßstab im Bereich der Grundsicherung bildet also das Grundgesetz und das vom BVerfG daraus abgeleitete Recht des Einzelnen auf Sicherung eines menschenwürdigen Existenzminimums (Art. 1 Abs. 1 GG i. V. m. Art. 20 Abs. 1 GG). Alle weitergehenden gesetzlichen Regelungen, die auf Bundes- oder auf Landesebene erlassen werden, müssen sich daran messen lassen, ob sie mit diesem Grundrecht zu vereinbaren sind.

Um die nachfolgenden Ausführungen nachvollziehen zu können, ist es sinnvoll, dass Sie sich zunächst noch einmal die Ebenen der Normenhierarchie (oder Normenpyramide) deutlich machen. Wissen Sie noch, welche Ebenen hier im Einzelnen zu unterscheiden sind?[8]

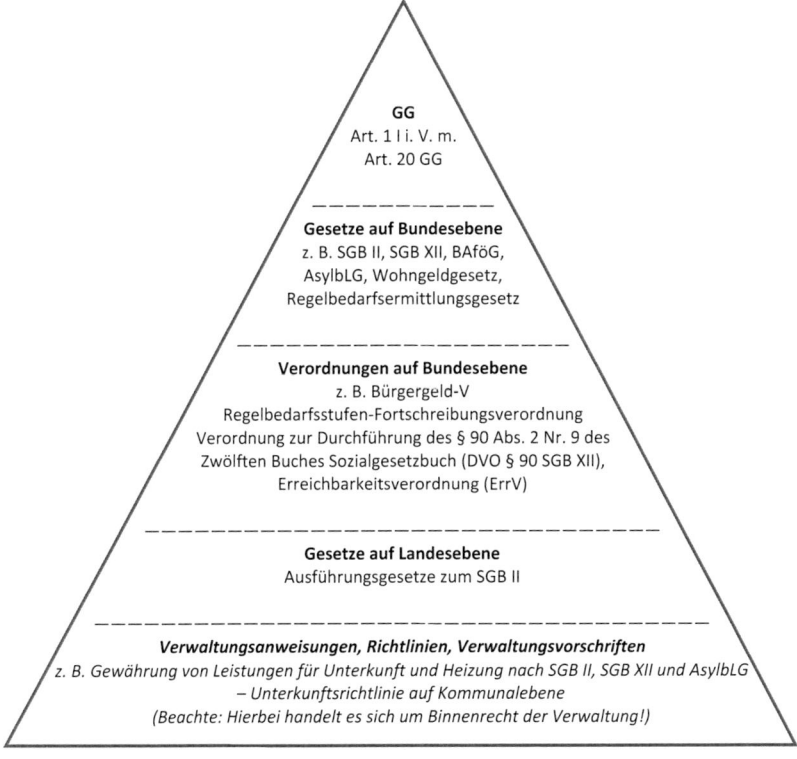

Abbildung II.1: Normenhierarchie im Bereich der Grundsicherung

---

8 *Bundesebene*: Grundgesetz – Bundesgesetze – Bundesrechtsverordnungen; Bundessatzungen; *Landesebene*: Landesverfassung – Landesgesetz – Landesrechtsverordnungen – Satzungen, Regelungen auf kommunaler Ebene.

II. Kapitel: Rechtsgrundlagen und Leistungssysteme der Grundsicherung

Die Normenpyramide ordnet Gesetze nach ihrer Hierarchie. Dabei gelten folgende grundsätzlichen Überlegungen:

- Die Normenpyramide lässt sich in die Bundes- und die Landesebene untergliedern.
- Höherrangiges Recht geht dem niederrangigen Recht vor.
- Niederrangiges Recht muss mit höherrangigem Recht zu vereinbaren sein.

II.1.1 Normen auf Bundesebene

Unterhalb des Grundgesetzes stehen im Rahmen der Normenhierarchie auf Bundesebene die *Bundesgesetze*. In diesen werden im Bereich der finanziellen Sicherung die wesentlichen gesetzlichen Entscheidungen getroffen. Hierzu zählen insbesondere:

- AsylbLG – Asylbewerberleistungsgesetz (u.a. Grundleistungen, Analogleistungen)
- BAföG – Bundesausbildungsförderungsgesetz (u.a. Meister-BaföG; BaföG für Studierende)
- BEEG – Bundeselterngeld- und Elternzeitgesetz (u.a. Elterngeld)
- BKGG – Bundeskindergeldgesetz (Kindergeld und Kinderzuschlag)
- EStG – Einkommensteuergesetz (Kindergeld)
- SGB II – Bürgergeld, Grundsicherung für Arbeitsuchende
- SGB III – Arbeitsförderung (Alg, Arbeitslosenversicherung)
- SGB V – Krankenversicherung (Krankengeld, Mutterschaftsgeld)
- SGB VI – Gesetzliche Rentenversicherung (u.a. Altersrente, Erwerbsminderungsrente)
- SGB XII – Sozialhilfe (Grundsicherung im Alter und bei Erwerbsminderung, Hilfe zum Lebensunterhalt, besondere Hilfen 5. – 9. Kapitel SGB XII)
- UhVorschG – Unterhaltsvorschussgesetz
- WoGG – Wohngeldgesetz (Mietzuschuss, Lastenzuschuss)

Wie bereits der Begriff „Bundesgesetz" zum Ausdruck bringt, gelten die in diesen Gesetzen enthaltenen Bestimmungen bundesweit. In allen Bundesländern können sich Bürgerinnen und Bürger auf sie berufen. Die *bundeseinheitlichen Regelungen* sollen einen Beitrag dazu leisten, vergleichbare Lebensverhältnisse für die betroffenen Personenkreise zu schaffen. Die soziale Sicherung soll nicht von der wirtschaftlichen Finanzkraft eines Bundeslandes abhängig gemacht werden.

Die aufgelisteten Gesetze benötigen zu ihrer Entstehung und Änderung der Mitwirkung von Bundestag und Bundesrat. Es kann erhebliche Zeit in Anspruch nehmen, um den Gesetzgebungsprozess zu durchlaufen und die für die Beschlüsse erforderlichen Mehrheiten zu organisieren. Gerade dort, wo es um die Existenzsicherung geht, ist aber mitunter ein schnelles Agieren erforderlich, um auf unvorhergesehene Situationen reagieren und die zugrundeliegenden Bestimmungen anpassen zu können. Daher nehmen unterhalb der Bundesgesetze die *Bundesrechtsverordnungen* im Sozialrecht eine wichtige Rolle ein.

Überlegen Sie zunächst selbst: Können Sie erklären, was das Charakteristische einer Rechtsverordnung ist? Wodurch unterscheidet sie sich von einem Gesetz?

Rechtsverordnungen sind untergesetzliche Regelungen, die nicht vom Bundestag (Legislative), sondern maßgeblich von der ausführenden Gewalt (Exekutive) (ggf. unter Mitwirkung des Bundesrates) geschaffen werden. Die hierfür erforderliche Befugnis muss der Exekutive ausdrücklich durch das Parlament eingeräumt werden. Aufgrund der in einem hierarchisch strukturierten Ministerium vorhandenen Sachkompetenz besteht die begründete Hoffnung, dass erforderliche Verordnungen mit einem engen Bezug zu den praktischen Bedürfnissen in einem überschaubaren zeitlichen Rahmen auf den Weg gebracht werden können. Zumindest zentrale Rechtsverordnungen sollten Sie im Bereich der finanziellen Sicherung kennen:

- Der ausführliche Titel der sog. *Bürgergeld-V* macht deutlich, was in ihr geregelt wird: Verordnung zur Berechnung von Einkommen sowie zur Nichtberücksichtigung von Einkommen und Vermögen beim Bürgergeld.[9]
- Mit Hilfe der *Regelbedarfsstufen-Fortschreibungsverordnung* wird die Höhe des Regelbedarfs hilfebedürftiger Personen entsprechend der gesetzlichen Vorgaben jeweils zum 01. Januar eines Jahres angepasst.[10]
- Die *Erreichbarkeitsverordnung* (ErrV) beschäftigt sich u.a. mit der Frage, in welchem näheren Bereich des zuständigen Jobcenters sich Leistungsberechtigte aufhalten müssen, um für die Ansprache durch das Jobcenter erreichbar zu sein.
- Das Sozialhilferecht kennt jeweils eine Verordnung zur Konkretisierung des auf die Sozialhilfeleistung anzurechnenden *Einkommens* (Verordnung zur Durchführung des § 82 des Zwölften Buches Sozialgesetzbuch – *DVO § 82 SGB XII*) bzw. des auf die Sozialhilfe anzurechnenden *Vermögens* (Verordnung zur Durchführung des § 90 Abs. 2 Nr. 9 des Zwölften Buches Sozialgesetzbuch – *DVO § 90 SGB XII*).

Lesen Sie einmal die Eingangsformel zur Bürgergeld-V. Daran können Sie nachvollziehen, dass diese Bestimmungen durch das Bundesministerium für Arbeit und Soziales (= Exekutive) erlassen werden konnten, weil der Gesetzgeber (= Legislative) dem Ministerium eine entsprechende Kompetenz eingeräumt hat.[11]

Die Bundesagentur für Arbeit hat in ihrem Zuständigkeitsbereich zur Anwendung zahlreicher Bestimmungen der Sozialgesetzbücher bundeseinheitliche *fachliche Weisungen* erlassen. Diese haben den Charakter von Verwaltungsvorschriften.

---

9 Vgl. hierzu unter X.2.
10 Vgl. hierzu unter VI.2.1.
11 In der Eingangsformel heißt es: „Auf Grund des § 13 des Zweiten Buches Sozialgesetzbuch – Grundsicherung für Arbeitsuchende – (Artikel 1 des Gesetzes vom 24. Dezember 2003, BGBl. I S. 2954, 2955), der durch Artikel 1 Nr. 11 des Gesetzes vom 20. Juli 2006 (BGBl. I S. 1706) geändert worden ist, verordnet das Bundesministerium für Arbeit und Soziales im Einvernehmen mit dem Bundesministerium der Finanzen ..."

Verwaltungsvorschriften sollen insbesondere gewährleisten, dass Behörden ihnen eingeräumte Spielräume (bei der Auslegung von Rechtsbegriffen oder Anwendung von Ermessen) einheitlich füllen. Für die Mitarbeitenden der nachgeordneten Behörden sind sie daher verbindlich. Bürgerinnen und Bürger können sich nicht unmittelbar auf Verwaltungsvorschriften berufen. Allerdings haben sie ein Recht darauf, in gleicher Weise behandelt zu werden wie andere Antragstellende auch. Durch den Vollzug von Verwaltungsvorschriften kann sich eine Behörde in der Ausübung ihres Ermessens selbst binden. Insofern entfalten verwaltungsintern geltende Richtlinien durch ihre Anwendung i. V. m. Art. 3 Abs. 1 GG (Gleichheitsgrundsatz) mittelbare Außenwirkung.

II.1.2 Normen auf Landes- und auf kommunaler Ebene

Da der Bundesgesetzgeber im Bereich der sozialen Sicherung bereits die wesentlichen grundsätzlichen Entscheidungen getroffen hat, bleibt für den Landesgesetzgeber nur ein eingeschränkter Gestaltungsspielraum. Zu nennen sind hier vor allen Dingen die *Ausführungsgesetze zu SGB II und SGB XII*, in welchen geregelt wird, welche Verwaltungsebene (Kommune, kreisfreie Stadt, [Land-]Kreise, Bezirke, Landschaftsverband) für die Durchführung der Aufgaben nach dem jeweiligen Gesetzbuch zuständig ist.[12]

Die Kommunen sind die zuständigen Träger insbesondere für die Kosten der Unterkunft und Heizung (vgl. § 6 Abs. 1 Nr. 2 SGB II).[13] Die Kosten der Miete sind in dem monatlich erforderlichen Budget regelmäßig der größte Einzelposten.[14] Gerade dieser Posten kann von Ort zu Ort seiner Höhe nach sehr unterschiedlich ausfallen. Daher spielen auf kommunaler Ebene im Bereich der Grundsicherung die *Unterkunftsrichtlinien* eine bedeutende Rolle. Von ihrem rechtlichen Charakter her sind Richtlinien innerdienstliche Vorschriften für die Mitarbeitenden in der Behörde, wie ein Gesetz auszulegen und anzuwenden ist. Ziel ist eine gleichmäßige Umsetzung der gesetzlichen Bestimmungen (Art. 3 Abs. 1 GG). Eine unmittelbare Außenwirkung gegenüber den Bürgerinnen und Bürgern entfalten Richtlinien nicht. Für sie ist nur das Gesetz oder die Rechtsverordnung aufgrund eines Gesetzes verbindlich.[15] Im Rahmen der gerichtlichen Überprüfung von Entscheidungen des Jobcenters oder des Sozialamts können Richtlinien nur dann Berücksichtigung finden, wenn Sie mit den gesetzlichen Bestimmungen zu vereinbaren sind.[16]

II.2 Leistungssysteme der Grundsicherung

Das Sozialrecht kennt eine ganze Reihe von Leistungen, die einen Beitrag zur finanziellen Sicherung unterschiedlicher Personenkreise bieten.

---

12 Vgl. dazu nähere Ausführungen unter III.1.1 und III.5.1.
13 Vgl. dazu nähere Ausführungen unter III.1.1.
14 Vgl. dazu nähere Ausführungen unter VII.
15 Allerdings können sich Leistungsberechtigte darauf berufen, in gleicher Weise behandelt werden zu wollen wie andere Antragstellende auch. Insofern entfalten die verwaltungsintern geltenden Richtlinien durch ihre Anwendung i. V. m. Art. 3 Abs. 1 GG eine mittelbare Außenwirkung.
16 Vielfach genügen die kommunalen Richtlinien den gerichtlichen Anforderungen nicht und finden daher im Rahmen der Entscheidungen keine Berücksichtigung, vgl. z. B. BSG Urteil v. 22.09.2009 – B 4 AS 18/09 R.

Einige dieser finanziellen Leistungen sind Ihnen nach der bisherigen Lektüre dieses Buches sicherlich noch in Erinnerung. Überlegen Sie einmal, welche Finanzleistungen der Staat zur Verfügung stellt, um den eigenen Lebensunterhalt bestreiten zu können![17]

Jede finanzielle Leistung des Staates benötigt eine gesetzliche Grundlage. Jede gesetzliche Grundlage hat andere Voraussetzungen, die erfüllt sein müssen, damit eine Leistung erfolgt. Die Höhe der gewährten Leistung unterscheidet sich je nach Leistungssystem. Daher stellt sich die Frage, wie sich die einzelnen rechtlichen Grundlagen zueinander verhalten.

II.2.1 Einzelne vorrangige Leistungen

Die Leistungen nach dem SGB II und dem SGB XII sind grundsätzlich nachrangig gegenüber anderen Leistungen der sozialen Sicherung (vgl. §§ 9 Abs. 1, 12a Satz 1 SGB II, § 2 SGB XII). Der Leistungsberechtigte hat daher zunächst zu prüfen, welche vorrangigen Sozialleistungen anderer Träger in seinem Fall in Betracht kommen. Da es eine Vielzahl sozialer Sicherungen gibt, kann hier nur eine exemplarische Auflistung einzelner vorrangiger Systeme erfolgen.

II.2.1.1 Arbeitslosengeld

Anspruch auf Arbeitslosengeld hat, wer arbeitslos ist (§ 138 SGB III), sich bei der Agentur für Arbeit arbeitslos gemeldet hat (§ 141 SGB III) und die Anwartschaftszeit (§ 142 SGB III) erfüllt (vgl. § 137 Abs. 1 SGB III).

Während es sich beim Bürgergeld und der Sozialhilfe um staatliche Leistungen handelt, die aus Steuermitteln finanziert werden, stellt das Arbeitslosengeld nach dem SGB III eine Leistung der *Sozialversicherung* dar. Diese Leistung kann nur in Anspruch genommen werden, wenn zunächst über einen gewissen Zeitraum Versicherungsbeiträge geleistet worden sind. Die betroffene Person muss innerhalb der letzten 30 Monate mindestens zwölf Monate in einem sozialversicherungspflichtigen Beschäftigungsverhältnis gestanden haben (sog. Anwartschaftszeit – vgl. § 142 i. V. m. § 143 SGB III).

Die *Dauer* des Anspruchs auf Arbeitslosengeld ist gestaffelt. Sie beträgt gem. § 147 Abs. 2 SGB III:

Tabelle II.1: Dauer des Anspruchs auf Arbeitslosengeld

nach Versicherungspflichtverhältnissen mit einer Dauer von insgesamt ... Monaten	und nach Vollendung des ... Lebensjahres	... Monate
12		6
16		8

---

[17] Zu nennen sind zum Beispiel: Kinderzuschlag und Kindergeld (BKGG, bzw. EStG), Ausbildungsförderung (BAföG), Wohngeld (WoGG), Arbeitslosengeld (Alg, SGB III), Bürgergeld (SGB II), Sozialhilfe (SGB XII), Rente (SGB VI).

nach Versicherungspflichtverhältnissen mit einer Dauer von insgesamt ... Monaten	und nach Vollendung des ... Lebensjahres	... Monate
20		10
24		12
30	50.	15
36	55.	18
48	58.	24

Die *Höhe* des Arbeitslosengelds beträgt für Arbeitslose mit mindestens einem berücksichtigungsfähigen Kind 67 %, für die übrigen Arbeitslosen 60 % des pauschalierten Nettoentgelts. Das Nettoentgelt wird anhand des Bruttoentgelts ermittelt, das die oder der Arbeitslose im Bemessungszeitraum erzielt hat, vgl. § 149 SGB III.

Sofern das Arbeitslosengeld nach dem SGB III nicht ausreicht, um das finanzielle Existenzminimum zu decken, sind daneben Leistungen der Grundsicherung denkbar.

II.2.1.2 Leistungen der gesetzlichen Rentenversicherung

Die Voraussetzungen zum Bezug von Leistungen der gesetzlichen *Rentenversicherung* sind im SGB VI geregelt. Um einen Anspruch auf Rente geltend machen zu können, muss die versicherte Person der gesetzlichen Rentenversicherung eine gewisse Zeit lang angehört haben (sog. Wartezeit, die zwischen 5 und 45 Jahren dauern kann, vgl. § 50 SGB VI). Zu unterscheiden sind die Altersrente (§§ 35 ff. SGB VI), die Rente wegen verminderter Erwerbsfähigkeit (§§ 43 f. SGB VI) und die Rente wegen Todes eines Angehörigen (46 ff. SGB VI). Sollten die Leistungen der Rentenversicherung nicht ausreichen, um das Existenzminimum zu decken, sind daneben zusätzliche Leistungen nach dem SGB II oder SGB XII denkbar.[18]

II.2.1.3 Ausbildungsförderung

Das Bundesausbildungsförderungsgesetz will eine individuelle Ausbildungsförderung für eine der Neigung, Eignung und Leistung entsprechende Ausbildung ermöglichen, wenn dem Auszubildenden die für seinen Lebensunterhalt und seine Ausbildung erforderlichen Mittel anderweitig nicht zur Verfügung stehen (vgl. § 1 BAföG). Die Anwendung der Grundsicherung für Arbeitsuchende (SGB II) ist daher grundsätzlich ausgeschlossen, wenn eine Person eine Ausbildung absolviert, die dem Grunde nach im Rahmen des BAföG förderungsfähig ist (vgl. § 7 Abs. 5 SGB II).[19]

---

[18] Darüber hinaus sind nach § 12a Satz 2 Nr. 1 SGB II Leistungsberechtigte nicht verpflichtet, bis zur Vollendung des 63. Lebensjahres eine Rente wegen Alters vorzeitig in Anspruch zu nehmen.
[19] Vgl. hierzu im Einzelnen unter Kapitel IV.3.3.

II.2.1.4 Wohngeld

Das *Wohngeld* dient der wirtschaftlichen Sicherung angemessenen und familiengerechten Wohnens (vgl. § 1 Abs. 1 WoGG). Das Wohngeld wird als Zuschuss zur Miete (Mietzuschuss) oder zur finanziellen Unterstützung für Eigentümer eines Hauses oder einer Eigentumswohnung für den selbst genutzten Wohnraum (Lastenzuschuss) geleistet (vgl. § 1 Abs. 2 WoGG). Personen, die Bürgergeld nach dem SGB II, Grundsicherung im Alter oder bei Erwerbsminderung (4. Kapitel SGB II) oder Hilfe zum Lebensunterhalt (3. Kapitel SGB XII) beziehen, sind grundsätzlich vom Wohngeld ausgeschlossen (§ 7 Abs. 1 S. 1 Nr. 1, 5 und 6 WoGG).[20] Leistungen nach dem Wohngeldgesetz kommen daher grundsätzlich dann in Betracht, wenn durch die entsprechende Leistung die Hilfebedürftigkeit der betroffenen Personen beseitigt und so ein Leistungsbezug nach dem SGB II oder SGB XII vermieden werden kann.

II.2.1.5 Kinderzuschlag

Kinderzuschlag[21] (§ 6a BKGG – maximal 292 €) ist eine bedarfs- und einkommensabhängige Sozialleistung. Kinderzuschlag erhalten Eltern, die ihren eigenen Lebensbedarf durch ihr Einkommen oder Vermögen knapp decken können, nicht aber den Bedarf ihrer Kinder. Der Kinderzuschlag soll dazu dienen, dass diese Familien – zumindest statistisch – nicht durch die Bedürftigkeit der Kinder allesamt zu Fürsorgeempfängern werden. Die BA drückt das so aus: „Dadurch sollen Familien mit kleinem Einkommen zielgenau unterstützt werden. Bei entsprechend hohen Wohnkosten oder einer entsprechenden Anzahl von Kindern kann der Kinderzuschlag auch bis in mittlere Einkommensbereiche hineinwirken" (BA für Arbeit, Durchführungsanweisung Kinderzuschlag v. 15.6.2022, Einleitung).

Die *zielgenaue Unterstützung* ergibt sich, indem Eltern, deren Einkommen nicht einmal den eigenen Lebensbedarf abdeckt, auch keinen Anspruch auf Kinderzuschlag haben – der in diesem Fall die Familie insgesamt nicht aus der Fürsorgebedürftigkeit bringen würde. Ebenso wenig erhalten Eltern einen Kinderzuschlag, deren Einkommen den eigenen Lebensbedarf so weit übersteigt, dass damit (knapp) auch der Bedarf der Kinder gedeckt werden kann – denn die benötigen den Zuschlag nicht, um ohne Fürsorge leben zu können. Kinderzuschlag meint also eine *Korridorleistung* für spezifische Familien, bei denen das Einkommen der Eltern eine gewisse Mindesthöhe (für den eigenen Lebensbedarf) nicht unterschreitet und eine Maximalhöhe (von der an auch der Existenzbedarf der Kinder als gedeckt unterstellt werden kann) nicht übersteigt.

---

20 Dort, wo es einen Grundsatz gibt, gibt es regelmäßig auch Ausnahmen. Diese ergeben sich zum einen aus § 7 Abs. 1 Satz 3 WoGG zum anderen aus § 12a Satz 2 Nr. 2 SGB II: Danach sind Leistungsberechtigte *nicht* verpflichtet, Wohngeld nach dem WoGG in Anspruch zu nehmen, wenn dadurch nicht die Hilfebedürftigkeit aller Mitglieder der Bedarfsgemeinschaft für einen zusammenhängenden Zeitraum von *mindestens drei Monaten* beseitigt würde. Es ist auch ein Verzicht auf das Bürgergeld und die Sozialhilfe möglich (§ 8 Abs. 2 WoGG), was von Interesse sein kann, wenn der Wohngeldanspruch im Einzelfall größer ist als der Anspruch nach den anderen Gesetzbüchern oder wenn das Eingehen und Erfüllen von Pflichten nach dem SGB II vermieden werden soll.

21 Es bleibt abzuwarten, inwiefern das „Gesetz zur Einführung einer Kindergrundsicherung (Bundeskindergrundsicherungsgesetz – BKG" (BT-Drs. 20/9092 v. 06.11.2023) Leistungen zu einem einheitlichen System der Kindergrundsicherung zusammenführen wird – darunter der Kinderzuschlag.

Kinderzuschlag und Leistungen der Grundsicherung nach dem SGB II oder SGB XII schließen einander grundsätzlich aus.[22] Im Einzelfall gilt etwas anderes, wenn sich die Einkommenssituation der Familie während des Bezugs des Kinderzuschlags ändert.

> **Beispiel:**
>
> Herr und Frau Boecker haben zwei Kinder. Ihr Antrag auf Kinderzuschlag ist für einen Zeitraum von 6 Monaten bewilligt worden (vgl. § 6a Abs. 7 Satz 1 BKGG) und zwar vom 01.01.2024 bis zum 30.06.2024. Berechnungsgrundlage war die Einkommenssituation vom 01.07.2023 bis 31.12.2023 (§ 6a Abs. 8 Satz 1 BKGG). Zum 01.04.2024 ändert sich die Einkommenssituation der Familie dergestalt, dass sie auf Bürgergeld nach dem SGB II angewiesen ist. Das wird auch bewilligt. Dieser Umstand führt jedoch weder zu einem Wegfall noch zu einer Neuberechnung des Kinderzuschlags. Das erklärt sich daher, dass sich an der maßgeblichen Berechnungsgrundlage – der Einkommenssituation in der zweiten Hälfte des Jahres 2023 – nichts geändert hat. Allerdings ist in diesem Fall der Kinderzuschlag als Einkommen zu bewerten, das bei der Berechnung der Hilfebedürftigkeit i. S. d. SGB II zu berücksichtigen ist.[23]

II.2.2 Grundsicherung für Arbeitsuchende und Sozialhilfe

2. Fall: Anna und Tom, die hilfebedürftigen Eltern

Anna und Tom sind beide 50 Jahre alt. Vor einiger Zeit hatten sie einen schweren Autounfall. Tom lag lange Zeit im Krankenhaus. Jetzt befindet er sich in einer langwierigen Rehabilitationsmaßnahme. Die Prognosen sind gleichwohl gut. Die Ärzte gehen davon aus, dass Tom in einem Jahr wieder fit ist und arbeiten gehen kann. Anna hat es wesentlich schlimmer getroffen. Sie wird sich von dem Autounfall nach Ansicht der Ärzte nicht mehr erholen und dauerhaft voll erwerbsgemindert bleiben. Sie ist auch künftig nicht mehr in der Lage, eine berufliche Tätigkeit zu ergreifen. Anna und Tom wohnen gemeinsam mit ihrer alleinstehenden Tochter Tatjana in einer Wohnung in Deutschland. Tatjana ist 20 Jahre alt. Gemeinsam versuchen die drei, das Leben bestmöglich zu meistern. Das ist gar nicht so leicht. Tatjana kann ihren Eltern nicht unter die Arme greifen. Sie ist zwar selbst erwerbsfähig, aber seit längerem auf Jobsuche. Bereits vor dem Unfall hatten alle drei Grundsicherung für Arbeitsuchende nach dem SGB II bezogen. Weitergehende Ansprüche zur Finanzierung des Lebensunterhalts (z. B. ein Rentenanspruch der Mutter) bestehen nicht.

Anna und Tom suchen Sie in einer Beratungsstelle auf. Sie wüssten gern, welche finanzielle Unterstützung sie jetzt – nach dem Unfall – wohl vom Staat beziehen können.

Im vorliegenden Fall haben die betroffenen Personen offensichtlich keinen Anspruch auf Leistungen einer Sozialversicherung. Tatjana, Anna und Tom haben

---

22 Allerdings bestimmt § 12a Satz 2 Nr. 2 SGB II, dass Leistungsberechtigte nicht verpflichtet sind, Kinderzuschlag (BKGG) in Anspruch zu nehmen, wenn dadurch nicht die Hilfebedürftigkeit aller Mitglieder der Bedarfsgemeinschaft für einen zusammenhängenden Zeitraum von mindestens drei Monaten beseitigt würde.
23 Vgl. hierzu unter X.2.2.2.

bereits vor dem Unfall Leistungen nach dem SGB II bezogen. Daraus lässt sich schließen, dass sie keine Ansprüche aus der Arbeitslosenversicherung (SGB III) haben. Auch Ansprüche aus der Rentenversicherung (SGB VI) bestehen nach den Ausführungen im Sachverhalt ausdrücklich nicht. Alle drei sind darauf angewiesen, dass der Staat aus Steuermitteln ihre Grundsicherung sicherstellt. Hierfür kommen zwei unterschiedliche Gesetze als Rechtsgrundlage in Betracht:

- Bürgergeld, Grundsicherung für Arbeitsuchende (SGB II) und
- Sozialhilfe (SGB XII).

Beide Gesetze beinhalten noch einmal zwei unterschiedliche Leistungssysteme, so dass es aus rechtlicher Sicht im vorliegenden Fall insgesamt vier Möglichkeiten der finanziellen Grundsicherung gibt:

- Bürgergeld für erwerbsfähige Leistungsberechtigte (Bürgergeld für eLB) (§ 19 Abs. 1 Satz 1 SGB II),
- Bürgergeld für nicht erwerbsfähige Leistungsberechtigte (Bürgergeld für Nicht-eLB), die mit einem erwerbsfähigen Leistungsberechtigten in einer Bedarfsgemeinschaft leben (§ 19 Abs. 1 Satz 2 SGB II),
- Grundsicherung im Alter und bei Erwerbsminderung (4. Kapitel SGB XII, §§ 41 ff. SGB XII),
- Hilfen zum Lebensunterhalt (HzL) (3. Kapitel SGB XII, §§ 27 ff. SGB XII).

Tabelle II.2: Voraussetzungen der unterschiedlichen sozialen Grundsicherungssysteme im Vergleich

	Voraussetzungen Bürgergeld für erwerbsfähige Leistungsberechtigte (eLB)	Voraussetzungen Bürgergeld für nicht erwerbsfähige Leistungsberechtigte (Nicht-eLB)	Voraussetzungen Grundsicherung im Alter und bei Erwerbsminderung	Voraussetzungen Hilfen zum Lebensunterhalt (HzL)
Anspruchsgrundlage	§ 19 Abs. 1 S. 1 i. V. m. § 7 Abs. 1 S. 1 SGB II	§ 19 Abs. 1 Satz 2 i. V. m. § 7 Abs. 2, 3 SGB II	§ 19 Abs. 2 S. 1 i. V. m. § 41 Abs. 1 SGB XII	§ 19 Abs. 1 SGB XII i. V. m. §§ 27 ff. SGB XII
formelle Voraussetzung	Antrag (§§ 37, 38 SGB II)	Antrag (§§ 37, 38 SGB II)	Antrag (§ 44 Abs. S. 1 SGB XII)	vgl. Fußnote[1]
	Hilfebedürftigkeit	Hilfebedürftigkeit	Hilfebedürftigkeit	Hilfebedürftigkeit

II. Kapitel: Rechtsgrundlagen und Leistungssysteme der Grundsicherung

	Voraussetzungen Bürgergeld für erwerbsfähige Leistungsberechtigte (eLB)	Voraussetzungen Bürgergeld für nicht erwerbsfähige Leistungsberechtigte (Nicht-eLB)	Voraussetzungen Grundsicherung im Alter und bei Erwerbsminderung	Voraussetzungen Hilfen zum Lebensunterhalt (HzL)
materielle Voraussetzungen	gewöhnlicher Aufenthalt in der BRD		gewöhnlicher Aufenthalt in der BRD	gewöhnlicher Aufenthalt in BRD (Umkehrschluss aus § 24 Abs. 1 S. 1 SGB XII)
				tatsächlicher Aufenthalt von Ausländern im Falle von Leistungen nach § 23 Abs. 1 SGB XII
	Alter von 15 Jahren bis zur Erreichung der Altersgrenze nach § 7a SGB II		Altersgrenze erreicht (§ 41 Abs. 2 SGB XII) .... oder	
	erwerbsfähig (§ 8 SGB II)	nicht erwerbsfähig	... oder ... dauerhaft voll erwerbsgemindert und das 18. Lebensjahr vollendet (§ 41 Abs. 3 SGB XII) ...oder. ..	
			...oder... Menschen mit Behinderung, die im Eingangsverfahren, Berufsbildungsbereich sind oder ein Budget für Ausbildung erhalten und das 18. Lebensjahr vollendet haben (§ 41 Abs. 3a SGB XII)	

	Voraussetzungen Bürgergeld für erwerbsfähige Leistungsberechtigte (eLB)	Voraussetzungen Bürgergeld für nicht erwerbsfähige Leistungsberechtigte (Nicht-eLB)	Voraussetzungen Grundsicherung im Alter und bei Erwerbsminderung	Voraussetzungen Hilfen zum Lebensunterhalt (HzL)
		Bedarfsgemeinschaft mit einem oder mehreren erwerbsfähigen Leistungsberechtigten		
kein Ausschlussgrund	Insbesondere § 7 Abs. 4, Abs. 4a und Abs. 5	sofern kein Anspruch auf Leistungen nach dem 4. Kapitel SGB XII	§§ 22 Abs. 1, 24 Abs. 1 und 2, 41 Abs. 4, 41a SGB XII	§§ 21 Satz 1, 22 Abs. 1, 23 Abs. 2 und 3, 24 Abs. 1 und 2 SGB XII

[1] HzL muss von Amts wegen erbracht werden, weshalb kein Antrag erforderlich ist (vgl. § 18 Abs. 1 SGB XII).

II.2.3 Verhältnis der Leistungssysteme zueinander

Die Leistungssysteme unterscheiden sich sowohl hinsichtlich der zuständigen Behörde als auch hinsichtlich der Anspruchsvoraussetzungen und den zur Verfügung gestellten Leistungen. Auch der Einsatz eigenen Einkommens und Vermögens ist in den Systemen unterschiedlich geregelt. Daher ist eine genaue Differenzierung zwischen den unterschiedlichen Rechtsgrundlagen erforderlich.

Vorrangiges Ziel des Gesetzgebers ist es, dass hilfebedürftige Personen ihren Lebensunterhalt unabhängig von staatlichen Mitteln – nach Möglichkeit aus eigenen Mitteln und Kräften – bestreiten können. Das wird sowohl zu Beginn der Grundsicherung für Arbeitsuchende (§ 1 Abs. 2 Satz 1 SGB II) als auch zu Beginn der Sozialhilfe (§ 2 SGB XII) ausdrücklich klargestellt (sog. *Nachranggrundsatz*).

Zur Finanzierung des Lebensunterhaltes eignet sich vorrangig der Einsatz der eigenen *Arbeitskraft*. Bereits der Titel des SGB II „Bürgergeld, Grundsicherung für Arbeitsuchende" legt den Fokus auf Personen, die eine Erwerbstätigkeit ergreifen können, sofern eine solche zur Verfügung steht. Dann ist es nur konsequent, wenn das Bürgergeld für erwerbsfähige Leistungsberechtigte *nach dem SGB II grundsätzlich Vorrang vor der Sozialhilfe* nach dem SGB XII genießt. Das wird sowohl im SGB II (§ 5 Abs. 2) als auch im SGB XII (§ 2 Abs. 1, § 21 Satz 1 SGB XII) klargestellt.

> **Merke:**
>
> Alle bedürftigen Personen in Deutschland müssen einen Anspruch auf Existenzsicherungsleistungen zunächst nach dem SGB II überprüfen lassen. Erst wenn hier keine Leistungsberechtigung gegeben ist, können Ansprüche auf Existenzsicherung nach SGB XII geltend gemacht werden.

II. Kapitel: Rechtsgrundlagen und Leistungssysteme der Grundsicherung

Im Rahmen des SGB XII gibt es dann noch einmal zwei Systeme, deren Verhältnis zueinander zu klären ist. Der eingefügten Tabelle können sie entnehmen, dass die Grundsicherung im Alter und bei Erwerbsminderung (4. Kapitel SGB XII, §§ 41 ff. SGB XII) mehr Voraussetzungen hat als die Hilfe zum Lebensunterhalt (3. Kapitel SGB XII, §§ 19 ff. SGB XII). Dies bringt – ebenso wie der Name der Leistungssysteme selbst – zum Ausdruck, dass es sich bei den Leistungen nach dem 4. Kapitel SGB XII um die spezielleren Leistungen handelt. Im Recht gilt der Grundsatz, dass die spezielleren Regeln den allgemeineren Regeln vorgehen. Daher haben *Leistungen nach dem 4. Kapitel SGB XII Vorrang* vor Leistungen nach dem 3. Kapitel SGB XII (§ 19 Abs. 2 Satz 2 SGB XII). Die Leistungen der Hilfe zum Lebensunterhalt und Grundsicherung im Alter und bei Erwerbsminderung sind der Höhe nach gleich. Die Bezieher von Grundsicherung im Alter und bei Erwerbsminderung sind aber hinsichtlich des Einsatzes von Einkommen und Vermögen privilegiert gegenüber den Beziehern von Hilfe zum Lebensunterhalt (vgl. § 43 SGB XII).

Zum Fall

TOM
Gedanklich ist zunächst zu prüfen, ob Tom Anspruch auf *Grundsicherung für Arbeitsuchende* nach dem SGB II hat. Allerdings ist Tom zum gegenwärtigen Zeitpunkt noch in einer Rehabilitationsmaßnahme. Nach Ansicht der Ärzte wird er erst wieder in einem Jahr so fit sein, dass er einer beruflichen Tätigkeit nachgehen kann.[24] Zum gegenwärtigen Zeitpunkt ist Tom also nicht erwerbsfähig und daher auch nicht arbeitsuchend. Daher kann er auch kein Bürgergeld für erwerbsfähige Leistungsberechtigte beziehen.
Im Bereich der Sozialhilfe ist zunächst an Leistungen nach dem 4. Kapitel (*Grundsicherung im Alter und bei Erwerbsminderung*, §§ 41 ff. SGB XII) zu denken. Allerdings setzt diese Grundsicherung eine „dauerhafte und volle Erwerbsminderung" voraus (vgl. § 41 Abs. 3 SGB XII). Die Prognose für Tom ist gut. In einem Jahr wird er dem Arbeitsmarkt voraussichtlich wieder zur Verfügung stehen. Er ist nicht dauerhaft erwerbsgemindert. Daher kommen die Leistungen nach dem 4. Kapitel SGB XII für ihn nicht in Betracht.
Die Sozialhilfe kennt noch ein weiteres Sicherungssystem – die *Hilfe zum Lebensunterhalt* (3. Kapitel SGB XII, §§ 27 ff. SGB XII). Diese hat lediglich zwei materiellrechtliche Voraussetzungen: die Hilfebedürftigkeit und den gewöhnlichen (bzw. tatsächlichen) Aufenthalt in Deutschland. Nach den Angaben im Sachverhalt erfüllt Tom beide Voraussetzungen. Das Leistungssystem könnte also grundsätzlich zur Anwendung gelangen.
Allerdings kommt zugunsten von Tom möglicherweise doch eine Leistung nach dem SGB II in Betracht: Das *Bürgergeld für nicht erwerbsfähige Leistungsberechtigte*. Tom wohnt – ebenso wie seine Frau Anna – in einer Wohnung mit ihrer Tochter Tatjana. Diese ist ledig und hat das 25. Lebensjahr noch nicht vollendet. Tatjana ist ihrerseits erwerbsfähig. Das SGB II wertet Tom, Anna und Tatjana daher als eine Bedarfsgemeinschaft (§ 7 Abs. 3 Nr. 2 SGB II).[25] Da Tatjana selbst erwerbsfähig ist, kann sie für Tom gewissermaßen als „Türöffnerin" in das SGB II dienen. Der erste Halbsatz von § 19 Abs. 1 Satz 2 SGB II

---

24 Vgl. zum Begriff der Erwerbsfähigkeit unter IV.1.2.
25 Vgl. zur Bedarfsgemeinschaft unter V.

II.2 Leistungssysteme der Grundsicherung

Bürgergeld für erwerbsfähige Leistungsberechtigte (eLB)/ SGB II

leistungsberechtigt nach § 19 Abs. 1 S. 1 i. V. m. § 7 Abs. 1 SGB II sind Personen ...

- im Alter von 15 Jahren bis zur Altersgrenze nach § 7a SGB II,
- die erwerbsfähig sind nach § 8 SGB II,
- die hilfebedürftig sind nach § 9 SGB II und
- die ihren gewöhnlichen Aufenthalt (§ 30 Abs. 3 S. 2 SGB I) in der BRD haben

- **Nachrang** der Sozialhilfe nach § 2 SGB XII und
- **Ausschluss** von Leistungen des SGB XII bei Leistungsberechtigten für SGB II-Leistungen nach § 21 SGB XII
- **Ausnahme**: Vorrang von Leistungen nach dem 4. Kapitel SGB XII vor dem Bürgergeld für Nicht-eLB, vgl. auch § 5 Abs. 2 S. 1 SGB II

Bürgergeld für nicht erwerbsfähige Leistungsberechtigte (Nicht-eLB)/SGB II

leistungsberechtigt nach § 19 Abs. 1 S. 2 i. V. m. § 7 Abs. 2, 3 SGB II sind Personen ....

- die hilfebedürftig sind nach § 9 SGB II,
- die nicht erwerbsfähig sind und
- die mit einem erwerbsfähigen Leistungsberechtigten in Bedarfsgemeinschaft (BG) leben

sofern kein Anspruch auf Leistungen nach dem 4. Kapitel des SGB XII besteht

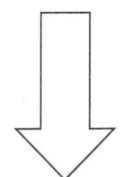

Grundsicherung im Alter oder bei Erwerbsminderung (4. Kapitel SGB XII)

leistungsberechtigt nach § 19 Abs. 2 S. 1 i. V. m. § 41 Abs. 1 SGB XII sind Personen, die

- hilfebedürftig sind,
- die Altersgrenze nach § 41 Abs. 2 SGB XII erreicht haben **oder** das 18. Lebensjahr vollendet haben und dauerhaft voll erwerbsgemindert sind nach § 41 Abs. 3 SGB XII **oder** bestimmte Menschen mit Behinderung nach § 41 Abs. 3a SGB XII und
- mit gewöhnlichem Aufenthalt (§ 30 Abs. 3 S. 2 SGB I) in der BRD nach § 41 Abs. 1 Satz 1 SGB XII

Vorrang von Leistungen nach dem 4. Kapitel vor Leistungen des 3. Kapitels im SGB XII nach § 19 Abs. 2 Satz 2 SGB XII

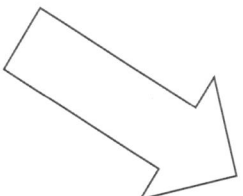

Hilfe zum Lebensunterhalt (HzL) (3. Kapitel SGB XII)

leistungsberechtigt nach § 19 Abs. 1 i. V. m. §§ 27 ff. SGB XII sind Personen,

- die hilfebedürftig sind und
- die ihren gewöhnlichen Aufenthalt im Bereich des Leistungsträgers haben (ergibt sich im Umkehrschluss aus § 24 Abs. 1 S. 1 SGB XII; Ausnahme: § 23 Abs. 1 SGB XII)

Abbildung II.2: Rangfolge der Leistungen zur Sicherung des Lebensunterhalts

bestimmt, dass nicht erwerbsfähige Leistungsberechtigte, die mit erwerbsfähigen Leistungsberechtigten in einer Bedarfsgemeinschaft leben, Bürgergeld für nicht erwerbsfähige Leistungsberechtigte nach dem SGB II erhalten.
Gedanklich kommen für Tom also zwei unterschiedliche Leistungen in Betracht: Es sind sowohl die Voraussetzungen für die Hilfen zum Lebensunterhalt erfüllt (3. Kapitel SGB XII), als auch die Voraussetzungen zur Gewährung von Bürgergeld für nicht erwerbsfähige Leistungsberechtigte (§ 19 Abs. 1 Satz 2, 1. Halbsatz SGB II). Da Tom nicht doppelt Leistungen beziehen kann, die derselben Zielrichtung dienen, ist zu klären, welche Leistung den Vorrang genießt. Hierzu gibt § 19 Abs. 1 Satz 2, 2. Halbsatz SGB II Auskunft. Dieser besagt, dass Leistungen nach dem 4. Kapitel SGB XII dem Bürgergeld für nicht erwerbsfähige Leistungsberechtigte vorgehen (vgl. auch § 5 Abs. 2 Satz 2 SGB II). Im Umkehrschluss haben Leistungen nach dem SGB II Vorrang vor den Hilfen zum Lebensunterhalt nach dem 3. Kapitel SGB XII (§ 5 Abs. 2 Satz 1 SGB II). Für Tom kämen nach dem SGB XII die Hilfen zum Lebensunterhalt in Betracht. In diesem Fall hat also das Bürgergeld für nicht erwerbsfähige Leistungsberechtigte nach dem SGB II Vorrang. Sofern alle Voraussetzungen erfüllt sind, wird Tom also Bürgergeld für nicht erwerbsfähige Leistungsberechtigte beziehen.

Was ist Sinn und Zweck dieser Lösung?
Wenn Tom auf Hilfen zum Lebensunterhalt angewiesen wäre, dann würde er für die Zeit seiner Erkrankung in ein anderes Regelungssystem fallen. Bislang hat er Leistungen nach dem SGB II bezogen. Zuständig für ihn war das Jobcenter. Die Hilfen zum Lebensunterhalt finden sich im SGB XII und fallen in die Zuständigkeit des Sozialamts. In dieses System würde Tom dann während seiner Erkrankung wechseln. Nach seiner Genesung würde Tom dann wieder in das SGB II und die Zuständigkeit des Jobcenters zurückkehren. Ein solches Hin und Her kann vermieden werden, wenn Tom über die Bedarfsgemeinschaft im Anwendungsbereich des SGB II verbleibt, obwohl er gegenwärtig nicht die Voraussetzungen erfüllt, um Bürgergeld für erwerbsfähige Leistungsberechtigte zu beziehen.

ANNA
Auch für Anna ist gedanklich zunächst ein Anspruch auf *Grundsicherung für Arbeitsuchende* zu prüfen. Aus dem Fall geht deutlich hervor, dass Anna infolge des Unfalls voll erwerbsgemindert ist. Sie wird dem Arbeitsmarkt dauerhaft nicht mehr zur Verfügung stehen. Sie ist nicht arbeitsuchend und wird dies auch künftig nicht mehr sein. Daher kommt die Grundsicherung für Arbeitsuchende nicht als Leistung in Betracht (vgl. § 7 Abs. 1 Nr. 2 i. V. m. § 8 SGB II).
In einem weiteren Schritt ist zu überlegen, ob die Voraussetzungen der *Grundsicherung im Alter oder bei Erwerbsminderung* (4. Kapitel SGB XII, § 41 ff. SGB XII) erfüllt sind. Anna ist hilfebedürftig, sie ist dauerhaft erwerbsgemindert, hat das 18. Lebensjahr vollendet und sie hat ihren gewöhnlichen Aufenthalt in Deutschland. Damit sind alle Voraussetzungen für diesen Leistungsanspruch gegeben.
Da die Leistungen nach dem 4. Kapitel des SGB XII den Leistungen nach dem 3. Kapitel des SGB XII vorgehen, braucht nicht weitergehend geprüft zu werden, ob nicht auch das Leistungssystem der *Hilfen zum Lebensunterhalt* in Betracht käme.
Allerdings könnten auch zugunsten von Anna – ebenso wie bei Tom – die Regelungen über das *Bürgergeld für nicht erwerbsfähige Leistungsberechtigte* zur Anwendung kommen. Ebenso wie Tom gehört Anna zur Bedarfsgemeinschaft mit ihrer Tochter Tatjana. Tatjana könnte also auch für Anna als Türöffnerin in

das SGB II dienen. Allerdings bestimmt das SGB II, dass Leistungen nach dem 4. Kapitel SGB XII – hier die Grundsicherung bei Erwerbsminderung – vorrangig sind gegenüber dem Bürgergeld für nicht erwerbsfähige Leistungsberechtigte (vgl. § 5 Abs. 2 Satz 2 SGB II, § 19 Abs. 1 Satz 2, 2. Halbsatz SGB II). Es bleibt also dabei, dass Anna Leistungen zur Grundsicherung bei Erwerbsminderung (4. Kapitel SGB XII) beziehen wird.

Was ist Sinn und Zweck dieser Lösung?
Die Perspektive von Anna unterscheidet sich deutlich von der Perspektive von Tom. Anna wird aufgrund der ungünstigen gesundheitlichen Prognose nicht mehr arbeitsuchend werden. Sie wird aus eigenen Kräften nicht mehr in das Regelungssystem des SGB II zurückkehren. Dann ist es aus rechtlicher Sicht aber auch nicht sinnvoll, sie über die Bedarfsgemeinschaft im Anwendungsbereich des SGB II zu halten. Im Gegenteil: Der Verbleib im SGB II wäre für Anna mit einem gewissen Risiko verbunden. Der Verbleib wäre nämlich davon abhängig, dass Tatjana – nicht nur für einen überschaubaren Zeitraum, sondern dauerhaft – als Türöffnerin ins SGB II zur Verfügung steht. Tatjana könnte heiraten oder aus der gemeinschaftlichen Wohnung mit ihren Eltern ausziehen. Dann wären die Voraussetzungen zur Begründung der Bedarfsgemeinschaft nicht mehr erfüllt. Tatjana könnte nicht mehr als Türöffnerin für ihre Mutter dienen und Anna würde aus dem Regelungssystem des SGB II herausfallen. Spätestens wenn Tatjana ihren 25. Geburtstag feiert, wäre Anna auf die Leistungen nach dem SGB XII verwiesen. Daher sieht es das Gesetz als sinnvoll an, wenn Anna nicht auf einen über ihre Tochter abgeleiteten Anspruch nach dem SGB II angewiesen ist, sondern einen eigenständigen Anspruch nach dem 4. Kapitel des SGB XII hat.

II.3 Wiederholungsfall

Milena erleidet einen Unfall

Milena ist 23 Jahre alt und alleinstehend. Sie hat einen Autounfall erlitten, der sie für das kommende Jahr außer Gefecht setzt. Die Ärzte sind optimistisch, dass die Gesundheit dann wieder vollständig hergestellt ist und Milena in vollem Umfang eine berufliche Tätigkeit ausüben kann. Da anderweitige Ansprüche nicht bestehen, ist Milena auf staatliche Leistungen (SGB II oder SGB XII) angewiesen. Sie fragt sich, aus welchen finanziellen Mitteln sie künftig ihren Lebensunterhalt bestreiten kann.

Wie würden Sie die Situation rechtlich beurteilen?[26]

---

26 Eine Lösungsskizze finden Sie am Ende des Buches in Kapitel XIV.

II.4 Wiederholungsfragen

Fragen

- Zeichnen Sie die Normenpyramide im Bereich der Grundsicherung für Arbeitsuchende und tragen Sie zumindest auf drei Ebenen Beispiele für rechtliche Regelungen ein!
- Wie lang muss eine Person sozialversicherungspflichtig beschäftigt gewesen sein, um Arbeitslosengeld (SGB III) beziehen zu können, wie lange wird Arbeitslosengeld zumindest gewährt und wie hoch ist das Arbeitslosengeld?
- Erklären Sie, in welchen Fällen Wohngeld oder Kinderzuschlag als Sozialleistungen in Betracht kommen.
- Grenzen Sie folgende Begriffe voneinander ab: Grundsicherung für Arbeitsuchende, Bürgergeld für erwerbsfähige Leistungsberechtigte, Bürgergeld für nicht erwerbsfähige Leistungsberechtigte, Sozialhilfe, Grundsicherung im Alter und Hilfe zum Lebensunterhalt.
- In welchem Verhältnis zueinander stehen:
    a) Bürgergeld für erwerbsfähige Leistungsberechtigte und Bürgergeld für nicht erwerbsfähige Leistungsberechtigte
    b) Bürgergeld und Sozialhilfe
    c) Bürgergeld für nicht erwerbsfähige Leistungsberechtigte und Hilfe zum Lebensunterhalt
    d) Grundsicherung im Alter und bei Erwerbsminderung und Hilfe zum Lebensunterhalt

III. Kapitel: Zuständigkeit und Verfahren

3. Fall: Die neugierige Behörde

Max und Helena Noelle sind seit langem ein glückliches Ehepaar und wohnen gemeinsam mit ihren drei minderjährigen Kindern in einer Wohnung in der kreisfreien Stadt Bielheim (im Bundesland P). Bislang konnten sie sich aus eigenen Kräften versorgen. Nun sind sie erstmalig auf staatliche Unterstützung angewiesen. Sie vermuten, dass Sie einen Anspruch auf Bürgergeld haben. Genau wissen die beiden es aber nicht. In den frühen Morgenstunden des 21. Mai nimmt sich Helena ein Herz: Sie schreibt auf eine alte Postkarte: „Da unsere eigenen Mittel so gut wie aufgebraucht sind, bitte ich für meinen Mann Max, mich und unsere drei Kinder freundlich um die uns zustehende staatliche Unterstützung (Unterzeichnung und Anschrift)." Diese Postkarte wirft sie in den Hausbriefkasten des Sozialamtes der kreisfreien Stadt Bielheim ein. Damit ist Max einverstanden. Der Briefkasten wird noch am selben Tag geleert und die Postkarte mit einem Eingangsstempel versehen. Anfang Juni meldet sich das örtliche Jobcenter. Neben unterschiedlichen Informationen fordert es auch, Kontoauszüge der zurückliegenden drei Monate einzureichen. Außerdem möchte sich das Jobcenter einmal über die Wohnsituation der beiden informieren und kündigt daher für die kommenden Tage einen Hausbesuch an.

Helena und Max wissen nicht, wie sie sich nun verhalten sollen und wenden sich daher mit einigen Fragen an Sie:

a) Zunächst einmal möchten die beiden gern wissen, ob sie überhaupt einen wirksamen Antrag auf Bürgergeld gestellt haben? Schließlich scheinen sie die Postkarte bei der falschen Behörde (Sozialamt) eingeworfen zu haben.

b) Darüber hinaus würden sie gern wissen, ab welchem Zeitpunkt sie Anspruch auf Bürgergeld haben (sofern sie alle Voraussetzungen für den Leistungsbezug erfüllen). Seitdem sie die Postkarte eingeworfen haben, seien ja bereits einige Wochen vergangen und es sei auch schon ein anderer Kalendermonat.

c) Letztlich sehen die beiden nicht ein, warum sie den Mitarbeitenden der Behörde Einsicht in ihre privaten Angelegenheiten geben müssen. Sie haben weder Lust, ihre Kontoauszüge vorzulegen, noch wollen sie die Mitarbeitenden des Jobcenters in die eigenen vier Wände lassen.

III.1 Zuständigkeit

Beginnen wir mit einer Frage an Sie: Welchen Namen trägt eigentlich die Behörde, die dafür zuständig ist, Bürgergeld zu gewähren?

Jobcenter – Agentur für Arbeit – Arbeitsamt – Sozialamt – es scheint viele Namen für die Behörde zu geben, die sich mit dem Thema Grundsicherung befasst. Schauen Sie zur Orientierung zunächst einmal in das Inhaltsverzeichnis des SGB II. Die Zuständigkeit kommt dort an zwei Stellen vor:

- Einerseits ist in dem 1. Kapitel („Fördern und Fordern") in den §§ 6 ff. SGB II von den Trägern der Grundsicherung für Arbeitsuchende die Rede. Dort findet sich als Überschrift des § 6d SGB II der Name „Jobcenter".
- Zum andern findet sich im 4. Kapitel („Gemeinsame Vorschriften für Leistungen") vor den §§ 36 ff. SGB II die Überschrift „Zuständigkeit und Verfahren" und in § 36 SGB II ist die „örtliche Zuständigkeit" geregelt.

Geht man allein von den Überschriften im Gesetzestext aus, wird die zuständige Behörde wohl regelmäßig *Jobcenter* heißen. Aber schauen wir uns das Ganze noch etwas genauer an.

III.1.1 Sachliche Zuständigkeit, § 6 SGB II

§ 6 Abs. 1 SGB II ist zu entnehmen, dass die Trägerschaft im Bereich des SGB II zweigeteilt ist:

- Zuständiger Träger für Leistungen nach dem SGB II ist zunächst einmal die *Bundesagentur für Arbeit* (§ 6 Abs. 1 Satz 1 Nr. 1 SGB II). Die Formulierung „soweit Nr. 2 nichts Anderes bestimmt" macht deutlich, dass es sich hierbei um die grundsätzliche Regelung handelt.
- Die Zuständigkeit der *Kreise und kreisfreien Städte* besteht ausschließlich in den in Nr. 2 ausdrücklich aufgeführten Fällen. Hierzu zählen neben den kostenintensiven Bedarfen für Unterkunft und Heizung (§§ 22 ff. SGB II), kommunale Eingliederungsleistungen (§ 16a SGB II), Erstausstattungen für Wohnungen (§ 24 Abs. 3 Satz 1 Nr. 1 SGB II), Erstausstattungen für Bekleidung und Erstausstattungen bei Schwangerschaft und Geburt (§ 24 Abs. 3 Satz 1 Nr. 2 SGB II) sowie bestimmte Leistungen im Bereich der Bildung und Teilhabe (§ 28 SGB II; vgl. hierzu aber auch BVerfG v. 7.7.2020 – 2 BvR 696/12).

Die *geteilte Trägerschaft* ist zum einem dem Umstand geschuldet, dass die Armenfürsorge historisch gesehen eine lokale Aufgabe ist. Zum anderen handelt es sich bei der Zweiteilung um einen Kompromiss, der im Rahmen des SGB II-Gesetzgebungsverfahrens ausgehandelt worden ist (vgl. z. B. Edtbauer/Rabe 2021: 9.1).

Theoretisch gesehen müsste eine bedürftige Person also – je nach Bedarf – Anträge bei zwei unterschiedlichen Behörden stellen. Jede Behörde würde dann für sich prüfen, ob die Voraussetzungen für die begehrte Leistung vorliegen. Ein solches Vorgehen wäre nicht nur (für den Antragsteller und die Behörden) mit doppeltem Aufwand verbunden. Es könnte auch zu sich widersprechenden behördlichen Entscheidungen führen. Daher sieht das SGB II zwei unterschiedliche Wege vor, damit die antragstellende Person trotz der geteilten Zuständigkeit eine *Leistung „aus einer Hand"* bekommt:

- Einerseits besteht die Möglichkeit, dass die beiden unterschiedlichen Behörden (Agentur für Arbeit und kommunaler Träger) *unter einem Dach* zusammenarbeiten (*gemeinsame Einrichtung*, § 44b SGB II).
- Andererseits können kommunale Träger unter bestimmten Voraussetzungen und gegen Ersatz der entstehenden Aufwendungen zusätzlich zu den ihnen ohnehin obliegenden Aufgaben auch die Trägerschaft für die Aufgaben über-

nehmen, die eigentlich bei der Bundesagentur für Arbeit liegen (sog. *Optionskommune*, §§ 6a ff. SGB II).

Zur Begrifflichkeit der beiden Anlaufstellen bestimmt § 6d SGB II, dass es sich hierbei um das *Jobcenter* handelt, und zwar unabhängig davon, welcher der beiden zuvor beschriebenen Wege beschritten wird.[27]

III.1.2 Örtliche Zuständigkeit, § 36 SGB II

Auch wenn damit geklärt ist, dass Anträge auf Bürgergeld beim Jobcenter zu stellen sind, ist damit noch nicht geklärt, an welches der über 400 Jobcenter sich eine betroffene Person zu wenden hat. Eine Antwort auf diese Frage gibt die *örtliche Zuständigkeit*.

Maßgeblich zur Bestimmung der örtlichen Zuständigkeit ist der *gewöhnliche Aufenthalt* einer Person (vgl. § 36 Abs. 1 Satz 1 und 2 SGB II).

Denken Sie einmal über Ihre persönliche Situation nach: Wo haben Sie gegenwärtig Ihren gewöhnlichen Aufenthalt und woran machen Sie das fest?

Der Begriff des gewöhnlichen Aufenthalts ist auch in anderen Sozialgesetzbüchern von Bedeutung.[28] Um den Begriff nicht in jedem Gesetzbuch neu definieren zu müssen, hat der Gesetzgeber die Definition „vor die Klammer" gezogen und für alle Sozialgesetzbücher im SGB I (Allgemeiner Teil) geklärt. § 30 Abs. 3 Satz 2 SGB I erläutert, dass jemand seinen gewöhnlichen Aufenthalt dort hat, *„wo er sich unter Umständen aufhält, die erkennen lassen, dass er an diesem Ort oder in diesem Gebiet nicht nur vorübergehend verweilt."*

Grundsätzlich wird man seinen gewöhnlichen Aufenthalt dort haben, wo man ordnungsbehördlich seinen *Wohnsitz* angemeldet hat (vgl. ausführlich zum gewöhnlichen Aufenthalt Mrozynski 2019: § 30 SGB I, Rn. 14 ff.). Denn seinen Wohnsitz wird man nur dort anmelden, wo die Perspektive besteht, sich längerfristig aufzuhalten. Schwieriger zu beurteilen ist die Situation dann, wenn Wohnsitz und Aufenthaltsort auseinanderfallen. In diesen Fällen bedarf es einer Prognose anhand der *tatsächlichen Verhältnisse* (NVwZ-RR 1997, 751).

Wo hat aus Ihrer Sicht eine Person den gewöhnlichen Aufenthalt, die die kommenden Monate in Haft verbringt?

Die Beantwortung dieser Frage bedarf einer genauen Betrachtung des Einzelfalls und lässt sich nicht pauschal beantworten. Ziel der § 36 Abs. 1 Satz 1 und 2 SGB II ist es, bei der Gewährung von Sozialleistungen weite Wege zu vermeiden, das persönliche Umfeld der betroffenen Person zu berücksichtigen und einen engen Austausch zwischen Behörde und Arbeitsuchenden zu gewährleisten. So ist

---

27 Die Begriffe Jobcenter und Agentur für Arbeit sollen den Dienstleistungscharakter in den Vordergrund stellen und haben insofern den im allgemeinen Sprachgebrauch noch immer präsenten Begriff „Arbeitsamt" ersetzt. Als *Sozialamt* wird im allgemeinen Sprachgebrauch die Behörde bezeichnet, die für die Aufgaben der Sozialhilfe (SGB XII) sowie für andere soziale Angelegenheiten verantwortlich ist.

28 Vgl. zum Beispiel für die örtliche Zuständigkeit für Leistungen im Bereich des Kinder- und Jugendhilferechts, § 86 Abs. 1 SGB VIII.

etwa eine *Untersuchungshaft* nur vorübergehender Natur (§§ 112 ff. StPO) und führt typischerweise nicht zu einer Beseitigung des bislang bestehenden Lebensmittelpunkts. Der gewöhnliche Aufenthalt ist in diesem Fall daher regelmäßig nicht die Haftanstalt, sondern der bisherige (und künftige) Wohnort (vgl. OVG Saarland, Beschl. vom 03.09.2007 – 3 Q 133/06). Im Übrigen ist im Fall der Haft auf die Umstände des Einzelfalls abzustellen. Dabei sind neben der Dauer der Haft, die zu einer Zäsur der bisherigen Lebensumstände führen kann, weitergehende Aspekte zu berücksichtigen, z. B. die Frage, ob die betroffene Person nach der Entlassung aus der Haft wieder in die zuvor geführten Lebensbeziehungen zurückkehren wird (NVwZ-RR 1997, 751).[29]

Noch einmal anders stellt sich die Situation bei *Nichtsesshaften* dar, die durch die Lande ziehen und ganz bewusst keinen gewöhnlichen Aufenthalt begründen wollen. Die örtliche Zuständigkeit richtet sich in diesen Fällen nach dem *tatsächlichen Aufenthalt* (§ 36 Abs. 1 Satz 4 SGB II). Die Feststellung des tatsächlichen Aufenthalts ist wesentlich einfacher möglich als die Feststellung des gewöhnlichen Aufenthalts – geht es hier doch um die Frage der physischen Anwesenheit (Luik/Harrich 2024: § 36 SGB II Rn. 46).

Anwendung auf den Fall:

Max und Helena wohnen seit langem mit ihren Kindern in der kreisfreien Stadt Bielheim.
Sofern sie Leistungen auf der Grundlage des SGB II geltend machen wollen, ist für sie zum einen die Bundesagentur für Arbeit *sachlich zuständig* (§ 6 Abs. 1 Satz 1 Nr. 1 SGB II). Deren örtliche Dienststelle wird als Agentur für Arbeit bezeichnet. Sachlich zuständig ist für die Familie zum anderen die kreisfreie Stadt Bielheim, sofern es sich um die Leistungen handelt, die explizit in § 6 Abs. 1 Satz 1 Nr. 2 SGB II aufgelistet sind (insbesondere die Kosten der Unterkunft). Entweder arbeiten die beiden Behörden in einer gemeinsamen Einrichtung zusammen oder die kreisfreie Stadt Bielheim hat als Optionskommune auch die Verantwortung für die Aufgaben der Agentur für Arbeit übernommen (§ 6a ff. SGB II). Die Behörde, an die sich die Familie wenden muss, trägt den Namen Jobcenter (§ 6d SGB II).
Die *örtliche Zuständigkeit* richtet sich nach dem gewöhnlichen Aufenthalt von Helena und Max (§ 36 Abs. 1 Satz 1 und 2 SGB II). Beide sind schon seit langem ein Ehepaar und wohnen mit ihren Kindern in der kreisfreien Stadt Bielheim. Auch wenn der Fall dazu keine weitergehenden Ausführungen macht, ist zu vermuten, dass sie hier gegenwärtig ihren Lebensmittelpunkt (Schule, Freund etc.) haben und ihn perspektivisch auch hier haben werden. Sie haben ihren gewöhnlichen Aufenthalt daher in der kreisfreien Stadt Bielheim.
Das Jobcenter der kreisfreien Stadt Bielheim ist also für die Bearbeitung des Antrags von Helena sachlich und örtlich zuständig.

---

29 **Bitte beachten Sie:** Von der hier thematisierten Fragestellung des gewöhnlichen Aufenthalts und der örtlichen Zuständigkeit ist die Frage zu unterscheiden, ob der betroffenen Person aufgrund der Haft überhaupt Ansprüche nach dem SGB II zustehen oder ob diese nicht aufgrund der Bestimmung des § 7 Abs. 4 Satz 2 SGB II ausgeschlossen sind. Vgl. dazu unter IV.3.2.1.

III.2 Antrag, § 37 SGB II

Für Leistungen der Grundsicherung für Arbeitsuchende ist ein *Antrag* erforderlich (§ 37 Abs. 1 Satz 1 SGB II). Das Gesetz stellt sogar ausdrücklich klar, dass Leistungen nicht für Zeiten vor der Antragstellung erbracht werden (§ 37 Abs. 2 Satz 1 SGB II). Zudem ist zu beachten, dass einige Leistungen gesondert zu beantragen sind (§ 37 Abs. 1 Satz 2 SGB II). Hierzu gehören insbesondere die Erstausstattungen einer Wohnung und bei Schwangerschaft und Geburt (§ 24 Abs. 3 Nr. 1 und 2 SGB II) sowie die angemessene Lernförderung (Nachhilfeunterricht, § 28 Abs. 5 SGB II).

> **Merke:**
> Antragstellende sollten darauf achten, dass sie bei der Antragstellung sämtliche Ihnen nach dem SGB II zustehenden Ansprüche geltend machen.

Im vorliegenden Fall hat Helena eine Postkarte geschrieben und um Leistungen sowohl für sich selbst als auch für ihren Mann Max und die Kinder gebeten. Fraglich ist, ob das als ausreichend anzusehen ist oder ob nicht jeder der beiden für sich selbst tätig werden und bei der Behörde vorsprechen muss. Für bestimmte Konstellationen enthält § 38 SGB II eine *Verfahrensvereinfachung*. Es wird vermutet, dass erwerbsfähige Leistungsberechtigte in einer Bedarfsgemeinschaft grundsätzlich bevollmächtigt sind, Leistungen der Grundsicherung für Arbeitsuchende auch für die anderen Personen der Bedarfsgemeinschaft sowohl zu beantragen als auch entgegenzunehmen.

> **Anwendung auf den Fall:**
> Im vorliegenden Fall ist davon auszugehen, dass Helena, Max und die Kinder eine Bedarfsgemeinschaft bilden.[30] Max war über das Vorgehen von Helena hocherfreut. Daher bleibt es bei der grundsätzlich aufgestellten Vermutung und Helena konnte sowohl für sich als auch für Max tätig werden. Helena und Max sind als Eltern die gesetzlichen Vertreter der minderjährigen Kinder (§§ 1626, 1629 BGB) und können daher auch für diese wirksam einen Antrag auf staatliche Unterstützung stellen.

III.2.1 Form des Antrags, § 9 SGB X

Im Bereich des Sozialrechts geht es vielfach um Leistungen, die für die betroffenen Personen von existenzieller Bedeutung sind. Gleichzeitig bedarf es möglicherweise einer gewissen Überwindung, um die Schwelle zur Behörde zu überschreiten und eine Unterstützung zu beantragen. Daher ist das Gesetz darum bemüht, keine zu hohen Anforderungen an einen wirksamen Antrag zu stellen. In dem Gesetz, das sich mit dem Verfahren vor Sozialbehörden befasst (SGB X) wird daher der Grundsatz festgehalten, dass das Verfahren *nicht* an bestimmte Formen gebunden ist (§ 9 SGB X).

---

30 Zum Begriff der Bedarfsgemeinschaften vgl. unter V.

III. Kapitel: Zuständigkeit und Verfahren

> **Anwendung auf den Fall:**
>
> Helena hat die Bitte um Unterstützung auf eine alte Postkarte geschrieben. Der Antrag ist an keine bestimmte Form gebunden (§ 9 SGB X). Als Minimum für eine Antragstellung reicht es daher aus, dass eine eindeutig identifizierbare Person eine staatliche Leistung begehrt.
> Im vorliegenden Fall kann das Begehren durch Name und Anschrift eindeutig Familie Noelle (Helena, Max und ihren drei Kindern) zugeordnet werden. Für die Behörde ist erkennbar, wem gegenüber sie tätig werden soll.
> Darüber hinaus wird aus dem Text auch klar, was begehrt wird, nämlich die der Familie „zustehende staatliche Unterstützung". Es kann von den Antragstellenden nicht erwartet werden, dass sie genau wissen, wie die Leistung heißt, auf die sie einen Anspruch haben. Möglicherweise stellt sich ja auch überhaupt erst im Rahmen des Verfahrens heraus, ob ein Anspruch auf Bürgergeld oder auf Sozialhilfe besteht. Noch viel weniger kann von den Antragstellenden erwartet werden, dass sie wissen, welche Rechtsnorm in ihrem Fall den Anspruch begründet.
> Insofern ist die Postkarte als Antragstellung zu werten.

Die Behörde wird im Laufe des durch den Antrag eingeleiteten Verwaltungsverfahrens weitergehende Angaben von Familie Noelle benötigen. Erst auf deren Grundlage wird sie darüber entscheiden können, ob und wenn ja in welcher Höhe die Familie Anspruch auf Grundsicherung für Arbeitsuchende hat. In diesem Zusammenhang werden den Noelles sicherlich auch *Formblätter* zugesendet werden, die auszufüllen sind. Das Gesetz bestimmt, dass entsprechende Vordrucke benutzt werden sollen (§ 60 Abs. 2 SGB I). Allerdings macht bereits die Begrifflichkeit („sollen") deutlich, dass die Verwendung der Vordrucke keine Leistungsvoraussetzung ist (Knickrehm et. al/Joussen 2023: § 60 SGB I Rn. 8).

III.2.2 Behörde der Antragsstellung, § 16 SGB I

Helena hat die Postkarte beim Sozialamt der kreisfreien Stadt Bielheim eingeworfen. Wie bereits festgestellt, liegt die Zuständigkeit aber nicht beim Sozialamt, sondern beim Jobcenter. Der wirksamen Antragstellung könnte es also entgegenstehen, dass der Antrag bei einer unzuständigen Behörde eingegangen ist.

Das SGB I (Allgemeiner Teil) beschäftigt sich in den §§ 11 ff. SGB I auch mit der Frage, wer die zuständigen Träger für Sozialleistungen sind. In diesem Zusammenhang setzt sich der Gesetzgeber auch damit auseinander, wo Anträge auf Sozialleistungen zu stellen sind. Um das Verfahren möglichst rasch und unkompliziert durchführen zu können, wird dabei zunächst einmal der Grundsatz aufgestellt, dass Anträge auf Sozialleistungen *beim zuständigen Leistungsträger* zu stellen sind (§ 16 Abs. 1 Satz 1 SGB I).

Möglicherweise besteht aber Ungewissheit darüber, wer überhaupt der zuständige Leistungsträger ist. So ist es – wie Sie bereits festgestellt haben – zum Beispiel mitunter gar nicht so leicht, die Grundsicherung für Arbeitsuchende (SGB II) von der Sozialhilfe (SGB XII) abzugrenzen.[31] Die Zuständigkeit kann möglicherweise auch

---

31 Vgl. II.2.2.

erst im Rahmen der Prüfung der Anspruchsvoraussetzungen ermittelt werden. Gerade die Aufgabe des Sozialrechts muss es aber sein, den betroffenen Personen einen möglichst niedrigschwelligen Zugang zu den gesetzlichen Leistungen zu ermöglichen. Daher bestimmt § 16 Abs. 1 Satz 2 SGB I, dass Anträge auch von allen anderen Leistungsträgern, von allen Gemeinden und bei Personen, die sich im Ausland aufhalten, auch von den amtlichen Vertretungen der Bundesrepublik Deutschland im Ausland entgegengenommen werden.

Allein der Umstand, dass auch andere Behörden dazu verpflichtet sind, Anträge entgegenzunehmen, führt aber noch nicht dazu, dass die Anträge auch bearbeitet werden. Denn für die Bearbeitung der Anträge bleibt nach wir vor der zuständige Leistungsträger verantwortlich. Daher enthält § 16 Abs. 2 Satz 1 SGB I eine Verpflichtung zur *Weiterleitung* der gestellten Anträge an die zuständige Behörde.

> **Anwendung auf den Fall:**
> Helena hat die Postkarte beim Sozialamt der kreisfreien Stadt Bielheim eingeworfen. Die kreisfreie Stadt ist eine Gemeinde. Gem. § 16 Abs. 1 Satz 2 SGB I sind auch Gemeinden dazu verpflichtet, Anträge auf Sozialleistungen entgegenzunehmen. Das Sozialamt ist dazu verpflichtet, den Antrag an das zuständige Jobcenter weiterzuleiten. Helena hat also einen wirksamen Antrag gestellt, indem sie die Postkarte beim Sozialamt der kreisfreien Stadt Bielheim eingeworfen hat.

III.2.3 Wirkung des Antrags, § 37 SGB II

Leistungen nach dem SGB II werden nur auf Antrag erbracht (§ 37 Abs. 1 Satz 1 SGB II). Dabei stellt das Gesetz klar, dass der Antrag auf Leistungen zur Sicherung des Lebensunterhalts auf den Ersten des Monats zurückwirkt (§ 37 Abs. 2 Satz 2 SGB II). Bei dieser Regelung handelt es sich um eine Vereinfachung des Verwaltungsverfahrens. Zum einen braucht nicht der konkrete Tag des Monats nachgewiesen zu werden, an dem der Antrag beim Jobcenter eingegangen ist. Zum anderen müssen die Mitarbeitenden im Jobcenter nicht anteilig berechnen, in welcher Höhe für den laufenden Monat die Leistung zu gewähren ist.

Überlegen Sie zunächst einmal selbst – was bedeutet das für den vorliegenden Fall? Ab welchem Zeitpunkt können Helena und Max Leistungen beziehen (sofern auch alle anderen Leistungsvoraussetzungen erfüllt sind)?

> **Anwendung auf den Fall:**
> Helena hat die Postkarte am 21. Mai in den Hausbriefkasten des Sozialamtes geworfen. Noch am selben Tag ist die Postkarte mit einem Eingangsstempel versehen worden.
> Das Sozialamt musste den Antrag aber zunächst noch an die zuständige Behörde – das Jobcenter – weiterleiten. Dieses hat erst zu einem späteren Zeitpunkt – möglicherweise sogar erst im Juni – von dem Begehren der Familie Noelle erfahren. Daher stellt sich die Frage, zu welchem Zeitpunkt der Antrag gestellt worden ist.

> Es wurde bereits festgestellt, dass Anträge auch von bestimmten anderen als den zuständigen Behörden entgegengenommen werden. Dann ist es aber nur konsequent, wenn dieser Zeitpunkt auch als der Zeitpunkt der Antragstellung gilt. So bestimmt es § 16 Abs. 2 Satz 2 SGB I: *„Ist die Sozialleistung von einem Antrag abhängig, gilt der Antrag als zu dem Zeitpunkt gestellt, in dem er bei einer der in Satz 1 genannten Stellen eingegangen ist."*
> Helena hat den Antrag auf Sozialleistungen also am 21. Mai gestellt. Dieser Antrag wirkt gem. § 37 Abs. 2 Satz 2 SGB II auf den Ersten des Monats zurück. Sofern alle Voraussetzungen für einen Leistungsbezug erfüllt sind, kann Familie Noelle also ab dem 1. Mai Bürgergeld-Leistungen beziehen.[32]

III.3 Verfahren

Mit der Antragstellung beginnt das Verwaltungsverfahren (vgl. § 18 SGB X).

III.3.1 Untersuchungsgrundsatz, § 20 SGB X

Es ist offensichtlich, dass das Jobcenter allein auf der Grundlage der Postkarte von Helena keine Entscheidung über eine staatliche Unterstützung treffen kann. Noch weiß es zu wenig über die Lebensumstände der Familie, um beurteilen zu können, ob die Anspruchsvoraussetzungen des SGB II erfüllt sind. Das Gesetz verpflichtet die Behörde daher dazu, weitergehende Ermittlungen anzustellen, um den Antrag abschließend bewilligen oder ablehnen zu können (sog. *Untersuchungsgrundsatz*, vgl. § 20 SGB X).

III.3.2 Mitwirkungspflicht, § 60 SGB I

Bei zahlreichen Aspekten, die für die Beurteilung der Anspruchsvoraussetzungen von Bedeutung sind (z. B. Höhe der Mietkosten, vorhandenes eigenes Einkommen oder Vermögen etc.) ist das Jobcenter auf die Unterstützung der antragstellenden Personen selbst angewiesen. Mit dem für die Behörde verbindlichen Untersuchungsgrundsatz korrespondiert daher eine *Mitwirkungspflicht* der Antragsteller (§§ 60 ff. SGB I). Dazu zählen insbesondere

- die Pflicht, alle Tatsachen anzugeben, die für die Leistung erheblich sind (§ 60 Abs. 1 Satz 1 Nr. 1 SGB I),
- die Pflicht, Beweismittel zu bezeichnen und auf Verlangen des zuständigen Leistungsträgers Beweisurkunden vorzulegen (§ 60 Abs. 1 Satz 1 Nr. 3 SGB II) oder
- die Pflicht, auf Verlangen des zuständigen Leistungsträgers zur mündlichen Erörterung des Antrags oder zur Vornahme anderer für die Entscheidung über die Leistung notwendiger Maßnahmen persönlich zu erscheinen (§ 61 SGB I).

Bevor Sie weiterlesen nehmen Sie zunächst einmal sowohl die Perspektive des Jobcenters als auch die Perspektive von Helena und Max ein:

---

[32] Es wird aber auch ersichtlich, dass zwischen der Antragstellung und der Bewilligung von Bürgergeld ein Zeitraum entstehen kann, den die antragstellende Person finanziell überbrücken muss. Das macht deutlich, wie wichtig es ist, frühzeitig die entsprechenden Anträge zu stellen.

III.3 Verfahren

> Warum ist es aus Sicht des Jobcenters erforderlich, Einsicht in die Kontoauszüge zu nehmen und einen Hausbesuch durchzuführen?
> Und warum sind Helena und Max nicht bereit, entsprechend mitzuwirken?
> Auf welche Rechte könnten sich die Beteiligten jeweils berufen? Und welche Perspektive finden Sie überzeugender?

Anwendung auf den Fall

a) Vorlage der Kontoauszüge
Helena und Max trifft die Pflicht, alle Tatsachen anzugeben, die für die Leistung erheblich sind (§ 60 Abs. 1 Satz 1 Nr. 1 SGB I) und auf Verlangen des Jobcenters Beweisurkunden vorzulegen (§ 60 Abs. 1 Satz 1 Nr. 3 SGB I).
Das Jobcenter wird für sich geltend machen, dass es beurteilen können muss, ob die Mitglieder der Familie Noelle auf finanzielle Unterstützung angewiesen sind (vgl. § 9 SGB II: Hilfebedürftigkeit). Sollten diese über hinreichendes Einkommen oder Vermögen verfügen, um den Lebensunterhalt aus eigenen Kräften bestreiten zu können, hätten sie keinen Anspruch auf staatliche Leistungen. Um hierüber Klarheit zu bekommen, verlangt das Jobcenter Einsicht in die Kontoauszüge. Das Jobcenter macht also für sich geltend, die Informationen zu benötigen, um seiner Bindung an die geltenden Gesetze gerecht werden zu können (Art. 20 Abs. 3 GG, Grundsatz vom Vorrang des Gesetzes[33]).
Helena und Max könnten dagegen einwenden, dass die Pflicht zur Vorlage der Kontoauszüge einen unzulässigen Eingriff in ihr Recht auf informationelle Selbstbestimmung (Datenschutz) darstellt, das sich aus den Grundrechten ableiten lässt (Art. 2 Abs. 1 GG i. V. m. Art. 1 Abs. 1 GG). Die Mitwirkungspflicht nach dem SGB I stößt dort an eine Grenze, wo sie gegen höherrangiges Recht verstößt (vgl. zu weiteren Grenzen der Mitwirkung § 65 SGB I).
Es bedarf also eines Ausgleichs dieser beiden widerstreitenden Rechte. Die Rechtsprechung nimmt den Ausgleich dahingehend vor, dass es die Leistungsempfänger grundsätzlich als verpflichtet ansieht, ihre Kontoauszüge der letzten drei Monate vorzulegen. Um den Eingriff in die Rechte der Leistungsempfänger auf das Notwendige zu begrenzen, haben diese das Recht, die Empfänger von Zahlungen in den Kontoauszügen zu schwärzen, wenn andernfalls besondere personenbezogene Daten (Parteizugehörigkeit, konfessionelles Bekenntnis etc.) offengelegt werden müssten (BSG, Urteil vom 19. 9. 2008 – B 14 AS 45/07 R (LSG Bayern)).
b) Hausbesuch
Im Falle eines Hausbesuchs wird das Jobcenter vergleichbar argumentieren wie im Fall der Kontoauszüge und sich auf seine Verpflichtung berufen, Sozialleistungen nur entsprechend der gesetzlichen Vorgaben gewähren zu dürfen (Art. 20 Abs. 3 GG).
Familie Noelle wird sich auf die Unverletzlichkeit der Wohnung berufen und geltend machen, dass eine Durchsuchung grundsätzlich nur durch den Richter – nicht aber durch das Jobcenter – angeordnet werden darf (Art. 13 Abs. 1 und 2 GG).[34]

---

33 Der Grundsatz vom Vorrang des Gesetzes bedeutet, dass die Behörde sich nicht gesetzeswidrig verhalten darf (Kein Handeln gegen das Gesetz!).
34 Die Mitarbeiter des Jobcenters würden sich möglicherweise sogar strafbar machen, wenn sie ohne Berechtigung in die Wohnung eindringen, z. B. wegen Hausfriedensbruchs (§ 123 StGB) oder wegen Nötigung (§ 240 StGB).

Aus rechtlicher Sicht besteht daher keine Pflicht, die Mitarbeiter des Jobcenters in die Wohnung zu lassen. Allerdings wäre die Schlussfolgerung verkürzt, einen Hausbesuch der Mitarbeiter des Jobcenters in jedem Fall zu verweigern. Aus pragmatischer Sicht sind die Antragstellenden auf eine gute und vertrauensvolle Zusammenarbeit mit den Mitarbeitenden des Jobcenters angewiesen. Aus rechtlicher Sicht stellt sich stets die Frage nach der Darlegungs- und Beweislast:

- Wenn z. B. die Erstausstattung einer Wohnung beantragt wird (§ 24 Abs. 3 Satz 1 Nr. 1 SGB II), dann sind die Antragstellenden ihrerseits in der Pflicht, darzulegen und zu beweisen, dass eine entsprechende Ausstattung bislang nicht vorhanden ist. Wenn die Antragsteller in dieser Situation den Hausbesuch verweigern, kann das Jobcenter seinerseits möglicherweise nicht beurteilen, ob eine Erstausstattung erforderlich ist. Der entsprechende Antrag würde dann ggf. abgelehnt.

- Wenn es das Jobcenter ist, das nachweisen möchte, dass zwei Personen zusammen in einer Bedarfsgemeinschaft leben und ihr Einkommen daher auch füreinander einsetzen müssen (§ 9 Abs. 2 Satz 1 SGB II), dann trifft dieses entsprechend auch die Darlegungs- und Beweispflicht. Angenommen, das Jobcenter kann die Bedarfsgemeinschaft nur mit Hilfe eines Hausbesuchs nachweisen und die Antragsteller lehnen den Hausbesuch ab, dann kann das Jobcenter den erforderlichen Nachweis nicht erbringen, die Bedarfsgemeinschaft nicht nachweisen und in der Konsequenz auch eine Anrechnung des Einkommens nicht vornehmen.

> **Merke:**
>
> Wenn das Jobcenter ohne Termin vorbeikommt, dann hat die antragstellende Person die Möglichkeit, um einen erneuten Termin zu bitten, mit dem Hinweis darauf, einen Beistand i. S. d. § 13 SGB X, z. B. einen Sozialarbeiter, heranziehen zu wollen.

III.4 Bewilligungszeitraum, § 41 Abs. 3 SGB II

Über den Anspruch auf Leistungen zur Sicherung des Lebensunterhalts ist in der Regel für ein Jahr zu entscheiden, § 41 Abs. 3 Satz 1 SGB II. Eine Abweichung von diesem Grundsatz kommt etwa dann in Betracht, wenn absehbar ist, dass die Hilfebedürftigkeit (§ 9 SGB II) im Laufe des Jahres entfallen wird oder wenn die leistungsberechtigte Person in diesem Zeitraum die Altersgrenze (§ 7a SGB II) erreichen wird. Weitergehende Ausnahmen sind auch in § 41 Abs. 3 Satz 2 SGB II aufgeführt.

III.5 Zuständigkeit und Verfahren in der Sozialhilfe

III.5.1 Sachliche Zuständigkeit

Für die Umsetzung des Sozialhilferechts sind zwei unterschiedliche Träger sachlich zuständig: der örtliche Träger einerseits und der überörtliche Träger andererseits (§ 3 Abs. 1 SGB XII).

Die *örtlichen Träger der Sozialhilfe* sind die Kreise und kreisfreien Städte (§ 3 Abs. 2 Satz 1 SGB XII). Diese trifft die grundsätzliche Zuständigkeit für das Sozialhilferecht. Das ergibt sich aus § 97 Abs. 1 SGB XII („soweit nicht der überörtliche Träger sachlich zuständig ist"). Umgangssprachlich wird diese Behörde als Sozialamt bezeichnet.

Neben den örtlichen Trägern spielen im Bereich der Sozialhilfe allerdings auch die *überörtlichen Träger* eine wichtige Rolle. Der Gesetzgeber hat auf diese Aufgaben übertragen, die sinnvollerweise nicht lokal – sondern regional – wahrzunehmen sind. Es ist die Aufgabe der Länder, die überörtlichen Träger der Sozialhilfe zu bestimmen (§ 3 Abs. 3 SGB XII).[35] Soweit das Landesrecht keine abweichenden Regelungen enthält, ist der überörtliche Träger der Sozialhilfe gem. § 97 Abs. 3 SGB XII zuständig für

- Leistungen der Hilfe zur Pflege (§§ 61 – 66 SGB XII),
- Leistungen der Hilfe zur Überwindung besonderer sozialer Schwierigkeiten (§§ 67 – 69 SGB XII),
- Leistungen der Blindenhilfe (§ 72 SGB XII).

III.5.2 Örtliche Zuständigkeit

Die *örtliche Zuständigkeit* bestimmt sich im Sozialhilferecht grundsätzlich nach dem tatsächlichen Aufenthalt der betroffenen Person (§ 98 Abs. 1 Satz 1 SGB XII). Das kann mitunter zu Problemen führen, wenn ein Bezieher von Sozialhilfeleistungen – insbesondere ins Ausland – in den Urlaub fahren möchte. Wenn unter dem tatsächlichen Aufenthalt die physische Anwesenheit zu verstehen ist, dann endet diese spätestens mit der Ausreise aus der Bundesrepublik Deutschland. Schon vor längerer Zeit hat die Rechtsprechung klargestellt, dass bei kurzfristigen Ortswechseln statt kurzfristig wechselnder Zuständigkeiten unter dem Gesichtspunkt der Effektivität der Sozialhilfe eine fortdauernde Zuständigkeit eines örtlichen Trägers geboten sein kann. Kurzfristige Abwesenheiten während des Bewilligungszeitraums von regelmäßig einem Monat lassen die Zuständigkeit des Sozialhilfeträgers daher unberührt (BVerwG Urt. v. 22.12.1998 – 5 C 21.97).[36]

Von diesem Grundsatz der örtlichen Zuständigkeit gibt es allerdings eine ganze Reihe von Ausnahmen. Zumindest zwei von ihnen seien hier genannt:

- So kann etwa das *Landesrecht* festlegen, dass sich die örtliche Zuständigkeit für die Grundsicherung im Alter und bei Erwerbsminderung nicht nach dem tatsächlichen, sondern nach dem gewöhnlichen Aufenthalt bestimmt (vgl. etwa § 1 Abs. 3 AG-SGB XII NRW).
- Kommunen, in denen sich *stationäre Einrichtungen* oder *ambulant betreute Wohnmöglichkeiten* befinden, würden in besonderer Weise finanziell belastet, wenn das örtliche Sozialamt auch für alle Bewohner dieser Einrichtungen

---

35 So nehmen etwa in NRW die Landschaftsverbände die Aufgaben des überörtlichen Trägers der Sozialhilfe wahr, § 1 Abs. 1 AG-SGB XII NRW. In Bayern sind die überörtlichen Träger der Sozialhilfe die Bezirke, Art. 80 Abs. 1 Satz 1 Bayerisches Gesetz zur Ausführung der Sozialgesetze.
36 Vgl. in diesem Zusammenhang auch LSG Nordrhein-Westfalen, Urteil vom 5.9.2016 – L 20 SO 194/14: „Verfassungsrechtlich aber wäre es kaum zu rechtfertigen, Beziehern von Grundsicherung im Alter durch leistungsrechtliche Einschränkungen einen längeren Auslandsaufenthalt, der im Vergleich zu einem hiesigen Aufenthalt keinerlei Sozialhilfemehrkosten verursacht, faktisch zu versagen."

örtlich zuständig wäre. Dem versucht das Sozialhilferecht entgegenzuwirken, indem in diesen Fällen die Träger der Sozialhilfe örtlich zuständig sind, in deren Bereich die Leistungsberechtigten ihren gewöhnlichen Aufenthalt im Zeitpunkt der Aufnahme in die Einrichtung haben oder in den zwei Monaten vor der Aufnahme zuletzt gehabt hatten, bzw. die vor Eintritt in das ambulant betreute Wohnen zuletzt zuständig waren oder zuständig gewesen wären (vgl. § 98 Abs. 2 und Abs. 5 SGB XII mit weitergehenden Ausnahmen).

III.5.3 Antrag, Verfahren und Bewilligungszeitraum

III.5.3.1 Antrag oder Kenntnis der Hilfebedürftigkeit

Im Bereich der *Grundsicherung im Alter und bei Erwerbsminderung* bedarf es – ebenso wie im Bereich des Bürgergeldes – einer Antragstellung (§ 44 Abs. 1 SGB XII). Dieser wirkt unter den Voraussetzungen des § 44 Abs. 2 SGB XII auf den Ersten des Kalendermonats zurück.

Bei den *Hilfen zum Lebensunterhalt* handelt es sich um „das letzte soziale Netz", das eingreifen kann. Daher wird hier die Hilfe noch nicht einmal von einem Antrag abhängig gemacht. Vielmehr setzt die Hilfe ein, „sobald dem Träger der Sozialhilfe oder den von ihm beauftragten Stellen bekannt wird, dass die Voraussetzungen für die Leistung vorliegen" (§ 18 Abs. 1 SGB XII).

> **Merke:**
> In der Praxis ist es aus Gründen der Nachweisbarkeit natürlich sinnvoll, sich ausdrücklich (schriftlich) an das Sozialamt zu wenden oder entsprechende Gespräche mit der Behörde zumindest als Gedächtnisprotokoll festzuhalten.

In diesem Zusammenhang sei noch auf Folgendes hingewiesen: Träger der SGB II Leistungen sind die Kommunen zusammen mit der Agentur für Arbeit, § 6 Abs. 1 SGB II. Stellt das Jobcenter im Laufe des Verfahrens die volle Erwerbsunfähigkeit einer antragstellenden Person fest (§ 44a Abs. 1 Satz 1 SGB II), dann hat die Kommune damit zugleich regelmäßig Kenntnis von der Hilfebedürftigkeit der betroffenen Person erlangt. Dieses Wissen muss sich die Kommune (als örtliche Trägerin der Sozialhilfe) für die Frage zurechnen lassen, ab welchem Zeitpunkt etwaige Hilfen zum Lebensunterhalt zu gewähren sind. Gleiche Überlegungen sind denkbar, wenn die bedürftige Person Kontakt zu anderen Behörden der Kommune hatte (Gesundheitsamt, Allgemeiner Sozialer Dienst der Kommune).

III.5.3.2 Verfahren

Beim Untersuchungsgrundsatz (§ 20 SGB X) und den Mitwirkungspflichten (§§ 60 ff. SGB I) handelt es sich um allgemeine Grundsätze des Sozialverwaltungsverfahrens, die auch im Bereich der Sozialhilfe zur Anwendung gelangen.[37]

---

37 Vgl. insofern unter III.3.

III.5.3.3 Bewilligungszeitraum

Grundsicherung im Alter und bei Erwerbsminderung wird grundsätzlich für einen Zeitraum von zwölf Kalendermonaten bewilligt (§ 44 Abs. 3 Satz 1 SGB XII). Der lange Bewilligungszeitraum erklärt sich daher, dass sich die persönliche und finanzielle Lebenssituation des betroffenen Personenkreises voraussichtlich kaum ändern wird.

Anders verhält es sich bei den *Hilfen zum Lebensunterhalt*. Diese erfassen häufig Übergangskonstellationen, in denen die leistungsberechtigte Person perspektivisch möglicherweise wieder in der Lage ist, den Lebensunterhalt aus eigenen Kräften zu sichern. Diese Leistungen werden daher grundsätzlich Monat für Monat – gemessen am aktuellen Bedarf – erbracht. Einen gesetzlich fixierten Bewilligungszeitraum kennen die Hilfen zum Lebensunterhalt daher nicht.

III.6 Wiederholungsfälle

1. S ist Studentin. Ihren gemeldeten Wohnsitz hat sie noch bei Ihren Eltern im Kreis O. Unter der Woche wohnt S in der kreisfreien Universitätsstadt U in einer WG. Wo hat S ihren gewöhnlichen Aufenthalt?[38]
2. A ist gerade – am 31. März – umgezogen. Die Kisten stehen noch unausgepackt in der Wohnung. Alte Möbel sollen in den kommenden Wochen von Freunden vorbeigebracht werden. A hat am 01. April ihren Wohnsitz in der kreisfreien Stadt K angemeldet. Direkt nachdem sie beim Einwohnermeldeamt war will sie beim Jobcenter der kreisfreien Stadt K einen Antrag auf Bürgergeld stellen. Hat sie dort ihren gewöhnlichen Aufenthalt?
3. K ist erst 12 Jahre alt. Die Eltern von K leben getrennt. Die Mutter lebt in der kreisfreien Stadt K. Der Vater lebt im Kreis O. K wohnt abwechselnd wöchentlich jeweils bei einem Elternteil. Wo hat K seinen gewöhnlichen Aufenthalt?

III.7 Wiederholungsfragen

Fragen

- Welche geteilte Trägerschaft gibt es im SGB II? In welcher Norm wird die sachliche Zuständigkeit geregelt? Wie erfolgt die Zusammenarbeit der Behörden?
- Erklären Sie den Begriff des örtlichen und des überörtlichen Trägers der Sozialhilfe!
- Ist für die Gewährung von Leistungen nach dem SGB II eine Antragstellung erforderlich? Welche Wirkung hat die Antragstellung? Ist dafür eine bestimmte Form erforderlich? (Nennen Sie die einschlägigen Normen!)
- Ist für die Gewährung von Leistungen nach dem SGB XII eine Antragstellung erforderlich?
- Was hat nach dem Gesetz zu geschehen, wenn ein Antrag auf Gewährung von Grundsicherung bei einem unzuständigen Leistungsträger eingereicht wird? (Nennen Sie die einschlägigen Normen!)

---

38 Eine Lösungsskizze finden Sie am Ende des Buches in Kapitel XIV.

- In welchem Umfang darf das Jobcenter/das Sozialamt Einsicht in Kontoauszüge nehmen, um den Bedarf des Antragstellers zu ermitteln?
- Können sich die Mitglieder bei der Stellung eines Antrags nach dem SGB II gegenseitig vertreten? (Begründung!)

IV. Kapitel: Anspruchsvoraussetzungen

4. Fall: Familie Noelle in Nöten

Schauen wir uns Familie Noelle einmal genauer an. Sie besteht aus Vater Max (45 Jahre, Veranstaltungstechniker), Mutter Helena (38 Jahre, Hausfrau und stundenweise im Friseurbetrieb tätig), Klara (14 Jahre, Gymnasiastin), Friederike (8 Jahre, Grundschülerin) und Leon (2 Jahre). Die Familie wohnt in Bielheim (Bundesland P). Herr Noelle erzielt als Veranstaltungstechniker ein Einkommen von 2.100 € netto/Monat. Seine Frau erzielt als Zuverdienst im Friseurbetrieb 520 € netto/Monat. Hinzu kommt das Kindergeld für die drei Kinder (Gesamtbetrag: 750 €). Feste Ausgaben entstehen für die Mietwohnung (960 € Kaltmiete), die beiden Autos und die alltäglichen Ausgaben für den Lebensunterhalt (Durchschnittsausgaben Lebensunterhalt: 1.600 €/Monat). Nachdem Herr Noelle Kurzarbeitergeld erhält (Nettoeinkommen einschließlich eines staatlichen Zuschusses: 1.850 €) und Frau Noelle durch die Kündigung keinen Verdienst mehr hat, überlegen sie, ob sie ergänzend Bürgergeld beziehen können.

Noelles kommen zu Ihnen in die Beratung und möchten wissen,

1. ob sie zum Kreis der Leistungsberechtigten des SGB II gehören und
2. ob sie SGB II-Leistungen auch ergänzend zum Kurzarbeitergeld beziehen können.

IV.1 Leistungsberechtigung – erwerbsfähige Leistungsberechtigte, § 7 Abs. 1 SGB II

Orientieren Sie sich zunächst selbst durch einen Blick in das Inhaltsverzeichnis des SGB II: Wo ist die Leistungsberechtigung im Bereich der Grundsicherung für Arbeitsuchende geregelt?

Das ganze 2. Kapitel befasst sich mit den Voraussetzungen, die für einen Bezug von Leistungen nach dem SGB II erfüllt sein müssen. Es hat folgende Struktur:

- § 7 Abs. 1 SGB II benennt die grundsätzlichen Voraussetzungen für die Leistungsberechtigung.
- Im Anschluss daran werden einzelne Merkmale, die in § 7 Abs. 1 SGB II nur schlagwortartig benannt sind, noch einmal ausführlicher erläutert (§§ 7a – 12a SGB II).
- § 13 SGB II gibt dem zuständigen Ministerium (BMAS) die Möglichkeit, mittels einer Verordnung die gesetzlich definierten Begriffe des 2. Kapitels nochmals inhaltlich näher zu bestimmen.

Arbeiten Sie mit dem Gesetz! Notieren Sie sich neben die Anspruchsvoraussetzungen des § 7 Abs. 1 SGB II jeweils den Paragrafen, in dem eine nähere Erläuterung der jeweiligen Begrifflichkeit erfolgt.[39]

---

[39] Erwerbsfähigkeit § 8 SGB II; Hilfebedürftigkeit § 9 SGB II, gewöhnlicher Aufenthalt § 30 Abs. 3 Satz 2 SGB I.

IV.1.1 Alter

Das SGB II enthält mit der Leistung „Bürgergeld" die Grundsicherung für *Arbeitsuchende*. Leistungsberechtigt sind daher grundsätzlich nur solche Personen, die eine angebotene Arbeit auch tatsächlich annehmen können. Deshalb schränkt der Gesetzgeber den Anwendungsbereich des Gesetzes in einem ersten Schritt auf den Personenkreis ein, der aufgrund seines *Alters* dem Arbeitsmarkt zur Verfügung steht.

Eine Person kann frühestens arbeitsuchend sein, wenn sie *das 15. Lebensjahr vollendet* hat (§ 7 Abs. 1 S. 1 Nr. 1 SGB II).

Überlegen Sie selbst: Welchen Geburtstag feiert man bei der Vollendung des 15. Lebensjahres? Es kann Ihnen helfen, wenn Sie sich zunächst bewusst machen, wann Sie Ihren 1. Geburtstag gefeiert haben.[40]

Nicht mehr arbeitsuchend sind Personen, die das *Renteneintrittsalter* erreicht haben. Diese Personen werden daher von der Leistungsberechtigung nach § 7 Abs. 1 S. 1 Nr. 1 SGB II ausgeschlossen. Der Tabelle des § 7a SGB II ist zu entnehmen, dass das Renteneintrittsalter – in Abhängigkeit vom Geburtsjahr – kontinuierlich angehoben wird.[41]

Schauen Sie einmal in die Tabelle des § 7a SGB II. Wann werden Sie die maßgebliche Altersgrenze erreicht haben?[42]

IV.1.2 Erwerbsfähigkeit, § 8 SGB II

Arbeitsuchend sind nur solche Personen, die aufgrund ihrer Konstitution dazu in der Lage sind, eine Erwerbstätigkeit – zumindest in einem begrenzten zeitlichen Umfang – auch tatsächlich auszuüben. Voraussetzung für eine Leistungsberechtigung nach dem SGB II ist daher die *Erwerbsfähigkeit* (§ 7 Abs. 1 S. 1 Nr. 2 SGB II).

IV.1.2.1 Mangelnde Erwerbsfähigkeit wegen Krankheit oder Behinderung

Gem. § 8 Abs. 1 SGB II ist erwerbsfähig, *„wer nicht wegen Krankheit oder Behinderung auf absehbare Zeit außerstande ist, unter den üblichen Bedingungen des allgemeinen Arbeitsmarktes mindestens drei Stunden täglich erwerbstätig zu sein."*

---

40 Die erste Kerze auf Ihrer Geburtstagstorte haben Sie ein Jahr nach ihrer Geburt ausgepustet. In diesem Zeitpunkt hatten Sie „das erste Lebensjahr vollendet". Beim Geburtstag feiern wir also immer rückblickend, ein Jahr gut überstanden zu haben. Entsprechend haben Sie bei der Feier des 15. Geburtstages das 15. Lebensjahr vollendet.

41 In diesem Fall besteht möglicherweise Anspruch auf Grundsicherung im Alter (4. Kapitel SGB XII), sofern keine ausreichenden Ansprüche auf Rentenleistungen (SGB VI) oder anderweitige Ansprüche zur Absicherung der finanziellen Existenz zur Verfügung stehen. Vgl. unter IV.4.1.

42 Davon ausgehend, dass Sie als Studierende nach 1964 geboren worden sind, erreichen Sie nach der gegenwärtigen gesetzlichen Regelung die Altersgrenze mit Ablauf des Monats, in dem Sie das 67. Lebensjahr vollenden.

IV.1 Leistungsberechtigung – erwerbsfähige Leistungsberechtigte, § 7 Abs. 1 SGB II

Überlegen Sie einmal, warum das Gesetz so kompliziert formuliert ist. Einfacher wäre doch folgende Regelung: „Erwerbsfähig ist, wer unter den üblichen Bedingungen des allgemeinen Arbeitsmarktes in absehbarer Zeit mindestens drei Stunden täglich erwerbstätig sein kann."[43]

> **Beispiel:**
> Frau Fuchs ist im 9. Monat schwanger. Die Entbindung steht kurz bevor. Ist Frau Fuchs erwerbsfähig i. S. d. § 8 Abs. 1 SGB II?

Das SGB II schließt die Erwerbsfähigkeit nur im Falle von Krankheit und Behinderung aus. Eine Schwangerschaft ist, sofern es nicht in ihrem Verlauf zu Komplikationen kommt, keine Krankheit. Daher ist Frau Fuchs aus der Sicht des SGB II auch noch im 9. Monat der Schwangerschaft erwerbsfähig. Daran ändert auch der Umstand nichts, dass sie sich nach dem Mutterschutzgesetz (§ 3 Abs. 1 MuSchG) in der Schutzfrist vor der Entbindung befindet und nicht mehr arbeiten gehen darf.[44]

Für die Erwerbsfähigkeit ist es ausreichend, dass die antragstellende Person in *absehbarer Zeit* in der Lage ist, erwerbstätig zu sein. Unter einer absehbaren Zeit wird in der Praxis ein Zeitraum von bis zu 6 Monaten verstanden.[45]

> **Beispiel:**
> Herr Bart bezieht schon seit längerer Zeit Bürgergeld. Nun ist er schwer verunfallt und komatös. Nach ärztlichem Urteil wird dieser Zustand keine 6 Monate andauern. Dann wird Herr Bart wieder voll genesen sein und ohne Einschränkungen arbeiten können.

Zum gegenwärtigen Zeitpunkt kann Herr Bart definitiv keiner Erwerbstätigkeit nachgehen. Gleichwohl ist er aus Sicht des SGB II als erwerbsfähig anzusehen, da er in absehbarer Zeit dem Arbeitsmarkt wieder zur Verfügung steht. In der Konsequenz kann er auch weiterhin Bürgergeld beziehen. Umgekehrt: Wenn Herr

---

43 Der Gesetzgeber muss sich bei dem Erlass eines jeden Gesetzes überlegen, was eigentlich die Regel und was die Ausnahme ist: Kommt es regelmäßig vor, dass eine Person, die zum Jobcenter kommt, erwerbsfähig ist? Oder kommt es regelmäßig vor, dass eine Person, die zum Jobcenter kommt, *nicht* erwerbsfähig ist? Typischerweise wird eine Person wohl erwerbsfähig sein. Davon darf das Jobcenter grundsätzlich ausgehen. Deshalb bedarf es einer genaueren Prüfung und eines genaueren Nachweises nur dann, wenn eine Person ausnahmsweise *nicht* erwerbsfähig ist. Durch die komplizierte gesetzliche Regelung wird dargestellt, wann die Erwerbsfähigkeit ausnahmsweise entfällt.

44 Der Fall macht deutlich, dass Gesetze unterschiedliche Zielrichtungen haben und ein Beschäftigungsverbot i. S. d. MuSchG nicht gleichgesetzt werden kann mit einer Erwerbsunfähigkeit i. S. d. SGB II. Auf diese Weise wird gewährleistet, dass die werdende Mutter im Leistungssystem des SGB II verbleibt und nicht etwa für die Zeit des Mutterschutzes in den Regelungsbereich der Sozialhilfe (SGB XII) fällt. Außerdem darf die Erwerbsfähigkeit (i. S. d. § 8 SGB II) nicht verwechselt werden mit der Zumutbarkeit (§ 10 SGB II). Denn auch wenn die schwangere Frau Fuchs als erwerbsfähig anzusehen ist, bedeutet das nicht, dass ihr kurz vor der Geburt eine Arbeit zumutbar wäre.

45 Dies ergibt sich zum einen durch einen Blick in das SGB IX, wonach die Bestimmung von Menschen mit Behinderung in temporärer Hinsicht auf einen Zeitraum von „länger als sechs Monate" abstellt (§ 2 Abs. 1 SGB IX). Zum anderen bestimmt das Rentenversicherungsrecht in § 101 Abs. 1 SGB VI, dass befristete Renten wegen verminderter Erwerbsfähigkeit nicht vor Beginn des siebten Kalendermonats nach dem Eintritt der Minderung der Erwerbsfähigkeit geleistet werden. **Notieren Sie sich also einen der beiden Paragrafen neben § 8 Abs. 1 SGB II.**

Bart aufgrund seines gegenwärtigen Zustandes als nicht-erwerbsfähig qualifiziert werden *würde*, würde eine Voraussetzung zum Bezug von Leistungen nach dem SGB II entfallen. Herr Bart würde aus dem Anwendungsbereich des SGB II herausfallen und wäre auf Leistungen nach dem SGB XII (Sozialhilfe) angewiesen. Erst nach seiner Genesung würde er in den Anwendungsbereich des SGB II zurückkehren. Dieses Hin und Her zwischen unterschiedlichen Leistungssystemen und das damit verbundene Hin und Her zwischen unterschiedlichen Behörden soll aufgrund der positiven gesundheitlichen Prognose von Herrn Bart vermieden werden. Herr Bart ist zum gegenwärtigen Zeitpunkt also zwar arbeitsunfähig, aber nicht erwerbsunfähig.

Dauert eine *Erwerbsminderung länger als sechs Monate* an, fällt die betroffene Person möglicherweise aus dem Anwendungsbereich des SGB II heraus. Es ist dann zu prüfen, ob die Voraussetzungen für andere staatliche Leistungen – zum Beispiel für eine Rente (SGB VI) – vorliegen.[46] Die Erwerbsfähigkeit als Voraussetzung für die Grundsicherung für Arbeitsuchende (SGB II) ist daher in Bezug zu setzen zur *Erwerbsminderung,* die im Bereich der Rentenversicherung (SGB VI) eine Voraussetzung zum Bezug einer sog. „Erwerbsminderungsrente" ist:

- Versicherte, die wegen Krankheit oder Behinderung dauerhaft (länger als sechs Monate) *außerstande* sind, unter den üblichen Bedingungen des allgemeinen Arbeitsmarktes *mindestens drei Stunden* täglich erwerbstätig zu sein, sind *voll erwerbsgemindert* (§ 43 Abs. 2 S. 2 i. V. m. Abs. 3 SGB VI). Diese Personen sind vom Leistungsbezug nach dem SGB II ausgeschlossen. Sie fallen in die Zuständigkeit der Rentenversicherung und ggf. ergänzend in die Zuständigkeit des kommunalen Grundsicherungsträgers zur Gewährung von Sozialhilfe (SGB XII).

- Versicherte, die wegen Krankheit oder Behinderung dauerhaft zwar weniger als 6 Stunden, aber doch mehr als 3 Stunden täglich erwerbstätig sein können, sind *teilweise erwerbsgemindert* (§ 43 Abs. 1 S. 2 i. V. m. Abs. 3 SGB VI). Da es für die Anwendung des SGB II ausreicht, dass man zumindest 3 Stunden täglich erwerbstätig sein kann, besteht in diesen Fällen neben der Zuständigkeit der Rentenversicherung auch eine (ergänzende) Zuständigkeit des Jobcenters.

Im Einzelfall kann *streitig* sein, ob eine Person als erwerbsfähig anzusehen ist. Da das Jobcenter die Entscheidung über die Gewährung von Bürgergeld zu treffen hat, ist es auch die Aufgabe des Jobcenters (bzw. der Agentur für Arbeit) über die Erwerbsfähigkeit der antragstellenden Person zu entscheiden (vgl. § 44a Abs. 1 Satz 1 SGB II). Die Feststellung der Erwerbs(un)fähigkeit entfaltet auch im Innenverhältnis der Leistungsträger untereinander (Renten- und Krankenkassen sowie Sozialhilfeträger) Bindungswirkung. Daher räumt das Gesetz diesen Behörden die Befugnis ein, der von der Agentur für Arbeit getroffenen Entscheidung zu widersprechen und legt ein Verfahren fest, wie in diesen Fällen weiter vorzugehen ist, um eine endgültige Entscheidung über die Erwerbsfähigkeit der

---

46 Alternativ käme auch ein (aufstockender) Anspruch auf Grundsicherung bei Erwerbsminderung (4. Kapitel SGB XII) in Betracht, sofern die Voraussetzungen für einen Rentenanspruch nicht erfüllt sind oder die Rentenhöhe zu niedrig ausfällt. Vgl. unter IV.4.1.

antragstellenden Person herbeizuführen (vgl. § 44a Abs. 1 Satz 2 – 6 SGB II). Ist das Verfahren durchlaufen, gilt die letzte Entscheidung der Agentur für Arbeit – die auf der Grundlage des Gutachtens des Rentenversicherungsträgers beruht (vgl. § 44a Abs. 1 S. 5 – 6 SGB II) – verbindlich gegenüber allen anderen aufgeführten Leistungsträgern.

Merke:
Bis zur Feststellung der Erwerbs(un)fähigkeit durch Bescheid des Jobcenters bleibt dieses vom Tag der Antragstellung bis zur endgültigen Entscheidung für die Sicherung des Lebensunterhaltes des Antragstellers zuständig (vgl. § 44a Abs. 1 Satz 7 SGB II).

IV.1.2.2 Mangelnde Erwerbsfähigkeit wegen fehlender Erlaubnis

Erwerbsfähigkeit erfordert zum einen das Arbeiten können (§ 8 Abs. 1 SGB II) und zum anderen das Arbeiten dürfen (§ 8 Abs. 2 SGB II). Dies bedeutet für Ausländerinnen und Ausländer, dass sie nur dann erwerbstätig sein können, wenn ihnen die Aufnahme einer Beschäftigung *erlaubt* ist oder *erlaubt* werden könnte. Die rechtliche Möglichkeit, eine Beschäftigung vorbehaltlich einer Zustimmung nach § 39 des Aufenthaltsgesetzes aufzunehmen, ist ausreichend.

Ausländerinnen und Ausländer, die sich auf das Gesetz über die allgemeine Freizügigkeit von *Unionsbürgern* (FreizügG) berufen können, haben genehmigungsfreien Zugang zum deutschen Arbeitsmarkt.[47] Für *Drittstaatenangehörige* bestimmt § 4a Abs. 1 AufenthG, dass Ausländerinnen und Ausländer, die einen Aufenthaltstitel besitzen, eine Erwerbstätigkeit ausüben dürfen, es sei denn, ein Gesetz bestimmt ein Verbot.[48]

IV.1.3 Hilfebedürftigkeit, § 9 SGB II

Nicht jede arbeitsuchende Person benötigt staatliche Unterstützung. Möglicherweise verfügt ein Arbeitsuchender über hinreichend Vermögen, um den eigenen Lebensunterhalt bestreiten zu können. Möglicherweise ist der Arbeitsuchende verheiratet und die gutverdienende Ehegattin kann aus ihrem Einkommen heraus auch den Lebensunterhalt des arbeitsuchenden Mannes mit bestreiten. Daher ist die Leistungsberechtigung abhängig von der Hilfebedürftigkeit der antragstellenden Person.

Gem. § 9 Abs. 1 SGB II ist hilfebedürftig, *„wer seinen Lebensunterhalt nicht oder nicht ausreichend aus dem zu berücksichtigenden Einkommen oder Vermögen sichern kann und die erforderliche Hilfe nicht von anderen, insbesondere von Angehörigen oder von Trägern anderer Sozialleistungen, erhält."*

Die Hilfebedürftigkeit im Sinne dieser Norm bezieht sich allein auf die *Sicherung des Lebensunterhalts*. Sie bezieht sich mithin nur auf einen finanziellen Bedarf.

---

47 Beachte allerdings den Ausschluss von der Leistungsberechtigung nach § 7 Abs. 1 Satz 2 Nr. 1 SGB II.
48 Beachte allerdings den Ausschluss von der Leistungsberechtigung nach § 7 Abs. 1 Satz 2 Nr. 2b SGB II für Ausländerinnen und Ausländer, deren Aufenthaltsrecht sich allein aus dem Zweck der Arbeitsuche ergibt.

Hilfebedürftigkeit in Form von Dienstleistungen (z. B. Beratung) wird von der Regelung nicht erfasst.

Hilfebedürftigkeit liegt vor, wenn der Lebensunterhalt *nicht oder nicht ausreichend* aus anderen Mitteln gesichert werden kann. Hilfebedürftigkeit ist also nicht nur dann gegeben, wenn der betroffenen Person gar keine Finanzmittel für den Lebensunterhalt zur Verfügung stehen, sondern auch bei nicht ausreichenden Mitteln. Dabei bezieht sich die Hilfebedürftigkeit auf den gesamten Existenzbedarf und ist deshalb schon dann gegeben, wenn z. B. der Einzelne zwar seine monatlich notwendigen Ausgaben für den Lebensbedarf aus eigenen Mitteln aufbringen kann, aber nicht die angemessenen Unterkunftskosten (§ 22 SGB II) zu decken vermag.

Die Finanzierung des Lebensunterhalts kann auch aus unterschiedlichen Quellen zugleich erfolgen. Reicht eine Finanzierungsquelle für sich allein gesehen nicht aus, um den Lebensunterhalt zu sichern, können daneben SGB II Leistungen *aufstockend* bezogen werden. Aufgestockt werden kann insbesondere

- Arbeitseinkommen (z. B. Niedriglohnsektor),
- Arbeitslosengeld,
- Kurzarbeitergeld,
- Krankengeld und
- Rente wegen teilweise bestehender Erwerbsminderung.

Zum Fall:

Im Ausgangsfall bezieht Herr Noelle Kurzarbeitergeld. Allein dieser Umstand führt nicht zu einem Ausschluss von Leistungen nach dem SGB II. Vielmehr bedarf es einer genauen Prüfung, ob das Kurzarbeitergeld ausreicht, um den Lebensunterhalt in der Familie zu sichern. Stellt sich im Rahmen der Berechnung heraus, dass weiterhin eine Hilfebedürftigkeit besteht, dann kann das Kurzarbeitergeld um Bürgergeld aufgestockt werden, bis das finanzielle Existenzminimum der Familie gewährleistet ist.

Letztlich entfällt die Hilfebedürftigkeit, wenn der Lebensbedarf durch Einsatz von *Einkommen* (§§ 11 ff. SGB II), *Vermögen* (§ 12 SGB II) oder durch *Einsatz der eigenen Arbeitskraft* gedeckt werden kann. In Fällen, in denen der Lebensunterhalt durch die Aufnahme von Arbeit gesichert werden kann, entfällt die Hilfebedürftigkeit erst dann, wenn die bedarfsdeckende Beschäftigung tatsächlich aufgenommen worden ist (BT-Drs. 17/3404, 152 f.). Dies entspricht der Regelung in § 9 Abs. 1 SGB II, dass als hilfebedürftig gilt, wer die erforderliche Hilfe nicht von anderen (tatsächlich!) erhält.

Die Ermittlung der Hilfebedürftigkeit lässt sich also als eine mathematische Formel darstellen:

> **Formel zur Berechnung der Hilfebedürftigkeit**
> Bedarf – einzusetzendes Einkommen – einzusetzendes Vermögen
> = Hilfebedürftigkeit[49]

IV.1.4 Gewöhnlicher Aufenthalt

Letzte Voraussetzung für die Leistungsberechtigung nach § 7 Abs. 1 SGB II ist, dass die antragstellende Person ihren *gewöhnlichen Aufenthalt* in der BRD hat (§ 7 Abs. 1 S. 1 Nr. 4 SGB II).

Den Begriff des gewöhnlichen Aufenthalts haben Sie bereits gelernt. Deshalb direkt die Frage: In welchem Zusammenhang war dieser Begriff von Bedeutung und wie wird der Begriff definiert?[50]

Der gewöhnliche Aufenthalt ist definiert in § 30 Abs. 3 Satz 2 SGB I. Problematisch kann der gewöhnliche Aufenthalt z. B. bei Obdachlosen oder Nichtsesshaften sein. Auch der Begriff des Wohnsitzes ist im SGB I definiert (§ 30 Abs. 3 Satz 1 SGB I). Das SGB II hätte also auch auf diesen Begriff Bezug nehmen können. Wenn der Gesetzgeber des SGB II einen solchen Bezug aber nicht vornimmt, wird dadurch klargestellt, dass es auf das Innehaben einer festen Behausung gerade nicht maßgeblich ankommt. Auch Obdachlose können daher einen gewöhnlichen Aufenthalt haben und folglich erwerbsfähige Leistungsberechtigte i. S. d. SGB II sein (VGH München 12.2.2008 – 12 ZB 07.921). Entscheidend ist damit letztlich allein, ob der Anspruchsteller seinen Lebensmittelpunkt in der Bundesrepublik Deutschland hat (vgl. auch BT-Drs. 16/1410, 27 zu Nr. 31).

IV.1.5 Zum Fall: Max Noelle ein erwerbsfähiger Leistungsberechtigter?

Versuchen Sie eine Zwischenbilanz des eben Gelernten zu ziehen: Prüfen Sie § 7 Abs. 1 Satz 1 SGB II am Beispiel von Max Noelle durch. Was ist Ihr Ergebnis mit Blick auf die Leistungsberechtigung von Herrn Noelle? Lesen Sie erst weiter, wenn Sie für sich selbst zu einem Ergebnis gekommen sind.

> Fraglich ist, ob Max Noelle zum Kreis der Leistungsberechtigten nach § 7 Abs. 1 Satz 1 SGB II gehört. Dafür müssten in seiner Person 4 Merkmale erfüllt sein.
> a) Alter
> Herr Noelle müsste das nach § 7 Abs. 1 Satz 1 Nr. 1 SGB II passende Alter haben.
> Das zutreffende Alter nach § 7 Abs. 1 Satz 1 Nr. 1 SGB II ist bei jeder Person gegeben, die das 15. Lebensjahr vollendet hat und noch nicht im Renteneintrittsalter ist.
> Max Noelle ist 45 Jahre. Er ist also weder zu jung noch zu alt für eine Leistungsberechtigung.
> Das Merkmal „Alter" ist bei Herrn Noelle erfüllt.

---

49 Vgl. hierzu noch einmal ausführlich unter VI.1.1.
50 Der gewöhnliche Aufenthalt begründet regelmäßig die örtliche Zuständigkeit des Jobcenters (§ 36 Abs. 1 Satz 1 und 2 SGB II). Eine Definition findet sich in § 30 Abs. 3 Satz 2 SGB I. Deshalb notieren Sie sich diese Norm neben § 7 Abs. 1 Satz 1 Nr. 4 SGB II.

b) Erwerbsfähigkeit
Herr Noelle müsste erwerbsfähig im Sinne des § 7 Abs. 1 Satz 1 Nr. 2 i. V. m. § 8 SGB II sein.
Erwerbsfähigkeit ist gegeben, wenn eine Person – wie in § 8 Abs. 1 SGB II beschrieben – auf absehbare Zeit weder durch Krankheit noch durch Behinderung außer Stande ist, unter den üblichen Bedingungen des allgemeinen Arbeitsmarktes täglich mindestens drei Stunden zu arbeiten.
Max Noelle ist laut Sachverhalt weder krank noch behindert. Er hat bisher ohne zeitliche Einschränkungen auf dem allgemeinen Arbeitsmarkt gearbeitet. Dass Herr Noelle zurzeit nur in geringem Umfang erwerbstätig ist, ändert an der grundsätzlichen Erwerbsfähigkeit nichts.
Das Merkmal Erwerbsfähigkeit ist bei Herrn Noelle erfüllt.

c) Hilfebedürftigkeit
Herr Noelle müsste hilfebedürftig sein, gem. § 7 Abs. 1 Satz 1 Nr. 3 i. V. m. § 9 Abs. 1 SGB II.
Hilfebedürftigkeit ist nach § 7 Abs. 1 Satz 1 Nr. 3 i. V. m. § 9 Abs. 1 SGB II gegeben, wenn jemand den eigenen notwendigen Lebensunterhalt aus dem zu berücksichtigenden Einkommen/Vermögen nicht (ausreichend) sicherstellen kann und die erforderliche Hilfe auch sonst von keinem anderen erhält.
Herr Noelle scheint nur Einkommen zu haben. Von Vermögen spricht der Sachverhalt nicht. Deshalb ist anzunehmen, dass es das nicht gibt. Das Einkommen von Herrn Noelle beträgt aktuell netto 1.850 €. Davon lebt er allerdings nicht allein, sondern mit der ganzen Familie. Ob das Einkommen ausreicht, um den Lebensunterhalt zu decken, ist ohne eine vertiefte Prüfung dessen, was als „notwendiger Lebensunterhalt" anerkannt werden kann, nicht zu beantworten.
Das Merkmal Hilfebedürftigkeit kann mit dem jetzigen Kenntnisstand noch nicht bejaht oder verneint werden.[51]

d) gewöhnlicher Aufenthalt in der BRD
Herr Noelle müsste seinen gewöhnlichen Aufenthalt in Deutschland haben, vgl. § 7 Abs. 1 Satz 1 Nr. 4 SGB II i. V. m. § 30 Abs. 3 Satz 2 SGB I.
Den gewöhnlichen Aufenthalt hat gem. § 30 Abs. 3 Satz 2 SGB I jemand dort, wo er sich unter Umständen aufhält, die darauf schließen lassen, dass er an diesem Ort oder in diesem Gebiet nicht nur vorübergehend verweilt. Maßgeblich ist also der Ort, an dem die leistungsbegehrende Person ihren Lebensmittelpunkt hat.
Herr Noelle hat seinen Wohnsitz in Bielheim und mangels anderer Hinweise im Sachverhalt ist das auch sein Lebensmittelpunkt.
Das Merkmal des gewöhnlichen Aufenthaltes in Deutschland ist bei Herrn Noelle erfüllt.

Ergebnis:
Abgesehen vom Merkmal der Hilfebedürftigkeit, das noch vertieft zu prüfen wäre, liegen alle Merkmale des § 7 Abs. 1 Satz 1 SGB II bei Herrn Noelle vor, so dass er bei vorliegender Hilfebedürftigkeit auch zum Kreis der Leistungsberechtigten nach § 7 Abs. 1 SGB II gehören würde.

---

51 Die Frage der Hilfebedürftigkeit wird uns noch ausführlich in den Kapiteln VI – X beschäftigen.

IV.2 Leistungsberechtigung – nicht erwerbsfähige Leistungsberechtigte

§ 7 Abs. 1 Satz 1 SGB II hat als Zielgruppe des Gesetzes die erwerbsfähigen Leistungsberechtigten (eLB) vor Augen. So ist es auch in der Klammer ganz am Ende des ersten Satzes zu lesen. Das ist wenig verwunderlich, handelt es sich beim SGB II doch um die Grundsicherung für *Arbeitsuchende*. Vergleicht man diese Bestimmung nun mit § 7 Abs. 2 Satz 1 SGB II („*Leistungen erhalten auch Personen, die mit erwerbsfähigen Leistungsberechtigten in einer Bedarfsgemeinschaft leben.*") dann stellt man fest, dass Absatz 2 eine Leistungsberechtigung unabhängig von den verschiedenen Merkmalen eröffnet, die in Absatz 1 zur Charakterisierung einer anspruchsberechtigten Person dienen. Nach Absatz 2 kommt es weder auf das Mindest- oder Höchstalter noch auf die Erwerbsfähigkeit der betroffenen Person an.

Entscheidendes Kriterium zur Begründung der Leistungsberechtigung ist nach dieser Bestimmung allein die *Bedarfsgemeinschaft* (BG) mit einer erwerbsfähigen leistungsberechtigten Person. Die Bedarfsgemeinschaft ist in § 7 Abs. 3 SGB II näher geregelt. Da die Begründung einer Bedarfsgemeinschaft mit weitreichenden Konsequenzen verbunden ist, bedarf sie an späterer Stelle noch genauerer Betrachtung.[52] Hier soll es zunächst einmal genügen, den Wortlaut des Begriffs nachzuvollziehen. Offensichtlich soll mit der Bedarfsgemeinschaft eine Situation beschrieben werden, in der Personen so eng gemeinschaftlich miteinander verbunden sind, dass ihr Bedarf zur Existenzsicherung nicht losgelöst voneinander ermittelt werden kann. Die Personen sind aus der Perspektive des SGB II als eine Einheit – gemeinschaftlich – zu betrachten.[53] In der Konsequenz kann also ein einziger erwerbsfähiger Leistungsberechtigter eine ganze Bedarfsgemeinschaft in den Anwendungsbereich des SGB II und damit in die Zuständigkeit des Jobcenters transferieren.

> **Zum Fall:**
>
> Die Kinder des Ehepaars Noelle (Klara – 14 Jahre; Friederike – 8 Jahre; Leon – 2 Jahre) sind noch zu jung, um selbst erwerbsfähige Leistungsberechtigte i. S. d. § 7 Abs. 1 Satz 1 SGB II zu sein. Allerdings – wie mit Ausnahme der Hilfebedürftigkeit bereits festgestellt – erfüllt Herr Noelle grundsätzlich die Voraussetzungen eines erwerbsfähigen Leistungsberechtigten. Da Herr Noelle neben seiner Frau auch mit den Kindern familiär zusammenlebt, stellen sie eine Bedarfsgemeinschaft dar (§ 7 Abs. 3 Nr. 4 SGB II). Er eröffnet damit seinen Kindern den Anwendungsbereich des SGB II. Das Jobcenter ist also ggf. nicht nur für den Vater, sondern für die ganze Familie Noelle der zuständige Leistungsträger.

Die Bestimmung des § 7 Abs. 2 Satz 1 SGB II ist einerseits sinnvoll, da sonst für die Grundsicherung einer bedürftigen Familie zwei Ämter (Jobcenter, Sozialamt) zuständig wären. Andererseits gehören dadurch viele Personen in den Zuständigkeitsbereich des Jobcenters, deren besondere alters- oder krankheitsbedingte Be-

---

[52] Vgl. unter Kapitel V.
[53] Dass auch nichterwerbsfähige Personen leistungsberechtigt nach dem SGB II sein können, wird z. B. bestätigt durch § 19 Abs. 1 Satz 2 SGB II, wonach diese Personen unter bestimmten Voraussetzungen auf Grundlage des SGB II Bürgergeld für nichterwerbsfähige Leistungsberechtigte (Nicht-eLB) erhalten können.

dürfnisse diese Behörde mit ihrer Arbeitsmarktausrichtung und ihrer personellen Besetzung nur schwer abdecken kann.

IV.3 Leistungsausschlüsse

IV.3.1 Leistungsausschluss für Ausländer, § 7 Abs. 1 Satz 2 SGB II

In unterschiedlichen und sehr differenziert zu betrachtenden Fallgestaltungen sind bestimmte Ausländerinnen und Ausländer von der Leistungsberechtigung nach § 7 Abs. 1 Satz 1 SGB II ausgenommen (vgl. § 7 Abs. 1 Satz 2 SGB II). Unterschieden wird insbesondere nach

- EU-Bürgern,
- Ausländern aus anderen Ländern mit/ohne Aufenthaltsrecht,
- Leistungsbeziehern nach dem Asylbewerberleistungsgesetz.

Das Grundsicherungsrecht stellt an dieser Stelle eine Verbindung zu anderen Gesetzen her, die in unterschiedlichem Umfang einen Aufenthalt von Ausländern in Deutschland legitimieren können.[54]

- Das ist zum einen das *Freizügigkeitsgesetz* (FreizügG/EU), in dessen Rahmen Unionsbürger Freizügigkeit innerhalb Europas genießen.
- Zum anderen handelt es sich um das *Aufenthaltsgesetz* (AufenthG), welches die rechtlichen Grundlagen für den Aufenthalt von Drittstaatenangehörigen in der Bundesrepublik Deutschland enthält. Das AufenthG unterscheidet seinerseits unterschiedliche Aufenthaltstitel (insbesondere: Visum, § 6 AufenthG; Aufenthaltserlaubnis, § 7 AufenthG und Niederlassungserlaubnis, § 9 AufenthG).
- Letztlich nimmt das SGB II Bezug zum *Asylbewerberleistungsgesetz* (AsylbLG). Dieses befasst sich insbesondere mit der Frage, welche finanzielle Unterstützung hilfebedürftige Asylbewerber, Geduldete sowie Ausländer, die vollziehbar zur Ausreise verpflichtet sind, in der BRD für sich beanspruchen können.

Von einer vertieften Darstellung der gesetzlichen Bestimmungen des Ausländerrechts wird im Rahmen dieser Einführung zum Grundsicherungsrecht des SGB II und der Sozialhilfe abgesehen.

IV.3.2 Leistungsausschluss wegen fehlender Erreichbarkeit, § 7 Abs. 4 und § 7b SGB II

Arbeitsuchend können nur solche Personen sein, die einen angebotenen Arbeitsplatz auch tatsächlich annehmen können. Dafür ist es – neben anderen Faktoren – erforderlich, dass ihnen aufgrund ihrer gegenwärtigen Situation und ihres gegenwärtigen Aufenthaltsortes die Ausübung einer entsprechenden Erwerbstätigkeit überhaupt möglich ist. § 7 Abs. 4 und § 7 b SGB II schließen verschiedene Gruppen generell vom Leistungsbezug nach dem SGB II aus, weil unterstellt wird, dass sie nicht für die Arbeitsvermittlung erreichbar sind.

---

[54] Im Umkehrschluss aus Art 116 Abs. 1, 1. Alt. GG ergibt sich, dass Ausländer jeder ist, der nicht die deutsche Staatsangehörigkeit besitzt.

IV.3.2.1 Personen in stationären Einrichtungen, § 7 Abs. 4 SGB II

Vom Leistungsbezug nach dem SGB II sind Personen ausgeschlossen, die in einer *stationären Einrichtung* untergebracht sind (§ 7 Abs. 4 Satz 1 SGB II). Das ist in manch einem Fall schnell nachvollziehbar: Wer längere Zeit in einem Krankenhaus verbringen muss, wird in aller Regel so krank sein, dass er nicht arbeiten gehen kann. Was im Übrigen unter einer stationären Einrichtung zu verstehen ist, bedarf einer genaueren Definition. Das Bundessozialgericht hat hierzu ausgeführt, dass dem Ausschluss nach § 7 Abs. 4 SGB II eine „fingierte Erwerbsunfähigkeit" zugrunde liege. Maßgeblich sei die Annahme, „dass der in einer Einrichtung Verweilende u.a. aufgrund seiner Einbindung in die Tagesabläufe der Einrichtung räumlich und zeitlich so weitgehend fremdbestimmt ist, dass er für die für das SGB II im Vordergrund stehenden Integrationsbemühungen zur Eingliederung in Arbeit nicht oder nicht ausreichend zur Verfügung steht." (BSG Urt. v. 5.8.2021 – B 4 AS 26/20 R, Rn. 32). Das bedeutet im Umkehrschluss, dass solche Einrichtungen von der Ausschlussregelung nicht erfasst werden, die dem Betroffenen lediglich eine Unterkunft zur Verfügung stellen, ohne ihn aber in einen festen Tagesablauf der Organisation zu integrieren.[55]

Der aufgestellte Grundsatz, dass Personen, die in einer stationären Einrichtung untergebracht sind, vom Leistungsbezug nach dem SGB II ausgeschlossen sind, erfährt zwei wichtige Ausnahmen:

- Ausreichend für die Erwerbsfähigkeit ist es, dass eine Person in *absehbarer Zeit* gesundheitlich in der Lage ist, einer Erwerbstätigkeit nachzugehen (§ 8 Abs. 1 SGB II). Wie bereits festgestellt, umfasst der Begriff der absehbaren Zeit einen Zeitraum von bis zu 6 Monaten.[56] So lange wird eine erkrankte Person im Leistungssystem des SGB II gehalten, obwohl sie kein Jobangebot annehmen kann. Aus Sicht der Grundsicherung für Arbeitsuchende macht es aber keinen Unterschied, ob eine Krankheit zu Hause oder im Krankenhaus kuriert wird. Daher greift der Ausschluss von Leistungen nach dem SGB II nicht für Personen, die voraussichtlich für weniger als sechs Monate in einem Krankenhaus untergebracht sind (§ 7 Abs. 4 Satz 3 Nr. 1 SGB II).
- Ausreichend für die Erwerbsfähigkeit i. S. d. SGB II ist es ferner, dass die betroffene Person unter den üblichen Bedingungen des allgemeinen Arbeitsmarktes *mindestens drei Stunden täglich erwerbstätig* sein kann (§ 8 Abs. 1 SGB II). Bei einer 5-Tage-Woche beträgt die für die Erwerbsfähigkeit erforderliche wöchentliche Mindestarbeitszeit mithin 15 Stunden. Wenn nun eine Person

---

[55] Die Fachlichen Weisungen der Bundesagentur für Arbeit listen exemplarisch auf, was (nicht) zu den stationären Einrichtungen zu rechnen ist (7.94): „Zu den stationären Einrichtungen gehören insbesondere Altenpflegeheime, Altenpensions- und Kurheime, therapeutische Wohngemeinschaften, Arbeiterkolonien, Blindenheime, Erholungsheime, Heilstätten, SOS-Kinderdörfer und Krankenhäuser. Im Einzelfall zählen auch Mütterhäuser und Einrichtungen der Wohnungslosenhilfe nach §§ 67 – 69 SGB XII dazu. (...) Nicht dazu rechnen Einrichtungen, in denen Leistungsberechtigten als sächliche Hilfe lediglich die Unterkunft (und ggf. Verpflegung) zur Verfügung gestellt wird und sich beispielsweise die weitere Hilfe auf ambulante Betreuungsleistungen beschränkt (z. B. Altenwohnheime, Anlernwerkstätten, Auswandererlager, Badehotels, Frauenhäuser, Jugendherbergen, Grenzdurchgangslager, Übergangswohnheime für Spätaussiedlerinnen und Spätaussiedler)."
[56] Vgl. oben unter IV.1.2.1.

in einer stationären Einrichtung untergebracht ist und gleichwohl tatsächlich 15 Stunden/Woche arbeitet, dann hat sie unter Beweis gestellt, dass sie dem Arbeitsmarkt zur Verfügung steht. Daher greift in diesem Fall der Ausschluss von Leistungen nach dem SGB II ebenfalls nicht (§ 7 Abs. 4 Satz 3 Nr. 2 SGB II).

Dem Aufenthalt in einer stationären Einrichtung ist der Aufenthalt in einer Einrichtung zum *Vollzug richterlich angeordneter Freiheitsentziehung* gleichgestellt (§ 7 Abs. 4 Satz 2 SGB II). Allerdings kann sich ein Haft-Freigänger der 15 Stunden/Woche arbeitet nicht auf die Ausnahmeregelung des § 7 Abs. 4 Satz 3 Nr. 2 SGB II berufen, da diese Bestimmung nur auf stationäre Einrichtungen nach Satz 1 verweist, die richterlich angeordnete Freiheitsentziehung aber in Satz 2 geregelt ist.

Prüfen Sie Ihr Wissen:

Frau Brink möchte an einer von der Krankenkasse finanzierten stationären Alkoholentwöhnung in einer Reha-Klinik teilnehmen. Die gesamte Maßnahme (Entwöhnung und Adaption) dauert 9 Monate. Frau Brink lebt derzeit von SGB II-Leistungen. Sie fragt, ob diese Leistungen weiter gewährt werden. Was meinen Sie?[57]

IV.3.2.2 Personen die ortsabwesend sind, § 7b SGB II

Wer als Arbeitsuchender staatliche Fürsorgeleistungen erhält, von dem wird Arbeitsbereitschaft erwartet. Deshalb muss diese Zielgruppe jederzeit für eine Vermittlung in Ausbildung oder Arbeit durch das Jobcenter *erreichbar* sein. Nach der gesetzlichen Definition sind Leistungsberechtigte erreichbar, wenn sie sich im näheren Bereich des zuständigen Jobcenters aufhalten und werktäglich dessen Mitteilungen und Aufforderungen zur Kenntnis nehmen können (§ 7b Abs. 1 Satz 2 SGB II). Wer aufgrund unerlaubter Ortsabwesenheit (z. B. für einen Familienbesuch, Urlaub usw.) für eine mögliche Arbeitsvermittlung nicht zur Verfügung steht, ist grundsätzlich von den Leistungen nach dem SGB II ausgeschlossen. Für die Tage der Ortsabwesenheit hat die betroffene Person keinen Anspruch auf Bürgergeld. Ausnahmsweise erhalten erwerbsfähige Leistungsberechtigte, die nicht erreichbar sind, gleichwohl Leistungen:

- wenn ein *wichtiger Grund* für die Ortsabwesenheit vorliegt und das Jobcenter der Abwesenheit vorher zugestimmt hat (§ 7b Abs. 2 SGB II; Teilnahme am Kirchentag; Teilnahme an mehrtägigem Seminar einer Gewerkschaft).
- wenn *kein wichtiger Grund* für die Ortsabwesenheit vorliegt, das Jobcenter zugestimmt hat und die Eingliederung in Ausbildung oder Arbeit nicht wesentlich beeinträchtigt wird. Dabei soll die Zustimmung zu Abwesenheiten ohne wichti-

---

[57] Frau Brink ist länger als 6 Monate zur Behandlung in der Reha-Klinik. Eine Reha-Klinik ist eine stationäre Einrichtung. Frau Brink fällt somit unter die Ausschlussbestimmung des § 7 Abs. 4 Satz 1 SGB II. Sie kann daher während dieses Zeitraums grundsätzlich keine Leistungen nach dem SGB II beziehen. Der Leistungsausschluss ließe sich nur vermeiden, wenn Frau Brink trotz der Maßnahme in der Reha-Klinik wöchentlich auf dem allgemeinen Arbeitsmarkt erwerbstätig wäre (§ 7 Abs. 4 Satz 3 Nr. 2 SGB II). In der Praxis widerspricht das vielfach den Reha-Konzepten der Kliniken. Viele abhängigkeitskranke Menschen treten deshalb Entwöhnungs- und Adaptionsmaßnahmen in Reha-Einrichtungen gar nicht erst an. Sie fürchten zu Recht um die Weiterfinanzierung ihrer Mietunterkünfte durch das Jobcenter. Das erschwert die Sozialberatung im Bereich der Drogenhilfe.

gen Grund in der Regel für insgesamt längstens drei Wochen im Kalenderjahr erteilt werden (§ 7b Abs. 3 SGB II; Bsp.: Sommerurlaub).

Der Begriff der Erreichbarkeit wird weitergehend in der „Verordnung zur Regelung weiterer Voraussetzungen der Erreichbarkeit erwerbsfähiger Leistungsberechtigter nach dem Zweiten Buch Sozialgesetzbuch" – der Erreichbarkeitsverordnung (ErrV) konkretisiert.

IV.3.3 Leistungsausschluss für Auszubildende, § 7 Abs. 5 SGB II

Auszubildende, deren Ausbildung *dem Grunde nach* durch besondere Förderleistungen wie BAföG, BAB usw. zu gewährleisten ist, haben über die Leistungen nach § 27 SGB II hinaus keinen Anspruch auf – nachrangige – SGB II-Leistungen (§ 7 Abs. 5 Satz 1 SGB II).

Die Formulierung des Gesetzes macht deutlich, dass der Ausschluss bereits dann greift, wenn die Ausbildung für sich gesehen – allein aufgrund abstrakter Kriterien – nach einem der Leistungssysteme förderfähig ist. Hingegen kommt es für den Leistungsausschluss nicht darauf an, ob die konkret betroffene Person auch tatsächlich Leistungen z. B. nach dem BAföG erhält, oder ob sie – etwa aufgrund eines Fachrichtungs- oder Ausbildungswechsels oder der Überschreitung der Förderungshöchstdauer – keinen Anspruch auf BAföG hat (Luik et al./Becker 2024: § 7 SGB II Rn. 191).

> **Kurz:**
> Wer an einer gesetzlich als förderungsfähig anerkannten Ausbildung teilnimmt, erhält grds. keine SGB II-Leistungen, auch wenn er im Einzelfall keinen BAföG-Anspruch hat.

Ein gänzlicher Ausschluss von Auszubildenden von Leistungen nach dem SGB II wäre allerdings mit dem Grundrecht auf Sicherung eines menschenwürdigen Existenzminimums nicht zu vereinbaren. Daher kennt das SGB II mittlerweile eine ganze Reihe von *Ausnahmen* (vgl. § 7 Abs. 6 SGB II). Zumindest zwei von ihnen seien ausdrücklich genannt:

- Trotz des grundsätzlichen Ausschlusses werden Leistungen in Höhe der *Mehrbedarfe* nach § 21 Absatz 2, 3, 5 und 6 SGB II und in Höhe der Leistungen nach § 24 Absatz 3 Nr. 2 SGB II (Erstausstattung für Bekleidung und Erstausstattung bei Schwangerschaft und Geburt) erbracht, soweit die Mehrbedarfe nicht durch zu berücksichtigendes Einkommen oder Vermögen gedeckt sind (§ 7 Abs. 5 Satz 1 SGB II i. V. m. § 27 Abs. 2 SGB II).
- Sofern der Leistungsausschluss eine *besondere Härte* darstellt, können Leistungen für Regelbedarfe, den Mehrbedarf nach § 21 Absatz 7 SGB II, Bedarfe für Unterkunft und Heizung, Bedarfe für Bildung und Teilhabe und notwendige Beiträge zur Kranken- und Pflegeversicherung unter bestimmten Voraussetzungen als Darlehen erbracht werden (§ 7 Abs. 5 Satz 1 SGB II i. V. m. § 27 Abs. 3 SGB II).

Letztlich ist anzumerken, dass sich die Regelung des § 7 Abs. 5 SGB II nur auf die Auszubildenden selbst bezieht, nicht auf ihre *Kinder*. Der grundsätzliche Ausschluss von Leistungen nach dem SGB II schließt nicht aus, dass die Auszubildenden mit ihren Kindern eine Bedarfsgemeinschaft bilden (§ 7 Abs. 3 Nr. 4 SGB II)[58] und so den Kindern den Anwendungsbereich des SGB II eröffnen. In diesem Fall findet die Existenzsicherung der Kinder durch den Bezug von Bürgergeld für nicht erwerbsfähige Leistungsberechtigte statt (§ 19 Abs. 1 Satz 2 SGB II).

IV.4 Anspruchsberechtigung in der Sozialhilfe

Ausgangspunkt der Leistungsberechtigung im Rahmen der Grundsicherung für Arbeitsuchende ist § 7 Abs. 1 Satz 1 SGB II. Im Umkehrschluss sind all diejenigen von Leistungen des SGB II ausgeschlossen, die die Voraussetzungen dieser Norm nicht erfüllen und auch keinen Anspruch auf Bürgergeld als nicht erwerbsfähige Leistungsberechtigte einer Bedarfsgemeinschaft haben (vgl. § 19 Abs. 1 S. 2 SGB II). Dabei geht es vor allem um diejenigen, die *zu jung, zu alt* oder *zu stark erwerbsgemindert* sind, um in den Anwendungsbereich des SGB II zu fallen.

Schauen Sie sich noch einmal die Zusammenstellung der Anspruchsvoraussetzungen für die unterschiedlichen Leistungen unter II.2.2 an!

Für Menschen, die zu *jung* sind, um arbeiten zu gehen, greifen die Regelungen der Grundsicherung für Arbeitsuchende (SGB II) grundsätzlich nicht. Auch die Bestimmungen der Grundsicherung im Alter und bei Erwerbsminderung (4. Kapitel SGB XII) finden auf sie (noch) keine Anwendung. In der Konsequenz wären sie dann auf die Hilfen zum Lebensunterhalt (HzL) (3. Kapitel SGB XII) angewiesen, sofern sich nicht über eine Bedarfsgemeinschaft doch ein Anspruch nach dem SGB II begründen lässt.

Prüfen Sie sich selbst: Kann es sein, dass die drei minderjährigen Kinder der Familie Noelle auf Sozialhilfe nach dem SGB XII verwiesen werden, während die Eltern Bürgergeld-Leistungen bekommen?[59]

---

58 Vgl. zur Begründung der Bedarfsgemeinschaft mit Kindern V.1.2.3.
59 Die Kinder sind jünger als 15 Jahre. Sie stehen dem Arbeitsmarkt noch nicht zur Verfügung. Da sie aber mit ihren Eltern in einer Bedarfsgemeinschaft leben (§ 7 Abs. 3 Nr. 4 SGB II), können Sie gleichwohl Leistungen nach dem SGB II beziehen (vgl. § 7 Abs. 2 Satz 1 SGB II). Diese Leistungen werden als Bürgergeld für nicht erwerbsfähige Leistungsberechtigte (Nicht-eLB) bezeichnet (§ 19 Abs. 1 Satz 2 SGB II). *Angenommen*, die Kinder wären im Anwendungsbereich des SGB XII, dann wäre vorrangig ein Anspruch auf Grundsicherung im Alter und bei Erwerbsminderung zu prüfen (§§ 41 ff. SGB XII). Die Voraussetzungen für einen entsprechenden Anspruch sind offensichtlich nicht erfüllt. Das gilt insbesondere auch deshalb, weil ein Anspruch auf Grundsicherung wegen Erwerbsminderung die Volljährigkeit voraussetzt (§ 41 Abs. 1 und 3 SGB XII). Es bliebe als letzte Auffangmöglichkeit dann nur noch ein Anspruch auf Hilfe zum Lebensunterhalt (HzL) nach dem 3. Kapitel SGB XII (§§ 19 Abs. 1, 27 ff. SGB XII). Hierzu stellt aber § 5 Abs. 2 Satz 1 SGB II klar, dass Leistungen nach dem SGB II Vorrang haben vor Leistungen nach dem 3. Kapitel des SGB XII. Es bleibt also bei der ursprünglichen Feststellung, dass die Kinder Leistungen nach dem SGB II beziehen.

Für Menschen, die entweder schon im *Rentenalter* oder die *(dauerhaft) voll erwerbsgemindert*[60] sind, besteht keine Zuständigkeit des Jobcenters.[61] Der Vorrang der Existenzsicherungsleistungen nach dem SGB II vor den Leistungen nach dem SGB XII (vgl. § 5 Abs. 2 SGB II) ist nicht gegeben. Es greift das letzte Netz der sozialen Sicherung – die Sozialhilfe (SGB XII), mit der Grundsicherung im Alter und bei Erwerbsminderung (4. Kapitel SGB XII, §§ 41 ff. SGB XII) einerseits und den Hilfen zum Lebensunterhalt (3. Kapitel SGB XII, §§ 27 ff. SGB XII) andererseits.[62]

IV.4.1 Grundsicherung im Alter und bei Erwerbsminderung

In der Konsequenz ergeben sich für den Anspruch auf Grundsicherung im Alter und bei Erwerbsminderung nach dem 4. Kapitel SGB XII folgende Voraussetzungen.

IV.4.1.1 Hilfebedürftigkeit

Ein Bezug von Grundsicherung im Alter und bei Erwerbsminderung kommt nur bei *Hilfebedürftigkeit* in Betracht. Das ist der Fall, wenn die betreffende Person ihren Lebensunterhalt nicht oder nicht ausreichend aus Einkommen und Vermögen bestreiten kann (vgl. § 41 Abs. 1 SGB XII).[63]

IV.4.1.2 Gewöhnlicher Aufenthalt

Ebenso wie im Bereich der Grundsicherung für Arbeitsuchende nach dem SGB II ist es auch im Fall der Grundsicherung nach dem 4. Kapitel SGB XII erforderlich, dass die antragstellende Person ihren gewöhnlichen Aufenthalt im Inland hat (§ 41 Abs. 1 SGB XII i. V. m. § 30 Abs. 3 Satz 2 SGB I).[64]

IV.4.1.3 Altersgrenze oder volle Erwerbsminderung

Die Grundsicherung im Alter setzt voraus, dass die antragstellende Person die erforderliche *Altersgrenze* erreicht hat. Hier zeigt sich wie SGB II und SGB XII ineinandergreifen: Während das SGB II danach fragt, *bis zu welchem Zeitpunkt* eine Person dem Arbeitsmarkt zur Verfügung steht, beschäftigt sich das SGB XII mit der Frage, *ab welchem Zeitpunkt* eine Person dem Arbeitsmarkt *nicht mehr* zur Verfügung steht. Insofern entspricht die in § 41 Abs. 2 SGB XII eingefügte Tabelle derjenigen des § 7a SGB II.

Leistungsberechtigt sind darüber hinaus Personen wegen einer *dauerhaften vollen Erwerbsminderung*, wenn sie das 18. Lebensjahr vollendet haben (§ 41 Abs. 3

---

60 Für die Feststellung der vollen Erwerbsminderung ist der Rententräger zuständig, der zur Prüfung beauftragt wird (§ 45 SGB XII), sofern kein entsprechender Bescheid der Rentenversicherung vorgelegt werden kann.
61 Wegen Erreichen der Altersgrenze (§ 7 Abs. 1 S. 1 Nr. 1 i. V. m. § 7a SGB II) oder im Fall der dauerhaften Erwerbsminderung mangels Erwerbsfähigkeit (§ 7 Abs. 1 S. 1 Nr. 2 i. V. m. § 8 SGB II).
62 § 19 Abs. 2 Satz 2 SGB XII stellt klar: Die Leistungen der Grundsicherung im Alter und bei Erwerbsminderung gehen der Hilfe zum Lebensunterhalt nach dem Dritten Kapitel vor.
63 Vgl. zum Begriff der Hilfebedürftigkeit unter IV.1.3.
64 Vgl. zum Begriff des gewöhnlichen Aufenthalts unter IV.1.4.

SGB XII).[65] Ausgeschlossen von dieser Grundsicherung werden im Umkehrschluss also Personen, die nur vorübergehend erwerbsgemindert sind oder die das 18. Lebensjahr noch nicht vollendet haben.

Leistungsberechtigt sind gem. § 41 Abs. 3a SGB XII letztlich Personen, die das 18. Lebensjahr vollendet haben, für den Zeitraum in dem sie

1. in einer *Werkstatt für behinderte Menschen* (§ 57 SGB IX) oder bei einem anderen Leistungsanbieter (§ 60 SGB IX) das Eingangsverfahren und den Berufsbildungsbereich durchlaufen oder
2. in einem *Ausbildungsverhältnis* stehen, für das sie ein Budget für Ausbildung erhalten (§ 61a SGB IX).

IV.4.1.4 Ausschlussgründe

Von der grundsätzlich bestehenden Leistungsberechtigung kennt das Gesetz unterschiedliche Ausschlussgründe – etwa für Auszubildende (§ 22 Abs. 1 SGB XII), für Deutsche im Ausland (§ 24 Abs. 1 und 2 SGB XII), bei vorsätzlicher oder grob fahrlässiger Herbeiführung der Hilfebedürftigkeit (41 Abs. 4 SGB XII) oder bei vorübergehendem Auslandsaufenthalt (§ 41a SGB XII).

IV.4.2 Hilfe zum Lebensunterhalt

Die Hilfe zum Lebensunterhalt nach dem 3. Kapitel SGB XII ist das zuletzt eingreifende soziale Sicherungssystem. Es hat daher die wenigsten Leistungsvoraussetzungen.

IV.4.2.1 Hilfebedürftigkeit

Wie im Fall der Grundsicherung nach dem 4. Kapitel SGB XII und nach dem SGB II kommt auch eine Unterstützung nach dem 3. Kapitel SGB XII nur dann in Betracht, wenn die betreffende Person *hilfebedürftig* ist (vgl. § 27 Abs. 1 SGB XII).[66]

IV.4.2.2 Gewöhnlicher oder tatsächlicher Aufenthalt

Das SGB XII äußert sich nicht zum erforderlichen Aufenthaltsort eines Leistungsbeziehers der Hilfe zum Lebensunterhalt. Allerdings stellt § 24 Abs. 1 SGB XII klar, dass Deutsche, die ihren gewöhnlichen Aufenthalt im Ausland haben, grundsätzlich keine Leistungen nach dem SGB XII erhalten. Daraus lässt sich im Umkehrschluss ableiten, dass auch die Hilfe zum Lebensunterhalt grundsätzlich nur dann in Betracht kommt, wenn die bedürftige deutsche Person ihren *gewöhnlichen Aufenthalt* (i. S. d. § 30 Abs. 3 Satz 2 SGB I) im Inland hat.[67]

---

65 Zum Verfahren zur Feststellung der Erwerbsfähigkeit vgl. unter IV.1.2.1.
66 Vgl. zum Begriff der Hilfebedürftigkeit unter IV.1.3.
67 Vgl. zum Begriff des gewöhnlichen Aufenthalts unter IV.1.4.

Anders verhält sich die Situation bei Ausländerinnen und Ausländern. Hier genügt nach § 23 Abs. 1 SGB XII im Einzelfall auch der *tatsächliche Aufenthalt* im Inland als Voraussetzung für den Leistungsbezug.

IV.4.2.3 Ausschlussgründe

Von der grundsätzlich bestehenden Leistungsberechtigung kennt das Gesetz unterschiedliche Ausschlussgründe – etwa für Auszubildende (§ 22 Abs. 1 SGB XII), Leistungsberechtigte nach dem Asylbewerberleistungsgesetz (§ 23 Abs. 2 SGB XII) oder für Deutsche im Ausland (§ 24 Abs. 1 und 2 SGB XII).

IV.4.3 Zusammenfassung

Die bereits im 2. Kapitel dargestellte Abgrenzung der unterschiedlichen Leistungssysteme der Grundsicherung für Arbeitsuchende und der Sozialhilfe lässt sich nun noch einmal konkretisieren, nachdem die Leistungsberechtigung nach dem SGB II ausführlicher dargestellt worden ist. Es lassen sich folgende grundsätzliche Feststellungen machen:

1. Alleinstehende erwachsene Menschen mit Beeinträchtigungen, die zu einer länger als sechs Monate andauernden vollen Erwerbsminderung führen, aber die Aussicht haben, wieder dem Arbeitsmarkt zur Verfügung zu stehen, haben Anspruch auf (ggf. aufstockende) Hilfe zum Lebensunterhalt (3. Kapitel SGB XII). In der Regel handelt es sich um Menschen mit vorübergehenden körperlichen Beeinträchtigungen (z. B. nach Schlaganfall) oder seelischen Beeinträchtigungen (z. B. Depression).
2. Erwachsene Menschen mit Krankheit/Behinderung, die ohne Besserungsaussicht zu einer länger als 6 Monate andauernden dauerhaften vollen Erwerbsminderung führt, haben Anspruch auf (ggf. aufstockend) Grundsicherung bei Erwerbsminderung (4. Kapitel XII). Das sind i. d. R Menschen mit fortschreitenden körperlichen oder mit wesentlichen kognitiven Beeinträchtigungen (Beispiele für körperliche Beeinträchtigungen: Parkinson, Multiple Sklerose; Beispiele für kognitive Beeinträchtigungen: sog. „Down-Syndrom", Korsakow-Syndrom).
3. Menschen im Rentenalter, die keine oder eine zu geringe Rente beziehen, haben Anspruch auf (aufstockende) Grundsicherung im Alter (4. Kapitel, §§ 41 ff. SGB XII).
4. Menschen, die das 18. Lebensjahr vollendet haben und das Eingangsverfahren und den Berufsbildungsbereich in einer anerkannten Werkstatt für behinderte Menschen oder bei einem anderen Träger (§§ 57, 60 SGB IX) durchlaufen oder in einem Ausbildungsverhältnis stehen, für das sie ein Budget für Ausbildung (§ 61a SGB IX) erhalten (§ 41 Abs. 1 und 3a SGB XII), haben Anspruch auf (aufstockende) Grundsicherung (4. Kap., §§ 41 ff. SGB XII).

5. Menschen über der Regelaltersgrenze, die in den letzten zehn Jahren die Hilfebedürftigkeit vorsätzlich oder grob fahrlässig herbeigeführt haben, erhalten Hilfe zum Lebensunterhalt (HzL) (vgl. § 41 Abs. 4 SGB XII).[68]

IV.5 Wiederholungsfälle

1. Vivian und die pflegebedürftige Oma[69]

Vivian bezieht Bürgergeld. Dann wird ihre Oma schwer pflegebedürftig. Vivian will eine Heimaufnahme verhindern und die Oma selbst pflegen. Sie fragt sich, ob sie trotzdem noch Bürgergeld beziehen kann, da sie ja wegen der Pflege tatsächlich keiner Erwerbsarbeit wird nachgehen können.

Bleibt Vivian leistungsberechtigt nach SGB II, wenn sie sich im Hinblick auf die Pflege ihrer Oma weigert, Arbeitsangebote anzunehmen?

2. Leander in der Einrichtung für Wohnungslose

Leander, 39 Jahre alt und körperlich fit, will im November 2019 "weg von der Straße". Er lässt sich in einer stationären Einrichtung für Wohnungslose in Frankfurt aufnehmen. Dort wird ihm angeboten, dass er wöchentlich für 4 – 5 Std. Hausmeistertätigkeit in der Einrichtung "'nen Hunni dazuverdienen" kann. Leander ist einverstanden. Er meint, dass ihm das Geld zusätzlich zum bisher bezogenen Bürgergeld zusteht. Das sieht das Jobcenter anders. Ihm wird von der Behörde mitgeteilt, dass er nicht mehr leistungsberechtigt sei.

Hat Leander noch Anspruch auf Bürgergeld-Leistungen?

3. Ehepaar Meyer braucht Hilfe

Ehepaar Meyer ist hilfebedürftig und auf staatliche Unterstützung angewiesen. Herr Meyer ist 67 Jahre alt und bezieht eine Altersrente. Diese ist jedoch so gering, dass er daraus weder seinen eigenen, geschweige denn den Lebensunterhalt seiner Frau bestreiten könnte. Frau Meyer ist 59 Jahre alt und bezieht eine befristete volle Erwerbsminderungsrente.

Welche Leistungen kommen für Herrn und Frau Meyer in Betracht.

---

68 Diese Konstellation kommt in der Praxis so gut wie nicht vor. Zudem gilt der Ausschluss nur für die Grundsicherung im Alter oder bei Erwerbsminderung, so dass Hilfen zum Lebensunterhalt gleichwohl bezogen werden können.
69 Eine Lösungsskizze finden Sie am Ende des Buches in Kapitel XIV.

IV.6 Wiederholungsfragen

Fragen

- Unter welcher Voraussetzung können auch Personen, die jünger als 15 Jahre alt sind, leistungsberechtigt nach dem SGB II sein? Wie nennt sich die finanzielle Unterstützung, die diese Personen beziehen?
- Nach welcher Norm bestimmt sich die Altersgrenze, ab dessen Erreichen eine Person nicht mehr als erwerbsfähiger Leistungsberechtigter zu qualifizieren ist?
- Wann ist eine Person als erwerbsfähig i. S. d. SGB II anzusehen?
- Was meint in diesem Zusammenhang der Begriff „absehbare Zeit"?
- Was ist die Konsequenz, wenn eine hilfsbedürftige Person nicht erwerbsfähig ist?
- Ist eine werdende Mutter im 9. Monat der Schwangerschaft erwerbsfähig i. S. d. SGB II? Was bedeutet Ihre Antwort für die Möglichkeit der werdenden Mutter, Leistungen nach dem SGB II zu beziehen?
- Was geschieht, wenn der Sozialhilfeträger mit der Entscheidung, die die Agentur für Arbeit zum Thema „Erwerbsfähigkeit" getroffen hat, nicht einverstanden ist?
- Erklären Sie den Begriff der Hilfebedürftigkeit!
- Kann man zur Grundsicherung für Arbeitsuchende ergänzend noch Sozialhilfe beziehen, wenn man mit der Grundsicherung allein einfach nicht auskommt?
- Ist eine Person, die im Gefängnis inhaftiert ist, von Leistungen nach dem SGB II ausgeschlossen?

V. Kapitel: Gemeinschaften

5. Fall: Familie Noelle als Gemeinschaft

Max Noelle (vgl. 4. Fall) hat – ergänzend zum Kurzarbeitergeld – Lebensunterhaltsleistungen beim zuständigen Jobcenter beantragt. Der Leistungsanspruch ist durch einen inzwischen erteilten Bewilligungsbescheid des Jobcenters von der Behörde anerkannt worden. Noelles hatten sich ausgerechnet, dass bei einer monatlichen Geldzahlung von 563 € – den Betrag hatte eine Zeitschrift als „Regelleistung" im SGB II angegeben – pro Familienmitglied künftig keine finanziellen Probleme mehr bestünden. Stattdessen findet das Ehepaar im Bescheid eine Reihe von Informationen, die es nicht versteht:

a) Den Eltern Noelle werden laut Bescheid nur je 506 €/Monat als laufender Lebensbedarf (Regelbedarf) zuerkannt.

b) Für die älteste Tochter Klara wird nicht der volle monatliche Regelbedarf zuerkannt. Es werden 6 Tage/Monat vom Regelbedarf abgezogen. Begründet wird dies damit, dass Klara 6 Tage/Monat bei ihrem leiblichen Vater verbringe, so dass sie in dieser Zeit keine Lebensunterhaltskosten bei der Familie Noelle verursache.

c) Der Bescheid enthält den Hinweis, dass neben dem Kurzarbeitergeld auch das Kindergeld für die 14-jährige Klara, die 8-jährige Friederike und den 2-jährigen Leon den Kindern als Einkommen angerechnet wird.

d) Laut Bescheid werden den Noelles monatlich 100 € als Einkommen angerechnet. Diese sollen sich ergeben, weil die Noelles nach Auffassung der Behörde „in Haushaltsgemeinschaft mit einer Verwandten" leben, „deren gute Einkommenssituation erwarten lässt, dass Leistungen für die bedürftige Familie Noelle in Höhe von mindestens 100 € erbracht werden." Tatsächlich lebt die gutsituierte Mutter von Frau Noelle im selben Wohnhaus ein Stockwerk tiefer.

Die Eltern Noelle haben Einwendungen:

a) Darf der Regelbedarf der Eheleute Noelle den Betrag von 563 € pro Person unterschreiten?

b) Klara ist von Helene Noelle aus einer früheren Beziehung mit in die Ehe gebracht worden. Herr Noelle ist über die Minderung des Regelbedarfs empört, denn er sorge seit der Eheschließung für Klara genau wie für seine beiden leiblichen Kinder. Klaras biologischer Vater zahle keinen Unterhalt, weil er „das laut Gerichtsurteil nicht muss", sagt Herr Noelle. Dass nun auch noch der Staat die Leistungen für die Familie kürze, könne doch nicht rechtens sein.

c) Die Kindergeldkürzung führe faktisch dazu, dass die Kinder mit ihrem Einkommen für die bedürftigen Eltern einstehen müssen, meint Herr Noelle. Das könne doch wohl so nicht mit dem Gesetz zu vereinbaren sein.

d) „Die alte Schachtel", seine Schwiegermutter, gebe der Familie keinen Cent, sagt Herr Noelle. Kann der Familie Geld zugerechnet werden, das gar nicht fließt?

Familie Noelle bittet Sie, die Fragen zu beantworten!

V.1 Bedarfsgemeinschaft, § 7 Abs. 3 SGB II

V.1.1 Grundlagen

Ausgangspunkt der Betrachtung ist hier die Familie Noelle. Offensichtlich hat das Jobcenter einen Bescheid erlassen, der sich nicht nur an eine Person (z. B. Herrn Noelle) wendet, sondern der sich an alle fünf Mitglieder der Familie richtet und gegenüber allen eine rechtliche Wirkung entfaltet.

Vielleicht haben Sie bereits eine Idee, warum es sein kann, dass *ein* Bescheid ausreichend sein kann, um sich an die gesamte Familie zu wenden. Denken Sie noch einmal daran, dass das Verwaltungsverfahren durch einen Antrag ausgelöst worden ist. Wer hat hier eigentlich für wen einen Antrag gestellt?[70]

Familie Noelle wird im Bescheid des Jobcenters nicht als „Familie" angesprochen, sondern als „Bedarfsgemeinschaft" (BG). Der Rechtsbegriff der Bedarfsgemeinschaft wurde mit den „Hartz IV-Reformen" 2004/2005 gemeinsam mit dem SGB II erstmals eingeführt. Ausgangspunkt ist die Überlegung, dass die Mitglieder einer Familie (Eltern – Kinder) aus zivilrechtlicher Sicht im Verhältnis zueinander *Rechte und Pflichten* haben. Diese Rechtspflicht im Innenverhältnis der Familie wird durch das SGB II in eine *Verantwortungsgemeinschaft* gegenüber dem Jobcenter im Außenverhältnis transformiert.

Die besonderen Anforderungen an die Bedarfsgemeinschaft ergeben sich schon aus der einführenden Bestimmung des § 2 Abs. 1 Satz 1 SGB II. Danach müssen nicht nur die erwerbsfähigen Leistungsberechtigten selbst alle Möglichkeiten zur Beendigung oder Verringerung ihrer Hilfebedürftigkeit ausschöpfen, sondern eben auch die Personen, die mit ihnen in einer Bedarfsgemeinschaft leben. Personen, die in einer Bedarfsgemeinschaft leben, werden also *gemeinsam in die Pflicht genommen.*

Die gesetzlichen Bestimmungen werden in der Literatur *kritisch* betrachtet: „Die genannten Normen sind nicht unproblematisch, statuieren sie doch Pflichten für Personen, die selbst nicht unbedingt einen Antrag gestellt haben müssen (…) und auch nicht unbedingt ein eigenes Interesse an Leistungen aus dem System SGB II haben müssen. (…) Der Gesetzgeber hat mit der Bedarfsgemeinschaft in § 7 ein rechtsdogmatisches Hybridwesen zwischen Einzelansprüchen und gesamtschuldnerischer Haftung geschaffen" (Eicher et. al/Kador 2021: § 2 SGB II Rn. 8).

V.1.2 Konstellationen

Die Konstellationen, die zur Begründung einer Bedarfsgemeinschaft führen, finden sich *abschließend* in § 7 Abs. 3 SGB II. Da durch das Rechtsinstitut der Bedarfsgemeinschaft besondere Rechte aber eben auch Pflichten gegenüber dem Jobcenter begründet werden, bedarf es einer ausdrücklichen gesetzlichen Grundlage,

---

[70] Im Rahmen der Antragstellung (III.2) haben Sie § 38 Abs. 1 SGB II kennengelernt, der die Vertretung einer Bedarfsgemeinschaft durch *ein* Mitglied der Bedarfsgemeinschaft behandelt. Wenn eine Person einen Antrag wirksam für mehrere Personen stellen kann, dann ist es nur konsequent, wenn im Gegenzug die Behörde *einen* Bescheid erlassen kann, der gegenüber mehreren Personen Wirkung entfaltet.

aufgrund derer entsprechende Pflichten begründet werden können. Das bedeutet im Umkehrschluss, dass eine Fallgestaltung, die nicht ausdrücklich in § 7 Abs. 3 SGB II genannt ist, auch nicht als Bedarfsgemeinschaft behandelt werden kann.

Eine Bedarfsgemeinschaft setzt stets das Zusammenleben in einem *Haushalt* voraus.[71] Der Begriff des Haushalts ist gesetzlich nicht definiert. Deshalb ist anhand von Sinn und Zweck der Norm zu überlegen, was darunter zu verstehen ist.

In einem ersten Schritt verlangt der gemeinsame Haushalt das Zusammenleben in einer *Wohnung*. Nach einer gesetzlichen Definition im Bereich der Sozialhilfe ist eine Wohnung die Zusammenfassung mehrerer Räume, die von anderen Wohnungen oder Wohnräumen baulich getrennt sind und die in ihrer Gesamtheit alle für die Führung eines Haushalts notwendigen Einrichtungen, Ausstattungen und Räumlichkeiten umfassen (§ 42a Abs. 2 Satz 2 SGB XII).

Das Bestehen einer gemeinschaftlichen Wohnung reicht für sich gesehen aber noch nicht zur Begründung eines gemeinsamen Haushalts aus. Schließlich kann man auch in einer Wohngemeinschaft[72] unter demselben Dach zusammenleben, ohne gemeinsam einen Haushalt zu führen. Als weiteres Merkmal muss noch das *gemeinsame Wirtschaften* – das Wirtschaften „aus einem Topf" – hinzukommen. Dahinter steckt die Überlegung, dass der Bedarf, den eine Person hat, unterschiedlich ist, je nachdem, ob sie für sich allein zurechtkommen muss, oder ob sie etwa gemeinschaftlich mit anderen Personen kocht oder die gemeinschaftlich genutzten Räumlichkeiten heizt (Luik et al./Silbermann 2024: § 9 SGB II Rn. 85 ff.).

Zur Kontrolle: Könnten eigentlich Obdachlose, die sich ein Zimmer in einer Gemeinschaftsunterkunft teilen, einem gemeinsamen Haushalt zugerechnet werden?[73]

Als Kurzformel lässt sich daher die Bedarfsgemeinschaft definieren als

- gemeinsamer Haushalt
- der ausdrücklich in § 7 Abs. 3 SGB II genannten Personen.

Zu Frage d:

Im Ausgangsfall stellt sich die Frage, ob die Schwiegermutter mit den anderen Mitgliedern der Familie Noelle als eine Haushaltsgemeinschaft (i. S. d. § 9 Abs. 5 SGB II) und ggf. auch weitergehend als eine Bedarfsgemeinschaft qualifiziert werden kann. Laut Sachverhalt lebt die gutsituierte Mutter von Frau Noelle im selben Wohnhaus ein Stockwerk tiefer. Dies macht deutlich, dass die Schwiegermutter nicht mit ihren Kindern in einer Wohnung, sondern in einer separaten Wohneinheit wohnt. Die Schwiegermutter und die anderen Mitglieder der Familie Noelle müssen – je für sich – die eigene Wohnung bewirtschaften und können daher nicht als gemeinsamer Haushalt qualifiziert werden. Insofern

---

71 Beachte bereits an dieser Stellte, dass auch die in § 9 Abs. 5 SGB II behandelte *Haushaltsgemeinschaft* einen gemeinsamen Haushalt bestimmter Personen (Verwandte/Verschwägerte) voraussetzt. Dazu später unter V.2.
72 Vgl. zum Begriff der Wohngemeinschaft unter V.3.
73 Nein, das ist nicht der Fall. Zum einen erfüllt ein Zimmer in einer Obdachlosenunterkunft nicht die Anforderungen an eine Wohnung/einen Haushalt wie in § 42a Abs. 2 SGB XII beschrieben. Zum anderen werden die Obdachlosen auch nicht als eine Wirtschaftsgemeinschaft betrachtet werden können.

fehlt es bereits an einer notwendigen Voraussetzung zur Begründung einer Bedarfsgemeinschaft.[74]

V.1.2.1 Erwerbsfähige Leistungsberechtigte, § 7 Abs. 3 Nr. 1 SGB II

So selbstverständlich dies klingen mag: Die Bestimmung des § 7 Abs. 3 SGB II lässt sich am besten verstehen, wenn man sie von vorn nach hinten durchliest. Fangen wir also vorne an: Nach § 7 Abs. 3 Nr. 1 SGB II gehört zur Bedarfsgemeinschaft zumindest eine *erwerbsfähige leistungsberechtigte* Person.

Zur Wiederholung: Wo ist der Begriff des erwerbsfähigen Leistungsberechtigten gesetzlich definiert? Notieren Sie sich die Norm neben § 7 Abs. 3 Nr. 1 SGB II![75]

Diese Anforderung ist schnell nachvollziehbar. Der Anwendungsbereich des SGB II ist nur eröffnet, wenn es zumindest eine Person gibt, die die Voraussetzungen des § 7 Abs. 1 Satz 1 SGB II erfüllt. Umgekehrt formuliert: Wenn in einer Familie nur Personen zusammenleben, die nicht erwerbsfähig sind, dann fehlt das erforderliche Standbein im Bereich der Grundsicherung für Arbeitsuchende.

Von der Person des erwerbsfähigen Leistungsberechtigten aus kann dann in unterschiedliche Generationen geblickt werden:

- Der erwerbsfähige Leistungsberechtigte kann in Richtung seiner Vorfahren – seiner *Eltern* – schauen, und diese unter bestimmten Voraussetzungen mit in die Bedarfsgemeinschaft hineinholen (§ 7 Abs. 3 Nr. 2 SGB II).
- Der erwerbsfähige Leistungsberechtigte kann in seine eigene Generation schauen und unter bestimmten Voraussetzungen seine *Partnerin*/seinen *Partner* in die Bedarfsgemeinschaft mit einbinden (§ 7 Abs. 3 Nr. 3 SGB II).
- Der erwerbsfähige Leistungsberechtigte kann in Richtung seiner Nachfahren – seiner *Kinder* – blicken und unter bestimmten Voraussetzungen mit diesen eine Bedarfsgemeinschaft begründen (§ 7 Abs. 3 Nr. 4 SGB II).

Die Konstellation, dass der erwerbsfähige Leistungsberechtigte die eigenen Eltern in die Bedarfsgemeinschaft hineinholt, ist aus rechtlicher Sicht eher die *Ausnahme*. Daher wird diese Konstellation erst später behandelt.[76]

> **Zum Fall:**
>
> Im Fall der Familie Noelle wurde bereits festgestellt, dass zumindest Herr Noelle (sieht man einmal von dem bislang noch offenen Merkmal der Hilfebedürftigkeit ab) alle Voraussetzungen eines erwerbsfähigen Leistungsberechtigten erfüllt.[77] Betrachtet man nur ihn allein, so begründet er nach § 7 Abs. 3 Nr. 1

---

74 Im Übrigen käme die Begründung einer Bedarfsgemeinschaft Schwiegermutter – Herr und Frau Noelle – Kinder Noelle auch deswegen nicht in Betracht, weil die Bundesagentur für Arbeit in ihren verbindlichen Fachlichen Weisungen bestimmt: „Eine Bildung einer 3-Generationen-BG erfolgt nicht" (7.78).
75 Legaldefinition in § 7 Abs. 1 Satz 1 SGB II.
76 Vgl. unter V.1.2.4.
77 Vgl. unter IV.1.5. In gleicher Weise könnten die Voraussetzungen des § 7 Abs. 1 Satz 1 SGB II auch in Bezug auf Frau Noelle geprüft werden. Sofern die Voraussetzungen vorliegen könnte auch sie als Ausgangspunkt zur Prüfung der Bedarfsgemeinschaft nach § 7 Abs. 3 Nr. 1 SGB II dienen.

SGB II eine Bedarfsgemeinschaft. Im weiteren Verlauf ist dann zu prüfen, ob er auch seine Frau und die Kinder mit in die Bedarfsgemeinschaft einbindet.

V.1.2.2 Partner, § 7 Abs. 3 Nr. 3 SGB II

Als Partnerin oder Partner der erwerbsfähigen Leistungsberechtigten kommen gem. § 7 Abs. 3 Nr. 3 SGB II in Betracht

- die nicht dauernd getrennt lebende *Ehegattin* oder der nicht dauernd getrennt lebende *Ehegatte*,
- die nicht dauernd getrennt lebende *Lebenspartnerin* oder der nicht dauernd getrennt lebende *Lebenspartner*,
- eine Person, die mit der erwerbsfähigen leistungsberechtigten Person in einem gemeinsamen Haushalt so zusammenlebt, dass nach verständiger Würdigung der wechselseitige Wille anzunehmen ist, *Verantwortung füreinander zu tragen und füreinander einzustehen.*

Wenn Sie die Norm genau lesen, stellen Sie fest, dass die *Erwerbsfähigkeit der Partnerin oder des Partners* keine Voraussetzung dafür ist, dass sie in die Bedarfsgemeinschaft mit der erwerbsfähigen leistungsberechtigten Person mit einbezogen wird. Das macht deutlich, dass es für die Begründung der Bedarfsgemeinschaft ausreichend ist, wenn *eine* der beteiligten Personen ein erwerbsfähiger Leistungsberechtigter ist. Bereits dadurch wird der Anwendungsbereich des SGB II eröffnet. Natürlich kann auch die Partnerin oder der Partner erwerbsfähig sein. Dies ist an anderer Stelle im Rahmen der Prüfung auch rechtlich relevant.[78] Nur für die Begründung der Bedarfsgemeinschaft kommt es auf die Erwerbsfähigkeit der Partnerin oder des Partners nicht an.

V.1.2.2.1 Ehe

Die *Ehe* verbindet zwei Personen in allen Wechselfällen des Lebens (wie es im Trauversprechen heißt: „in guten wie in bösen Tagen, in Gesundheit und Krankheit, in Reichtum und Armut") bis zum Tod einer oder beider Personen. Das gemeinsame Durchleben und Durchstehen der Wechselfälle des Lebens entspricht der Verantwortungsübernahme füreinander, wie sie zivilrechtlich in § 1353 Abs. 1 BGB beschrieben ist:

> *Die Ehe wird von zwei Personen verschiedenen oder gleichen Geschlechts auf Lebenszeit geschlossen. Die Ehegatten sind einander zur ehelichen Lebensgemeinschaft verpflichtet; sie tragen füreinander Verantwortung.*

Wie bereits weiter oben ausgeführt stellt die Bedarfsgemeinschaft eine Verantwortungsgemeinschaft nach außen hin – gegenüber dem Jobcenter – dar. Ob diese Verantwortung im Einzelfall tatsächlich von beiden Partnern gelebt und gewollt ist, muss bei der Ehe nicht hinterfragt werden. Der *Formalakt der standesamtlichen Trauung* genügt zur Begründung der Verantwortungsgemeinschaft.

---

78 Z. B. bei der Frage, ob der Partner als erwerbsfähiger Leistungsberechtigter Bürgergeld bezieht oder ob er aufgrund der fehlenden Erwerbsfähigkeit Bürgergeld für nichterwerbsfähige Leistungsberechtigte oder Grundsicherung im Alter und bei Erwerbsminderung (4. Kapitel SGB XII) bekommt.

Die gesetzliche Vermutung des füreinander Einstehens wird nur durch den „Gegenbeweis" des dauernden Getrenntlebens durchbrochen.[79] Dieser Begriff kann unter Heranziehung des § 1567 Abs. 1 BGB konkretisiert werden (LSG Nds-Brem, Urteil vom 21.02.2013 – L 15 AS 139/09 BeckRS 2013, BECKRS. 68338; vgl. dazu auch: Beck OK SozR/Mushoff 2023: § 7 SGB II Rn. 74 f.): "*Die Ehegatten leben getrennt, wenn zwischen ihnen keine häusliche Gemeinschaft besteht und ein Ehegatte sie erkennbar nicht herstellen will, weil er die eheliche Lebensgemeinschaft ablehnt. Die häusliche Gemeinschaft besteht auch dann nicht mehr, wenn die Ehegatten innerhalb der ehelichen Wohnung getrennt leben.*"

Arbeiten Sie mit dem Gesetz:

Notieren Sie sich § 1567 Abs. 1 BGB neben § 7 Abs. 3 Nr. 3 a) und b) SGB II!

Dauerndes Getrenntleben bedeutet nicht unbedingt eine dauernde räumliche Trennung. In der Ehe kann eine dauerhafte Verbundenheit z. B. trotz beruflich bedingter Wochenendbeziehung bestehen. Erforderlich ist vielmehr, dass die für die Ehe charakteristische Wirtschafts- und Lebensgemeinschaft nicht mehr besteht. Dies setzt neben der räumlichen Trennung auch einen entsprechenden *Trennungswillen* voraus (Luik et al./Becker 2024: § 7 SGB II Rn. 110). Es muss nach außen hin der Wille zumindest eines Ehegatten erkennbar sein, dass die häusliche Gemeinschaft nicht mehr bestehen soll.

Überlegen Sie einmal selbst: Wie würden Sie die Situation beurteilen,

a) in der ein Partner eine Haftstrafe antreten muss oder

b) in der die Ehepartnerin in ein Frauenhaus umzieht?

Während eine Inhaftierung für sich gesehen nicht als Manifestation des Trennungswillens angesehen werden kann – schließlich tritt man eine Haft ja nicht freiwillig und aus eigenen Stücken an – wird die Ehepartnerin wohl nur dann in ein Frauenhaus umziehen, wenn die Verhältnisse in der ehelichen Wohnung für sie schlicht nicht mehr tragbar sind. Daher kann der Umzug in ein Frauenhaus als Manifestation des Trennungswillens gewertet werden, so dass regelmäßig von einer dauerhaften Trennung auszugehen ist (vgl. Weisungen BA, 7.67).

V.1.2.2.2 Lebenspartnerschaft

Der Begriff der Lebenspartnerschaft ist für alle Sozialgesetzbücher in § 33b SGB I legaldefiniert.

Auch hier gilt wieder: Arbeiten Sie mit dem Gesetz und notieren Sie sich § 33b SGB I neben § 7 Abs. 3 Nr. 3 b) SGB II.

Damit sind solche Partnerschaften gemeint, die nach dem Lebenspartnerschaftsgesetz (LPartG) abgeschlossen wurden. Das LPartG gilt für die rechtliche Verbin-

---

[79] Im Fall einer Ehe darf das Jobcenter also erst einmal vom Bestehen einer Bedarfsgemeinschaft ausgehen. Es ist an der antragstellenden Person darzulegen und ggf. zu beweisen, dass sie dauernd von ihrem Ehepartner getrennt lebt.

dung gleichgeschlechtlicher Partnerinnen und Partner. Durch die im Jahr 2017 erfolgte Öffnung des § 1353 BGB für Paare verschiedenen *oder gleichen Geschlechtes* hat das LPartG nur noch historische Bedeutung. Es ist auf alle gleichgeschlechtlichen Partnerinnen und Partner anzuwenden, die ihre Partnerschaft nach der alten Rechtslage begründet haben. Von ihnen wird in gleicher Weise wie von Eheleuten Fürsorge und Unterstützung sowie eine gemeinsame Lebensgestaltung erwartet. Es gelten die gleichen Grundsätze für die Behauptung des dauernden Getrenntlebens.

V.1.2.2.3 Partnerschaft

Die Regelung zur *Partnerschaft* nach § 7 Abs. 3 Nr. 3 c) SGB II liest sich sehr komplex. Danach gehören zur Bedarfsgemeinschaft als Partnerin oder Partner des erwerbsfähigen Leistungsberechtigten eine Person, die mit der erwerbsfähigen leistungsberechtigten Person in einem gemeinsamen Haushalt so zusammenlebt, dass nach verständiger Würdigung der wechselseitige Wille anzunehmen ist, Verantwortung füreinander zu tragen und füreinander einzustehen.

Im Eifer des Gefechts kann es leicht geschehen, dass man bei der Anwendung dieser Bestimmung die ersten Wörter auslässt („zur Bedarfsgemeinschaft gehören als Partnerin oder Partner der erwerbsfähigen Leistungsberechtigten") und erst dort zu lesen anfängt, wo der Gliederungsbuchstabe „c" beginnt. Dann würde man übersehen, dass auch diese Konstellation der Bedarfsgemeinschaft notwendig eine *Partnerschaft* zur Voraussetzung hat. Bei den vorhergehenden Varianten der Bedarfsgemeinschaft war es nicht notwendig, diesen Begriff näher zu definieren, da die Partnerschaft durch den formalen Akt der Eheschließung bzw. der Begründung einer Lebenspartnerschaft nachgewiesen werden konnte. Nun aber wird es erforderlich, den Begriff zu konkretisieren.

Schauen Sie sich einmal gedanklich in Ihrem Bekanntenkreis um: Woran erkennen Sie, wenn eine Freundin oder ein Freund von Ihnen in einer *Partnerschaft* lebt?

Perspektivisch hat eine Partnerschaft das Potenzial, in eine Eheschließung einzumünden. Daher weist auch eine Partnerschaft bereits diejenigen Merkmale auf, die für eine Ehe charakteristisch sind. Die partnerschaftliche Beziehung ist

- auf Zukunft (potenziell bis zum Tod),
- auf Ausschließlichkeit (Monogamie) und
- auf Wechselseitigkeit angelegt.

Nach einhelliger Rechtsmeinung sind von diesen Merkmalen nur Paarbeziehungen erfasst, nicht aber Geschwister, Verwandte oder gute Freunde.[80]

Diese Partner müssen zusammen in einem *gemeinsamen Haushalt* leben.

---

80 Vgl. auch eine ältere Entscheidung des BVerfG: „Gemeint ist eine Lebensgemeinschaft zwischen einem Mann und einer Frau, die auf Dauer angelegt ist, daneben keine weitere Lebensgemeinschaft gleicher Art zulässt und sich durch innere Bindungen auszeichnet, die ein gegenseitiges Einstehen der Partner füreinander begründen, also über die Beziehungen in einer reinen Haushalts- und Wirtschaftsgemeinschaft hinausgehen" (BVerfG, Urteil vom 17-11-1992–1 BvL 8/87, NJW 1993, 643).

V. Kapitel: Gemeinschaften

Den Begriff des Haushalts haben Sie bereits kennengelernt. Gelingt es Ihnen noch, den Begriff zu erklären?[81]

Nicht jedes gemeinschaftliche Zusammenleben eines Paares kann dazu führen, dass diese auch aus Sicht der Grundsicherung für Arbeitsuchende füreinander einzustehen haben. Denn schließlich befassen wir uns gerade mit den Paaren, die die zivilrechtliche Verantwortungsgemeinschaft der Ehe eben (noch) nicht begründen wollten. Möglicherweise will das Paar das gemeinschaftliche Leben erst einmal erproben, um darauf aufbauend überlegen zu können, welche weiteren Schritte man gemeinsam durch das Leben gehen möchte. Es bedarf daher *weitergehender Voraussetzungen*, wenn man die sozialrechtliche Verantwortungsgemeinschaft eines nichtverheirateten Paares mit der Verantwortungsgemeinschaft eines Ehepaares oder einer Lebenspartnerschaft gleichsetzen möchte. Diese Vergleichbarkeit versucht die Bestimmung des § 7 Abs. 3 Nr. 3 c) SGB II herzustellen:

- Da es bei den Partnerschaften an einem Rechtsetzungsakt wie bei Ehen oder bei Verpartnerungen (LPartG) fehlt, muss hier auf den *wechselseitigen Willen* der beteiligten Personen abgestellt werden.
- Dieser wechselseitige Wille muss darauf gerichtet sein, *Verantwortung füreinander zu tragen und füreinander einzustehen*. Der Wortlaut der Norm erinnert an die Bestimmung des § 1353 BGB (Lebens- und Verantwortungsgemeinschaft). Es geht hier um das Bestehen eines eheähnlichen Verhältnisses, bei dem die Beteiligten lediglich auf den formalen Rechtsakt der Eheschließung verzichten, nicht aber auf den wechselseitigen Bindungs- und Fürsorgewillen.
- Die Mitarbeitenden im Jobcenter haben eine *verständige Würdigung* der Situation vorzunehmen. Dadurch wird klargestellt, dass nicht auf den tatsächlichen inneren Willen der an der Partnerschaft beteiligten Personen abgestellt wird. Dieser innere Wille wäre faktisch auch gar nicht zu ermitteln. Die Mitarbeitenden im Jobcenter können nur umgekehrt von einem äußerlich erkennbaren Handeln auf den inneren Willen des Paares zurückschließen.

Die Feststellung, dass zwei Personen in einem Haushalt zusammenleben, ist für eine Behörde durch Amtsermittlung (§ 20 SGB X) in aller Regel unproblematisch zu treffen. Wie aber soll das Jobcenter erkennen, ob nach verständiger Würdigung der wechselseitige Wille anzunehmen ist, Verantwortung füreinander zu tragen und füreinander einzustehen? Dafür kann das Jobcenter insbesondere *Aufklärung* per Akteneinsicht, Zeugenbefragung oder Hausbesuch[82] (Augenschein) betreiben (vgl. § 21 SGB X). Möglicherweise erklären die Leistungsberechtigten auf Befragung, dass sie sich als eheähnliche Gemeinschaft betrachten. Möglicherweise bestreiten sie aber auch das Bestehen einer solche Beziehung. Glaubt der Behördenvertreter ihnen, so ist in beiden Fällen das Bestehen bzw. Nichtbestehen der Gemeinschaft festgestellt. Eine weitere Prüfung ist dann nicht mehr angezeigt.

Nur in den Fällen, in denen eine Partnerschaft aus Sicht der Behörde zu Unrecht verleugnet wird, muss sie weitere Ermittlungen anstellen. Für diese Fälle gilt

---

81 Elemente: gemeinsames Wohnen und gemeinsames Wirtschaften, vgl. unter V.1.2.
82 Zur Zulässigkeit von Hausbesuchen vgl. unter III.3.2

die *Vermutungsregelung* des § 7 Abs. 3a SGB II. Die Bestimmung enthält keine Legaldefinition des Begriffs Partnerschaft, sondern stellt vielmehr eine Verfahrensregelung dar. Sie schafft zugunsten der ermittelnden Behörde eine Beweislastumkehr für den Fall, dass das Bestehen oder Nichtbestehen einer Partnerschaft nach pflichtgemäßer Prüfung nicht eindeutig feststellbar ist.

> **Merke:**
>
> § 7 Abs. 3a SGB II kommt nur dann zur Anwendung, wenn das Bestehen oder Nichtbestehen der Bedarfsgemeinschaft nach Prüfung des § 7 Abs. 3 Nr. 3 c) SGB II weder eindeutig bejaht noch eindeutig verneint werden kann, so dass die ermittelnde Behörde auf eine Beweislastumkehr angewiesen ist.

Ein wechselseitiger Wille, Verantwortung füreinander zu tragen und füreinander einzustehen, wird gem. § 7 Abs. 3a SGB II vermutet, wenn Partner

- länger als ein Jahr zusammenleben,
- mit einem gemeinsamen Kind zusammenleben,
- Kinder oder Angehörige im Haushalt versorgen oder
- befugt sind, über Einkommen oder Vermögen des anderen zu verfügen.

Die Vermutungsregelung soll das Jobcenter in seiner Arbeit unterstützen. Sie soll aber nicht dazu führen, dass ausschließlich die explizit aufgeführten Kriterien zur Begründung der Lebens- und Verantwortungsgemeinschaft herangezogen werden. Die aufgeführten Kriterien stellen insofern keine Mindestvoraussetzungen zur Begründung des wechselseitigen Einstandswillens dar. Trotz der Vermutungsregelung des § 7 Abs. 3a SGB II ist es deshalb auch nicht ausgeschlossen, dass *andere äußere Tatsachen* das Vorliegen einer Verantwortungsgemeinschaft begründen können (BT-Drs. 16/1410, 19 zu Nr. 7 Buchst. b). Dies ist vom zuständigen Leistungsträger unter Würdigung aller Umstände von Amts wegen zu prüfen (§ 20 Abs. 1 SGB X).

> **Beispiel:**
>
> Im Fall eines vor wenigen Monaten in einen Haushalt zusammengezogenen Paares wird das Bestehen einer Bedarfsgemeinschaft geprüft. Das Paar bestreitet, eine Partnerschaft i. S. d. § 7 Abs. 3 Nr. 3 c) SGB II zu führen. Nachbarn melden dem Jobcenter aber, dass das Paar überall von Zukunftsplänen und „ewiger Liebe" spreche. Bei einem daraufhin angekündigten und vom Paar zugelassenen Hausbesuch finden sich große Vorräte von Kondomen und ein umfangreicher Vertragsentwurf, mit welchem das Paar offenbar einen künftigen Ehevertrag vorbereitet hat.

In diesem Fall kommt das Jobcenter allein auf der Grundlage des § 7 Abs. 3 Nr. 3 c) SGB II nicht zu einer abschließenden Entscheidung, ob das Paar als Bedarfsgemeinschaft anzusehen ist. Das Paar bestreitet, dass die Voraussetzungen der Norm erfüllt sind. Zudem ist auch keines der in § 7 Abs. 3a SGB II genannten Kriterien erfüllt. Auch die gesetzlich vorgesehene Beweislastumkehr hilft also dem Jobcenter zur Begründung der Bedarfsgemeinschaft nicht unmittelbar weiter.

Es ist aber nicht ausgeschlossen, dass andere als in § 7 Abs. 3a SGB II genannte äußerlich wahrnehmbare Tatsachen die Verantwortungsgemeinschaft begründen. Allein aus dem Bestehen (oder Nichtbestehen) einer *sexuellen Beziehung* wird man noch keine Schlussfolgerung für das Bestehen einer Verantwortungsgemeinschaft ziehen können. Die erkennbare *Planung einer gemeinsamen Zukunft* in Form einer künftigen Eheschließung ließe sich dagegen als Nachweis für die bestehende Verantwortungsgemeinschaft und damit für die Begründung der Bedarfsgemeinschaft werten.

Soweit im Verfahren von der Behörde auf die Vermutungsregel des § 7 Abs. 3a SGB II zurückgegriffen wird, haben die Leistungsberechtigten ihrerseits die Möglichkeit, diese Vermutung mit eigenen Beweismitteln *zu widerlegen*. Sie müssen plausibel erklären, warum trotz der äußerlichen Erscheinungsmerkmale der innere Bindungswille zur Begründung einer Bedarfsgemeinschaft fehlt (vgl. z. B. LSG BW 16.1.2007 – L 13 AS 3747/06). Wenn dies nachvollziehbar und ggf. nachweisbar vorgetragen wird, kann wiederum die Beweislastumkehr nicht mehr zum Tragen kommen. Das Bestehen einer Partnerschaft im Sinne des § 7 Abs. 3 Nr. 3 c) SGB II ist dann von der Behörde nicht nachgewiesen.

Zum Fall:

Im Ausgangsfall hat es das Jobcenter leicht, eine Partnerschaft zwischen Herrn und Frau Noelle festzustellen. Beide sind miteinander verheiratet. Ein Getrenntleben haben sie nicht vorgetragen. Damit begründen sie eine Bedarfsgemeinschaft nach § 7 Abs. 3 Nr. 3 a) SGB II.

V.1.2.3 Kinder in der Bedarfsgemeinschaft mit erwerbsfähigen Eltern, § 7 Abs. 3 Nr. 4 SGB II

„Die Eltern haben die Pflicht und das Recht, für das minderjährige Kind zu sorgen". So bestimmt es das Zivilrecht in § 1626 Abs. 1 Satz 1 BGB. Ebenso wie im Fall der Ehe, so gibt es auch im Verhältnis der Eltern zu ihren Kindern eine der familieninternen Verpflichtung entsprechende Außenverantwortung gegenüber dem Jobcenter.

Lesen Sie die Regelung des § 7 Abs. 3 Nr. 4 SGB II. Welche Voraussetzungen müssen erfüllt sein, damit ein Kind zur Bedarfsgemeinschaft gehört?

Kinder einer leistungsberechtigten Person oder ihrer Partnerin oder ihres Partners gehören zur Bedarfsgemeinschaft, solange sie

- dem Haushalt angehören,
- unverheiratet sind,
- das 25. Lebensjahr noch nicht vollendet haben und
- die Leistungen zur Sicherung ihres Lebensunterhalts nicht aus eigenem Einkommen oder Vermögen beschaffen können.

Beginnen wir gedanklich mit einem Merkmal, das *keine* Voraussetzung zur Einbeziehung der Kinder in die Bedarfsgemeinschaft mit ihren Eltern ist. Ebenso wie bei Partnern[83] kommt es für die Begründung der Bedarfsgemeinschaft mit Kindern auf deren Erwerbsfähigkeit nicht an. Auch Kinder, die dem Arbeitsmarkt nicht zur Verfügung stehen, z. B. weil sie das 15. Lebensjahr noch nicht vollendet haben (vgl. § 7 Abs. 1 Satz 1 Nr. 1 SGB II), gehören – sofern sie die weitergehenden Voraussetzungen erfüllen – zur Bedarfsgemeinschaft mit ihren Eltern.

Aus zeitlicher Sicht bildet der 25. *Geburtstag* den Endpunkt, bis zu dem Kinder über § 7 Abs. 3 Nr. 4 SGB II in die Bedarfsgemeinschaft mit eingebunden werden können. Leben Kinder über diesen Zeitpunkt hinaus im Elternhaus, werden sie nicht mehr zur Bedarfsgemeinschaft mit ihren Eltern gerechnet. Sie begründen dann eine eigene Bedarfsgemeinschaft.[84]

Den Begriff des Kindes kennen Sie möglicherweise bereits aus dem Kinder- und Jugendhilferecht. Wissen Sie noch, welche Altersgrenze im SGB VIII relevant ist?[85]

Es wurde bereits festgestellt, dass der gemeinsame *Haushalt* eine notwendige Voraussetzung für jede Konstellation der Bedarfsgemeinschaft ist.[86] Auch bei der Einbindung der Kinder in die Bedarfsgemeinschaft mit ihren Eltern bedarf es dieser Wohn- und Wirtschaftsgemeinschaft. Nun führt nicht jeder Übernachtungsbesuch bei einer Freundin dazu, dass ein Kind nicht mehr zum gemeinsamen Haushalt und in der Konsequenz auch nicht mehr zur Bedarfsgemeinschaft mit den Eltern gehört. Die Zugehörigkeit zum Haushalt kann allerdings dann fragwürdig sein, wenn – wie bei Patchworkfamilien üblich – die Kinder abwechselnd im Haushalt getrenntlebender Elternteile wohnen. Diese Konstellation ist in der Praxis als *temporäre Bedarfsgemeinschaft* anerkannt, sofern ein beständiger Zustand in der Form eintritt, dass Kinder bei ihrem Elternteil mit einer gewissen Regelmäßigkeit wohnen, also nicht nur sporadische Besuche abstatten (vgl. Weisungen der BA zu den Besonderheiten der Temporären Bedarfsgemeinschaft, 2017).[87]

Die Kinder müssen *unverheiratet* sein, damit sie zur Bedarfsgemeinschaft mit ihren Eltern gehören. Hier wird deutlich, dass das SGB II mit dem Rechtsinstitut der Bedarfsgemeinschaft die familiäre Verantwortungsgemeinschaft nachzeichnet. Wenn das Kind heiratet, begründet es eine eigene Familie. Diese zivilrechtlich gesehen neue Einheit führt dann entsprechend auch auf der Ebene der Grundsicherung zur Begründung einer neuen Bedarfsgemeinschaft.

Letzte Voraussetzung zur Begründung der Bedarfsgemeinschaft ist, dass das Kind *die Leistungen zur Sicherung seines Lebensunterhalts nicht aus eigenem Einkommen oder Vermögen beschaffen kann*. Ziel dieser Voraussetzung ist es, die Ei-

---

83 Vgl. V.1.2.2.
84 Allerdings findet die Bestimmung zur Haushaltsgemeinschaft nach § 9 Abs. 5 SGB II auch weiterhin auf sie Anwendung. Vgl. unter V.2.
85 Gem. § 7 Abs. 1 Nr. 1 SGB VIII ist ein Kind im Sinne des SGB VIII, wer noch nicht 14 Jahre alt ist. Die Altersgrenze ist eine ganz andere als im SGB II! Der Vergleich macht deutlich, dass jedes Gesetz Begriffe grundsätzlich nur für den eigenen Anwendungsbereich definieren kann. Das ist auch sinnvoll, denn jedes Gesetz verfolgt eine andere Zielsetzung und mit einer anderen Zielsetzung kann eben auch ein anderes Begriffsverständnis verbunden sein.
86 Vgl. V.1.2.
87 In diesem Fall ist in der Konsequenz eine Aufteilung der Leistungen für das Kind zu prüfen, vgl. dazu unter V.1.3.2. Vgl. hierzu auch den Wiederholungsfall „Yvonne zwischen den Eltern" unter VI.5.

genständigkeit des Kindes zu stärken und es nach Möglichkeit unabhängig von Leistungen nach dem SGB II zu machen: Möglicherweise hat ein Kind eigenes Einkommen, z. B. in Form von Unterhaltsleistungen, Unterhaltsvorschuss und/ oder Kindergeld eines getrennt lebenden Elternteils. Reichen diese Leistungen aus, damit das Kind seinen Unterhalt aus eigenen Kräften heraus bestreiten kann, dann gehört es nicht mehr zur Bedarfsgemeinschaft mit seinen Eltern und fällt in der Konsequenz aus dem Anwendungsbereich des SGB II heraus.

> **Zum Fall:**
> Alle drei Kinder gehören (zumindest zeitweise) zur Bedarfsgemeinschaft mit Herrn Noelle und seiner Ehefrau.
> Klara ist zwar nicht das leibliche Kind von Herrn Noelle. § 7 Abs. 3 Nr. 4 SGB II findet aber auch Anwendung auf Kinder der Partner der erwerbsfähigen Leistungsberechtigten („Kinder, der in Nummer 1 bis 3 genannten Personen").
> Alle drei Kinder leben (zumindest zeitweise) im Haushalt der Eltern oder zumindest eines Elternteils, sind unverheiratet, haben das 25. Lebensjahr noch nicht vollendet und verfügen über keine Finanzmittel, um den eigenen Lebensunterhalt bestreiten zu können. Würde z. B. der leibliche Vater von Klara den notwendigen Unterhalt für seine Tochter zahlen, so würde diese (je nach Höhe des Unterhalts) nicht mehr zur Bedarfsgemeinschaft der Familie Noelle zählen. Natürlich würde sie auch dann weiterhin im gemeinsamen Haushalt leben, sie wäre aber nicht mehr „hilfebedürftig" und fiele mangels Zugehörigkeit zur Bedarfsgemeinschaft auch aus der Zuständigkeit des Jobcenters.
> An den Wochenenden oder in den Wochen, welche Klara mit ihrem leiblichen Vater verlebt, gehört sie allerdings nicht dem Haushalt der Noelles an. Lebenshaltungskosten entstehen dagegen im Haushalt des leiblichen Vaters durch Klaras Zugehörigkeit dort. Diese Besuche beim leiblichen Vater sind ritualisiert und übersteigen den Rahmen unerheblicher Zeiträume. Insofern handelt es sich um eine temporäre Bedarfsgemeinschaft. In der Konsequenz ist zu prüfen ob bzw. in welchem Umfang die Regelleistungen für Klara zwischen den Eltern aufzuteilen sind.[88]

V.1.2.4 Eltern in der Bedarfsgemeinschaft mit erwerbsfähigen Kindern, § 7 Abs. 3 Nr. 2 SGB II

Ausgangspunkt zur Begründung der Bedarfsgemeinschaft ist immer die Perspektive des erwerbsfähigen Leistungsberechtigten (§ 7 Abs. 3 Nr. 1 SGB II). Dieser kann in unterschiedliche Richtungen blicken. In der gerade zuvor behandelten Konstellation des § 7 Abs. 3 Nr. 4 SGB II war die Blickrichtung auf die nachfolgende Generation – die Kinder. Der erwerbsfähige Leistungsberechtigte kann aber auch auf die vorhergehende Generation blicken – die Eltern. Diese Fallkonstellation behandelt § 7 Abs. 3 Nr. 2 SGB II. Die Perspektive wird gewissermaßen an der Person des erwerbsfähigen Leistungsberechtigten *gespiegelt*. Deshalb ist es auch

---

[88] Vgl. dazu unter V.1.3.2. Vgl. in diesem Zusammenhang auch § 38 Abs. 2 SGB II: „Für Leistungen an Kinder im Rahmen der Ausübung des Umgangsrechts hat die umgangsberechtigte Person die Befugnis, Leistungen nach diesem Buch zu beantragen und entgegenzunehmen, soweit das Kind dem Haushalt angehört." Weiterhin soll bei den Kosten der Unterkunft und Heizung ein erhöhter Bedarf wegen der Ausübung des Umgangsrechtes berücksichtigt werden (vgl. § 22b Abs. 3 S. 1, 2 Nr. 2 SGB II).

wenig verwunderlich, dass die Voraussetzungen der Nr. 4 und der Nr. 2 einander entsprechen.

Diese Konstellation ist aus rechtlicher Sicht eher die *Ausnahme*. Sind die Eltern ihrerseits erwerbsfähig, dann greift für sie regelmäßig bereits § 7 Abs. 3 Nr. 1 SGB II (ggf. in Verbindung mit § 7 Abs. 3 Nr. 4 SGB II). Der Bestimmung des § 7 Abs. 3 Nr. 2 SGB II bedarf es dann nicht. Die Bestimmung kommt daher in der Praxis regelmäßig dann zum Tragen, wenn die Eltern erwerbs*un*fähig sind (auch wenn die Erwerbsunfähigkeit keine explizite Voraussetzung des Tatbestandes ist).

> **Beispiel:**
>
> Sohn S ist 20 Jahre alt, erwerbsfähig und hilfebedürftig. Er lebt mit seiner erwerbsunfähigen und hilfebedürftigen Mutter M (50 Jahre) und deren ebenfalls erwerbsunfähigem und hilfebedürftigem Lebenspartner L (48 Jahre) in einem Haushalt. Ausgangspunkt zur Begründung der Bedarfsgemeinschaft ist S. Er ist ein erwerbsfähiger Leistungsberechtigter (§ 7 Abs. 3 Nr. 1 SGB II) und kann daher den Ausgangspunkt zur Begründung einer Bedarfsgemeinschaft mit M und L bilden. Wäre S ebenfalls erwerbsunfähig, dann würde es an einem Standbein im SGB II fehlen. Der Anwendungsbereich des Gesetzes wäre dann nicht eröffnet und es wäre ausschließlich nach dem SGB XII (Sozialhilfe) zu prüfen, welche Ansprüche gegebenenfalls in Betracht kämen.

Je nach der Situation im Einzelfall bezieht S in dem beschriebenen Beispiel möglicherweise Bürgergeld für eLB (Grundsicherung für Arbeitsuchende, SGB II). Demgegenüber haben M und L möglicherweise Anspruch auf Leistungen der Grundsicherung bei Erwerbsminderung (4. Kapitel SGB XII). Die Leistungen, die die zur Bedarfsgemeinschaft gehörenden Personen in diesem Fall von staatlicher Seite bekämen, hätten ihre rechtliche Grundlage also in unterschiedlichen Gesetzen (SGB II bzw. SGB XII). Diese Konstellation wird daher als *gemischte Bedarfsgemeinschaft* bezeichnet.[89]

Würde L noch aus einer früheren Beziehung das 6-jährige Kind K mit in den Haushalt bringen, dann wäre auch dieses Kind über die Bestimmungen des § 7 Abs. 3 Nr. 1, 2, 4 SGB II Bestandteil der Bedarfsgemeinschaft. In diesem Fall spricht man von einer *erweiterten Bedarfsgemeinschaft*.

> **Zwischenergebnis zum Fall:**
>
> Familie Noelle bildet mit den beiden Eheleuten und den im Haushalt lebenden drei Kindern eine (temporäre) Bedarfsgemeinschaft, auch wenn das älteste Kind Klara nur mit der Mutter Helena leiblich verwandt ist. Die nicht mit im Haushalt lebende Mutter von Helena gehört nicht zur Bedarfsgemeinschaft.

---

[89] Die gemischte Bedarfsgemeinschaft kann insbesondere die Frage aufwerfen, in welchem Umfang und in welcher Weise Einkommen und Vermögen der an der Gemeinschaft beteiligten Personen anzurechnen ist. Vgl. unter V.5.

V.1.3 Konsequenzen der Bedarfsgemeinschaft

Mit der Feststellung, dass eine Person zu einer Bedarfsgemeinschaft zählt, sind eine Reihe einschneidender rechtlicher Folgen verbunden.

Abbildung V.1: Konsequenzen der Bedarfsgemeinschaft

V.1.3.1 Leistungsarten in der Bedarfsgemeinschaft

Erwerbsfähige Leistungsberechtigte erhalten – sofern die entsprechenden Voraussetzungen erfüllt sind – *Bürgergeld (*eLB, § 19 Abs. 1 Satz 1 SGB II).

Vermittelt über das Rechtsinstitut der Bedarfsgemeinschaft können auch solche Personen Leistungen nach dem SGB II beziehen, die nicht erwerbsfähig sind (vgl. § 7 Abs. 2 Satz 1 SGB II). Aufgrund der fehlenden Erwerbsfähigkeit sind diese Personen nicht arbeitsuchend und in der Konsequenz auch nicht arbeitslos. Die gewährte Leistung heißt deshalb *Bürgergeld für nichterwerbsfähige Leistungsberechtigte* (Bürgergeld für Nicht-eLB, § 19 Abs. 1 Satz 2 SGB II).

Neben dem Bürgergeld für nichterwerbsfähige Leistungsberechtigte kommen für nichterwerbsfähige Personen auch die sozialen Sicherungssysteme des SGB XII (Sozialhilfe) in Betracht. Daher stellt sich die Frage, welches der Systeme zur Anwendung gelangt.

Die Grundsätze zur Abgrenzung der sozialen Leistungssysteme haben Sie bereits kennengelernt.[90] Können Sie noch darstellen, welche Leistung im Einzelfall vor- bzw. nachrangig ist?

- Leistungen des SGB II gehen den Leistungen des SGB XII grundsätzlich vor (§ 5 SGB II; 2 Abs. 1 SGB XII).
- Leistungen der Grundsicherung im Alter oder bei Erwerbsminderung (4. Kapitel SGB XII) haben Vorrang vor dem Bürgergeld für nichterwerbsfähige Leistungsberechtigte (§§ 5 Abs. 2 Satz 2, 19 Abs. 1 Satz 2 SGB II). Das betrifft dauerhaft Erwerbsunfähige, die nur aufgrund des Zusammenlebens in einer Bedarfsgemeinschaft mit Erwerbsfähigen in die Zuständigkeit des Jobcenters fallen würden.
- Hilfen zum Lebensunterhalt (3. Kapitel SGB XII) sind nachrangig gegenüber dem Bürgergeld für nichterwerbsfähige Leistungsberechtigte (§§ 5 Abs. 2 Satz 1, 19 Abs. 1 Satz 2 SGB II). Das betrifft z. B. Personen, die noch nicht die erforderliche Altersgrenze zum Bezug der Grundsicherung im Alter erreicht haben oder deren gesundheitliche Prognose so gut ist, dass sie perspektivisch gesehen dem Arbeitsmarkt wieder zur Verfügung stehen werden und aus diesem Grund keine Leistungen nach dem 4. Kapitel SGB XII bekommen.

V.1.3.2 Regelbedarfsstufen in der Bedarfsgemeinschaft

Für den Bedarf, der gewöhnlich im Monat bei einem durchschnittlichen Leistungsberechtigten anfällt, wird der sog. Regelbedarf gewährt.[91] Es gibt sechs unterschiedliche Regelbedarfsstufen (vgl. § 20 Abs. 2 – 4, § 23 Nr. 1 SGB II).[92] Die Zuordnung zu einer dieser Stufen hängt entweder vom Alter oder vom Status in der Bedarfsgemeinschaft ab. Dahinter steckt die Überlegung, dass die Kosten, die pro Monat pro Person entstehen, geringer sind, wenn in einem Haushalt mehrere Personen leben, die sich aus der Sicht der Grundsicherung als eine Einheit betrachten lassen müssen.[93]

Zu Frage a:
Zu der Frage, ob der Regelbedarf der Eheleute Noelle den Betrag von 563 € pro Person unterschreiten darf, ist Herrn Noelle mitzuteilen, dass er als Mitglied der Bedarfsgemeinschaft mit seiner Frau nicht der Regelbedarfsstufe 1 (alleinstehend/alleinerziehend, § 20 Abs. 2 Satz 1 SG II), sondern dem niedrigeren Bedarf der Regelbedarfsstufe 2 (Partner einer Bedarfsgemeinschaft, die das 18. Lebensjahr vollendet haben, § 20 Abs. 4 SGB II) zuzuordnen ist.

---

90 Vgl. dazu bereits unter II.2.2.
91 Vgl. dazu ausführlich im Kapitel VI: Regelbedarf und Mehrbedarf.
92 Im Übrigen verweist § 20 auf §§ 28, 28a SGB XII, das RBEG und die Regelbedarfsstufen-Fortschreibungsverordnung. In § 8 RBEG werden 6 Regelbedarfsstufen ausgewiesen. Alle Regelungen muss man parallel lesen!
93 Hier wird noch einmal deutlich, warum jede Form der Bedarfsgemeinschaft das Bestehen eines gemeinsamen Haushalts als Voraussetzung hat.

> **Zu Frage b:**
>
> Die Frage, ob für Klara der volle Regelbedarf auszuzahlen sei, muss im Hinblick auf den Status der temporären Bedarfsgemeinschaft mit Herrn und Frau Noelle verneint werden. Gem. § 20 Abs. 1 Satz 3 SGB II wird der Regelbedarf „als monatlicher Pauschalbetrag berücksichtigt". Klara begründet temporär eine Bedarfsgemeinschaft mit Herrn und Frau Noelle. Temporär begründet sie auch eine Bedarfsgemeinschaft mit ihrem leiblichen Vater. Durch diese temporäre Bedarfsgemeinschaft entsteht der Existenzsicherungsbedarf bei Noelles nur anteilig für einen Zeitraum des Monats. Der Regelbedarf für Klara wird entsprechend anteilig erbracht, § 41 Abs. 1 Satz 2 SGB II.[94]

V.1.3.3 Hilfebedürftigkeit der Mitglieder der Bedarfsgemeinschaft

Zur Bestimmung der Hilfebedürftigkeit von Mitgliedern der Bedarfsgemeinschaft gibt es eine spezielle Regelung in § 9 Abs. 2 Satz 3 SGB II: Danach gilt jede Person der Bedarfsgemeinschaft im Verhältnis des eigenen Bedarfs zum Gesamtbedarf als hilfebedürftig, wenn nicht der gesamte Bedarf der Gemeinschaft aus eigenen Mitteln und Kräften gedeckt ist.

> **Zum Fall:**
>
> Das Kurzarbeitergeld des Herrn Noelle reicht vielleicht aus, seinen eigenen notwendigen Lebensunterhalt zu decken. Dann wäre Herr Noelle – für sich betrachtet – nicht hilfebedürftig. Da Herr Noelle aber eine Bedarfsgemeinschaft sowohl mit seiner Frau als auch mit den drei Kindern bildet, ist eine isolierte Betrachtung unzureichend. Das Gesetz verlangt zu prüfen, ob der gesamte Bedarf der Bedarfsgemeinschaft – also der Bedarf von allen fünf Mitgliedern – aus eigenen Mitteln gedeckt werden kann. Wenn das nicht der Fall ist, gilt auch Herr Noelle als hilfebedürftig. Dabei ist dann zu berechnen, welchen Anteil der für ihn zu ermittelnde notwendige Bedarf an dem für die gesamte Bedarfsgemeinschaft zu ermittelnden Bedarf ausmacht. § 9 Abs. 2 Satz 3 SGB II dehnt also die Hilfebedürftigkeit einzelner Mitglieder der Bedarfsgemeinschaft auf die gesamte Bedarfsgemeinschaft aus.

V.1.3.4 Einsatz von Einkommen und Vermögen in der Bedarfsgemeinschaft

Gem. § 9 Abs. 1 SGB II ist der Mensch hilfebedürftig, der seinen Lebensunterhalt nicht oder nicht ausreichend aus dem zu berücksichtigenden Einkommen oder Vermögen sichern kann und die erforderliche Hilfe *nicht von anderen, insbesondere von Angehörigen* oder von Trägern anderer Sozialleistungen, erhält.

Zu den *anderen*, die möglicherweise zur Beseitigung der Hilfebedürftigkeit beitragen können, zählen insbesondere die Mitglieder der Bedarfsgemeinschaft. In welchem Umfang diese ihr Einkommen und Vermögen einsetzen müssen, um die

---

[94] "Dem Kind steht für jeden Tag, den es sich mehr als 12 Stunden beim getrennt lebenden Elternteil aufhält, ein Anspruch auf anteilige Regelleistungen zu (Regelleistung Kind: 1/30 x Aufenthaltstage). Bezieht das Kind auch im anderen Haushalt [...] [Bürgergeld], so vermindert sich der Anspruch dort um die beim umgangsberechtigten Elternteil verbrachten Tage." (Gesamtkommentar SRB/Fasselt: 2023: § 7 SGB II Rn. 47).

Hilfebedürftigkeit der anderen Mitglieder der Bedarfsgemeinschaft zu beseitigen, bestimmt sich nach § 9 Abs. 2 SGB II.

Partnerinnen und *Partner* müssen sich das Einkommen und Vermögen des jeweils anderen anteilig wie Eigenmittel zurechnen lassen (§ 9 Abs. 2 Satz 1 SGB II).

Bei *unverheirateten Kindern*, die mit ihren Eltern oder einem Elternteil in einer Bedarfsgemeinschaft leben und die ihren Lebensunterhalt nicht aus eigenem Einkommen oder Vermögen sichern können, sind auch das Einkommen und Vermögen der Eltern oder des Elternteils und dessen in Bedarfsgemeinschaft lebender Partnerin oder lebenden Partners zu berücksichtigen (§ 9 Abs. 2 Satz 2 SGB II). Einkommen der Eltern fließt also anteilig zu den Kindern. **Aber** es fließen keine Mittel von den Kindern zu den Eltern: Eltern und deren Partnerinnen und Partnern ist nach dieser Vorschrift nicht das Einkommen oder Vermögen der Kinder zuzurechnen (Ausnahme: sog. „überschießendes Kindergeld" gem. § 11 Abs. 1 S. 5 SGB II).[95]

In den Konstellationen, in denen Mitglieder einer Bedarfsgemeinschaft eigenes Einkommen und Vermögen auch zugunsten der anderen Mitglieder der Bedarfsgemeinschaft einsetzen müssen, spricht man von einer sogenannten *Einsatzgemeinschaft*.

> **Zum Fall:**
>
> Das Einkommen, das Herr Noelle erzielt, wird anteilig sowohl Frau Noelle (§ 9 Abs. 2 Satz 1 SGB II) als auch den drei Kindern (§ 9 Abs. 2 Satz 2 SGB II) mit zugerechnet. Ebenso wird das Einkommen von Frau Noelle aus der geringfügigen Beschäftigung anteilig den übrigen Mitgliedern der BG zugerechnet.
> Wenn Klara von ihrem leiblichen Vater Unterhalt erhielte, würde dieses Einkommen aus rechtlicher Sicht nur ihr zugerechnet, nicht aber den anderen Mitgliedern der Bedarfsgemeinschaft. Dass in der gelebten Alltagspraxis einer Patchwork-Familie die Geldmittel vermutlich selten so individuell aufgeteilt werden, spielt für die hier vorzunehmende rechtliche Betrachtung und Berechnung der Hilfebedürftigkeit keine Rolle.
> Was Herr Noelle als Ungerechtigkeit erlebt, ist tatsächlich rechtlich gewollt: Für die Bedarfsgemeinschaft als soziale Verantwortungsgemeinschaft muss er sozialrechtlich in vollem Umfang und ohne Selbstbehalt einstehen. Das Unterhaltsrecht des BGB dagegen kennt „Selbstbehalte" der Unterhaltspflichtigen, so dass der unterhaltspflichtige leibliche Vater von Klara erst seinen eigenen notwendigen Lebensbedarf decken kann, bevor er zahlungspflichtig für sein Kind wird. Sozialpolitisch sind die Rechtsfolgen einer Bedarfsgemeinschaft und der sie betreffenden Regelungen natürlich umstritten.

Eine Sonderrolle nimmt in diesem Zusammenhang das *Kindergeld* ein. Dieses steht grundsätzlich (außerhalb des Geltungsbereichs des SGB II) den Eltern der Kinder als finanzielle Entlastung bei der Wahrnehmung der Unterhaltspflicht zur Verfügung.[96] Allerdings enthält das SGB II für Eltern und Kinder in einer

---

[95] Möglicherweise kommt jedoch eine Berücksichtigung von Einkommen und Vermögens der Kinder über die Bestimmung des § 9 Abs. 5 SGB II (Haushaltsgemeinschaft) in Betracht Vgl. dazu unter V.2.
[96] Vgl. § 1 Abs. 1 BKGG: „Kindergeld (...) für seine Kinder erhält (...)".

Bedarfsgemeinschaft eine Sonderregelung. Nach § 11 Abs. 1 Satz 3 und 4 SGB II wird Kindergeld zunächst *dem Kind selbst* zugerechnet und sorgt für dessen Bedarfsdeckung. Soweit das Kind (z. B. wegen hoher Unterhaltszahlungen) zur Bedarfsdeckung nicht auf das Kindergeld angewiesen ist, greift wieder der Grundsatz ein und es wird den Eltern bzw. dem Elternteil als Einkommen zugerechnet. Durch diese besondere Regelung fallen Kinder wegen der Deckung des eigenen Lebensbedarfs schneller aus der Bedarfsgemeinschaft heraus. Soweit das Kindergeld nicht für den notwendigen Existenzbedarf des Kindes benötigt wird, führt die Anrechnung des Kindergeldes bei den Eltern zur Minderung von deren Bürgergeld-Anspruch (sog. *„überschießendes Kindergeld"*). Auch diese Regelung wird seit Jahren sozialpolitisch kritisiert (Vgl. etwa Seiler, NZS 2008, 505).

> **Zu Frage c:**
> Die Frage, ob die Anrechnung des Kindergeldes als Einkommen der Kinder rechtens sei, ist damit zu bejahen.

V.1.3.5 Schwangere und Mütter in der Bedarfsgemeinschaft

Eine Sonderreglung in der Bedarfsgemeinschaft gilt gem. § 9 Abs. 3 SGB II für

- schwangere Kinder oder
- Kinder, die ein Kind bis zur Vollendung des sechsten Lebensjahrs betreuen.

Die Norm betrachtet eine 3-Generationen Konstellation.[97] Um welche Konstellation handelt es sich dabei? Die Eltern bilden mit ihrem Kind eine Bedarfsgemeinschaft. Dieses Kind ist seinerseits schwanger oder betreut ein Kleinkind. Würde die Bestimmung des § 9 Abs. 2 Satz 2 SGB II zur Anwendung gelangen, dann wäre das Einkommen und Vermögen der Eltern bei der Ermittlung des Bedarfs des Kindes (anteilig) zu berücksichtigen. § 9 Abs. 3 SGB II stellt klar, dass das nicht der Fall ist. In diesen Fällen wird dem Kind Einkommen oder Vermögen der Eltern *nicht* zugerechnet. In der Konsequenz kann das Kind bei fehlenden Eigenmitteln einen Anspruch auf Bürgergeld in vollem Umfang geltend machen. Die Norm soll das ungeborene Leben schützen. Der Gesetzgeber fürchtet, dass die Eltern ihre schwangere Tochter zu einem Schwangerschaftsabbruch drängen könnten, wenn sie dazu verpflichtet wären, auch in dieser Konstellation ihrer Einstandspflicht nachzukommen.

V.2 Haushaltsgemeinschaft in Abgrenzung zur Bedarfsgemeinschaft, § 9 Abs. 5 SGB II

Die bisher behandelten Bedarfsgemeinschaften des § 7 Abs. 3 SGB II sind zu unterscheiden von den *Haushaltsgemeinschaften*. Systematisch findet sich die Rechtsgrundlage für die Haushaltsgemeinschaft am Ende der gesetzlichen Bestimmung

---

[97] "Das BSG hat in seiner Entscheidung von 2014 [BSG 17.7.2014 – B 14 AS 54/13 R] eine Drei-Generationen-Bedarfsgemeinschaft für möglich erklärt, die BA ist diesem Urteil jedoch in ihren Fachlichen Hinweisen [FH-BA § 7 Rn. 7.73 ff., 7.78] nicht gefolgt." (Gesamtkommentar SRB/Fasselt 2023: § 7 SGB II Rn. 39).

zur Hilfebedürftigkeit, in § 9 Abs. 5 SGB II. Voraussetzung für die Haushaltsgemeinschaft ist, dass

- Verwandte oder Verschwägerte
- zusammen in einem gemeinsamen Haushalt leben.

Auch hier kehrt also der Begriff der *Wohn- und Wirtschaftsgemeinschaft* (= gemeinsamer Haushalt) wieder, den Sie bereits aus dem Kontext der Bedarfsgemeinschaften kennen.

Zu klären bleibt der Personenkreis der *Verwandten* und *Verschwägerten*. Hierbei handelt es sich um Begriffe, die dem Familienrecht – dem Zivilrecht – entstammen.[98] Nach § 1589 Abs. 1 BGB sind Personen, deren eine von der anderen abstammt, in gerader Linie verwandt. Personen, die nicht in gerader Linie verwandt sind, aber von derselben dritten Person abstammen, sind in der Seitenlinie verwandt. Die Verwandten eines Ehegatten sind mit dem anderen Ehegatten verschwägert, § 1590 Abs. 1 Satz 1 BGB.

Notieren Sie sich neben § 9 Abs. 5 SGB II § 1589 und § 1590 BGB.

Der Personenkreis, der von der Bestimmung zur Haushaltsgemeinschaft (§ 9 Abs. 5 SGB II) erfasst sein kann, ist also wesentlich weiter als der Personenkreis, mit dem sich die Bedarfsgemeinschaft (§ 7 Abs. 3 SGB II) auseinandersetzt. Zugleich ist die Rechtsfolge weicher formuliert. Während im Fall der Bedarfsgemeinschaft im Rahmen des § 9 Abs. 2 SGB II eine Berücksichtigung von Einkommen und Vermögen zwingend erfolgt, enthält § 9 Abs. 5 SGB II eine *Vermutungsregelung*. Darüber hinaus wird die Berücksichtigung von Einkommen und Vermögen im Umfang davon abhängig gemacht, dass dies *erwartet werden kann*. Vereinfacht formuliert: Eine Unterstützung von Verwandten und Verschwägerten kommt erst dann in Betracht, wenn der eigene Lebensunterhalt hinreichend gesichert ist. In welchem Umfang diese Vorschrift zur Anrechnung von (angeblich geflossenen) Geldmitteln führen kann, ist auf Grundlage von § 1 Abs. 2 Bürgergeld-V zu ermitteln.

Notieren Sie sich entsprechend neben § 9 Abs. 5 SGB II den § 1 Abs. 2 Bürgergeld-V.[99]

Zu Frage d:
Kommen wir noch einmal zur Schwiegermutter von Herrn Noelle zurück. Zwar ist die Schwiegermutter mit Herrn Noelle verschwägert (§ 1590 BGB) und als Mutter von Frau Noelle mit dieser verwandt (§ 1589 Abs. 1 Satz 1 BGB). Aber auch hier fehlt es – wie bei der Bedarfsgemeinschaft – an dem erforderlichen gemeinsamen Haushalt. Die Voraussetzungen des § 9 Abs. 5 SGB II liegen daher nicht vor. Auf die Frage von Herrn Noelle ist daher zu antworten, dass das Jobcenter eine finanzielle Unterstützung seiner Schwiegermutter nicht unterstellen darf.

---

98 Auch hier wird wieder deutlich, dass das Grundsicherungsrecht die familieninterne (zivilrechtliche) Verbundenheit umwandelt in eine Verantwortung gegenüber dem Jobcenter im Außenverhältnis.
99 Vgl. hierzu später „Vermutetes Einkommen" unter X.2.2.3.

V.3 Wohngemeinschaft

Abzugrenzen von Bedarfsgemeinschaften (§ 7 Abs. 3 SGB II) und Haushaltsgemeinschaften (§ 9 Abs. 5 SGB II) sind bloße *Wohngemeinschaften*. Diese sind im SGB II nicht geregelt und führen daher auch nicht zur Begründung einer sozialrechtlichen Verantwortungsgemeinschaft. Typisch für eine Wohngemeinschaft ist die gemeinsame Nutzung insbesondere von Bad und Küche. Das begründet aber noch kein für den gemeinsamen Haushalt erforderliches gemeinsames Wirtschaften. Das gilt selbst dann, wenn die Wohngemeinschaft zu gleichen Teilen eine gemeinschaftliche Kasse füllt aus deren Mitteln heraus Grundnahrungsmittel, Reinigungs- und Sanitärartikel erworben werden (BSG 27.1.2009 – B 14 AS 6/08 R, SozR 4-4200, Rn. 15).

V.4 Gemeinschaften in der Sozialhilfe

Gemeinschaften gibt es auch im Bereich der Sozialhilfe. Vergleicht man die unterschiedlichen Konstellationen miteinander, so ergibt sich folgende Übersicht:

Tabelle V.1: Bedarfsgemeinschaft – Einsatzgemeinschaft – Haushaltsgemeinschaft im Vergleich

SGB II Grundsicherung für Arbeitsuchende	4. Kapitel SGB XII Grundsicherung im Alter und bei Erwerbsminderung	3. Kapitel SGB XII Hilfen zum Lebensunterhalt

Bedarfsgemeinschaft (BG)
gem. § 7 Abs. 3 SGB II
1. erwerbsfähiger Leistungsberechtigter
2. Eltern und Partner der Eltern von Kindern
  – unter 25 Jahre
  – im Haushalt
  – unverheiratet
  – hilfebedürftig
3. Partner
  – Ehegatten
  – eingetragene Lebenspartner
  – ehe-/lebenspartnerschaftsähnliche Partner
4. Kinder der in Nr. 1 – 3 genannten Personen
  – unter 25 Jahre
  – im Haushalt
  – unverheiratet
  – hilfebedürftig
	Einsatzgemeinschaft (EG)
	gem. § 43 Abs. 1 i. V. m. § 20 SGB XII
	– Ehegatten
	– eingetragene Lebenspartner
	– ehe-/lebenspartnerschaftsähnliche Partner
		Einsatzgemeinschaft (EG)
		gem. § 27 Abs. 2 SGB XII
		1. Partner
		  – Ehegatten
		  – eingetragene Lebenspartner
		  – ehe-/lebenspartnerschaftsähnliche Partner
		2. Kinder
		  – unter 18
		  – im Haushalt
		  – unverheiratet
		  – hilfebedürftig

Haushaltsgemeinschaft (HG) gem. § 9 Abs. 5 SGB II Verwandte und Verschwägerte im Haushalt, sofern eine Wohn- und Wirtschaftsgemeinschaft vorliegt; wird unterstellt, dass ggf. Mittel fließen, soweit das nach dem Einkommen „zu erwarten ist" → widerlegbare Vermutung	Haushaltsgemeinschaft (HG) Vermutung des § 39 SGB XII greift nicht (§ 43 Abs. 5 SGB XII)	Haushaltsgemeinschaft (HG) gem. § 39 SGB XII mit jeder anderen Person im Haushalt → eine Wohn- und Wirtschaftsgemeinschaft sowie das Fließen von Mitteln wird unterstellt → widerlegbare Vermutung

V.4.1 Einsatzgemeinschaft

Um zu verstehen, inwiefern sich die Bestimmungen der Sozialhilfe von den Bestimmungen der Grundsicherung für Arbeitsuchende unterscheiden, ist es hilfreich, sich zunächst mit der Konsequenz der Einsatzgemeinschaft zu befassen: Für den *Umfang der einzusetzenden Mittel* heißt es im Bereich der Grundsicherung im Alter und bei Erwerbsminderung, dass Einkommen und Vermögen der einsatzpflichtigen Person zu berücksichtigen ist, soweit es dessen *notwendigen Lebensunterhalt übersteigt* (vgl. § 43 Abs. 1 Satz 2 SGB XII).[100] Eine Person, die mehr Mittel zur Verfügung hat, als sie selbst zur Sicherung des eigenen Lebensunterhalts benötigt, und die in einer Einsatzgemeinschaft mit einer hilfebedürftigen Person lebt, muss damit ihr Geld zwar auch zugunsten der hilfebedürftigen Person einsetzen. Anders als im Bereich der Grundsicherung für Arbeitsuchende (SGB II) gilt sie aber selbst nicht als hilfebedürftig.[101]

> **Beispiel:**
> Herr und Frau Wagner sind knapp bei Kasse. Sie haben jeweils einen monatlichen Bedarf in Höhe von 750 € (Regelbedarf und Kosten der Unterkunft). Herr Wagner erzielt ein anrechenbares monatliches Einkommen in Höhe von 1.000 €. Weitere Mittel stehen nicht zur Verfügung.

Angenommen, die beiden beziehen *Leistungen nach dem SGB II*, dann ist das anrechenbare Einkommen von Herrn Wagner gemessen am Bedarf anteilig auf die beiden Mitglieder der Bedarfsgemeinschaft aufzuteilen:

	Herr Wagner	Frau Wagner
Bedarf	750 €	750 €
einzusetzendes Einkommen	500 €	500 €
Anspruch auf Grundsicherung (SGB II)	250 €	250 €

Angenommen, die beiden beziehen *Leistungen nach dem SGB XII*, dann ist Frau Wagner nur der Anteil des Einkommens von Herrn Wagner zuzurechnen, den dieser nicht benötigt, um seinen eigenen Lebensunterhalt bestreiten zu können:

	Herr Wagner	Frau Wagner
Bedarf	750 €	750 €
einzusetzendes Einkommen	750 €	250 €

---

100 Im Bereich der Hilfen zum Lebensunterhalt (3. Kapitel SGB XII) fehlt eine entsprechende Regelung. Gleichwohl ist auch hier Einkommen eines Mitglieds einer Einsatzgemeinschaft nur insoweit zu berücksichtigen, als es den eigenen sozialhilferechtlich bestehenden Bedarf übersteigt (Knickrehm et al./Krauß 2023: § 27 SGB XII Rn. 3).
101 Vgl. unter V.1.3.3.

Anspruch auf Sozialhilfe	500 €

Während im Anwendungsbereich der Grundsicherung für Arbeitsuchende also sowohl Herr Wagner als auch Frau Wagner hilfebedürftig sind (daher der Begriff Bedarfsgemeinschaft), führt die Anrechnungsregelung im Bereich der Sozialhilfe dazu, dass nur Frau Wagner als hilfebedürftig anzusehen ist. Nur sie muss einen Antrag auf staatliche Unterstützung stellen. Nur sie ist gegenüber dem Sozialamt zur Mitwirkung verpflichtet. Ihr Mann muss zwar sein überschüssiges Einkommen zugunsten seiner Frau einsetzen (daher der Begriff Einsatzgemeinschaft), ist aber selbst nicht hilfebedürftig im Sinne des Sozialhilferechts.

Neben den *Ehepartnern* und *eingetragenen Lebenspartnern* gehören zu den Einsatzgemeinschaften ausdrücklich die *eheähnlichen* oder *lebenspartnerschaftsähnlichen* Gemeinschaften. Hierzu bestimmt § 20 Satz 1 SGB XII: *„Personen, die in eheähnlicher oder lebenspartnerschaftsähnlicher Gemeinschaft leben, dürfen hinsichtlich der Voraussetzungen sowie des Umfangs der Sozialhilfe nicht besser gestellt werden als Ehegatten."* Die Norm erklärt sich durch den Schutz der Ehe im Grundgesetz. Personen, die sich durch den Eheschluss ausdrücklich in den Schutzbereich des Art. 6 Abs. 1 GG begeben, dürfen (durch die Anrechnung von Einkommen und Vermögen) nicht schlechter gestellt sein, als vergleichbare Personenkonstellationen (eheähnliche Gemeinschaften), die sich nicht auf einen grundgesetzlichen Schutz berufen können.

Nur *minderjährige Kinder* gehören im Bereich der Hilfen zum Lebensunterhalt zur Einsatzgemeinschaft mit ihren Eltern (§ 27 Abs. 2 Satz 3 SGB XII). Vergleichbar wie im Bereich der Grundsicherung nach dem SGB II ist überschüssiges Einkommen und Vermögen der Eltern zugunsten der Kinder zu berücksichtigen, nicht aber umgekehrt.[102] Im Fall einer Schwangerschaft oder der Betreuung eines Kindes bis zum Alter von 6 Jahren wird die Einsatzgemeinschaft nicht begründet (§ 27 Abs. 2 Satz 3 SGB i. V. m. § 39 Satz 3 Nr. 1 SGB XII).

Im Rahmen der Grundsicherung im Alter und bei Erwerbsminderung fehlt es an Bestimmungen, die ausdrücklich die Kinder betreffen. Das erklärt sich daher, dass diese Sozialleistungen frühestens ab der Vollendung des 18. Lebensjahres eingreifen können (§ 41 Abs. 3 SGB XII).

V.4.2 Haushaltsgemeinschaft

V.4.2.1 Hilfen zum Lebensunterhalt

Der Begriff der *Haushaltsgemeinschaft* (§ 39 Satz 1 SGB XII) ist im Bereich der Hilfen zum Lebensunterhalt[103] viel weitreichender gefasst als im Bereich des SGB II.[104] Verwandtschaft oder Schwägerschaft ist – anders als im Bereich der Grundsicherung für Arbeitsuchende – keine Voraussetzung zur Begründung der

---

102 Im Fall von volljährigen Kindern können jedoch die Bestimmungen über die Haushaltsgemeinschaft eingreifen; vgl. unter V.4.2.
103 Die Regelung über die Haushaltsgemeinschaft gem. § 39 S. 1 SGB XII ist für Leistung nach dem Kap. 4 SGB XII nicht anzuwenden (vgl. § 43 Abs. 5 SGB XII).
104 Vgl. hierzu unter V.2.

Haushaltsgemeinschaft. Sie kann vielmehr mit *jeder dritten Person* begründet werden.

Darüber hinaus enthält die Bestimmung des § 39 Satz 1 SGB XII eine *doppelte Vermutung*:

- Es wird vermutet, dass Personen, die in einer gemeinsamen Wohnung oder in einer gemeinsamen Unterkunft wohnen, auch gemeinsam wirtschaften (Haushaltsgemeinschaft).
- Es wird vermutet, dass die nachfragende Person von den anderen Personen Leistungen zum Lebensunterhalt erhält, soweit dies nach deren Einkommen und Vermögen erwartet werden kann.

Während im Bereich der Grundsicherung für Arbeitsuchende das Bestehen einer Haushaltsgemeinschaft eine durch das Jobcenter nachzuweisende Tatbestandsvoraussetzung ist, ist es im Bereich der Hilfen zum Lebensunterhalt die Aufgabe der betroffenen Personen die Vermutung der Behörde zu widerlegen, dass trotz gemeinsamen Wohnens eine Haushaltsgemeinschaft nicht besteht.[105]

Fraglich bleibt darüber hinaus, ab welchem Einkommens-/Vermögens-Umfang eine Unterstützung *erwartet werden kann*. Dieses unbestimmte Tatbestandsmerkmal bedarf einer Konkretisierung im Einzelfall. Das Bundesverwaltungsgericht hat es in einer Entscheidung als unbedenklich angesehen, für die Berechnung des angemessenen Eigenbedarfs den doppelten Regelsatz eines Haushaltsvorstands am Wohnort der Haushaltsgemeinschaft zugrunde zu legen (BVerwG, Urteil vom 29.02.1996 – 5 C 2/95, Rn. 108).

V.4.2.2 Grundsicherung im Alter und bei Erwerbsminderung

Im Bereich der *Grundsicherung im Alter und bei Erwerbsminderung* bestimmt § 43 Abs. 5 SGB XII: „*§ 39 Satz 1 ist nicht anzuwenden.*" Die zuvor dargestellte Vermutungsregelung greift nicht. Das heißt, dass Finanzmittel der anderen Mitglieder der Haushaltsgemeinschaft grundsätzlich keinen Einfluss auf die Hilfebedürftigkeit der betreffenden Person haben. Das gilt selbst dann, wenn es sich bei den anderen Personen um Verwandte in gerader Linie handelt, die ggf. nach Maßgabe der familienrechtlichen Bestimmungen des BGB dazu verpflichtet wären, Unterhalt zu leisten. Nur dann, wenn eine finanzielle Unterstützung *tatsächlich* erfolgt, ist diese im Rahmen der Bedarfsberechnung als Einkommen zu berücksichtigen.

V.5 Gemischte Bedarfsgemeinschaft

Fall:

Herr und Frau Ehlert (beide 50 Jahre alt) sind seit vielen Jahren glücklich miteinander verheiratet. Beide sind finanziell hilfebedürftig. Während Frau Ehlert sich bester Gesundheit erfreut, ist Herr Ehlert nach einem Unfall dauerhaft und vollständig erwerbsgemindert. Beide beziehen staatliche Sozialleistungen. Frau

---

[105] § 39 Satz 3 SGB XII benennt Konstellationen, in denen die Vermutungsregelung nicht greift.

Ehlert erhält nun das Angebot, wenige Stunden in der Woche arbeiten zu gehen. Sie fragt sich, nach welchen Bestimmungen ein erzieltes Einkommen dann auf den eigenen Bedarf und den Bedarf ihres Mannes anzurechnen ist.

Auch wenn der Sachverhalt nur wenige Informationen enthält, so liegt es doch nahe, dass Frau Ehlert als erwerbsfähige Leistungsberechtigte (§ 7 Abs. 1 Satz 1 SGB II) Bürgergeld erhält. Demgegenüber wird es sich bei der staatlichen Unterstützung für Herrn Ehlert wohl um Grundsicherung bei Erwerbsminderung (4. Kapitel SGB XII) handeln. Obwohl die beiden unterschiedlichen Regelungssystemen unterfallen, bilden sie gleichwohl eine Bedarfsgemeinschaft, gem. § 7 Abs. 3 Nr. 1 und Nr. 3 a) SGB II. Diese Konstellationen werden als *gemischte Bedarfsgemeinschaften* bezeichnet.

Es stellt sich daher die Frage, ob eine Berücksichtigung von Einkommen und Vermögen nach den Bestimmungen des SGB II oder nach den Regelungen des SGB XII zu erfolgen hat. Das ist besonders deshalb entscheidend, weil die Anrechnungsregelungen im Bereich der Grundsicherung für Arbeitsuchende großzügiger sind als diejenigen im Bereich der Sozialhilfe.[106]

Das Bundessozialgericht erachtet in diesen Fällen für die erwerbstätige Person eine *Vergleichsberechnung* nach Maßgabe des SGB II für erforderlich. Nur das nach Maßgabe der Grundsicherung für Arbeitsuchende zu berücksichtigende Einkommen kann dann im Rahmen der Berechnung nach dem SGB XII Berücksichtigung finden (Härtefallregelung nach Maßgabe des § 82 Abs. 3 Satz 3 SGB XII – BSG, Urt. v. 9. 6. 2011 – B 8 SO 20/09 R, NVwZ-RR 2012, 316 Rn. 24). Auch für die Ermittlung des anzurechnenden *Vermögens* ist nach Ansicht des Bundessozialgerichts ein differenziertes Vorgehen erforderlich. Im Wege des Härtefalls (§ 90 Abs. 3 Satz 1 SGB XII) ist „ein gemeinsamer Vermögensfreibetrag geschützt, der sich aus dem für den Sozialhilfebezieher maßgeblichen Barbetragsanteil und dem für den Bezieher von Leistungen nach dem SGB II nach den dort geltenden Vorschriften bemessenen Freibetragsanteil errechnet." (Leitsatz BSG, Urt. v. 20.9.2012 – B 8 SO 13/11 R).

Das bedeutet, dass für Frau Ehlert zunächst nach den Bestimmungen des SGB II zu ermitteln ist, welcher Anteil ihres Einkommens anrechenbar ist. Der Umfang der Anrechnung bemisst sich dann in einem zweiten Schritt nach den Bestimmungen des SGB XII: Nur wenn Frau Ehlert ihren eigenen Bedarf vollständig decken kann, ist der ihren Bedarf überschießende Anteil auf den Bedarf ihres Mannes anzurechnen.

V.6 Wiederholungsfälle

1. Justin auf dem Bauernhof[107]

Justin ist 24 Jahre und lebt auf dem elterlichen Bauernhof bei seinen Eltern in Rheinland-Pfalz. Die Eltern arbeiten täglich hart, um den Hof effizient zu betreiben. Justin lehnt die Mitarbeit auf dem Hof als „zu anstrengend" ab, er hat kein

---

106 Vgl. das Kapitel X.
107 Eine Lösungsskizze finden Sie am Ende des Buches in Kapitel XIV.

Einkommen/Vermögen. Die Eltern möchten, dass Justin Bürgergeld beantragt, damit sie ihn nicht weiter „durchfüttern" müssen. Das Jobcenter erklärt, dass Justin das Geld seiner Eltern zugerechnet wird. Ist die Auskunft des Jobcenters zutreffend?

2. Romeo und Julia

Romeo (26 Jahre) trifft Julia (25 Jahre) in der Disco. Sie verbringen die Nacht miteinander und beschließen, sich nie mehr zu trennen. Sie gehen beide davon aus, in dem jeweils anderen „die Liebe ihres Lebens" gefunden zu haben. Julia zieht gleich am nächsten Tag bei Romeo in die Wohnung in Bielheim (BRD) ein. Bisher hat sie von Bürgergeld gelebt. Romeo lebt von seinem Einkommen (1.000 € netto/Monat). Muss Julia sich das Einkommen von Romeo anrechnen lassen? Was wäre die Folge für Romeo?

3. Frau Fiebig verliebt sich

Frau Fiebig (F) lebt von Bürgergeld. Sie lernt Herrn Kraft (K) kennen. Nach kurzer Zeit spricht Frau Fiebig von Liebe. Herr Kraft spricht insgesamt wenig und von Liebe spricht er gar nicht. Sie sind sich einig, dass sie „auch ohne Trauschein glücklich sein" können. Nach 6 Monaten zieht Frau Fiebig bei Herrn Kraft ein. Er bezieht einen Nettolohn i. H. v. 1.500 €/Monat.

a) Betrachten Sie den Zeitpunkt direkt nach dem Einzug von Frau Fiebig bei Herrn Kraft: Hat Frau Fiebig einen unveränderten Anspruch auf Bürgergeld Leistungen, nachdem sie bei Herrn Kraft eingezogen ist?

b) Ändert sich etwas an der Rechtslage, wenn Frau Fiebig von Herrn Kraft schwanger wird und beide nach der Geburt zusammenbleiben?

c) Wie läge der Fall im Fall b), wenn Frau Fiebig bis zum Einzug bei Herrn Kraft von HzL (3. Kapitel SGB XII) gelebt hätte?

d) Wie läge der Fall im Fall b), wenn Frau Fiebig bis zum Einzug bei Herrn Kraft von Grundsicherung bei Erwerbsminderung (4. Kapitel SGB XII) gelebt hätte?

e) Unterstellen Sie, dass im Fall b) Frau Fiebig mit dem leiblichen Kind aus einer früheren Beziehung bei Herrn Kraft eingezogen wäre. Wäre das Einkommen von Herrn Kraft dem Kind der Frau Fiebig mit anzurechnen?

f) Unterstellen Sie, dass Frau Fiebigs Kind die Hälfte der Woche beim leiblichen Vater lebt, die andere Hälfte der Woche bei ihr und Herrn Kraft. Darf das Jobcenter für das Kind nur den hälftigen Regelbedarf an F und K auszahlen?

g) Unterstellen Sie, dass statt der Frau Fiebig der mittellose Neffe (N) des Herrn Kraft mit in seinen Haushalt eingezogen wäre. Wäre das Einkommen von Herrn Kraft auch seinem Neffen anzurechnen?

V.7 Wiederholungsfragen

Fragen

- Definieren Sie die beiden Kernelemente der Bedarfsgemeinschaft!
- Gibt es Konstellationen für Bedarfsgemeinschaften außerhalb der in § 7 Abs. 3 SGB II genannten Konstellationen?
- Erklären Sie, wie der „Wille, Verantwortung füreinander zu übernehmen" festgestellt wird!
- Erklären Sie die Bedeutung des § 7 Abs. 3a SGB II
- Wie kann die Vermutung des § 7 Abs. 3a SGB II widerlegt werden?
- Erklären Sie die Konsequenz hinsichtlich der Berücksichtigung von Einkommen und Vermögen, wenn ein erwerbsfähiger Leistungsberechtigter gemeinsam mit einem unverheirateten Kind unter 25 Jahren in einer Bedarfsgemeinschaft lebt.
- Welche Konsequenzen hinsichtlich der Bedarfsgemeinschaft ergeben sich, wenn die erwerbsfähigen Eltern gemeinsam in einem Haushalt mit ihrer Tochter wohnen, die ihrerseits ein Kind erwartet? Begründen Sie, warum der Gesetzgeber diese Regelung getroffen hat!
- Definieren Sie die Begriffe „Haushaltsgemeinschaft" und „Wohn- und Zweckgemeinschaft"! Welche Konsequenzen i. S. d. SGB II sind mit diesen beiden Gemeinschaften verbunden?
- Wie unterscheidet sich der Begriff der Haushaltsgemeinschaft im SGB II von dem Begriff der Haushaltsgemeinschaft im SGB XII?
- Gibt es Haushaltsgemeinschaften auch im Bereich der Grundsicherung im Alter und bei Erwerbsminderung?
- Erklären Sie grundlegend was unter einer „gemischten Bedarfsgemeinschaft" zu verstehen ist und welche rechtlichen Konsequenzen mit der gemischten Bedarfsgemeinschaft verbunden sind.

VI. Kapitel: Regelbedarf und Mehrbedarf

6. Fall: Familie Noelles Regel- und Mehrbedarf

Max Noelle hat die erste Überweisung des „Regelbedarfs" vom Jobcenter auf sein Konto bekommen: 1.578,40 €. Das muss – neben den Mietkosten, welche das Jobcenter nur unter Vorbehalt bereit ist zu tragen – für den laufenden Monat reichen. Noelles haben aber dazu Beratungsbedarf:

a) Ist die eben eingegangene Stromrechnung Teil des Regelbedarfs oder gibt es dafür eine gesonderte Zahlung?

b) Müssen die im Mietvertrag festgeschriebenen Nebenkosten (Heizung, Wasser) auch aus dem Regelbedarf bezahlt werden?

c) Der Kühlschrank ist kaputt und die Reparatur wird genauso teuer wie eine Neuanschaffung. Muss so etwas aus der Regelleistung beschafft werden oder gibt es für diese ‚Extra-Ausgaben' zusätzliche Leistungen?

d) Klaras Geburtstag steht zugleich mit Ostern vor der Tür. Die eingeladenen Schulfreundinnen erwarten Bespaßung und gutes Essen, ganz zu schweigen von den Geburtstagsgeschenken und der Vorfreude der Kinder auf Oster-Gaben. Gibt es dafür ein paar zusätzliche Euros vom „Amt"?

e) Max Noelle wird als Veranstaltungstechniker vom Unternehmen derzeit auch „fremdbeschäftigt", d. h. als IT-Kraft eingesetzt, um anfragende Unternehmen vor Ort bei der Digitalisierung bestimmter Unternehmensbereiche zu beraten. Frau Noelle ist allein für Kinder und Haushalt zuständig. Von einer Freundin hat sie gehört, dass Alleinziehende gegenüber dem Jobcenter einen Mehrbedarf geltend machen können. Ist sie das nicht: Alleinerziehend?

f) Klaras biologischer Vater ist umgezogen. Er wohnt jetzt bei seiner neuen Freundin. Klara zahlt nun für jeden Wochenendbesuch beim Vater 120 €/DB-Fahrschein für Hin- und Rückfahrt. Kann sie dafür zusätzliche Mittel vom Jobcenter bekommen?

g) Friederikes Schule betreibt Homeschooling. Dafür benötigt das Kind einen Laptop & Software (Kostenvoranschlag: 380 €/Gesamtkosten). Noelles verfügen nur über zwei Smartphones, welche zur Regelung der Berufstätigkeit (Max) und Alltagsversorgung (Helena) benötigt werden. Müssen die Kosten für die PC-Ausstattung von Friederikes Regelbedarf bezahlt werden?

h) Die beiden Autos der Noelles verursachen Sprit-, Reparatur- und Versicherungskosten. Lassen Bürgergeld-Leistungen eine anteilige Berücksichtigung zu?

Beraten Sie Noelles zu diesen Fragen.

VI.1 Grundlagen

Schauen Sie zunächst wieder einmal in die Gliederung des SGB II. Das 2. Kapitel (§§ 7 bis 13 SGB II) befasst sich mit den Anspruchsvoraussetzungen. Mit denen haben wir uns im 4. und 5. Kapitel dieses Buches näher beschäftigt. Das 3. Kapitel (§§ 14 – 35 SGB II) trägt die Überschrift „Leistungen". Es untergliedert sich seinerseits noch einmal in 2 Abschnitte:

VI. Kapitel: Regelbedarf und Mehrbedarf

- Abschnitt 1: Leistungen zur Eingliederung in Arbeit (§§ 14 – 18e SGB II) und
- Abschnitt 2: Leistungen zur Sicherung des Lebensunterhalts (§§ 19 – 34c SGB II).

Der Gesetzgeber macht durch die gewählte Reihenfolge der beiden Abschnitte deutlich, dass den von Arbeitslosigkeit betroffenen Personen am besten geholfen ist, wenn Sie ihren Lebensunterhalt unabhängig von der Grundsicherung aus eigenen Mitteln bestreiten können (vgl. § 1 Abs. 2 SGB II). Die Leistungen des 1. Abschnitts werden daher auch als *aktive Leistungen* bezeichnet. Die Leistungen des 2. Abschnitts sind demgegenüber die *passiven Leistungen*. Sie gewährleisten, dass die Arbeitsuchenden ein Leben führen können, das der Würde des Menschen entspricht (vgl. § 1 Abs. 1 SGB II). Sie tragen aber nicht unmittelbar zur Eigenständigkeit und Unabhängigkeit der betroffenen Personen von staatlichen Leistungen bei.

Der 2. Abschnitt steht im Fokus der folgenden Ausführungen. Er teilt sich in 6 Unterabschnitte, deren Reihenfolge sich auch im Aufbau der folgenden Kapitel dieses Lehrbuchs widerspiegelt.

VI.1.1 Berechnung der Hilfebedürftigkeit

Ausgangspunkt zum Verständnis der folgenden Ausführungen ist § 9 Abs. 1 SGB II, in dem die Hilfebedürftigkeit definiert wird:

Hilfebedürftig ist, wer seinen Lebensunterhalt nicht oder nicht ausreichend aus dem zu berücksichtigenden Einkommen oder Vermögen sichern kann und die erforderliche Hilfe nicht von anderen, insbesondere von Angehörigen oder von Trägern anderer Sozialleistungen, erhält.

Dieser Begriff ist grundlegend schon angesprochen worden.[108] Aber er bedarf nun einer wiederholenden und noch genaueren Betrachtung.

Bei dem Versuch, die Norm in eine Handlungsanweisung zu übersetzen, wird leicht der *erste Schritt* übersehen. Dieser verlangt, zunächst einmal den *Lebensunterhalt* zu ermitteln, der für eine Person erforderlich ist. Welchen Bedarf hat ein Mensch eigentlich in einem Monat? Wozu braucht er Geld? Der Gesetzgeber hat hierzu verschiedene Kategorien gebildet und unterscheidet nach § 19 Abs. 1 Satz 3 SGB II

- den Regelbedarf (§ 20 SGB II)
- den Mehrbedarf (§ 21 SGB II) und
- die Kosten der Unterkunft und Heizung (§ 22 SGB II).[109]

Die unterschiedlichen Bedarfe sind entsprechend der gesetzlichen Normen festzusetzen und zu addieren, um so die Kosten des Lebensunterhalts zu ermitteln.

---

[108] Vgl. unter IV.1.3
[109] Daneben gibt es noch unterschiedliche weitere Bedarfe (weitergehende Leistungen, §§ 23 ff. SGB II und Bedarfe für Bildung und Teilhabe, §§ 28 ff. SGB II).

> **Formel zur Berechnung der Kosten des Lebensunterhalts**
>
> 1. Schritt:
> Regelbedarf + Mehrbedarf + Kosten der Unterkunft und Heizung
> = Kosten des Lebensunterhalts

Das ist aber nur der erste Schritt. In einem *zweiten Schritt* ist zu prüfen, welche Mittel (Einkommen oder Vermögen) der antragstellenden Person zur Verfügung stehen. Möglicherweise kann die hilfebedürftige Person zumindest einen Teil des Lebensunterhaltes aus eigenen Mitteln tragen. Entsprechend reduziert sich dann auch der Anspruch auf staatliche Leistungen. Die Rechenart, die diesem zweiten Schritt zugrunde liegt, ist also die Subtraktion.

> **Vereinfachte Formel zur Berechnung des Anspruchs auf staatliche Unterstützung**
>
> 2. Schritt (vereinfacht):
> Kosten des Lebensunterhalts – Einkommen – Vermögen
> = Anspruch auf staatliche Unterstützung

Kompliziert wird die Subtraktion dadurch, dass eine antragstellende Person nicht das vollständige Einkommen und nicht das komplette Vermögen zur Sicherung des Lebensunterhalts einsetzen muss. Sie darf einen Teil ihres Einkommens und Vermögens *absetzen*. Auf die Mathematik übertragen bedeutet dies, dass nun noch die Klammerrechnung hinzutritt.

Die Gleichung lässt sich also wie folgt formulieren:

> **Ausführliche Formel zur Berechnung des Anspruchs auf staatliche Unterstützung**
>
> 2. Schritt (ausführlich):
> Kosten des Lebensunterhalts
> – (Einkommen – abzusetzender Anteil) – (Vermögen – abzusetzender Anteil)
> = Anspruch auf staatliche Unterstützung

Das Vorgehen wird vielleicht verständlicher, wenn man es sich noch einmal bildlich vor Augen führt:

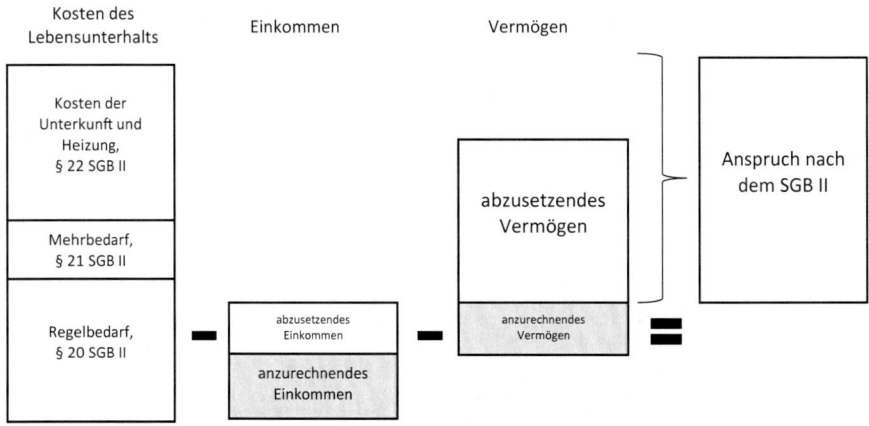

Abbildung VI.1: Berechnung des Anspruchs auf Grundsicherung

VI.1.2 Bürgergeld und Bürgergeld für nichterwerbsfähige Leistungsberechtigte

Wenn sich bei der Durchführung der Rechnung eine *positive Differenz* ergibt, dann kann die betroffene Person ihren Lebensunterhalt nicht hinreichend aus eigenen Mitteln sichern. Sie ist hilfebedürftig i. S. d. § 9 Abs. 1 SGB II und auf staatliche Leistungen angewiesen:

- erwerbsfähige Leistungsberechtigte (eLB) erhalten als Leistung für den Lebensunterhalt *Bürgergeld* (§ 19 Abs. 1 Satz 1 SGB II).
- nicht erwerbsfähige Personen (Nicht-eLB), die mit erwerbsfähigen leistungsberechtigten Personen in einer Bedarfsgemeinschaft leben, erhalten *Bürgergeld für nichterwerbsfähige Leistungsberechtigte* (§ 19 Abs. 1 Satz 2 SGB II).

Bürgergeld für erwerbsfähige und für nichterwerbsfähige Leistungsberechtigte unterscheiden sich dem Inhalt nach *nicht*. § 23 SGB II mit seinen Verweisen auf die Regelungen in §§ 20 ff. SGB II ordnet keinen reduzierten Leistungsumfang im Vergleich zum Bürgergeld für erwerbsfähige Leistungsberechtigte an. Vielmehr erweitern die Regelungen in § 23 SGB II zum Teil die für erwerbsfähige Bürgergeld-Beziehende geltenden Bestimmungen (z. B. durch Gewährung eines Mehrbedarfs für erwerbsunfähige Personen mit Schwerbehindertenausweis bei Vorliegen weiterer Merkmale, § 23 Nr. 4 SGB II).

> **Merke:**
>
> Bürgergeld für nichterwerbsfähige Leistungsberechtigte stellt die erwerbsunfähigen Personen in der Bedarfsgemeinschaft weder der Höhe noch dem Umfang nach schlechter als Personen, die Bürgergeld für erwerbsfähige Leistungsberechtigte beziehen.

VI.2 Regelbedarf

Der Regelbedarf umfasst die alltäglich wiederkehrenden notwendigen Ausgaben zum Lebenserhalt.

Überlegen Sie einmal selbst: Für welche Bereiche fallen in Ihrem Alltag Kosten an und wieviel Geld geben Sie pro Monat für diese einzelnen Bereiche aus? Das gibt Ihnen eine gute Basis, um später zu vergleichen, welchen Kosten der Gesetzgeber im Bereich der Grundsicherung zugrunde legt.

Der Gesetzgeber listet in § 20 Abs. 1 Satz 1 und 2 SGB II die Bereiche auf, die er beim Regelbedarf vor Augen hat. Danach umfasst der Regelbedarf „insbesondere" Ernährung, Kleidung, Körperpflege, Hausrat, Haushaltsenergie ohne die auf die Heizung und Erzeugung von Warmwasser entfallenden Anteile sowie persönliche Bedürfnisse des täglichen Lebens. Zu den persönlichen Bedürfnissen des täglichen Lebens gehört in vertretbarem Umfang eine Teilhabe am sozialen und kulturellen Leben in der Gemeinschaft.[110]

Entsprechend der Breite des abgedeckten Inhaltes gilt die Vermutung, dass der gesamte Alltagsbedarf grundsätzlich durch den Regelbedarf gedeckt ist (Regel), wenn nicht einzelne Bedarfe durch andere Bedarfsregelungen erfasst sind (Ausnahme). Findet sich keine explizite Regelung für einen bestimmten Bedarf, so ist er mithin grundsätzlich vom Regelbedarf erfasst.[111]

Bei dem Regelbedarf handelt es sich um die *Pauschalierung* allgemein für alle Menschen geltender existentieller Alltagsbedarfe (vgl. § 19 Abs. 1 Satz 3 SGB II). Das BVerfG hat in seinem Urteil (2010) die Zulässigkeit einer Pauschalierung ausdrücklich bestätigt: *„Die Gewährung einer Regelleistung als Festbetrag ist grundsätzlich zulässig. Bei der Ordnung von Massenerscheinungen darf der Gesetzgeber typisierende und pauschalierende Regelungen treffen. (...) Der Hilfebedürftige, dem ein pauschaler Geldbetrag zur Verfügung gestellt wird, kann über seine Verwendung im Einzelnen selbst bestimmen und einen gegenüber dem statistisch ermittelten Durchschnittsbetrag höheren Bedarf in einem Lebensbereich durch geringere Ausgaben in einem anderen ausgleichen. Dies ist ihm auch zumutbar. (...) Die regelleistungsrelevanten Ausgabepositionen und -beträge sind von vornherein als abstrakte Rechengrößen konzipiert, die nicht bei jedem Hilfebedürftigen exakt zutreffen müssen, sondern erst in ihrer Summe ein menschenwürdiges Existenzminimum gewährleisten sollen. Wenn das Statistikmodell (...) entsprechend angewandt [wird] (...), kann der Hilfebedürftige in der Regel sein individuelles Verbrauchsverhalten so gestalten, dass er mit dem Festbetrag auskommt; vor allem hat er bei besonderem Bedarf zuerst auf das Ansparpotential zurückzugreifen,*

---

[110] „Hierzu zählen etwa Verkehrsleistungen, Brief- und Postgebühren, Telekommunikation, Bücher, Zeitungen, Besuche von Veranstaltungen wie Kino, Theater und Sport, Vereinsmitgliedschaften und die Pflege von Beziehungen zu Verwandten und Freunden. Die Ausrichtung von kleineren Feiern, wie etwa Hochzeiten, Taufen, Kommunion und Konfirmationen dürften hiervon ebenfalls umfasst sein. Dabei stehen sämtliche Ausgaben unter der Einschränkung des vertretbaren Umfangs. Als vertretbar ist das anzusehen, was der Durchschnitt (...) in gleicher oder ähnlicher finanzieller Situation (...) üblicherweise hierfür aufwendet." (Luik et al./Saitzek 2024: § 20 SGB II Rn. 70).
[111] Dies ist auch der Grund, warum mit dem atypischen Mehrbedarf (§ 21 Abs. 6 SGB II) eine Auffangnorm für nicht vorhersehbare Situationen geschaffen wurde. Vgl. dazu unter VI.3.2.1.

das in der Regelleistung enthalten ist." (Urteil vom 9.2.2010, Az – BvL 1/09 –1 BvL 3/09 – 1 BvL 4/09 Rn. 205).

VI.2.1 Berechnung des Regelbedarfs

Die Beschreibung des existentiell notwendigen Lebensbedarfs durch § 20 Abs. 1 SGB II reicht in dieser Allgemeinheit nicht aus, um den jeweiligen Bedarf in den einzelnen Sparten (Ernährung, Kleidung, Körperpflege usw.) so konkret zu bemessen, dass sich daraus eine nachvollziehbare Bepreisung des Bedarfs ableiten ließe. Da aber z. B. nicht „Nahrungsmittel" vom Jobcenter zur Verfügung gestellt werden, sondern eine „Geldleistung zur Beschaffung von Nahrungsmitteln", muss der *Zusammenhang* zwischen dem existentiellen Bedarf einerseits und der dafür gewährten Geldleistung andererseits nachvollziehbar sein. Hierfür greift das SGB II auf das Sozialhilferecht (SGB XII) zurück, welches seit der Einführung des Bundessozialhilfegesetzes (BSHG) im Jahr 1962 die Kalkulation des Regelbedarfs mit wechselnden Methoden vollzogen hat.

- Das bis 2004 geltende BSHG rekurrierte lange Zeit auf den sog. *„Warenkorb"*. Hierbei handelte es sich um ein kalkuliertes Bedarfsmengenschema, welches in einem ersten Schritt nach Geschlechtern getrennt Nahrung, Kleidung etc. nach Inhalt und Umfang bis in die Einzelheiten hinein berechnete, z. B. die Menge existenznotwendiger Unterwäsche oder die Haltbarkeit von Gewürzen als Nahrungsmittel. Ausgehend von diesem Bedarf wurde dann in einem zweiten Schritt auf die zur Deckung des Bedarfs erforderlichen Geldmittel geschlossen. Im Zentrum steht die Frage: *Was braucht der Mensch zum Leben?*
- Dann wurde die Berechnung umgestellt auf das sog. *„Statistikmodell"*, mit welchem nicht mehr versucht wurde, einen objektivierbaren Bedarf abzubilden. Dem Statistikmodell liegt stattdessen die Erhebung des Ausgabeverhaltens von Geringverdienenden nach Verbrauchssparten zugrunde. Die so erhobenen Beträge pro Sparte und Abteilung wurden (als prozentual abgesenkter[112]) existentieller Bedarf der Fürsorgeempfangenden anerkannt. Im Zentrum steht die Frage: *Was geben Geringverdienende für ihren Lebensunterhalt aus?*

Das BVerfG stellte mit Urteil vom 9.2.2010 zum praktizierten Statistikmodell fest, dass die Berechnung des damals gewährten Arbeitslosengelds II (und somit auch der Sozialhilfe nach dem SGB XII) *nicht mit dem Grundgesetz vereinbar* sei. Die Orientierung an der Gruppe der Geringverdiener wurde als Berechnungsgrundlage zwar für nachvollziehbar und die errechneten Regelbedarfe nicht für offensichtlich unzureichend gehalten. Die Berechnungsableitungen wurden aber zum Teil – insbesondere im Hinblick auf den Bedarf von Kindern – für zu wenig transparent erachtet (Urteil vom 9.2.2010, Az – 1 BvL 1/09 – 1 BvL 3/09–1 BvL 4/09).

Nach diesem Urteil wurde das *Regelbedarfsermittlungsgesetz* (RBEG) neu geschaffen, das die Bedarfsermittlung für die Höhe der pauschalierten monatlichen Leistung bei der Hilfe zum Lebensunterhalt der Sozialhilfe regelt. Sowohl das SGB XII (§ 28 SGB XII) als auch das SGB II (durch Verweis in § 20 Abs. 1a

---

[112] Die Absenkung erfolgte, um das sog. Lohnabstandsgebot zu beachten.

SGB II) nimmt Bezug auf dieses Gesetz. Die regelmäßige Anpassung der Regelbedarfshöhe an gestiegene Verbraucherausgaben ist nicht im RBEG geregelt, sondern in § 28a SGB XII, auf den wiederum § 20 Abs. 1a Satz 3 SGB II verweist: Die *„Regelbedarfsstufen-Fortschreibungsverordnung"* ist eine nach § 40 SGB XII zu erlassende „Verordnung für die Fortschreibung der Regelbedarfsstufen in der Sozialhilfe mit der Veränderungsrate des Mischindexes".[113]

> **Merke:**
> Das RBEG bezieht sich in seiner aktuellen Fassung auf die Verbraucherstichprobe 2018 (vgl. §§ 5, 6 RBEG). Die Höhe der seinerzeit normierten Geldbeträge ist damit veraltet. Deshalb bedarf es der Anpassung der Regelbedarfshöhe über die entsprechende Verordnung. Die Anpassung erfolgt zum 1. Januar eines jeden Jahres und wird zum Ende des Vorjahres schon öffentlich bekannt gegeben (Bundesgesetzblatt). In der Sozialberatung kann man also rechtzeitig über die anstehenden Veränderungen informieren.

VI.2.2 Konkretisierung der Leistungsinhalte

Das Gesetz weist mit §§ 1 – 4 RBEG selbst auf seine eigene Entstehungsgeschichte – nämlich die Datenerhebung und -auswertung für die statistisch begründete Bedarfsermittlung – hin. Es gibt 2 *Referenzgruppen*: Alleinstehende und Familien.

Die regelbedarfsrelevanten Verbrauchsausgaben gliedern sich für beide Gruppen in 12 Abteilungen:

Tabelle VI.1: Zusammensetzung des Bürgergeld-Satzes für Alleinstehende in 2024[114]

Abteilung	Inhalt	Bepreisung (2024)
1 und 2	Nahrungsmittel und Getränke	195,35 €
3	Bekleidung, Schuhe	46,71 €
4	Wohnen, Energie, Wohnungsinstandhaltung	47,71 €
5	Innenausstattung, Haushaltsgeräte/-gegenstände, laufende Haushaltsführung	34,28 €
6	Gesundheitspflege	21,48 €
7	Verkehr	50,49 €
8	Nachrichtenübermittlung	50,33 €
9	Freizeit, Unterhaltung, Kultur	54,92 €
10	Bildungswesen	2,03 €

---

113 Vgl. zu den Verordnungen auf Bundesebenen nochmals unter II.1.1.
114 Vgl. https://www.harald-thome.de/files/pdf/2023/Ruediger-Boeker-Aufteilung-Regel-Bedarf-2018-2019-2020-2021-2022-2023-2024__nach-EVS-Abteilungen.pdf (zuletzt abgerufen am 26.07.2024)

VI. Kapitel: Regelbedarf und Mehrbedarf

Abteilung	Inhalt	Bepreisung (2024)
11	Verrechnungswert zum Kauf von Nahrungsmitteln und alkoholfreien Getränken	14,70 €
12	Andere Waren und Dienstleistungen	44,93 €
	Insgesamt (**gerundet**)	563 €

Die Übersicht macht deutlich, dass der Anteil der *Lebensmittelversorgung* im Regelbedarf groß ist. Der kleine Anteil für die Sparte *Bildung* lässt sich durch die gesonderten Bildungs- und Teilhabeleistungen für Kinder und junge Erwachsene (§ 28 SGB II) sowie durch den Mehrbedarf für Schulbücher (§ 21 Abs. 6a SGB II) ergänzen. Erwachsene benötigen nach diesem Modell keine finanziellen Bildungshilfen. Der Bereich *Wohnen* wird ergänzt durch die gesonderte Regelung zu den Kosten der Unterkunft in § 22 SGB II.

Versuchen Sie einmal selbst, alle 12 Abteilungen den in § 20 Abs. 1 SGB II aufgeführten Regelbeispielen zuzuordnen. Führen Sie sich dabei vor Augen, wie das RBEG die Regelbeispiele inhaltlich konkretisiert und binnendifferenziert.

> **Merke:**
>
> Mit § 20 SGB II und dem dazu ergangenen RBEG unterstellt der Gesetzgeber eine Deckung aller üblichen monatlichen Lebensbedarfe durch die Pauschalzahlung des Regelbedarfs an die Leistungsberechtigten.

> **Zum Fall:**
>
> **Zu Frage a:** Die Kosten der Unterkunft bestehen nach § 22 SGB II aus der Kaltmiete (Grundmiete und Betriebskosten) sowie den Heizkosten. Strom gehört dagegen nach § 20 Abs. 1 SGB II als Haushaltsenergie zur Abteilung 4 (§ 6 RBEG Verbrauchsausgaben Familienhaushalte) und ist damit unabhängig von den realen Strompreisen und dem individuellen Familienverbrauch vom Regelbedarf abgedeckt. Hierfür gibt es keine zusätzlichen Leistungen.
>
> **Zu Frage b:** Die Kosten für Wasser und Heizung gehören zu den Kosten nach § 22 SGB II und nicht zum Regelbedarf. Für die Heizung ergibt sich das bereits aus der Überschrift des § 22 SGB II („Kosten der Unterkunft und Heizung"). Wasser ist Teil der Betriebskosten im Mietvertrag und zählt damit ebenfalls zu den Unterkunftskosten. Es gibt eine zusätzliche Leistung im Rahmen der KdU.
>
> **Zu Frage c:** Kühlschränke – egal ob der Bedarf als Reparatur oder Neuanschaffung gegeben ist – gehören nach § 20 Abs. 1 SGB II als Haushaltsgeräte unter § 6 RBEG, Abteilung 5, und sind aus dem Regelbedarf sicher zu stellen. Es gibt keine zusätzlichen Leistungen.
>
> **Zu Frage d:** Feste und Geselligkeiten fallen unter § 6 RBEG, Abteilung 5 (laufende Haushaltsführung) und/oder Abteilung 9 (Unterhaltung) und/oder Abteilung 12 (andere Dienstleistungen). Es gibt keine zusätzlichen Leistungen.

> **Zu Frage h:** Die Kosten, welche für die beiden Autos der Familie Noelle entstehen, sind aus dem pauschalen Regelbedarf zu decken.[115] Eine gesonderte Norm, mit deren Hilfe sie bedarfserhöhend geltend gemacht werden könnten, gibt es nicht. Aufwendungen, die sich hier ergeben, müssen durch sparsames Wirtschaften aus dem Regelbedarf finanziert werden. Ähnliches gilt für die laufenden Kosten der üblichen Haftpflicht-, Rechtsschutz- oder auch Lebensversicherungen.

Der Fall macht deutlich, dass die *eigenverantwortliche Bewirtschaftung* des Regelbedarfs viele Kompetenzen und hohes Verantwortungsbewusstsein für die gesamte Bedarfsgemeinschaft voraussetzt, denn Misswirtschaft trifft alle Mitglieder der Bedarfsgemeinschaft gleichermaßen.

Anmerkungen

1. Die Behandlung der Kosten der Unterkunft (VII. Kapitel) wird noch zeigen, dass in vielen Fällen sogar Teile der Unterkunftskosten (soweit sie mangels Angemessenheit nicht als Bedarf anerkannt sind) aus dem Regelbedarf *querfinanziert* werden müssen.
2. Bei den Ausgaben für *Versicherungen* und *Fahrtkosten* gibt es eine Besonderheit: Bei Personen, die Einkommen haben (X. Kapitel), können die Kosten zum Teil im Rahmen der Einkommensbereinigung aufgefangen werden. Sie werden durch Vorabzug der Kosten von ihrem Nettoeinkommen so gestellt, als hätten sie wegen einem entsprechend geringeren Einkommen Anspruch auf eine höhere Aufstockung durch das Bürgergeld. Im Ergebnis gibt es also zwei Möglichkeiten, um die wirtschaftliche Situation finanziell bedürftiger Familien im SGB II (SGB XII) zu beeinflussen: Durch die Höhe der Bedarfsanerkennung (Regelbedarf, Mehrbedarf etc.) einerseits und durch die Reduzierung des anzurechnenden Einkommens der Betroffenen andererseits. Der zweite Weg kommt nur denjenigen Leistungsberechtigten zugute, die wenigstens ein geringfügiges Einkommen haben. Diese Besserstellung ist politisch gewollt: Bei gleicher Bedarfsberechnung sollen Leistungsberechtigte mit Einkommen dennoch finanziell günstiger dastehen als Leistungsberechtigte ohne Einkommen.

VI.2.3 Regelbedarfsstufen

Der Pauschalbetrag, der den Leistungsberechtigten gewährt wird, unterscheidet sich noch einmal nach *dem Alter* und dem *Status in der Bedarfsgemeinschaft*. Insgesamt werden 6 Regelbedarfsstufen unterschieden. Die Zuordnung zu Regelbedarfsstufen (RBS) erfolgt gem. § 20 SGB II i. V. m. § 8 RBEG.

Regelbedarfsstufe 1

Alleinstehende haben mit Stufe 1 den höchsten Monatsbetrag. Gem. § 8 Nr. 1 RBEG gilt dies aber nur für „eine erwachsene Person, die in einer Wohnung lebt".

---

115 Im Einzelfall könnte erwogen werden, die Reparatur eines Autos, das wegen einer Behinderung oder des Arbeitsweges benötigt wird, als Mehrbedarf gem. § 21 Abs. 6 SGB II anzuerkennen.

VI. Kapitel: Regelbedarf und Mehrbedarf

Der Begriff der Wohnung kam bereits im Zusammenhang mit den Bedarfsgemeinschaften vor. Wissen Sie noch, wie er definiert ist?[116]

> **Beispiel:**
>
> Wenn der Obdachlose Leander im Sommer vorübergehend in einem Bauwagen lebt, könnte ihm je nach Ausstattung des Wagens ggf. Regelbedarfsstufe 1 zuerkannt werden. Wenn Leander stattdessen unter der Brücke schläft, passen weder Regelbedarfsstufe 1 noch Regelbedarfsstufe 2. Die Bestimmungen enthalten auch keine Öffnungsklausel („insbesondere") für die Einbeziehung von Zielgruppen wie Leander sie repräsentiert. Die Verwaltung muss diesen Zustand praktisch lösen und wird die RBS-Zuordnung über verwaltungsinterne Richtlinien klären.

Alleinerziehende (vgl. § 20 Abs. 2 Satz 1 SGB II) erhalten ebenfalls die Regelbedarfsstufe 1. Für die Frage, wer als alleinerziehend anzusehen ist, wird auf die Ausführungen der entsprechenden Mehrbedarfsregelung (§ 21 Abs. 3 SGB II) verwiesen.[117]

Partner in einer Bedarfsgemeinschaft (§ 7 Abs. 3 Nr. 3 SGB II), von denen eine Person volljährig und die andere minderjährig ist, erhalten unterschiedliche Regelsätze: die volljährige der beiden Personen wird der Regelbedarfsstufe 1 zugeordnet.

> **Beispiel:**
>
> Alia, 17 Jahre, und Malek, 31 Jahre, sind als Ehepaar aus Syrien geflohen und leben in Deutschland. Beziehen sie als Asylberechtigte 2024 Bürgergeld, so erhält Malek 563 € (RBS 1) und Alia 471 € (RBS 4) = insgesamt 1.034 € (BG-Bedarf). Feiert Alia noch im selben Jahr ihren 18. Geburtstag, erhalten beide 506 € (RBS 2) = insgesamt 1.012 € (BG-Bedarf).

Regelbedarfsstufe 2

Regelbedarfsstufe 2 erhalten gem. § 20 Abs. 4 SGB II volljährige Partner einer Bedarfsgemeinschaft. Ebenfalls Regelbedarfsstufe 2 erhalten Personen, die nicht in einer Wohnung, sondern in Gemeinschaftswohnformen leben (§ 8 Nr. 2b) RBEG).

> **Beispiel:**
>
> Wenn der Obdachlose Leander im Winter vorübergehend aus seinem Bauwagen in eine Obdachlosenunterkunft wechselt, erhält er nicht die RBS 1, sondern RBS 2 (§ 8 Abs. 1 Nr. 2 b) RBEG).

Die Gleichstellung von Bewohnenden von Gemeinschaftsunterkünften mit Ehepaaren und Partnern wird mit Einsparmöglichkeiten bei der Haushaltsführung begründet, welche denen von Eheleuten gleichkämen. So wird auch mit Blick auf besondere Wohnformen (Wohnheime) der Behindertenhilfe argumentiert und

---

[116] § 42a Abs. 2 Satz 2 SGB XII: Wohnung ist die Zusammenfassung mehrerer Räume, die von anderen Wohnungen oder Wohnräumen baulich getrennt sind und die in ihrer Gesamtheit alle für die Führung eines Haushalts notwendigen Einrichtungen, Ausstattungen und Räumlichkeiten umfassen.
[117] Vgl. unter VI.3.1.2.

der geringere Regelbedarf gezahlt.[118] Die Rechtsprechung zweifelt allerdings, dass „ausgerechnet die Bewohner von Gemeinschaftsunterkünften für Asylbewerber regelmäßig bereit oder überhaupt (angesichts unterschiedlicher Muttersprachen, unterschiedlich guter Deutschkenntnisse und unterschiedlicher kultureller Prägung und Alltagsgewohnheiten) in der Lage wären, mit völlig fremden Personen, mit denen sie zufällig die Unterkunft bzw. deren Gemeinschaftseinrichtungen teilen, in eine derart enge Beziehung zu treten, dass das Wirtschaften „aus einem Topf " – wie in einer Paarbeziehung – möglich wird" (SG Freiburg Beschl. v. 20.1.2020 – S 7 AY 5235/19 ER, vgl. auch BVerfG v. 19.10.2022 – 1 BvL 3/21 – Rn. 73).

Regelbedarfsstufe 3

§ 8 Nr. 3 RBEG weist die Regelbedarfsstufe 3 nur für Erwachsene in stationären Einrichtungen der Sozialhilfe (z. B. Alten- und Pflegeheime) aus. § 20 Abs. 2 Satz 2 Nr. 2 SGB II erweitert die Zielgruppe der Regelbedarfsstufe 3 auf volljährige Kinder in einer Bedarfsgemeinschaft mit den Eltern (ab vollendetem 18. Lebensjahr bis zum vollendeten 25. Lebensjahr).

Regelbedarfsstufen 4 – 6

Die Regelbedarfsstufen 4 – 6 sind altersabhängig. Sie beziehen sich nur auf Minderjährige. § 20 Abs. 2 – 4 SGB II erwähnen nur die RBS 1 – 4, denn nur diese betreffen erwerbsfähige Leistungsberechtigte. Die Regelungen zum Bürgergeld für nichterwerbsfähige Leistungsberechtigte finden sich in § 23 SGB II. In der Nummer 1 finden sich die Regelbedarfsstufen 5 (vom Beginn des 7. bis zur Vollendung des 14. Lebensjahres) und die Regelbedarfsstufe 6 (Kinder bis zur Vollendung des 6. Lebensjahres).

Für das Jahr 2024 ergibt sich aus § 20 SGB II, § 8 RBEG und der Fortschreibungs-VO für 2024 folgende Übersicht über die aktuelle Höhe der Auszahlungsbeträge:

Tabelle VI.2: Regelbedarfsstufen

Höhe der Regelbedarfe	
Regelbedarfsstufe 1 jede erwachsene Person, die in einer Wohnung lebt und für die nicht Nr. 2 gilt	€ 563,-
Regelbedarfsstufe 2 jede erwachsene Person, wenn sie in einer Wohnung mit einem Ehegatten oder Lebenspartner oder in eheähnlicher oder lebenspartnerschaftsähnlicher Gemeinschaft mit einem Partner zusammenlebt; Personen in Gemeinschaftswohnformen	€ 506,-

---

118 Eine entsprechende Argumentation wird auch in Bezug auf Asylbewerber, die dem AsylbLG unterfallen, geltend gemacht.

Höhe der Regelbedarfe	
Regelbedarfsstufe 3 erwachsene Personen, deren notwendiger Lebensunterhalt sich nach § 27b SGB XII bestimmt (Unterbringung in einer stationären Einrichtung) § 20 Abs. 2 Satz 2 Nr. 2 SGB II erweitert die Zielgruppe um volljährige Kinder in einer BG (ab vollendetem 18. Lebensjahr bis zum vollendeten 25. Lebensjahr).	€ 451,-
Regelbedarfsstufe 4 Jugendliche vom Beginn des 15. bis zur Vollendung des 18. Lebensjahres	€ 471,-
Regelbedarfsstufe 5 Kinder vom Beginn des 7. bis zur Vollendung des 14. Lebensjahres	€ 390,-
Regelbedarfsstufe 6 Kinder bis zur Vollendung des 6. Lebensjahres	€ 357,-

Zum Fall:

Die Tabelle erklärt, warum die Eltern Noelle weniger als 563 €/Monat erhalten. Sie gehören als Partner einer BG in die RBS 2 und erhalten jeweils 506 €. Friederike (8 Jahre) gehört zur Regelbedarfsstufe 5. Ihr Regelbedarf beträgt 390 €/Monat. Leon (2 Jahre) ist der Regelbedarfsstufe 6 zuzuordnen, mit einem Regelbedarf in Höhe von 357 €/Monat. Für Klara (14 Jahre) greift die Regelbedarfsstufe 4 in Höhe von 471 €/Monat. Zwar wird der Regelbedarf als monatlicher Pauschbetrag berücksichtigt. Entsteht der Existenzsicherungsbedarf durch die temporäre BG hier nur anteilig für einen Zeitraum des Monats, wird der Regelbedarf für Klara entsprechend anteilig erbracht, § 41 Abs. 1 Satz 2 SGB II.

VI.3 Mehrbedarf, § 21 SGB II

Der Begriff *Mehrbedarf* ist selbsterklärend. Es geht um Situationen, in denen eine hilfebedürftige Person mehr – einen größeren – Bedarf hat als der Durchschnitt. Da der Gesetzgeber davon ausgeht, dass der monatliche Bedarf grundsätzlich aus dem Regelbedarf bestritten werden kann, bedarf es einer besonderen Legitimation und einer besonderen gesetzlichen Grundlage, wenn die hilfebedürftige Person im Einzelfall einen darüberhinausgehenden Bedarf geltend machen möchte. Der Gesetzgeber unterscheidet den Mehrbedarf zielgruppenspezifisch nach

- *typischen* Bedarfslagen, die vorhersehbare und damit pauschalierungsfähige zusätzliche Kosten verursachen, § 21 Abs. 2 – 4, 7 SGB II und
- individuellen Einzelfällen, die ggf. je nach Anlass und Kosten als *atypischer* Mehrbedarf zu gewährleisten sind, § 21 Abs. 5, 6 und 6a SGB II.

Die Aufzählung der *typisierten* Mehrbedarfe ist *abschließend*. Das erkennt man schon an der eindeutigen Formulierung des § 21 Abs. 1 SGB II: „Mehrbedarfe umfassen Bedarfe nach den Absätzen 2 bis 7." Eine Öffnungsklausel, die durch

Begriffe wie „insbesondere" oder „zum Beispiel" erkennbar wäre, gibt es nicht. Vor diesem Hintergrund erklärt sich die Bedeutung des § 21 Abs. 6 SGB II, der eine Rechtsgrundlage für die Gewährung eines Mehrbedarfs in unvorhergesehenen – *atypischen* – Fällen schafft.

Die *Höhe* der typisierten Mehrbedarfe nach § 21 Abs. 2 – 4 SGB II wird nur *pauschal* bemessen. Es ergibt sich daraus kein Anspruch auf die Deckung des zusätzlichen Bedarfs in tatsächlicher Höhe. Allerdings muss auch kein zusätzlicher Bedarf nachgewiesen werden – er wird gesetzlich unterstellt. Abs. 5 (kostenaufwändige Ernährung) gewährt einen „angemessenen", also im Zweifel ebenfalls nicht zwingend kostenendeckenden Mehrbedarf. Nur Abs. 7 (Warmwasser) enthält ganz am Ende eine Öffnungsklausel und ermöglicht damit im Einzelfall die Gewährung eines höheren Betrags als die gesetzlich festgelegte Pauschale. Für den im Einzelfall nachweispflichtigen Mehrbedarf aus § 21 Abs. 6 und 6a SGB II sind demgegenüber keine pauschalierten, sondern die *tatsächlichen Kosten* als Bedarf anzuerkennen.

VI.3.1 Pauschalierte Mehrbedarfe

VI.3.1.1 Schwangerschaft, § 21 Abs. 2 SGB II

Bei *werdenden Müttern* wird nach der zwölften Schwangerschaftswoche bis zum Ende des Monats, in welchen die Entbindung fällt, ein Mehrbedarf von 17 Prozent des nach § 20 maßgebenden Regelbedarfs anerkannt (§ 21 Abs. 2 SGB II).

Dahinter steckt die Überlegung, dass mit einer Schwangerschaft typischerweise *besondere Kosten* verbunden sind, sei es in Form einer besonderen Ernährung („Essen für Zwei") oder einer besonderen Körperpflege (z. B. Öle gegen Schwangerschaftsstreifen) oder etwa in Form von Fahrtkosten zu Arztbesuchen (Luik et al./Knickrehm 2024: § 21 SGB II Rn. 20).

Zu beachten gilt in diesem Zusammenhang, dass die Kosten der *Ausstattung mit Schwangerschaftsbekleidung* und der *Anschaffung der Baby-Erstausstattung* über die „abweichenden Leistungen" des § 24 Abs. 3 Satz 1 Nr. 2 SGB II erbracht werden.[119]

VI.3.1.2 Alleinerziehende, § 21 Abs. 3 SGB II

Alleinerziehende haben bei der Pflege und Erziehung eines Kindes einen höheren Aufwand, als wenn sie für diese Aufgaben Unterstützung durch Dritte erhalten würden.[120] Dieser Aufwand soll durch den Mehrbedarf des § 21 Abs. 3 SGB II ausgeglichen werden.

Der unbestimmte Rechtsbegriff „*alleinerziehend*" als Tatbestandsvoraussetzung bezieht sich hier nicht auf die rechtliche Personensorgeberechtigung nach dem Familienrecht im BGB. Es geht darum, dass die alleinerziehende Person

---

119 Vgl. unter VIII.1.2.
120 Dieser Bedarf darf aus rechtlicher Sicht nicht mit dem Bedarf des zu erziehenden Kindes selbst verwechselt werden, der eigenständig (mit Regelbedarf, Mehrbedarf, Kosten der Unterkunft) zu berechnen ist.

VI. Kapitel: Regelbedarf und Mehrbedarf

- mit einem oder mehreren minderjährigen Kindern zusammenlebt und
- in der Alltagspraxis allein für deren Pflege und Erziehung zu sorgen hat.

Für die Prüfung dieser Voraussetzung kommt es auf die individuellen *Umstände des Einzelfalls* an: Neben den „klassischen" Fällen, in denen tatsächlich nur ein Elternteil das Kind im Alltag umfassend versorgt und erzieht, werden auch die Fälle erfasst, in denen zwar beide Elternteile formal personensorgeberechtigt sind, die tatsächliche Versorgung und Erziehung aber ganz überwiegend nur von einem Elternteil geleistet wird (Luik et al./Knickrehm 2024: § 21 SGB II Rn. 30 ff. mit vielen Beispielen). Hierunter fallen z. B. Abwesenheiten von Elternteilen durch Haftstrafen, lange Krankenhausaufenthalte oder berufsbedingte lange Abwesenheitszeiten (z. B. Seefahrt). Da es nicht um die Personensorgeberechtigung geht, sondern um die tatsächliche Alleinversorgung des Kindes, führt die alltagspraktische Verantwortungsteilung z. B. mit Großeltern oder mit Freunden in einer Wohngemeinschaft im Einzelfall zum Wegfall des Tatbestandsmerkmals.

Der durch die Alleinerziehung *entstehende Mehrbedarf* hängt nach der Typisierung des Gesetzgebers maßgeblich von zwei Faktoren ab: der Anzahl der zu erziehenden Kinder einerseits und dem Alter der Kinder andererseits. Das Gesetz enthält zwei Varianten, die sich mit der Berechnung der Höhe des Mehrbedarfs befassen: Am Ende der Nummer 1 findet sich das Wort „oder", das zur Nummer 2 überleitet. Es macht deutlich, dass entweder die erste Alternative oder die zweite Alternative zur Anwendung kommt – beide Nummern können nicht gleichzeitig eingreifen. Damit stellt sich die Frage, nach welchem Kriterium zwischen diesen beiden Nummern unterschieden wird. Hierzu wird in Nummer 2 ausgeführt, dass diese Variante nur dann zur Anwendung gelangt, „wenn sich dadurch ein höherer Prozentsatz als nach Nummer 1 ergibt". Es ist also ein Vergleich zwischen beiden Nummern vorzunehmen und diejenige anzuwenden, bei der für die alleinerziehende Person ein höherer Mehrbedarf anerkannt wird. Es ergibt sich dadurch exemplarisch folgende Aufstellung:

Tabelle VI.3: Übersicht zur Berechnung des Mehrbedarfs für Alleinerziehende

Anzahl und Alter des/der Kindes/r	12 %	24 %	36 %	48 %	60 %	Anspruchsgrundlage
ein Kind: 4 Jahre			X			§ 21 III Nr. 1 SGB II
ein Kind: 8 Jahre	X					§ 21 III Nr. 2 SGB II
zwei Kinder: 8 Jahre und 10 Jahre			X			§ 21 III Nr. 1 SGB II

Anzahl und Alter des/der Kindes/r	12 %	24 %	36 %	48 %	60 %	Anspruchsgrundlage
zwei Kinder: Zwillinge 17 Jahre		X				§ 21 III. Nr. 2 SGB II
zwei Kinder: 12 Jahre und 17 Jahre		X				§ 21 III Nr. 2 SGB II
zwei Kinder: 6 Jahre und 14 Jahre			X			§ 21 III Nr. 1 SGB II
drei Kinder: 6 Jahre 12 Jahre 17 Jahre			X			§ 21 III Nr. 1 oder Nr. 2 SGB XII (je nach Alter der Kinder)
vier Kinder 6, 8, 10, 12, Jahre				X		§ 21 III Nr. 2 SGB II
fünf oder mehr Kinder					X	§ 21 III Nr. 2 SGB XII

nach Fachliche Weisungen BA zu § 21 SGB II: Mehrbedarf (Stand 12/2021)

Zu Frage e:

Es ist zunächst festzustellen, dass hier grundsätzlich beide Eltern die Kinder versorgen und betreuen. Einzelne Abwesenheitszeiten oder regelmäßig vorübergehende Abwesenheiten von Herrn Noelle führen noch nicht dazu, dass Frau Noelle wie eine alleinstehende Person die Verantwortung für die gesamte Kinderversorgung zu tragen hat. Dass die Mutter von Frau Noelle mit im Haus lebt, führt für sich genommen noch zu keiner Mitverantwortungsübernahme durch diese. Im Ergebnis wird Helena Noelle – ohne weitere besondere Nachweise der tatsächlichen alleinigen Alltagsverantwortung – kein Mehrbedarf wegen Alleinerziehung nach § 21 Abs. 3 SGB II zugestanden werden.

VI.3.1.3 Leistungsberechtigte mit Behinderung in Bildungsmaßnahmen, § 21 Abs. 4 SGB II

Gem. § 21 Abs. 4 SGB II wird bei erwerbsfähigen Leistungsberechtigten mit Behinderungen, denen Leistungen zur Teilhabe am Arbeitsleben nach § 49 SGB IX (mit Ausnahme der Leistungen nach § 49 Absatz 3 Nr. 2 und 5 SGB IX) sowie sonstige Hilfen zur Erlangung eines geeigneten Platzes im Arbeitsleben oder Eingliederungshilfen nach § 112 SGB IX gewährt werden, ein Mehrbedarf von 35 % Prozent des nach § 20 maßgebenden Regelbedarfs anerkannt.

VI.3.1.4 Kostenaufwändige Ernährung, § 21 Abs. 5 SGB II

Soweit aus medizinischen Gründen – der Nachweis ist durch ärztliche Feststellung zu führen – eine *kostenaufwändige Ernährung* erforderlich ist, wird ein angemessener, d. h. nicht zwingend kostendeckender Mehrbedarf gewährt (§ 21 Abs. 5 SGB II). Ob zwischen der festgestellten Erkrankung und der Ernährung ein Zusammenhang besteht, ist Teil der ärztlichen Feststellung.

Ob eine Ernährung als kostenaufwändig anzusehen ist, ist durch das Jobcenter verbindlich festzustellen. Der Deutsche Verein (2020) hat zur Erleichterung dieser Sachverhaltserhebung eine *Empfehlung* gegeben, die einen Mehrbedarfszuschlag nur bei wenigen Krankheitsbildern vorsieht.[121] So wird z. B. in der möglichen Umstellung auf Vollkost im Fall von Diabetes mellitus kein erforderlicher Mehrbedarf erkannt (Empfehlungen DV 2020: S. 10).

VI.3.1.5 Warmwasseraufbereitung, § 21 Abs. 7 SGB II

Bei *dezentraler Warmwassererzeugung* (Boiler, Durchlauferhitzer) fallen weniger Betriebskosten und/oder Heizungskosten an, welche der Leistungsträger sonst im Rahmen der Kosten der Unterkunft (§ 22 SGB II) zu übernehmen hätte. Zum Ausgleich dafür wird ein Mehrbedarf nach dem in § 21 Abs. 7 SGB II vorgegebenen Schlüssel gewährt. Die Erhebung des genauen Sachverhalts und die Abgrenzung von den Stromkosten kann im Einzelfall problematisch sein.

VI.3.1.6 Deckelung des Mehrbedarfs, § 21 Abs. 8 SGB II

Der nach den Absätzen 2 – 5 zu gewährende Mehrbedarf ist seiner Höhe nach gem. § 21 Abs. 8 SGB II begrenzt. Danach darf die Summe des insgesamt anerkannten Mehrbedarfs die Höhe des für erwerbsfähige Leistungsberechtigte maßgebenden Regelbedarfs nicht übersteigen. Es kann also höchstens ein Mehrbedarf in Höhe von 100 % des Regelbedarfs anerkannt werden. Zu beachten gilt, dass von dieser Deckelung ausdrücklich weder der Mehrbedarf nach § 21 Abs. 7 noch der atypische Mehrbedarf nach § 21 Abs. 6 und Abs. 6a SGB II erfasst wird.

VI.3.2 Mehrbedarf in Höhe der tatsächlichen Kosten

VI.3.2.1 Härtefallregelung § 21 Abs. 6 SGB II

Die Regelung zum atypischen Mehrbedarf in § 21 Abs. 6 SGB II wurde erst nach dem Urteil des BVerfG aus dem Jahr 2010 eingeführt. Das Urteil rügte die Regelbedarfsbemessung u.a. deshalb, weil *„ein pauschaler Regelleistungsbetrag (…) nach seiner Konzeption nur den durchschnittlichen Bedarf decken [kann]. Der nach dem Statistikmodell ermittelte Festbetrag greift auf eine Einkommens- und Verbrauchsstichprobe zurück, die nur diejenigen Ausgaben widerspiegelt, die im statistischen Mittel von der Referenzgruppe getätigt werden. Ein in Sonderfällen auftretender Bedarf nicht erfasster Art oder atypischen Umfangs wird von der Statistik nicht aussagekräftig ausgewiesen. Auf ihn kann sich die Regelleistung*

---

121 Hierzu gehören je nach der individuellen Konstellation Fälle von krankheitsassoziierter Mangelernährung, Mukoviszidose, terminaler Niereninsuffizienz mit Dialysetherapie, Zöliakie oder Schluckstörung.

folglich nicht erstrecken. Art. 1 Abs. 1 GG in Verbindung mit Art. 20 Abs. 1 GG gebietet jedoch, auch einen unabweisbaren, laufenden, nicht nur einmaligen, besonderen Bedarf zu decken, wenn dies im Einzelfall für ein menschenwürdiges Existenzminimum erforderlich ist" (Urteil vom 9.2.2010, Az – 1 BvL 1/09 – 1 BvL 3/09 – 1 BvL 4/09 Rn. 206).

Die vom BVerfG genannten unbestimmten Merkmale finden sich alle in § 21 Abs. 6 SGB II wieder und sind im Einzelfall auslegungsbedürftig. – Eine erneute Anpassung und Erweiterung des Tatbestands wurde im Kontext der Corona-Krise erforderlich. Die Sozialgerichte hatten darüber zu entscheiden, ob die Versorgung mit Computern als Härtefall anerkannt werden konnte. Das war insbesondere für die Fälle des Homeschooling wichtig. Probleme bereitete die Anwendung der Norm in diesem Zusammenhang insofern, als die Anschaffung eines Computers keinen laufenden, sondern vielmehr einen einmaligen Bedarf darstellt. Die Anerkennung eines einmaligen Mehrbedarfs sah die Norm bis zu dem Zeitpunkt aber nicht vor.

Wegen der Vielzahl der unbestimmten Tatbestandsmerkmale und der ebenso breiten Streuung der im Alltagsleben hiervon erfassten Lebenssituationen muss *die Entwicklung anerkannter Bedarfsfälle* laufend beobachtet werden. Anerkannt sind inzwischen

- Fahrtkosten von Eltern/Kindern bei getrenntlebenden Elternteilen;
- Schulbedarf, der nicht durch die Leistungen nach § 28 SGB II[122] gedeckt wird;
- besondere Bedarfe für Gesundheitsleistungen, die von der Krankenkasse nicht zu übernehmen sind, z. B. bei Neurodermitis (ölhaltige Salben etc.) oder AIDS (Hygieneartikel).

Ein *besonderer Bedarf* ist gegeben, wenn dieser nicht vom Regelbedarf abgedeckt ist, weil er auf Grund besonderer Umstände (atypische Lage) entweder vom Kostenvolumen her oder seiner Art nach nicht (mehr) als Durchschnittsbedarf erfasst sein kann. Umgekehrt formuliert fehlt es an einem besonderen Bedarf, wenn er typischerweise bei Leistungsberechtigten auftritt und in hinreichendem Umfang vom Regelbedarf erfasst ist (Knickrehm et al./Greiner 2023: § 21 SGB II Rn. 19). So ist etwa der wachstums- und verschleißbedingte Bedarf, den Kinder und Jugendliche an Bekleidung haben, grundsätzlich typisch und daher dem Regelbedarf zuzuordnen (BSG 23.3.2010 – B 14 AS 81/08 R, NJW 2011, 877).

Nach der Legaldefinition des § 21 Abs. 6 Satz 2 SGB II bezieht sich die *Unabweisbarkeit* auf die Höhe der Kosten. Diese ist in zweifacher Hinsicht zu prüfen:

- Zum einen ist zunächst der Einsatz anderer (vorrangiger, aus dem Regelbedarf einzusparender oder von Dritten gewährter) Mittel zu beachten.
- Zum Zweiten konstituiert nur eine „erhebliche Abweichung vom durchschnittlichen Bedarf" einen unabweisbaren Bedarf.

---

[122] Vgl. zu dem neu eingefügten § 21 Abs. 6a SGB II (Schulbücher und Arbeitshefte) unter VI.3.2.2.

VI. Kapitel: Regelbedarf und Mehrbedarf

Eine allgemeine *Bagatellgrenze* ist dem SGB II nicht zu entnehmen, so dass es einer besonderen Betrachtung des Einzelfalls bedarf (Weisungen BA zu § 21 (12/2021), 21.38 unter Bezug auf BSG, Urteil vom 04.06.2014, Az: B 14 AS 30/13 R).

Ursprünglich war von § 21 Abs. 6 SGB II nur ein *laufender, nicht nur einmaliger Bedarf* erfasst. Dadurch sollte der Mehrbedarf abgegrenzt werden zur abweichenden Erbringung von Leistungen bei Bedarfsspitzen im Einzelfall nach § 24 Abs. 1 SGB II und der dort vorgesehenen Möglichkeit zur Gewährung eines Darlehens.[123] Ein *laufender Bedarf* zeichnet sich dadurch aus, dass es sich um einen regelmäßig wiederkehrenden, dauerhaften und längerfristigen Bedarf handelt (BSG Urteil vom 12.5.2021 – B 4 AS 88/20 R, Rn. 23). Das Beispiel der einmaligen Anschaffung von schulbedingt erforderlichen Laptops wie etwa auch von Brillen steht eigentlich im Gegensatz zu diesem Tatbestandsmerkmal. Um gleichwohl einen Mehrbedarf nach § 21 Abs. 6 SGB II gewähren zu können, argumentierten die Gerichte teilweise, dass eine Anschaffung *zur laufenden Benutzung* der Laptops in der Schule auch einen laufenden Bedarf darstelle (z. B. Beschluss LSozG NRW – L 7 AS 719/20 B ER; L 7 AS 720/20 – Rn. 24). Ähnlich ließe sich auch im Hinblick auf Brillen argumentieren, welche nicht kassenfinanziert und dennoch für das laufende Erfassen von Dokumenten etc. erforderlich sind. Das Bundessozialgericht hat einer solchen Auslegung eine Absage erteilt und festgestellt, dass die Anschaffung eines Computers prognostisch nicht mehrfach erfolge (BSG Urteil vom 12.5.2021 – B 4 AS 88/20 R, Rn. 24). Aufgrund dieser Problematik wurde § 21 Abs. 6 SGB II erweitert. Nunmehr kann ein Mehrbedarf auch im Fall eines *einmaligen Bedarfs* geltend gemacht werden. Allerdings ist in diesem Fall weitergehende Voraussetzung für einen Zuschuss, dass ein zurückzuzahlendes Darlehen nach § 24 Abs. 1 SGB II ausnahmsweise nicht zumutbar oder wegen der Art des Bedarfs nicht möglich ist (§ 21 Abs. 6 Satz 1, 2. Halbsatz SGB II).

Zum Fall:

Zu Frage f: Die Mehrkosten von Klaras Besuchsfahrten zum/vom Vater sind vom Jobcenter zu übernehmen, soweit der Vater die Kosten nicht im Rahmen seiner Unterhaltspflichten tragen kann. Die Kosten sind hier „besonders" und „unabweisbar", weil sie einerseits zu den Rechten und Pflichten von Familienmitgliedern im Rahmen der Gewährleistung von Pflege und Erziehung des Kindes gehören (§§ 1626 ff. BGB) und andererseits mit 120 €/Monat weit über den in § 6 RBEG abgedeckten Bedarf für „Verkehr" hinausgehen.

Zu Frage g: Für die Beurteilung, ob die Kosten für das Homeschooling erfolgreich über § 21 Abs. 6 SGB II geltend gemacht werden können, bedürfte es weitergehender Informationen. Zwar kann nach der Gesetzesänderung nun auch ein einmaliger Bedarf über diese Bestimmung anerkannt werden. Zudem handelt es sich um einen besonderen Bedarf, da Bildungskosten im Regelbedarf nur mit einem minimalen Anteil berücksichtigt werden. Zu prüfen wäre aber, ob der Bedarf unabweisbar ist. Hierzu hat das BSG ausgeführt: „Die Deckung von Bedarfen für den Schulunterricht, die der Durchführung des Unterrichts selbst

---

123 Vgl. dazu unter VIII.1.1.

dienen, liegt in der Verantwortung der Schule und darf von den Schulen oder Schulträgern nicht auf das Grundsicherungssystem abgewälzt werden. Zwar ist der Staat nicht verpflichtet, den Schulbesuch ohne Kostenbelastung für die Schüler bzw. deren Erziehungsberechtigte zu gestalten (…). Die Auferlegung von Kostentragungspflichten für die Erfüllung der Schulpflicht wäre aber unverhältnismäßig, soweit hierdurch das finanzielle Existenzminimum des Kindes und/oder der Erziehungsberechtigten angetastet würde" (BSG Urteil vom 12.5.2021 – B 4 AS 88/20 R, Rn. 21). Damit lägen die Voraussetzungen für einen Mehrbedarf wegen fehlender Unabweisbarkeit wohl nicht vor.

VI.3.2.2 Schulbücher, § 21 Abs. 6a SGB II

Das Bundessozialgericht hat in zwei Fällen entschieden, dass die Kosten für Schulbücher weder in der Bildungs- und Teilhabepauschale für Schulbedarf (174 € pro Schuljahr) noch im Regelsatz enthalten sind (BSG vom 8.5.2019 – Az. B 14 AS 6/18 R und B 14 AS 13/18 R). Daher seien zumindest in den Bundesländern, in denen es keine Lernmittelfreiheit bzw. keine Härtefallregelung für den Kauf oder die Ausleihe von Schulbüchern gibt – die Kosten für Schulbücher als atypischer Mehrbedarf nach § 21 Abs. 6 SGB II zu zahlen.

Die Rechtsprechung des Bundessozialgerichts ist die Grundlage des neu geschaffenen § 21 Abs. 6a SGB II. Dieser bestimmt, dass ein Mehrbedarf anzuerkennen ist, soweit Schülerinnen und Schüler aufgrund der jeweiligen schulrechtlichen Bestimmungen oder schulischen Vorgaben Aufwendungen zur Anschaffung oder Ausleihe von Schulbüchern oder gleichstehenden Arbeitsheften haben.

VI.4 Regelbedarf und Mehrbedarf in der Sozialhilfe

VI.4.1 Regelbedarf

Auch im Rahmen der Sozialhilfe gilt das System der Regelbedarfsstufen. Bei deren Einteilung sind zu berücksichtigen

- altersbedingte Unterschiede von Kindern und Jugendlichen,
- bei Erwachsenen die Art der Unterkunft und ggf. zusätzlich, ob sie in einer Paarbeziehung zusammenleben (§ 27a Abs. 2 Satz 2 SGB XII).

So ergibt sich im SGB XII – wie im Rahmen der Grundsicherung für Arbeitsuchende[124] – die Einteilung in die sechs Regelbedarfsstufen (§ 8 RBEG und die Anlage zu § 28 SGB XII). Da die Art der Unterkunft in der Sozialhilfe eine besondere Bedeutung einnimmt, gibt es für einzelne Lebenskonstellationen noch einmal explizite Regelungen (z. B. § 27b SGB XII: Notwendiger Lebensunterhalt in Einrichtungen, § 27c SGB XII für Leistungsberechtigte, die nicht in einer Wohnung leben).

In stationären Einrichtungen umfasst der Bedarf zusätzlich den *„weiteren notwendigen Lebensunterhalt"* (§ 27b Abs. 1 Nr. 2 SGB XII). Dieser umfasst neben einer Bekleidungspauschale einen Barbetrag (§ 27b Abs. 2 SGB XII). Der Betrag beläuft

---

124 Vgl. unter VI.2.3.

sich für Volljährige auf 27 % der Regelbedarfsstufe 1 und ist an die Leistungsberechtigten persönlich auszuzahlen (§ 27b Abs. 3 SGB XII).[125]

Eine Besonderheit besteht insofern, als der Regelsatz bei länger als einem Monat andauernden und nicht nur einmaligen Abweichungen im Einzelfall auch höher oder niedriger als die maßgebende Regelbedarfsstufe festgesetzt werden kann (*abweichende Regelsatzfestsetzung*, gem. § 27a Abs. 4 SGB XII):

- Eine *Absenkung* des Regelsatzes kommt insbesondere im Fall ersparter Aufwendungen in Betracht (längerfristige Verpflegung in einem Krankenhaus oder kostenfreie Verpflegung bei Sozialhilfeträgern).
- Eine *Anhebung* des Regelsatzes kann z. B. zu prüfen sein bei der Notwendigkeit von Über- oder Untergrößen (BT-Drs. 15/1514, 59) oder im Falle eines besonderen Bedarfs an Körperpflege- sowie Reinigungs- und Desinfektionsmitteln (SG Berlin Beschl. v. 22.3.2005 – S 49 SO 204/05 ER).[126]

VI.4.2 Mehrbedarf

Die Mehrbedarfskonstellationen im Bereich der Sozialhilfe sind weitgehend denjenigen im Bereich der Grundsicherung für Arbeitsuchende vergleichbar.

Lesen Sie die Bestimmung des § 30 SGB XII (Mehrbedarf im Bereich der Hilfen zum Lebensunterhalt) sowie des § 42b SGB XII (Mehrbedarf im Bereich der Grundsicherung im Alter und bei Erwerbsminderung) und ordnen Sie die jeweiligen Regelungen den entsprechenden Bestimmungen aus dem SGB II zu.

Auf folgende Besonderheiten sei in diesem Zusammenhang hingewiesen:

- Bei Personen, bei denen das *Merkzeichen G* festgestellt worden ist (nachzuweisen durch den entsprechenden behördlichen Bescheid oder durch Vorlage des Schwerbehindertenausweises)[127] und die die Altersgrenze nach § 41 Abs. 2 SGB XII erreicht haben oder die voll erwerbsgemindert (SGB VI) sind, ist ein Mehrbedarf in Höhe von 17 % des maßgebenden Regelbedarfs anzuerkennen, § 30 Abs. 1 SGB XII (ggf. i. V. m. § 42b Abs. 1 SGB XII).
- Für die *Mehraufwendungen bei gemeinschaftlicher Mittagsverpflegung* (z. B. in einer Werkstatt für behinderte Menschen) ist gem. § 30 Abs. 8 i. V. m. § 42b Abs. 2 SGB XII für den Anteil, der nicht aus dem jeweiligen Regelsatz finanziert werden kann, ein Mehrbedarf anzuerkennen.
- Für Leistungsberechtigte mit Behinderungen, denen bestimmte *schulische Hilfen* (i. S. d. § 112 SGB IX) geleistet werden, ist ein Mehrbedarf von 35 Prozent der maßgebenden Regelbedarfsstufe anzuerkennen, § 30 Abs. 4 i. V. m. § 42b Abs. 3 SGB XII.

---

[125] Die Regelung über den weiteren notwendigen Lebensunterhalt gilt sowohl für das 3. Kapitel SGB XII als auch für das 4. Kapitel SGB XII, vgl. BSG B 8 SO 25/11 R, BeckRS 2013, 66747.
[126] Im Übrigen wird man hierunter auch die Konstellationen des dauernden atypischen Mehrbedarfs gem. § 21 Abs. 6 SGB II fassen können, vgl. VI.3.2.1.
[127] Vgl. § 229 SGB IX: Erhebliche Beeinträchtigung der Bewegungsfähigkeit im Straßenverkehr.

- Im Gegensatz zu § 21 Abs. 6 SGB II kennt das Sozialhilferecht einen Mehrbedarf nur für einen *einmaligen unabweisbaren, besonderen Bedarf* (§ 30 Abs. 10 SGB XII ggf. i. V. m. § 42b Abs. 1 SGB XII) nicht aber für dauernde atypische Bedarfe. Das erklärt sich daher, dass im Falle dauerhafter zusätzlicher Bedarfe eine Anhebung des Regelsatzes in Betracht kommt – ein Mehrbedarf ist insofern nicht erforderlich.[128]

VI.5 Wiederholungsfälle

1. Vladimir, der unbeteiligte Vater

Martha und Vladimir sind die Eltern des 5-jährigen Florian und der 4-jährigen Tatjana. Zu viert leben sie in einer kleinen 3-Zimmer-Wohnung. Alle drei beziehen Leistungen nach dem SGB II. Gegenüber dem Jobcenter bringt Martha vor, dass „Vladimir nichts mit der Erziehung der Kinder zu tun habe". Ein durchgeführter Hausbesuch bringt hierzu keine weiteren Erkenntnisse (nachgebildet SG NRW, Beschluss vom 07.04.2006–L 20 B 74/06 AS ER).

Hat Martha Anspruch auf Mehrbedarf gem. § 21 Abs. 3 SGB II?

2. Yvonne zwischen den Eltern

Ebru und Darius sind die Eltern der 7-jährigen Yvonne. Vor einem Jahr haben sich die beiden getrennt. Beide sind bislang keine neue Beziehung eingegangen. Sie haben sich für Yvonne auf ein Wechselmodell geeinigt. In einem gleichbleibenden Rhythmus wohnt Yvonne 14 Tage bei Ebru und dann 14 Tage bei Darius. Ebru und Darius beziehen beide Bürgergeld. Ebru kommt nun auf die Idee, dass sie einen Anspruch auf Mehrbedarf wegen Alleinerziehung hat.

Besteht ein solcher Anspruch?

3. Anton will in die USA

Anton ist Vater der 6-jährigen Katja. Mutter Miriam ist mit der Tochter in die USA gezogen. Bislang haben sich Anton und Katja einmal im Monat persönlich gesehen und zudem regelmäßig miteinander telefoniert. Sie haben – auch über die weite Entfernung hinweg – eine enge persönliche Bindung. Anton bezieht Bürgergeld. Einmal im Quartal möchte er seine Tochter für 5 Tage in den USA zur Ausübung des Umgangsrechts besuchen. Flug und Unterkunft kosten in der günstigsten Variante rund 900 €. Miriam kann aufgrund ihrer finanziellen Situation keinerlei Beitrag zu den Reisekosten leisten. (nach LSG Rheinland-Pfalz, 24.11.2010–L 1 SO 133/10 B ER)

Hat Anton einen Anspruch auf Mehrbedarf gem. § 21 Abs. 6 SGB II?

---

128 Vgl. unter VI.4.1.

VI.6 Wiederholungsfragen

Fragen

- Aus welchen Elementen setzt sich das laufend (monatlich) gewährte Bürgergeld zusammen?
- Welche Bereiche soll der Regelbedarf i. S. d. § 20 SGB II abdecken?
- Wann ist eine Person alleinerziehend i. S. d. § 21 III SGB II?
- Wie hoch ist (prozentual) der Mehrbedarf von Alleinerziehenden in folgenden Situationen?
  a) 1 Kind, 10 Jahre alt
  b) 2 Kinder:
     – ein Kind, 6 Jahre alt
     – ein Kind, 14 Jahre alt
  c) 2 Kinder:
     – Zwillinge, beide 17 Jahre alt
  d) 3 Kinder:
     – ein Kind, 6 Jahre alt
     – ein Kind, 12 Jahre alt
     – ein Kind, 17 Jahre alt
- Nennen und definieren Sie die Voraussetzungen für einen Mehrbedarf gem. § 21 Abs. 6 SGB II!
- In welcher Höhe liegt die Kappungsgrenze beim Mehrbedarf?
- Warum gibt es im Bereich der Sozialhilfe keinen Mehrbedarf für dauernde, unabweisbare, besondere Bedarfe?

VII. Kapitel: Kosten der Unterkunft und Heizung

7. Fall: Familie Noelle und ihre Unterkunft

Noelles leben nun von 1.578,40 € monatlich. Kurz bevor Max auf Kurzarbeit gesetzt und Helena Noelle gekündigt worden war, hatte sich die Familie eine größere Wohnung in einem Außenbezirk der Stadt geleistet: 120 m²/960 € Kaltmiete. Das Jobcenter hat sich zwar bereit erklärt, die Mietkosten zu tragen. In dem Bescheid über die Leistungen zum Lebensunterhalt hat es jedoch zugleich darauf hingewiesen, dass die Mietwohnung der Familie möglicherweise unangemessen sei und die Kosten daher nach einer Übergangszeit nicht mehr in vollem Umfang übernommen würden. Klaras Wohnanteil könne – da sie nur zur Hälfte der BG mit ihrer Mutter angehöre – auch nur zur Hälfte mit Blick auf Wohnungsgröße/Wohnungskosten berücksichtigt werden. Die Angemessenheit der Unterkunft werde auf der Grundlage des schlüssigen Konzepts der Stadt Bielheim (Bundesland P) festgestellt. Die der Familie zustehende Wohnungsgröße liege (4,5 Personen zugrunde gelegt) bei maximal 102,5 m² (laut Richtlinien der Stadt Bielheim zu § 22 SGB II). Die Mietwohnung sei aber 17,5 m² größer. Auch die Kaltmiete der Familie liege mit 960 € über der Angemessenheitsgrenze von 915,20 € (laut Richtlinie der Stadt Bielheim). Es müsse vom Jobcenter noch geprüft werden, ob die Miete unter diesen Umständen in voller Höhe getragen werden könne.

Noelles fragen sich:

a) Warum zieht das Jobcenter einen Anteil der tatsächlich für Klara anfallenden Mietkosten ab, obwohl das Kind zur Familie zählt und durchgängig Wohnraum für sie zur Verfügung stehen muss?

b) Warum trägt das Jobcenter jetzt die Kosten der Unterkunft in Höhe der vollen Miete, wenn es dabei gleichzeitig überlegt, ob die Miete die Angemessenheitsgrenze übersteigt?

c) Was geschieht, wenn die angemessenen Kosten der Unterkunft in unserem Fall überschritten werden?

Beraten Sie Noelles zu diesen Fragen!

VII.1 Systematischer Überblick

Zu den Leistungen zur Sicherung des Lebensunterhaltes gehören neben den Regel- und Mehrbedarfen auch die Bedarfe für Unterkunft und Heizung (vgl. § 22 SGB II, Kosten der Unterkunft = KdU).

VII.1.1 Verfassungsrechtlicher Hintergrund

In seiner Entscheidung aus dem Jahr 2010 hat das Bundesverfassungsgericht festgestellt, dass auch Unterkunft und Heizung als Bestandteil des soziokulturellen Existenzminimums anzusehen sind (BVerfG, 9.2.2010 – 1 BvL 1/09, Rn. 135). Die Unterkunft bietet zum einen Sicherheit und Schutz vor den Witterungsverhältnissen (Unwetter, Kälte) und weist daher einen Bezug zur *körperlichen Unversehrtheit* auf (Art. 2 Abs. 2 Satz 1 GG). Sie ist zugleich ein Rückzugsort für den

Einzelnen, um die eigene *Privatsphäre* schützen zu können. Damit besteht ein unmittelbarer Zusammenhang zur Unverletzlichkeit der Wohnung (Art. 13 GG).

VII.1.2 Zuständigkeit

Während für die Regelbedarfe die Agentur für Arbeit – also der Bund – zuständig ist (§ 6 Abs. 1 Nr. 1 SGB II), weist § 6 Abs. 1 Satz 1 Nr. 2 SGB II die Zuständigkeit für die Kosten der Unterkunft den *kommunalen Trägern* (Kreise, kreisfreie Städte) zu. Die einheitliche Leistungserbringung wird durch die Jobcenter als gemeinsame Einrichtungen (§§ 44b, 6d SGB II) dieser beiden Träger sichergestellt.

VII.1.3 Art und Höhe der Leistung

§ 22 Abs. 1 Satz 1 SGB II bestimmt, dass die Bedarfe für Unterkunft und Heizung „in Höhe der tatsächlichen Aufwendungen anerkannt" werden, soweit sie angemessen sind. Es handelt sich bei den Kosten der Unterkunft also um eine *Geldleistung* (§ 11 Satz 1 SGB I).

Dem Wortlaut nach besteht hingegen *keine Verschaffungspflicht* des Leistungsträgers gegenüber dem Leistungsberechtigten. Das Jobcenter als Leistungsträger kann sich darauf zurückziehen, die tatsächlichen bzw. angemessenen Kosten der Unterkunft zu gewährleisten, soweit der Leistungsberechtigte in der Lage ist, sich selbst solche Wohnungen zu verschaffen. Scheitert die eigenständige Wohnraumbeschaffung an besonderen Problemen der einzelnen Leistungsberechtigten, kann Beratung oder Unterstützung als Bestandteil der Hilfen in besonderen Lebenslagen gewährt werden (z. B. Assistenz als Eingliederungshilfe für Menschen mit Behinderung, §§ 113 ff. SGB IX; Beratung als Hilfe für Obdachlose wegen bestehender „besonderer sozialer Schwierigkeiten", §§ 67 ff. SGB XII).

Der als Pauschale gewährleistete Regelbedarf soll den Leistungsberechtigten eine eigenständige Bewirtschaftung und eine eigenständige Rücklagenbildung für Ergänzungs- und Ersatzbeschaffungen im Bereich der Alltagsausgaben ermöglichen. Die Kosten der Unterkunft werden hingegen maximal in *tatsächlicher Höhe* übernommen. Sie werden zu einem geringeren Teil übernommen, wenn die tatsächlichen Kosten nicht angemessen sind. Ein Bewirtschaften von Ausgaben wie im Bereich des Regelbedarfs (z. B. Anmietung einer billigeren Unterkunft zugunsten möglicher Mehrausgaben für andere Lebensbereiche) ist im Bereich der Kosten der Unterkunft nicht möglich.

Empfangende von Existenzsicherungsleistungen werden damit durch die Fürsorgeleistungen zu einem *widersprüchlichen Verhalten* angeleitet: Sie sollen einerseits selbstverantwortlich wirtschaften. Zugleich dürfen sie – anders als alle Personen jenseits des Fürsorgesystems – genau den Ausgabenbereich nicht bewirtschaften, der die größten Einspar- oder Ausgabepotenziale böte, nämlich die Kosten der Unterkunft.

VII.1 Systematischer Überblick

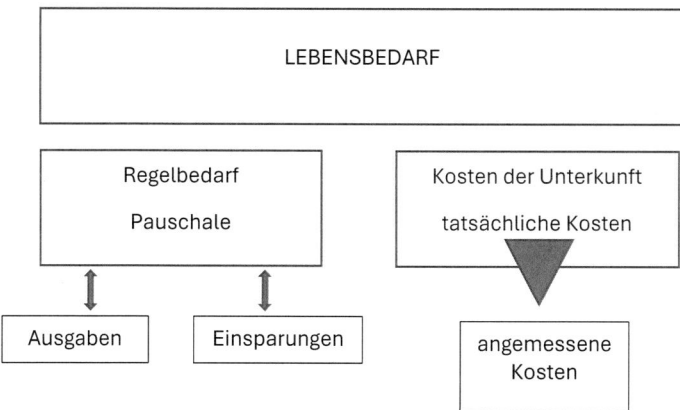

Abbildung VII.1: Pauschaler Regelbedarf und angemessene Kosten der Unterkunft

Die *Höhe* des Regelbedarfs beruht seit jeher auf bundesweit einheitlich verwendeten Erhebungsmodellen (Warenkorb- oder Statistikmodelle). Das erleichterte es, den Inhalt des Regelbedarfs seit 2011 bundesweit einheitlich mit Hilfe des RBEG aus lebensbedarf-statistisch begründeten Teil-Bedarfen (Abteilungen) und ihnen zugeordneten Teil-Pauschalbeträgen zusammengesetzt auszuweisen. Weder der Bundesgesetzgeber noch einzelne Bundesländer haben – aufgrund der regionalen Unterschiede im Hinblick auf die Verfügbarkeit und die Kosten von mietbarem Wohnraum – je einen vergleichbaren Versuch im Bereich der Kosten der Unterkunft unternommen. Allerdings hat der Gesetzgeber die Möglichkeit geschaffen, dass die Bundesländer ihre Kommunen und kreisangehörigen Gemeinden per gesetzlicher Ermächtigung bzw. Verpflichtung in die Lage versetzen, die Höhe der angemessenen Unterkunftskosten samt der sie begründenden Kriterien durch *Satzung* zu bestimmen, § 22a SGB II. Für den Fall einer solchen Ermächtigung und eines darauf beruhenden Satzungserlasses könnten die Kommunen oder kreisangehörigen Gemeinden sogar unter Umständen Monatspauschalen für die angemessenen Unterkunftskosten ausweisen. Damit würde die Sicht der Verwaltung auf die Angemessenheit von Unterkunftskosten für die Bürgerinnen und Bürger transparenter. Die Leistungsberechtigten könnten zu einer Gesamtbewirtschaftung der ihnen für den Lebensunterhalt zur Verfügung gestellten Leistungen übergehen. Aber: Dieses Modell hat bundesweit bislang wenig Anklang gefunden.[129]

Stattdessen halten die Kommunen am System der *Einzelfallübernahme* von tatsächlichen bzw. angemessenen Mietkosten fest und begründen in diesen Fällen

---

[129] Unter anderem sicherlich auch deshalb, weil das Verfahren aufwändig (alle 2 Jahre überarbeitungsbedürftig, § 22c Abs. 2 SGB II) und im Falle von Fehlern schwer heilbar ist.

die Angemessenheitsgrenzen unter Rückgriff auf sog. „schlüssige Konzepte" der einzelnen Gemeinden.[130]

VII.2 Klärung der Begriffe

VII.2.1 Unterkunft

Das Landessozialgericht NRW musste sich mit der Frage befassen, ob ein Zelt auf einem Campingplatz als Unterkunft angesehen werden kann. Das Jobcenter sollte die Kosten der Zeltplatzmiete übernehmen. Welche Entscheidung hätten Sie getroffen – und wie hätten Sie Ihre Entscheidung begründet?

Unterkünfte sind privat bewohnbare Räume oder vergleichbare Privatbereiche (Art. 13 GG) wie z. B. Mietwohnungen, Eigenheime, Hotelzimmer, Bauwagen, Gartenhäuser. Auch die unterkunftsbezogenen Kosten von Gemeinschaftsunterkünften (Obdachloseneinrichtungen) sind von der Bestimmung des § 22 SGB II erfasst (vgl. z. B. BVerwG, Urteil vom 12.12.1995 – 5 C 28/93 (Lüneburg).[131] Dagegen bieten Schlafsäcke oder Parkbänke weder einen Schutz gegen die Witterung noch einen privaten Rückzugsraum. Sie sind daher keine Unterkunft in diesem Sinne.

> **Zum Beispiel „Zelt"**
>
> Auch Zelte bieten einen gewissen Schutz gegen Witterungsverhältnisse und zudem einen Rückzugsort für die dort lebende Person. Nach Ansicht des LSG NRW dürfen „diese beiden Voraussetzungen zur Gewährleistung des Grundrechts auf eine menschenwürdige Existenz und aus sozialstaatlichen Erwägungen nicht überspannt werden, da andernfalls die Qualität der Obdach in einem umgekehrt proportionalen Verhältnis zu der Wahrscheinlichkeit stünde, hierfür Grundsicherungsleistungen zu erhalten." Daher kann im Einzelfall auch ein Zelt die Voraussetzungen einer Unterkunft i. S. d. § 22 SGB II erfüllen (LSG NRW, Urteil vom 10.02.2022 – L 19 AS 1201/21, Rn. 46).

Wenn nach dem SGB II die *Bedarfe* für Unterkunft gewährleistet werden, dann sind damit die Bedarfe für die *aktuell tatsächlich benötigte* (d. h. bewohnte) Unterkunft gemeint. Verlässt die leistungsberechtigte Person z. B. im Rahmen eines Umzuges vor Ablauf der Kündigungsfrist die alte Wohnung und bezieht eine neue Wohnung, so erlischt der Anspruch gegenüber dem Jobcenter auf Mietzahlungen, auch wenn die Verpflichtung zur Mietzahlung gegenüber dem alten Vermieter bis zum Ablauf der Kündigungsfrist fortbesteht.

Nur die *tatsächliche Nutzung* der Wohnung löst die Gewährleistungspflicht der Leistungsträger in Form der Mietzahlung aus. Bei langen stationären Aufenthalten (Krankenhaus- oder Kuraufenthalt) oder bei Vollzugsmaßnahmen (z. B. Haftstrafen) besteht unter den Voraussetzungen des § 7 Abs. 4 SGB II kein Anspruch mehr

---

[130] Im Jahr 2020 stellten – nach einer Recherche der Wissenschaftlichen Dienste des Bundestags – Sozialgerichte in 24 Fällen rechtswidrige Richtwerte fest (WD 6-074-21 – Übersicht: Sozialgerichtliche Entscheidungen zur Rechtmäßigkeit ‚schlüssiger Konzepte' im Jahr 2020 (nicht veröffentlicht)).

[131] Im Existenzsicherungsrecht des SGB XII (§§ 35, 42a SGB XII) haben sie einen Sonderstatus.

auf Leistungen nach dem SGB II und damit auch kein Anspruch mehr auf Übernahme der Kosten der Unterkunft nach § 22 SGB II.[132]

VII.2.2 Kosten

Kosten der *Unterkunft* werden im Rahmen des § 22 SGB II übernommen, sofern es sich um *unterkunftsbezogene Aufwendungen* handelt. Das ist der Fall, wenn sie als

- Mietzins (Nettokaltmiete, umgangssprachlich Grundmiete)
- zuzüglich der kalten Betriebskosten (sog. Nebenkosten)

oder als

- Bruttokaltmiete (Nettokaltmiete und kalte Betriebskosten)

im Mietvertrag ausgewiesen sind. Der Leistungsberechtigte muss zur Tragung der Unterkunftskosten *rechtlich verpflichtet* sein. Das geschieht in der Regel durch den Mietvertrag. Dieser kann auch mündlich wirksam abgeschlossen sein. Dann stellt sich allerdings die Problematik der Nachweisbarkeit entsprechender Verpflichtungen und Kosten.

Zu den *kalten Betriebskosten* zählen alle betriebsbezogenen Aufwendungen, wie sie üblicherweise im Mietvertrag aufgelistet sind (Grundsteuer, Abwasser, Müllabfuhr etc.).[133] Bei der Überprüfung, ob die tatsächlichen Aufwendungen die Angemessenheitsgrenze überschreiten, müssen Nettokaltmiete und Betriebskosten zusammengezählt werden. Im Ergebnis muss also die Bruttokaltmiete angemessen sein.

Zu den Unterkunftskosten gehören mietvertraglich festgelegte Anteile für *Schönheitsreparaturen* ebenso wie vertraglich der Mietpartei unabweisbar auferlegte *Renovierungskosten* (Luik et al./ders. 2024: § 22 SGB II Rn. 69).

Auch im Falle von *Eigenheimen* werden unter bestimmten Voraussetzungen unabweisbare Aufwendungen für Instandhaltung und Reparatur anerkannt (§ 22 Abs. 2 SGB II). Hier stellt sich stets die schwierige Frage wie die unterkunftsbezogenen Kosten abzugrenzen sind von Kosten, die der Vermögensbildung dienen und deshalb nicht vom Leistungsträger zu übernehmen sind (vgl. z. B. Knickrehm et al./ders. 2023: § 22 SGB II Rn. 18 ff.).

Die *Heizkosten* umfassen die Kosten für alle Formen der Heizenergie. Dazu zählen auch die Kosten der Warmwasserbereitung (Knickrehm et al./ders. 2023: § 22 SGB II Rn. 5 f.).[134] Demgegenüber ist die *Haushaltsenergie*, soweit sie nicht zum

---

132 Zu prüfen wäre dann ein Anspruch wegen drohenden Wohnungsverlusts nach der Haftentlassung gegenüber dem Sozialamt auf der Grundlage der §§ 67 f. SGB XII (Hilfe zur Überwindung besonderer sozialer Schwierigkeiten); LSG Niedersachsen-Bremen, Urteil vom 24.06.2021 – L 8 SO 50/18.
133 Vgl. in diesem Zusammenhang auch die Aufstellung der Betriebskosten in § 2 BetrKV.
134 Das ergibt sich auch im Umkehrschluss aus der Definition des Regelbedarfs in § 20 Abs. 1 Satz 1 SGB II, derzufolge die auf die Heizung und Erzeugung von Warmwasser entfallenden Anteile nicht dem Regelbedarf zuzuordnen sind. Beachte zudem, dass im Falle einer dezentralen Warmwassererzeugung die Mehrbedarfsregelung des § 21 Abs. 7 SGB II eingreift.

Heizen oder zur Warmwasserbereitung erforderlich ist, vom Regelbedarf mitumfasst (vgl. die Definition des § 20 Abs. 1 Satz 1 SGB II).

Im Einzelfall kann es sein, dass eine leistungsberechtigte Person im Zusammenhang mit der Unterkunft auch *Einnahmen* erzielt, insbesondere durch eine Untervermietung. Die erzielten Einnahmen mindern den Bedarf an Unterkunftskosten. Abhängig von der Höhe der erzielten Einkünfte können auf diese Weise Unterkunftskosten, die eigentlich als unangemessen hoch anzusehen wären, auf ein angemessenes Maß reduziert werden.[135]

Die errechneten Kosten der Unterkunft sind bei einem Mehrpersonenhaushalt auf die Mitglieder der Bedarfsgemeinschaft aufzuteilen. Dabei wird nicht zwischen Erwachsenen und Kindern unterschieden. Die Aufteilung der gesamten KdU-Bedarfe erfolgt vielmehr in der Regel unabhängig von Alter oder Nutzungsintensität anteilig pro Kopf (sog. *Kopfteilprinzip*).

Von den Unterkunftskosten zu unterscheiden sind *Mietschulden*. Diese kann der Leistungsträger allenfalls dann übernehmen, wenn sonst die aktuelle Unterkunft gefährdet würde oder eine vergleichbare Notlage einträte (§ 22 Abs. 8 SGB II).[136]

VII.2.3 Tatsächliche Kosten der Unterkunft

Die Feststellungen, dass die *tatsächlichen* Kosten der Unterkunft anerkannt werden, wird im zweiten Halbsatz von § 22 Abs. 1 Satz 1 SGB II unmittelbar dahingehend eingeschränkt, dass diese angemessen sein müssen. Unangemessen hohe Kosten werden – nach Ablauf der Karenzzeit – aber auch dann und solange übernommen, wie der Leistungsberechtigte und seine Bedarfsgemeinschaft sie nicht auf zumutbare Weise senken können (§ 22 Abs. 1 Satz 7 SGB II). Das hat zur Folge, dass beim Beginn des Leistungsbezuges auch überhöhte Unterkunftskosten zunächst in tatsächlicher Höhe zu übernehmen sind.

> **Zu Frage b:**
> Das Jobcenter muss auch überhöhte Unterkunftskosten zunächst übernehmen, solange die Karenzzeit läuft und darüber hinaus, soweit die Leistungsberechtigten noch keine zumutbare Möglichkeit hatten, die Kosten durch Untervermietung, Umzug oder auf andere Weise zu senken.

Für die Prüfung der anzuerkennenden Unterkunftskosten muss deshalb immer unterschieden werden zwischen den tatsächlichen und den angemessenen Kosten:

1. In einem ersten Schritt ist zu ermitteln, welche tatsächlichen Kosten der Unterkunft anfallen.
2. Die tatsächlichen Unterkunftskosten sind dann mit den angemessenen Kosten zu vergleichen.
3. Bei nicht angemessenen Kosten ist zu prüfen, ob und ggf. für welchen Zeitraum sie anzuerkennen sind, weil eine Kostensenkung nicht zumutbar ist.

---

135 Vgl. zur zumutbaren Kostensenkung unter VII.4.4.1.
136 Vgl. VII.7.2.

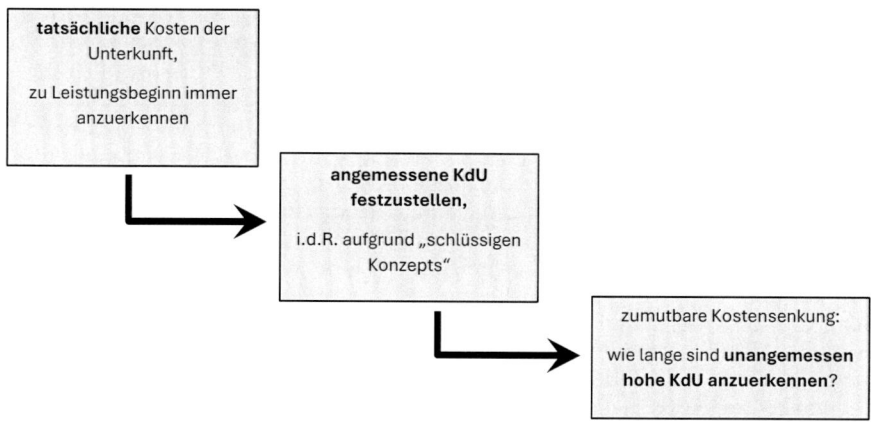

Abbildung VII.2: Tatsächliche und angemessen Kosten der Unterkunft

VII.3 Karenzzeit

Während der Corona-Zeit ergab sich vielfach die Situation, dass insbesondere freiberuflich Tätige für einen zeitlich überschaubaren Zeitraum auf staatliche Unterstützung nach dem SGB II angewiesen waren, zugleich aber die begründete Aussicht bestand, dass sie ihre erfolgreiche berufliche Tätigkeit nach dem Ende der Pandemie wieder würden aufnehmen können. Daraus resultierte die Überlegung, dass es *unverhältnismäßig* sei, Personen, die sich in einer (längeren aber endlichen) Phase der beruflichen Neuorientierung befinden, zu veranlassen umzuziehen, weil die tatsächlichen Kosten der Unterkunft – gemessen am Maßstab des SGB II – zu hoch seien.

Mit der Einführung des Bürgergelds zum 1.1.2023 wurde daher eine *Karenzzeit von einem Jahr* neu in das SGB II aufgenommen (§ 22 Abs. 1 Satz 2 SGB II). Während dieser Zeit wird kein Verfahren zur Senkung der Kosten der Unterkunft eingeleitet.

Die Karenzzeit *beginnt* ab Beginn des Monats, für den erstmals Leistungen nach dem SGB II bezogen werden. Sie kann sowohl unterbrochen werden als auch neu zu laufen beginnen: Für jeden vollen Monat, währenddessen der Leistungsbezug in der Karenzzeit *unterbrochen* wird, verlängert sich die Karenzzeit um die entsprechende Monatszahl (§ 22 Abs. 1 Satz 4 SGB II). Wurden zuvor mindestens drei Jahre lang keine Leistungen nach dem SGB II oder SGB XII bezogen, dann beginnt eine *neue Karenzzeit* (§ 22 Abs. 1 Satz 5 SGB II).

Innerhalb dieser Zeit werden die Bedarfe für *Unterkunft* unabhängig von deren Angemessenheit in Höhe der *tatsächlichen Aufwendungen* anerkannt (§ 22 Abs. 1 Satz 3 SGB II). Die Regelung bezieht sich ausdrücklich nicht auf die Kosten der Heizung, die auch während der Karenzzeit dem Grundsatz der Angemessenheit genügen müssen.

> **Beispiel:**
> Herr Dreier hat erstmalig einen Antrag auf Bürgergeld gestellt. Er ist alleinstehend und bewohnt eine 70qm große Mietwohnung. In dem Bundesland, in dem er wohnt, wird für Alleinstehende eine Wohnfläche von 50qm als angemessen angesehen. Gemessen am Maßstab der Angemessenheit ist diese Wohnung für ihn also zu groß.[137] Während der einjährigen Karenzzeit wird die Bruttokaltmiete gleichwohl in tatsächlicher und nicht nur in angemessener Höhe übernommen. Etwas anderes gilt für die Heizkosten: Für diese kommt das Jobcenter auch während der Karenzzeit nur in angemessener Höhe auf. Maßstab für die Prüfung der Angemessenheit der Heizkosten ist unter anderem die Größe der Wohnung. Um dem Gedanken der Karenzzeit gerecht zu werden, darf dabei jedoch nicht die Wohnungsgröße zugrunde gelegt werden, die für eine alleinstehende Person nach Maßgabe des SGB II als angemessen anzusehen wäre (hier also 50qm). Zu fragen ist vielmehr, welche Heizkosten für die tatsächlich bewohnte Wohnfläche (hier also 70qm) als angemessen anzusehen sind.

Erhöhen sich nach einem *nicht erforderlichen Umzug* die Aufwendungen für Unterkunft und Heizung, wird auch während der Karenzzeit nur der bisherige Bedarf anerkannt (§ 22 Abs. 1 Satz 3 letzter Halbsatz i. V. m. Satz 6 SGB II).[138]

VII.4 Angemessene Aufwendungen

Der Begriff der Angemessenheit der Kosten ist als *unbestimmter Rechtsbegriff* gerichtlich voll überprüfbar. Um eine solche Überprüfung zu ermöglichen, muss der Leistungsträger bei der Auslegung und Anwendung des Begriffs ein transparentes, sachgerechtes und realitätsnahes Verfahren zugrunde legen (z. B. BVerfG 9.2.2010 – 1 BvL 1/09). Die Verwaltung muss hierbei unterschiedliche verfassungsrechtliche Vorgaben beachten:

- Das soziokulturelle Existenzminimum muss auch im Hinblick auf die Bereiche Unterkunft und Heizung gewährleistet sein (Art. 1 Abs. 1 i. V. m. Art. 20 Abs. 1 GG).
- Gleichgelagerte Sachverhalte müssen gleichbehandelt werden. Das bedeutet gleichzeitig aber auch, dass ein Spielraum bestehen muss, um besonders gelagerte Sachverhalte auch in besonderer Weise behandeln zu können (Gleichheitsgrundsatz, Art. 3 Abs. 1 GG).

Daraus ergeben sich folgende Faktoren, die Eingang in die Prüfung der Angemessenheit finden müssen:

- Um sowohl eine Gleichbehandlung als auch eine Berücksichtigung der individuellen Bedarfslage sicherzustellen, erfolgt die Berücksichtigung angemessener KdU-Bedarfe nach der Rechtsprechung des BSG zunächst abstrakt-generell und dann konkret-individuell (Zumutbarkeit).

---

137 Vgl. zur angemessenen Wohnraumgröße unter VII.4.1.
138 Vgl. zur Erforderlichkeit von Umzügen unter VII.5.1.

- Maßgeblich für die entstehenden Kosten der Unterkunft sind im Wesentlichen die beiden nachprüfbaren Faktoren Größe (Anzahl der Personen/m²) und Preis (Preis/m²).
- Vor dem Hintergrund der Sicherung der Menschenwürde muss die Unterkunft einen angemessenen Wohnstandard haben.

Berücksichtigt man all diese Aspekte so ergibt sich eine Prüfung in folgenden Schritten:

1. angemessene Wohnraumgröße
2. angemessener Wohnstandard
3. angemessene Referenzmiete (schlüssiges Konzept)
4. konkrete Angemessenheitsprüfung.

VII.4.1 Angemessene Wohnraumgröße

Für die Feststellung der *angemessenen Wohnraumgröße* wird auf die Regelungen im sozialen Mietwohnungsbau zurückgegriffen. Es sind somit die Wohnungsbauförderungsgesetze der einzelnen Bundesländer und deren Konkretisierung durch Verordnungen, Erlasse etc. zu betrachten. Die Größenordnungen können je nach Bundesland variieren, z. B.

- für eine alleinstehende Person: 40 – 50 m²
- für jede weitere Person einer Bedarfsgemeinschaft: plus 10 – 15 m².

Möglicherweise gibt es noch einmal gesonderte Regelungen für den angemessenen Wohnraum in Wohngemeinschaften.

Zu Frage a:

Zur Bedarfsgemeinschaft der Familie Noelle gehören 5 Personen (Ehepaar Noelle und ihre drei Kinder). Rechnerisch käme man so – je nach Bundesland – auf eine angemessene Wohngröße von 110 m² (50qm + 4x15qm). Problematisch ist hier aber, dass Klara jeweils zur Hälfte einerseits zum Haushalt ihres leiblichen Vaters und andererseits zur Bedarfsgemeinschaft mit ihrer Mutter und den anderen Mitgliedern der Bedarfsgemeinschaft gehört. Faktisch hält sie sich nur die Hälfte jedes Monats in der gemeinsamen Wohnung mit der restlichen Familie zusammen auf. Sieht man Klara also als ein Vollmitglied der Bedarfsgemeinschaft an, dann stünden für sie 15 m² zur Verfügung. Rechnete man ihr wegen ihres temporären Status in der Bedarfsgemeinschaft nur einen geringeren Anteil an der Wohnungsgröße zu, wäre dadurch die Wohnung ggf. zu groß und in der Konsequenz möglicherweise auch zu teuer.

Das BSG hat festgestellt, dass grundsicherungsrechtlich ein Wohnbedarf grundsätzlich nur für die Wohnung anzuerkennen ist, die überwiegend genutzt wird und daher den *Lebensmittelpunkt* bildet.[139] Weitergehend führt das Gericht aus: „So-

---

[139] Es weist zudem darauf hin, dass „höhere Wohnkosten, die einem umgangsberechtigten Elternteil wegen der Wahrnehmung des Umgangsrechts mit seinem Kind entstehen, einen zusätzlichen Bedarf dieses Elternteils darstellen und nicht dem Wohnbedarf des Kindes zuzurechnen sind, wenn dieses seinen Lebensmittelpunkt bei dem anderen Elternteil hat" (BSG, Urteil vom 11.7.2019 – B 14 AS 23/18 R, Rn. 20).

weit die Familie den Umgang in Form eines *familienrechtlichen Wechselmodells* praktiziert, lässt sich ein Lebensmittelpunkt des Kindes tatsächlich nicht bestimmen. Vielmehr hat es einen gleichwertigen Wohnbedarf in den Wohnungen seiner beiden Elternteile und ist grundsicherungsrechtlich jeweils als weiteres Haushaltsmitglied zu berücksichtigen. Für die Feststellung des existenzsicherungsrechtlich relevanten Unterkunftsbedarfs ist insoweit allein eine solche, die tatsächliche Lebenssituation nachvollziehende Betrachtung entscheidend. Dies schließt es aus, die Eltern darüber entscheiden zu lassen, wo der Lebensmittelpunkt liegt und der Unterkunftsbedarf anfällt" (BSG, Urteil vom 11.7.2019 – B 14 AS 23/18 R, Rn. 21).

Zum Fall:

Legt man die Rechtsprechung des BSG zugrunde, so ist für Klara nicht nur ein hälftiger, sondern ein voller Kopfteil in der BG anzurechnen. Die Bedarfsgemeinschaft umfasst damit 5 Personen, für die – je nach Bundesland – ein Wohnraum in Größe von 110m² als angemessen anzusehen ist.

VII.4.2 Angemessener Wohnstandard

Da als Referenzgruppe für Leistungsbeziehende nach dem SGB II Menschen der unteren Einkommensgruppen in Betracht kommen, richtet sich auch der Maßstab für die Angemessenheitsprüfung nach Unterkünften mit *einfachem Wohnstandard*. Das BSG beschreibt dies so: „Angemessen ist eine Wohnung ferner nur, wenn sie nach Ausstattung, Lage und Bausubstanz einfachen und grundlegenden Bedürfnissen entspricht und keinen gehobenen Wohnstandard aufweist" (BSG, Urteil vom 17. 12. 2009 – B 4 AS 27/09 R, Rn. 15).

VII.4.3 Angemessene Referenzmiete (schlüssiges Konzept)

Die vom Leistungsberechtigten geltend gemachten Mietkosten müssen sich daran messen lassen, ob sie ihrer Höhe nach die abstrakt angemessene Mietobergrenze nicht übersteigen. Dafür ist eine *Referenzmiete* zum Vergleich heranzuziehen.

Zur Ermittlung der Referenzmiete bedarf es zunächst der Festlegung eines *Vergleichsraums*. „Räumlicher Vergleichsmaßstab ist (…) in erster Linie der Wohnort des Hilfebedürftigen. Der räumliche Vergleichsmaßstab kann dabei im Hinblick auf dessen Größe durchaus unterschiedlich sein – je nachdem, ob es sich um einen ländlichen Raum oder ein Ballungszentrum handelt" (BSG Urt. v. 18.6.2008 – B 14-7b AS 44/06, R Rn. 14). Für den so definierten Vergleichsraum hat die zeit- und realitätsgerechte Bestimmung des abstrakt angemessenen Quadratmeterpreises mit Hilfe eines *schlüssigen Konzepts* zu erfolgen (BSG, Urteil vom 17.12. 2009 – B 4 AS 27/09 R, Rn. 21).

Nach der Ermittlung von Wohnraumgröße und Referenzmiete kann folgende mathematische Gleichung aufgestellt werden:

VII.4 Angemessene Aufwendungen

Formel zur Berechnung der angemessenen Kosten der Unterkunft

angemessene Wohnraumgröße x angemessene Referenzmiete
= angemessene Kosten der Unterkunft

In der Praxis ist es bereits ohne diese Vorgaben schwierig, dass der Leistungsberechtigte überhaupt eine Wohnung findet. Die Anforderungen würden nochmals steigen, wenn die zu berücksichtigenden Faktoren jeweils für sich gesehen angemessen sein müssten. Hier räumt die sog. *Produkttheorie* den Betroffenen zumindest einen gewissen Spielraum ein. Entscheidend ist danach allein, dass das Produkt aus Wohnfläche und Referenzmiete als angemessen anzusehen ist (BSG, Urteil vom 17.12.2009–B 4 AS 27/09 R, Rn. 15). Das bedeutet in der Praxis, dass Leistungsberechtigte eine größere Wohnung anmieten können, wenn der Quadratmeterpreis entsprechend um so viel niedriger ist, dass die Preisgrenze, die sich bei der abstrakten Berechnung (angemessene Größe x angemessener Preis/m²) ergibt, nicht überschritten wird. Ebenso kann ein hoher Preis/m² durch eine entsprechend geringere Wohnungsgröße ausgeglichen werden.

So könnte sich etwa folgende Übersicht ergeben:

Tabelle VII.1: Angemessene Wohnkosten

Haushalt mit …	1 Person	2 Personen	3 Personen	4 Personen	5 Personen	6 Personen	+ weitere Person
m²	50	65	80	95	110	125	15
Grundmiete x Preis pro m² =	6,83 €	6,34 €	6,00 €	6,15 €	6,17 €	6,45 €	6,31 €
Grundmiete	341,50 €	412,10 €	480,00 €	584,25 €	678,70 €	806,50 €	94,65 €
Nebenkosten Preis pro m²	2,17 €	2,12 €	2,15 €	2,20 €	2,15 €	1,55 €	1,55 €
Kaltmiete Preis pro m²	9,00 €	8,46 €	8,15 €	8,35 €	8,32 €	8,00 €	7,86 €
Kaltmiete	450,00 €	550,00 €	652,00 €	793,25 €	915,20 €	1.000,00 €	117,90 €
+ 10 % Zuschlag [SGB II]	495,0 €	605,00 €	717,20 €	872,57 €	1006,45 €	1.100,00 €	129,69 €
+ 15 % Zuschlag [SGB XII]	517,50 €	632,50 €	749,80 €	912,24 €	1.052,48 €	1.150,00 €	135,59 €

(vereinfacht nach: KdU in Bielefeld, nach Widerspruch e.V. – Sozialberatung, Stand 01.06.2022)

Zu Frage c:

Angewendet auf den Ausgangsfall bedeutet das hier, dass die Familie für 5 Personen bei einer abstrakt zugrunde gelegten Wohnungsgröße bis zu 110m² eine Bruttokaltmiete bis zu 915,20 € erreichen dürfte, sofern man die zuvor abgebildete Tabelle zugrunde legt. Die Bruttokaltmiete beträgt aber 960 €/Monat und liegt damit knapp 45 € über der Referenzmiete. Die Kaltmiete ist damit nach einer abstrakten Prüfung unangemessen hoch. Deshalb ist zu fragen, wie mit der Überschreitung der angemessenen KdU zu verfahren ist.

VII.4.4 Konkrete Angemessenheitsprüfung

Mit der konkreten Angemessenheitsprüfung wird festgestellt, ob – nach Ablauf der Karenzzeit – eine Senkung der unangemessen hohen KdU den Leistungsberechtigten möglich und zumutbar ist und ggf. innerhalb welchen Zeitraums dies erwartet werden darf.

VII.4.4.1 Möglichkeit und Zumutbarkeit der Kostensenkung

Für die *Möglichkeit der Kostensenkung* sehen die in § 22 Abs. 1 Satz 7 SGB II aufgeführten Regelbeispiele Untervermietung, Wohnungswechsel oder eine andere Weise der Kostensenkung vor. Ob diese Art der Kostensenkung möglich und zumutbar ist, hängt vom Einzelfall ab. So kann z. B. einem Rollstuhlfahrer, der auf eine barrierefreie Wohnung und damit auf die Nutzung hochpreisiger Angebote des Wohnungsmarktes angewiesen ist, im Einzelfall möglicherweise nicht abverlangt werden, die Kosten der Unterkunft zu senken. Je nach Situation kann dies ebenso wenig von hochbetagten Personen verlangt werden, denen die Möglichkeit zu einem Wohnungswechsel inzwischen fehlt und denen ein Zusammenleben mit Untermietern nicht mehr zumutbar ist.

Die Kosten der Unterkunft können auch dadurch unangemessen hoch werden, dass eine Person aus der Bedarfs- oder Haushaltsgemeinschaft ausscheidet und sich dadurch die Grundlage zur Berechnung der angemessenen Kosten der Unterkunft ändert. Ist der Grund der Schrumpfung der *Tod eines Gemeinschaftsmitglieds*, dann ist die Senkung der Aufwendungen für die weiterhin bewohnte Unterkunft für die Dauer von mindestens zwölf Monaten nach dem Sterbemonat nicht zumutbar, sofern die Aufwendungen für Unterkunft und Heizung davor angemessen waren (§ 22 Abs. 1 Satz 9 SGB II).

VII.4.4.2 Zeitraum für eine Kostensenkung

Der gesetzlich vorgesehene Zeitraum für eine Kostensenkung der unangemessen hohen Unterkunftskosten beträgt *in der Regel längstens sechs Monate* nach Ablauf der Karenzzeit (§ 22 Abs. 1 Satz 7, letzter Halbsatz SGB II). Dabei ist der Zeitraum der Karenzzeit nicht auf die 6-Monats-Frist anzurechnen (§ 21 Abs. 1 Satz 8 SGB II).

Das bedeutet, dass

- die Einstellung der Mehrzahlungen durch das Jobcenter schon *vor Ablauf der 6-Monats-Frist* erfolgen kann, wenn die Kostensenkung schon vorher möglich und zumutbar ist.
- die Einstellung der Mehrzahlungen durch das Jobcenter in der Regel – also außer in atypischen Fällen – *spätestens bis zum Ablauf der 6-Monats-Frist* stattzufinden hat.

- in atypischen Fällen die Mehrzahlung des Jobcenters *über den Ablauf der 6-Monats-Frist hinaus* fortzusetzen ist, ggf. sogar auf unbestimmte Zeit (z. B. bei hochaltrigen, behinderten oder kranken Personen, wenn ein Umzug unzumutbar ist).

VII.4.4.3 Übernahme der angemessenen Kosten

Auch wenn die angemessenen Mietkosten im Einzelfall überschritten werden, führt das nicht dazu, dass der Leistungsträger die KdU-Zahlung ganz einstellen kann. Er finanziert aber ab dem Zeitpunkt, für den eine Mietsenkung als möglich und zumutbar festgestellt worden ist, nicht mehr die tatsächlichen, sondern nur noch die *angemessenen Unterkunftskosten*. Für die Leistungsberechtigten bedeutet das in der Regel entweder die Notwendigkeit eines Wohnungswechsels oder die Finanzierung des nicht mehr abgedeckten Mietkostenanteils aus dem Regelbedarf oder dem Schonvermögen.

Im Übrigen ermächtigt § 22 Abs. 1 Satz 10 SGB II den Leistungsträger zum Verzicht auf eine Kostensenkungsaufforderung, wenn ein Wohnungswechsel zum Zweck der Kostensenkung so *kostenaufwändig* wird (Übernahme von Wohnungsbeschaffungs- und Umzugskosten, Mietkaution, Renovierungskosten usw.), dass das Unterfangen insgesamt unwirtschaftlich würde.

Schauen Sie sich noch einmal die Tabelle an. Dort finden Sie zwei Zeilen („Zuschlag von 10 % SGB II" bzw. „Zuschlag von 15 % SGB XII").

Dieser Zuschlag stellt die pauschalierte Wirtschaftlichkeitsgrenze dar. Das bedeutet, dass der Umzug im Anwendungsbereich der Tabelle von Amts wegen erst verlangt werden darf, wenn die Bruttokaltmiete diese Grenze überschreitet.

> **Zu Frage c:**
>
> Familie Noelle muss bei einer Höchstgrenze der angemessenen Bruttokaltmiete von 915,20 € und einer Überschreitung derselben mit knapp 45 € nicht mit einer Kostensenkungsaufforderung rechnen, da die „Unwirtschaftlichkeits"-Grenze von 1006,45 € nicht erreicht wird.

VII.5 Wohnungswechsel

8. Fall: Familie Noelle trennt sich

Max und Helena haben sich wegen großer Spannungen vorläufig getrennt. Max will in Bielheim, wo die Familie auch schon bisher wohnt, ein Appartement anmieten (420 €/Monat Kaltmiete und 3 Monatsmieten Kaution). Den Umzug will er mit „Tims Leihwagen" und der Hilfe einiger Freunde bewältigen. An seiner Stelle will Klaras Freund Mike von Hamburg aus zu Noelles ziehen. Mike, 18 Jahre, kann nicht mehr in der stationären Jugendhilfeeinrichtung (§§ 39, 40 SGB VIII) bleiben, in der er bisher gelebt hat. Noelles müssen nur ein zusätzliches Bett für Mike anschaffen. Da Mike aus der Jugendhilfe in die Verantwortung des Jobcenters fällt, erhofft sich Helena von dem Einzug, dass das Jobcenter Bielheim – da die Anzahl der Mietenden gleichbleibt – auch die Unterkunftskosten wie bisher weiterzahlt. Das wäre wichtig, denn es haben sich erneut Stromschulden gebildet, so dass der Stromlieferant angedroht hat, den Strom abzustellen, bis die Schulden bezahlt sind.

Noelles fragen sich:

a) Wird das Jobcenter die KdU für Max neues Appartement in voller Höhe übernehmen?
b) Werden Umzugs-, Renovierungs- und Kautionskosten für Max übernommen?
c) Wird der Mietanteil für Mike in der Noelle'schen Wohnung übernommen?
d) Kann Mike das Bett zu Lasten des Jobcenters anschaffen?
e) Wie hoch wäre Mikes Regelbedarf nach einem Umzug?
f) Kann Helena mit Erfolgsaussicht die Übernahme der Stromschulden beantragen?

Ab Leistungsbeginn unterstehen die Kosten der Unterkunft dem Regime des § 22 SGB II. Wie bereits dargestellt betrifft das zunächst einmal die Frage, ob die Kosten, die mit der gegenwärtig bewohnten Unterkunft verbunden sind, als angemessen anzusehen sind. Die gesetzlichen Regelungen erfassen aber auch die Situation, in der der erwerbsfähige Leistungsberechtigte *umzieht*. Auch in diesem Fall stellen sich aus der Sicht der Grundsicherung eine ganze Reihe von Fragen: Müssen bestimmte Voraussetzungen vorliegen, damit ein Leistungsberechtigter überhaupt umziehen darf? Muss die Behörde auch für die Kosten des Umzugs aufkommen? Welchen Anteil an den Kosten der neuen Unterkunft übernimmt das Jobcenter?

Dabei unterscheidet das Gesetz zwischen einem Umzug innerhalb ein und desselben Vergleichsraums (*gleichbleibende Trägerschaft*) und einem Umzug aus einem in einen anderen Vergleichsraum (*wechselnde Trägerschaft*). Wenn der Umzug zu einem Wechsel der zuständigen Behörde führt, muss dieser nach Möglichkeit so koordiniert werden, dass für den Leistungsberechtigten keine Leistungslücken entstehen.

Der Umzug innerhalb eines Vergleichsraums wird durch § 22 Abs. 1 Satz 6 SGB II erfasst. Den Umzug in den Zuständigkeitsbereich eines anderen Trägers regeln Absätze 4 und 6. Das erkennt man daran, dass Absätze 4 und 6 vom „bis zum Umzug zuständigen Träger" und vom „am Ort der neuen Unterkunft zuständigen Träger" sprechen. Absatz 1 Satz 6 tut das nicht. So weist man dieser Regelung die Fälle zu, in denen es nicht zum Trägerwechsel kommt (Umkehrschluss).

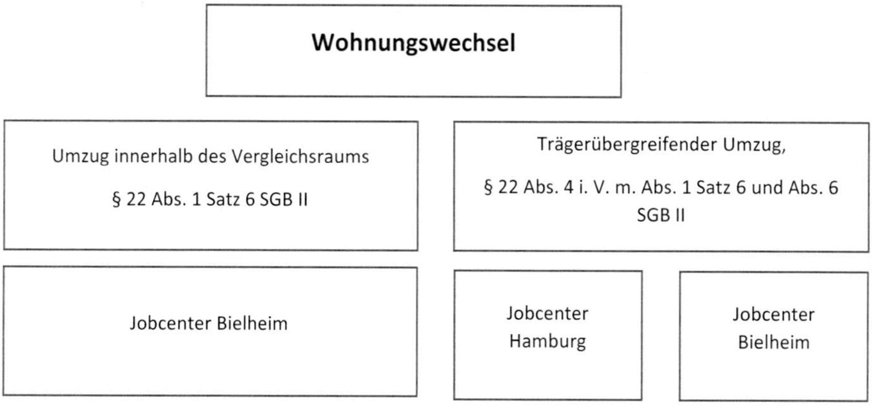

VII.5 Wohnungswechsel

```
                    ┌─────────────────────┐
                    │  Wohnungswechsel    │
                    └─────────────────────┘
```

Umzug innerhalb des Vergleichsraums § 22 Abs. 1 Satz 6 SGB II	Trägerübergreifender Umzug, § 22 Abs. 4 i. V. m. Abs. 1 Satz 6 und Abs. 6 SGB II
Jobcenter Bielheim	Jobcenter Hamburg · Jobcenter Bielheim

Abbildung VII.3: Umzug ohne und mit Trägerwechsel

Das BSG verweist für beide Umzugsarten auf die verfassungsrechtlich garantierte *Freizügigkeit* (Art. 11 GG). Der Bezug von Existenzsicherungsleistungen darf nicht zu einer Residenzpflicht von Leistungsberechtigten im Zuständigkeitsbereich des jeweiligen Trägers führen. Das ist auch entsprechend bei Auslegung der gesetzlichen Voraussetzungen („Erforderlichkeit" oder „Notwendigkeit" des Umzuges) zu berücksichtigen (vgl. z. B. BSG, Urt. v. 1. 6. 2010 – B 4 AS 60/09 R, Rn. 25 f.).

VII.5.1 Umzug im Vergleichsraum, § 22 Abs. 1 Satz 6 SGB II

Wie Sie bereits wissen, übernimmt das Jobcenter die tatsächlichen Unterkunftskosten, soweit diese angemessenen sind (§ 22 Abs. 1 Satz 1 SGB II). Das bedeutet aber im Umkehrschluss keineswegs, dass Leistungsberechtigte einfach nur deshalb aus einer kleineren Wohnung in eine größere Wohnung umziehen dürfen, um so den durch die Angemessenheit gesetzten Rahmen in vollem Umfang ausnutzen zu können. Dies wird durch § 22 Abs. 1 Satz 6 SGB II sichergestellt: *„Erhöhen sich nach einem nicht erforderlichen Umzug die Aufwendungen für Unterkunft und Heizung, wird nur der bisherige Bedarf anerkannt."*[140] Zielsetzung der Regelung ist es, einer Kostensteigerung im Bereich der Kosten der Unterkunft nach Möglichkeit entgegenzuwirken.

> **Beispiel:**
>
> Herr Bürger hat zu der Zeit, als er noch ein geringes Einkommen hatte, ein 20 m² Appartement angemietet. Nun bezieht er Bürgergeld. Das Jobcenter beurteilt die Kosten des Appartements als angemessen. Herr Bürger ist verärgert, weil er erfahren hat, dass (nach der oben angeführten Tabelle[141]) eine Wohnung mit bis zu 50 m² und einer Kaltmiete bis zu 9,00 €/m² als angemessen anzusehen wäre. Gleichwohl wird er sich genau überlegen, umzuziehen. Denn das Jobcenter wird die mit einer größeren Wohnung voraussichtlich verbundenen höheren

---

140 Diese Regelung gilt auch für einen Umzug während der Karenzzeit. § 22 Abs. 1 Satz 3, 2. Halbsatz SGB II stellt klar: *Satz 6 bleibt unberührt*.
141 Vgl. Tabelle VII.1.

Kosten nur dann übernehmen, wenn die bisherigen Wohnverhältnisse oder eine Veränderung der persönlichen Situation dies i. S. d. § 22 Abs. 1 Satz 6 SGB II erforderlich machen.

Zu Frage a:

Würde Max erstmals KdU-Leistungen in Anspruch nehmen, wäre die Kaltmiete für sein Appartement nach den oben angeführten Richtlinien[142] angemessen. Danach liegt die Grenze der Angemessenheit für eine Person bei 450 € Kaltmiete. Die Wohnung, die Max angemietet hat, kostet nur 420 € Kaltmiete pro Monat. – Da er aber als Bürgergeld-Empfänger innerhalb desselben Vergleichsraums umziehen will, bleibt er auch in den kommunal festgelegten Grenzen dieses Vergleichsraums. Dann berechnet sich der Deckelungsbetrag der neuen KdU zunächst einmal nach dem Kopfteil seiner bisherigen Miete und beträgt demnach 192 € Kaltmiete (960 € Kaltmiete der gesamten Bedarfsgemeinschaft Noelle: 5 Personen = 192 €). Im vorliegenden Fall wären die Mehrkosten durch den Umzug erheblich. Es ist daher weiter zu prüfen, ob ein so gewichtiger Grund vorliegt (zum Beispiel in Form der ehelichen Spannungen), dass der Umzug als erforderlich anzusehen ist.

Bei Auslegung des Begriffs der *Erforderlichkeit* ist sowohl die grundgesetzlich geschützte Freizügigkeit (Art. 11 GG) als auch der Grundsatz der Verhältnismäßigkeit zu beachten. Erforderlich ist ein Umzug daher nicht nur dann, wenn er existentiell notwendig ist (menschen*un*würdige Lebensbedingungen, krankheitsbedingt erforderlicher Umzug o.ä.). Vielmehr ist es bereits ausreichend, „wenn ein plausibler, nachvollziehbarer und verständlicher Grund für den Wohnungswechsel vorlag, von dem sich auch ein Nichthilfebedürftiger leiten lassen würde" (BSG Urt. v. 24.11.2011 – B 14 AS 107/10 R, Rn. 17). Dabei ist allerdings auch zu berücksichtigen, ob die durch einen Umzug verursachten Mehrkosten in einem angemessenen Verhältnis zu den Ursachen für den Umzug stehen (keine erheblichen Mehrkosten bei Umzug zur geringfügigen Steigerung der Wohnqualität).

Exemplarisch lässt sich in folgenden Konstellationen über die Erforderlichkeit eines Umzugs diskutieren:

- Ein *Umzug zum Zweck der Arbeitsaufnahme* oder zur beruflichen Eingliederung wird regelmäßig als erforderlich anzusehen sein. Das erklärt sich bereits aus der Zielsetzung des SGB II (vgl. § 1 Abs. 2 Satz 2 SGB II).
- Bei *Mängeln der Mietsache* (z. B. Schimmelbefall der Wohnung) geht die Rechtsprechung davon aus, dass anstelle eines Umzugs vorrangig der Vermieter auf Mängelbeseitigung in Anspruch zu nehmen ist (vgl. z. B. LSG NRW, Beschluss vom 10.02.2010 – L 7 B 424/09 AS). Das ist allerdings nicht selten eine lebensfremde Erwartung, wenn Leistungsberechtigte rechtlich unerfahren und ohne Rechtsschutzversicherung sind. Daher wird mitunter gefordert, dass das Jobcenter in diesen Fällen den Leistungsberechtigten hinsichtlich der Geltendmachung seiner Rechte gegenüber dem Vermieter beraten muss. Das wiederum

---

142 Vgl. Tabelle VII.1.

scheint angesichts der Beratungspraxis durch manch ein Jobcenter eine eher fragwürdige Erwartung zu sein.
- Ein *Umzug aus gesundheitlichen Gründen* (z. B. Schimmelbefall der Wohnung verbunden mit Asthma des Mieters), wegen Behinderung (barrierefreie Wohnung) oder aus Altersgründen (z. B.: Umzug in eine Erdgeschosswohnung oder ein Haus mit Aufzug) wird regelmäßig als erforderlich zu beurteilen sein.
- Schließlich ist im Einzelfall abzuwägen, ob auch *soziale Gründe* (Herstellung der ehelichen Gemeinschaft, Auflösung der Gemeinschaft bei Zerrüttung der Ehe, Geburt eines Kindes, aber auch Umzug des Opfers einer Straftat in der eigenen Wohnung) so gewichtig sind, dass sie zur Erforderlichkeit eines Umzugs führen.

> **Zu Frage a:**
> Die Erforderlichkeit des Umzuges ließe sich hier allenfalls damit begründen, dass wegen der häuslichen Spannungen ein Zuwarten mit dem Umzug nicht zumutbar ist und zudem der Wohnungsmarkt im Vergleichsraum auf absehbare Zeit so angespannt bleibt, dass selbst bei einem Zuwarten günstigere Wohnungsangebote nicht zu erwarten sind. Dem bisherigen Sachverhalt ist das nicht zu entnehmen. Hier müssten Details ermittelt werden. Kommt man zu dem Ergebnis, dass der Umzug nicht erforderlich war, dann werden die Kosten der Unterkunft für Max auch künftig lediglich in Höhe von 192 € anerkannt. Die verbleibende Differenz müsste er dann aus anderen Mitteln – ggf. aus seinem Regelbedarf – finanzieren, was eine erhebliche Belastung seiner finanziellen Situation bedeuten würde.

VII.5.2 Umzug in einen anderen Vergleichsraum, § 22 Abs. 4 und 6 SGB II

Die Erforderlichkeit (§ 22 Abs. 1 Satz 6 SGB II) ist auch dann zu prüfen, wenn der Umzug in einen anderen Vergleichsraum erfolgt. Es treten aber noch weitergehende Regelungen hinzu, die in § 22 Abs. 4 und 6 SGB II geregelt sind. Dabei ist zu unterscheiden zwischen den Kosten der neuen Unterkunft selbst und den Kosten, die für die Beschaffung der neuen Unterkunft entstehen.

VII.5.2.1 Kosten der neuen Unterkunft, § 22 Abs. 4 SGB II

Im Falle eines kommunalen Zuständigkeitswechsels muss der Übergang der Verantwortung von der bisher zuständigen Behörde auf die neue Behörde abgestimmt werden. Zudem soll der erwerbsfähige Leistungsberechtigte davor geschützt werden, dass er zunächst eine Wohnung anmietet, deren Kosten dann aber nicht von dem zuständigen Jobcenter als angemessen anerkannt werden. Das geschieht mit Hilfe der *Zusicherung* des für die neue Unterkunft örtlich zuständigen kommunalen Trägers (§ 22 Abs. 4 SGB II).[143] Das Erfordernis bezieht sich auf eine Zusicherung in Bezug auf die Unterkunftskosten in bestimmter Höhe für eine bestimmte Wohnung, die dem Jobcenter benannt werden muss (LSG Hamburg, Urteil vom 27.3.2014 – L 4 AS 432/11).

---

143 Innerhalb der Karenzzeit werden nach einem Umzug entstehende höhere als angemessene Aufwendungen nur dann als Bedarf anerkannt, wenn der zuständige Träger die Anerkennung vorab zugesichert hat, § 22 Abs. 4 Satz 2 SGB II.

Der kommunale Träger ist zur Zusicherung *verpflichtet*, wenn die Aufwendungen für die neue Unterkunft angemessen sind (§ 22 Abs. 4 Satz 3 SGB II).[144] Dabei bezieht sich die Prüfung der Angemessenheit nach dem für den neuen Träger geltenden schlüssigen Konzept. Hier ist also der Leistungsberechtigte nicht mehr an die Grundlagen und Grenzen des schlüssigen Konzepts seines *bisherigen* Wohnortes gebunden. Das würde auch keinen Sinn machen, weil die Existenz der schlüssigen Konzepte gerade damit begründet wird, dass die Angemessenheit der Unterkunftskosten an die örtlichen Besonderheiten geknüpft ist.

Aus rechtlicher Sicht handelt es sich bei der Zusicherung um einen Verwaltungsakt.

Haben Sie sich schon einmal mit dem Begriff des Verwaltungsaktes befasst? Könnten Sie erklären, was es damit auf sich hat?

Der Verwaltungsakt ist eine Möglichkeit, mit dem ein Verwaltungsverfahren seinen Abschluss finden kann. Deshalb finden sich die entsprechenden Regelungen im SGB X (Sozialverwaltungsverfahren). Vereinfacht kann man den Verwaltungsakt beschreiben als verbindliche Entscheidung, die eine Behörde gegenüber einem Bürger trifft (vgl. Definition in § 31 SGB X). Die Zusicherung (§ 34 SGB X) bietet der erwerbsfähigen leistungsberechtigten Person somit Planungssicherheit in Bezug auf die Angemessenheit der Kosten der künftigen Unterkunft.[145]

> **Merke:**
>
> Die Zusicherung ist *keine Anspruchsvoraussetzung* für die Übernahme der Kosten der Unterkunft. Sofern die gesetzlichen Voraussetzungen erfüllt sind, sind die KdU auch dann zu übernehmen, wenn die gesetzlich vorgesehene Zusicherung *nicht* eingeholt worden ist. Die Zusicherung nimmt dem Leistungsberechtigten lediglich das Risiko, dass das Vorliegen der Anspruchsvoraussetzungen durch den Leistungsträger verneint wird, nachdem er den Mietvertrag abgeschlossen und den Umzug durchgeführt hat.

An welchem Wort in § 22 Abs. 4 SGB II erkennen Sie, dass die leistungsberechtigte Person nicht dazu verpflichtet ist, eine Zusicherung einzuholen, damit die Kosten der Unterkunft für die neue Wohnung übernommen werden?[146]

VII.5.2.2 Mit dem Umzug verbundene Kosten, § 22 Abs. 6 SGB II

Die Kosten der neuen Unterkunft selbst sind nicht die einzigen Kosten, die bei einem Wohnungswechsel entstehen. Vielmehr muss eine neue Unterkunft erst einmal gefunden, angemietet und gegebenenfalls renoviert werden. Ist dies gesche-

---

144 Zudem bedarf es einer Zusicherung für weitergehende Leistungen, die mit dem Umzug verbunden sein können (§ 22 Abs. 6 SGB II). Dazu sofort unter VII.5.2.2.
145 Allerdings lösen Änderungen der Sach- oder Rechtslage nach Abgabe der Zusicherung ggf. die Bindungswirkung der Zusicherung, § 34 Abs. 3 SGB X: „Ändert sich nach Abgabe der Zusicherung die Sach- oder Rechtslage derart, dass die Behörde bei Kenntnis der nachträglich eingetretenen Änderung die Zusicherung nicht gegeben hätte oder aus rechtlichen Gründen nicht hätte geben dürfen, ist die Behörde an die Zusicherung nicht mehr gebunden."
146 Das erkennen Sie an dem Wort „soll".

hen, gilt es noch den Umzug zu bewältigen. All diese *Aktivitäten können mit Kosten verbunden sein* und so stellt sich die Frage, ob der bisher zuständige Träger oder der neue Träger die Kosten zu übernehmen hat. Möglicherweise ist es auch der erwerbsfähige Leistungsberechtigte selbst, der für die entstehenden Kosten eigene Mittel, ggf. die Mittel des Regelbedarfs, einzusetzen hat.

Die grundlegende Antwort auf diese Frage gibt § 22 Abs. 6 SGB II. Dabei differenziert Satz 1 dieser Regelung in seinen beiden Satzhälften zwischen dem bis zum Umzug zuständigen kommunalen Träger und den am Ort der neuen Unterkunft zuständigen kommunalen Träger.

VII.5.2.2.1 Zusicherung des bisher zuständigen Trägers

Der bisher für die Unterkunftskosten zuständige Träger *kann* durch Zusicherung einen Bedarf für Wohnungsbeschaffungs- und Umzugskosten anerkennen. Das Gesetz räumt dem Träger in § 22 Abs. 6 Satz 1 SGB II also grundsätzlich ein Ermessen ein. Eingeschränkt wird dieses Ermessen durch den folgenden Satz 2, wonach die Zusicherung erteilt werden *soll*, wenn der Umzug durch den kommunalen Träger veranlasst oder aus anderen Gründen notwendig ist und wenn ohne die Zusicherung eine Unterkunft in einem angemessenen Zeitraum nicht gefunden werden kann.

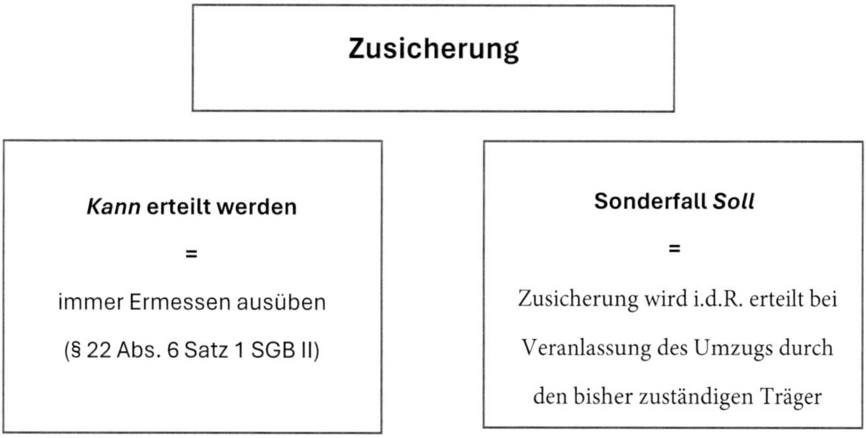

Zusicherung	
Kann erteilt werden	**Sonderfall** *Soll*
=	=
immer Ermessen ausüben	Zusicherung wird i.d.R. erteilt bei
(§ 22 Abs. 6 Satz 1 SGB II)	Veranlassung des Umzugs durch
	den bisher zuständigen Träger

Abbildung VII.4: Zusicherung der Übernahme der Wohnungsbeschaffungs- und Umzugskosten

Die *Wohnungsbeschaffungskosten* können z. B. Aufwendungen für Suchanzeigen, Fahrtkosten, doppelte Mietaufwendungen und in seltenen Fällen sogar Maklergebühren umfassen (Knickrehm et al./Knickrehm 2023: § 22 SGB II Rn. 43). Zu beachten ist, dass die Aufwendungen für die Einzugsrenovierung nicht zu den Wohnungsbeschaffungskosten zählen. Sie sind Bestandteil der Leistungen nach § 22 Abs. 1 S. 1 SGB II (BSG Urteil vom 16.12.2008 – B 4 AS 49/07 R).

Zu den *Umzugskosten* können z. B. die Aufwendungen für einen erforderlichen Mietwagen, die Anmietung von Umzugskartons, die Kosten für Verpackungsmaterial und Sperrmüllentsorgung gehören. Der kommunale Träger wird im Rahmen seiner Ermessenserwägung zudem berücksichtigen, ob der erwerbsfähige Leistungsberechtigte körperlich und gesundheitlich in der Lage ist, den Umzug selbst zu organisieren und durchzuführen, um so die entstehenden Kosten zu mindern (BSG Urt. v. 6.5.2010 – B 14 AS 7/09 R, BeckRS 2010, 72281 Rn. 19).

Sofern die erwerbsfähige leistungsberechtigte Person den kommunalen Träger um eine Zusicherung ersucht, erfährt dieser von der anstehenden Veränderung der örtlichen Zuständigkeit. Sinnvollerweise wird der bisher zuständige Träger mit dem zukünftig zuständigen Träger Kontakt aufnehmen, damit der *Übergang in der Zuständigkeit* nach Möglichkeit reibungslos verläuft und der Leistungsberechtigte über seine Rechte und Pflichten im Zusammenhang mit dem Umzug umfassend informiert ist.

VII.5.2.2.2 Zusicherung des neuen Trägers

> Der für den neuen Wohnort zuständige Träger *kann* durch Zusicherung bestimmte Beschaffungskosten einer neuen Wohnung, nämlich Mietkaution (bzw. an deren Stelle den Erwerb von Genossenschaftsanteilen[147]) als Bedarf anerkennen (§ 22 Abs. 6 Satz 1, 2. Halbsatz SGB II).

Die Regeln für die Frage, wann die Zusicherung gegeben werden kann bzw. soll, sind dieselben wie für die Zusicherung des abgebenden Trägers (§ 22 Abs. 6 Satz 2 SGB II).[148]

Zudem werden diese Leistungen nicht als Beihilfe, sondern in der Regel („soll") als *Darlehen* gewährt (§ 22 Abs. 6 Satz 3 SGB II). Dahinter steckt die Überlegung, dass im Falle eines erneuten Umzugs die Mietkaution bzw. die Genossenschaftsanteile an den Mieter zurückzugewähren sind und die leistungsberechtigte Person insofern keinen finanziellen Vorteil dadurch erhalten soll, dass der kommunale Träger in Vorleistung gegangen ist.

> **Zu Frage b:**
>
> Für Max werden *Renovierungskosten* für die neue Wohnung nicht als mit dem Umzug verbundene Beschaffungskosten übernommen. Es wäre zu prüfen, ob sie als Teil der laufenden KdU (§ 22 Abs. 1 SGB II) anzuerkennen sind. Sonst bleibt ihm nur die Möglichkeit, diese aus dem Regelbedarf oder dem Vermögen zu bestreiten.
> Bzgl. der *Umzugskosten* (die als Fürsorgeleistung immer unter dem Vorbehalt der Notwendigkeit stehen) besagen exemplarisch die Richtlinien, die in Bielheim Anwendung finden: „Die Kosten für einen Mietwagen sind als Bedarf anzuerkennen, nachdem der Antragsteller zuvor auf Aufforderung zwei Kostenvoranschläge vorgelegt hatte. Sind Bekannte des Hilfesuchenden bei den Umzugsar-

---

147 Ziel des Erwerbs von Genossenschaftsanteilen ist in diesem Kontext nicht die Gewinnerzielung, sondern die Möglichkeit des Zugriffs auf – nur Mitgliedern vorbehaltenen – Genossenschaftswohnungen, die ggf. deutlich preisgünstiger sind als die üblichen Mietwohnungen im Vergleichsraum.
148 Vgl. gerade zuvor unter VII.5.2.2.1.

beiten behilflich, so ist auf Antrag ein Verpflegungsmehraufwand von bis zu 10,50 € je Person und Tag anzuerkennen." Tims Leihwagen sollte also nicht ohne vorherige Vorlage der Kostenvoranschläge angemietet werden.

Für die *Kaution* bestimmen die Richtlinien, die in Bielheim zur Anwendung gelangen, dass bei einem erforderlichen Umzug und fehlendem einsetzbaren Vermögen die Leistung gewährt wird.

Zu Frage c:

Helenas Hoffnung, dass das Bielheimer Jobcenter für Mike den entsprechenden *Mietkopfteil* übernehmen muss, wenn Mike in die Familienwohnung der Noelles einzieht, ist durchaus berechtigt. Denn der aus Hamburg zuziehende Mike ist nicht mehr an das schlüssige Konzept seines Herkunftsortes gebunden. Nach den Bielheimer Regeln ist der für ihn anfallende Kopfteil der Miete in jedem Fall angemessen. Insofern ist es unschädlich, dass er sich offenbar bisher weder um eine Zusicherung des alten noch des künftigen Trägers bzgl. der Miettragung bemüht hat.

Allerdings ist noch zu prüfen, ob das Jobcenter Hamburg *dem Umzug zuzustimmen hat* (i. S. d. § 22 Abs. 1 Satz 6 SGB II). Dabei ist zu beachten, dass Mike bislang Leistungen nach dem Kinder- und Jugendhilferecht bezogen haben wird (§§ 27 i. V. m. 34 SGB VIII und §§ 39, 40 SGB VIII). Er fiel bislang also noch gar nicht in den Zuständigkeitsbereich des Jobcenters. Daher ist eine Zustimmung des Jobcenters zu seinem Umzug nicht erforderlich. Zudem kann Mike nachweisen, dass er aufgrund seiner Volljährigkeit nicht mehr in der Jugendhilfeeinrichtung bleiben kann. Mike sollte sicherheitshalber Rücksprache mit dem Jobcenter Hamburg nehmen, ehe er den Umzug durchführt. Es gibt aber altersbedingt ein zusätzliches Problem im Hinblick auf einen Umzug von Mike.[149]

VII.5.3 Sonderfall bei Personen unter 25 (U25)

Familien im Leistungsbezug nach dem SGB II werden – anders als Familien jenseits des Fürsorgesystems – weit über die Volljährigkeit der Kinder hinaus in der Familie zum Zusammenleben und zur wechselseitigen Verantwortungsübernahme veranlasst.

Für die Begründung der Bedarfsgemeinschaft wissen Sie das bereits: In welchen beiden Normen ist bestimmt, dass bis zur Vollendung des 25. Lebensjahrs auch eine Bedarfsgemeinschaft mit den Eltern bestehen kann?[150]

Im Bereich der Bedarfe für Unterkunft und Heizung ist geregelt, dass Kinder bzw. junge Erwachsene, die zu einer BG gehören, vor Vollendung des 25. Lebensjahrs („U25") nur im Ausnahmefall in eine eigene Wohnung ziehen dürfen, § 22 Abs. 5 SGB II.

Der Tatbestand setzt – neben der Altersgrenze – einen *Umzug* der betroffenen Person voraus. So selbstverständlich dieser Begriff klingen mag, so unsicher ist doch seine Anwendung im Einzelfall. Sinnvoll erscheint es daher, sich zunächst die Zielsetzung der Norm vor Augen zu führen. Die Regelung will diejenigen Fälle

---

149 Vgl. dazu sofort unter VII.5.3.
150 § 7 Abs. 3 Nr. 4 SGB II bzw. § 7 Abs. 3 Nr. 2 SGB II.

kontrollieren, in denen junge Erwachsene durch ihren Auszug eine *neue Einzelbedarfsgemeinschaft* begründen, so dass die räumliche Lösung vom Elternhaus zu einer Kostensteigerung auf Seiten der Allgemeinheit führt (Knickrehm et al./ders., 2023: § 22 SGB II Rn. 37).

> **Beispiel:**
>
> Frau Kurz hat mit 17 Jahren das Elternhaus verlassen, um in einer anderen Stadt eine Ausbildung zu absolvieren. Obwohl es Frau Kurz gelang, die Ausbildung erfolgreich abzuschließen, konnte sie keine Arbeitsstelle finden und fiel in den Bezug von Bürgergeld. Mittlerweile ist sie 23 Jahre alt, möchte erneut umziehen und fragt sich, ob in ihrem Fall § 22 Abs. 5 SGB II zur Anwendung gelangt.

Die Gemeinschaft, in der Frau Kurz mit ihren Eltern gelebt hat endete, als sie mit 17 Jahren das elterliche Haus verließ. Seit diesem Zeitpunkt ist sie – aus Sicht des SGB II – eigenständig und losgelöst von ihren Eltern zu betrachten. Der nun von ihr geplante erneute Umzug führt nicht zur Begründung einer weiteren Bedarfsgemeinschaft. Ein Schutz der Allgemeinheit über die Bestimmung des § 22 Abs. 5 SGB II ist nicht erforderlich. Daher wird mehrheitlich davon ausgegangen, dass die Regelung nur einen *Erstauszug* aus dem Elternhaus und den Erstbezug einer eigenen Wohnung erfasst, nicht aber einen Folgeumzug (LSG Bln-Bbg 15.2.2010 – L 25 AS 35/10 B ER).

> **Zu Frage c:**
>
> Mike hat bisher in einer stationären Jugendhilfeeinrichtung gewohnt. Sein geplanter Umzug ist daher nicht mit der Loslösung von einer bisher bestehenden Bedarfsgemeinschaft und der Begründung einer weiteren Bedarfsgemeinschaft verbunden. Nach der hier vertretenen Rechtsauffassung ist damit die Vorschrift auf den vorliegenden Fall nicht anwendbar. Es bleibt bei der oben getroffenen Feststellung, dass der volle Mietanteil für Mike nach Kopfteilen übernommen wird, wenn nicht Helena mit Mike einen Untermietvertrag schließt und einen höheren Untermietzins berechnet. Wenn ein solcher Untermietvertrag Mike eine entsprechend höhere m²-Fläche zuweisen würde, wäre das zulässig. Mike als Alleinstehendem würden nach den einschlägigen Bestimmungen der Stadt Bielheim (vgl. Tabelle VII.1) bis zu 50 m² als angemessene Größe der Wohnung zustehen. Allerdings würden die Einnahmen aus der Untermiete nicht als Einkommen (i. S. d. § 11 SGB II) von Helena gelten. Vielmehr würden die Einnahmen nur dazu führen, dass die KdU der Familie Noelle insgesamt geringer ausfielen. Der zuständige kommunale Träger müsste der Familie Noelle entsprechend weniger leisten. Das ergibt sich aus der Formulierung des § 22 Abs. 1 Satz 7 SGB II, wonach Vermietungen die Aufwendungen für die KdU senken.

Auch hier ist die vom zuständigen Träger einzuholende Zusicherung *keine Anspruchsvoraussetzung*. Die Einholung der Zusicherung bewahrt den jungen Erwachsenen aber davor, einen Mietvertrag zu unterzeichnen, ohne dass er den damit begründeten Zahlungsverpflichtungen sicher nachkommen kann. War es der oder dem Betroffenen aus wichtigem Grund nicht zumutbar, die Zusicherung einzuholen, kann vom Erfordernis der Zusicherung abgesehen werden (§ 22 Abs. 5 Satz 3 SGB II).

Ein *Anspruch auf Erteilung der Zusicherung* ist nach § 22 Abs. 5 Satz 2 SGB II gegeben, wenn

- schwerwiegende soziale Gründe eine Verweisung auf die elterliche Wohnung ausschließen,
- der Umzug zur Eingliederung in den Arbeitsmarkt erforderlich ist oder
- andere vergleichbar schwerwiegende Gründe für den Umzug vorliegen.

Die drei Alternativen, welche den Zusicherungsanspruch auslösen, bestehen aus unbestimmten Rechtsbegriffen. Es muss also beim Umzug von U25-Jährigen jeder Einzelfall gesondert geprüft werden.

Die *schwerwiegenden sozialen Gründe* können sich zum Beispiel aus einer gestörten Eltern-Kind-Beziehung ergeben. Dabei werden Meinungsverschiedenheiten regelmäßig noch nicht ausreichen, um als schwerwiegender sozialer Grund anerkannt zu werden. Anders ist die Situation möglicherweise dann zu beurteilen, wenn Eltern und Kind nach langwährenden tiefgreifenden Auseinandersetzungen übereinstimmend zu der Ansicht gelangen, dass ein Zusammenleben in einer gemeinsamen Wohnung nicht mehr möglich sei (LSG Sachsen Beschl. v. 21.1.2008 – L 2 B 621/07 AS-ER, Rn. 29).

> **Zum Fall:**
> Wäre Mike minderjährig und wollte er wegen Streitigkeiten mit seinen Eltern ausziehen, wäre zu prüfen, ob hier altersentsprechende Konflikte vorliegen oder ob unüberbrückbare schwere Zerwürfnisse, eine drohende Kindeswohlgefährdung oder Ähnliches den Auszug rechtfertigen. Wollte Mike ausziehen, um einen Ausbildungsplatz annehmen zu können, wäre ein positiver Grund für die Erteilung der Zusicherung gegeben. In dem hier vorliegenden Fall würde das Jobcenter (wenn man einmal die mangelnde Einschlägigkeit von Abs. 5 außer Betracht lässt) als schwerwiegenden sozialen Grund anerkennen, dass Mike nicht zu seinen Eltern zurückkehren kann. Da Mike erzieherische Hilfen in der stationären Jugendhilfe in Anspruch nehmen musste, wird ihm kaum zugemutet werden können, erneut eine gemeinsame Einstands- und Verantwortungsgemeinschaft mit seinen Eltern zu bilden (vgl. auch BSG, Urteil vom 2. 6. 2004 – B 7 AL 38/03 R).

Zieht ein junger Erwachsener um, obwohl die *Voraussetzungen für die Erteilung einer Zusicherung nicht vorlagen*, trifft ihn das gleich auf mehreren Ebenen, ohne dass Milderungsmöglichkeiten für den Einzelfall vorgesehen sind:

- Der Regelbedarf, der für ihn als Alleinstehenden eigentlich nach Stufe 1 zu gewähren wäre, bleibt bis zur Vollendung des 25. Lebensjahres auf die bisherige Stufe 3 gedeckelt (§ 20 Abs. 3 SGB II).
- Die Kosten der Unterkunft und Heizung werden nicht übernommen (§ 22 Abs. 5 SGB II).
- Ein Anspruch auf Erstausstattung entfällt ebenfalls (§ 24 Abs. 6 SGB II).

Zu Frage d:

In Mikes Fall ist die Zusicherung für die Übernahme der angemessenen Mietkosten als Untermieter in der Noelle'schen Mietwohnung zu erteilen (nach § 22 Abs. 4 (!) i. V. m. § 22 Abs. 1 Satz 6 SGB II). Daher bestehen auch keine Einschränkungen hinsichtlich des Erstausstattungsanspruches nach § 24 Abs. 6 SGB II.[151] Da Mike bisher im Heim gelebt hat, gehört ein eigenes Bett – bezogen auf den Bedarfszeitpunkt – zu seiner Erstausstattung, wenn er nicht bei seinen Eltern noch über ein eigenes Bett verfügt und dieses zumutbar von ihnen herausverlangen kann.

Frage e) ist eine Wiederholungsfrage zum Thema Bedarfsgemeinschaft und Regelbedarf. Diese können Sie eigenständig beantworten. Überlegen Sie daher zunächst selbst, bevor Sie die folgenden Ausführungen lesen.

Zu Frage e:

Bezogen auf den Ausgangsfall hat Mike mit dem Auszug aus der Jugendhilfeeinrichtung bzw. dem Einzug bei Familie Noelle Anspruch auf einen Regelbedarf der RBS 1, da er zwar mit den Noelles in einem Haushalt lebt, mit ihnen mangels Eltern-Kind-Beziehung aber keine BG bildet. Eine BG mit Karla kann er noch nicht bilden. Abgesehen von der Frage, ob die jungen Leute hier die Absicht haben, in eine derart spezifische Verantwortungsbeziehung miteinander einzutreten, ist Karla mit 14 Jahren nicht im ehemündigen Alter, welches nach der Rechtslage in Deutschland erst mit Volljährigkeit beider Partner gegeben wäre (§ 1303 BGB). Es erscheint sehr zweifelhaft, dass „Partnerschaften" i. S. d. § 7 Abs. 3 Nr. 3 SGB II eingegangen werden können, solange eine Ehe mangels Ehemündigkeit nicht geschlossen werden kann.

Zustimmung beim Umzug U25

schwerwiegende soziale oder vergleichbare schwere Gründe	Eingliederung in Arbeit als Grund

Auswirkung: Übernahme der KdU, § 22 Abs. 5 Satz 1 SGB II	Auswirkung: Regelbedarf, § 20 Abs. 3 SGB II	Auswirkung: Erstausstattung, § 24 Abs. 6 SGB II

Abbildung VII.5: Zustimmung beim Umzug U25

---

151 Vgl. zum Erstausstattungsanspruch auch unter VIII.1.2.

VII.6 Rück- und Direktzahlungen

VII.6.1 Rückzahlungen, § 22 Abs. 3 SGB II

Es kommt vor, dass der Vermieter überzahlten Mietzins (z. B. nach einer berechtigten Mietminderung wegen Mängel in der Wohnung) an die Mietpartei zurücküberweist. Die häufigsten Fälle von Rückerstattungen sind Heizkosten- oder Stromkostenrückzahlungen. Beides wird als vertragliche Pauschalzahlung (auf der Basis eines durchschnittlichen oder des vorherigen Jahresverbrauchs) vereinbart und in der Regel einmal jährlich nach den konkret angefallenen Kosten abgerechnet. Daraus können sich *Rückzahlungen* oder *Nachzahlungsforderungen* ergeben. Aus rechtlicher Sicht sind die Rückzahlungen von Heizungs- und Stromkosten unterschiedlich zu behandeln.

Stromkosten sind im Regelbedarf enthalten. Wirtschaftet der Leistungsberechtigte so gut, dass ihm Rückzahlungen aus dem vergangenen Verbrauchszeitraum zustehen, stellen diese nur einen Ausgleich für die zuvor überhöht verlangte Pauschale dar. Die Rückzahlung ist weder als einzusetzendes Einkommen zu behandeln (§ 11 SGB II)[152], noch handelt es sich um Rückzahlungen oder Gutschriften, die den anerkannten KdU zuzurechnen wären. Diese Sorte von Rückzahlung oder Gutschrift ist für die Leistungsträger unbeachtlich (§ 22 Abs. Abs. 3, 2. Halbsatz SGB II). Entsprechend müssen Nachzahlungsforderungen, die sich durch einen erhöhten Stromverbrauch ergeben können, aus dem Regelbedarf aufgebracht werden.

Rückzahlungen von *Heizkosten*, die der Leistungsberechtigte tatsächlich nicht verbraucht hat, fließen rechtlich gesehen nicht dem Leistungsberechtigten sondern dem Leistungsträger zu. Sie mindern daher die Heizkosten, die das Jobcenter in dem Monat, welcher der Auszahlung oder Gutschrift folgt, sonst im Rahmen der KdU zu erbringen hätte (§ 22 Abs. 3, 1. Halbsatz SGB II). Das Jobcenter überweist demnach im Folgemonat nur noch den Differenzbetrag zwischen geschuldeten Heizkosten und dem Auszahlungsbetrag oder der Gutschrift. Nachzahlungsforderungen sind vom Jobcenter zu übernehmen, soweit auch der die Pauschale übersteigende Heizmittelverbrauch angemessen war (z. B. durch Krankheitszeiten, die Geburt eines Kindes o.ä.). Die Nachforderung von Heizkosten oberhalb der Angemessenheitsgrenze ist wiederum aus dem Regelbedarf zu bestreiten.

VII.6.2 Direktzahlungen, § 22 Abs. 7 SGB II

Die Überweisung der KdU erfolgt üblicherweise durch das Jobcenter auf das Konto der Mietparteien und von dort aus an den jeweiligen Vermieter. Das verhindert, dass Vermieter von der Fürsorgebedürftigkeit ihrer Mietparteien erfahren. Es sorgt weiterhin dafür, dass Mietparteien eigenständig mit den Mitteln wirtschaften, die ihnen vom Jobcenter für den Lebensunterhalt zu gewähren sind.

Die *Direktzahlung* der KdU oder von Teilen der KdU kann einerseits auf Antrag des Leistungsberechtigten stattfinden (§ 22 Abs. 7 Satz 1 SGB II). Es soll aber auch ohne einen solchen Antrag stattfinden, wenn die zweckentsprechende Ver-

---

152 Vgl. dazu unter X.

wendung durch die leistungsberechtigte Person nicht sichergestellt ist (§ 22 Abs. 7 Satz 2 SGB II). Neben dem gesetzlich genannten Regelbeispiel des suchtbedingten Unvermögens zum zweckentsprechenden Umgang mit Geld wird in allen anderen Regelbeispielen auf Schulden (Mietrückstände, Energiekostenrückstände, Eintragung im Schuldnerverzeichnis) abgestellt, um das mangelnde Vermögen zu einem zweckentsprechenden Umgang mit Geld zu indizieren.

Dabei trägt gerade eine Entwöhnung vom eigenständigen Wirtschaften auch mit dazu bei, dass der eigenverantwortliche Umgang mit Geld verlernt wird. Das steht eigentlich im Widerspruch zur Zielstellung der Norm und spricht für eine enge Auslegung der Vorschrift. Demgegenüber sieht die fachliche Weisung der Bundesagentur für Arbeit den Tatbestand einer nicht zweckgemäßen Verwendung von Mitteln u.a. bereits dann als indiziert an, „wenn leistungsberechtigte Personen wiederholt beim Leistungsträger wegen zusätzlicher Geldleistungen zum Lebensunterhalt vorsprechen." (Fachliche Weisung BA 24.2.2012 § 24, Rn. 24.14).

Zum Fall:

Helena Noelle wird sich gut überlegen müssen, ob sie zum wiederholten Mal wegen eines Darlehens zur Schuldenübernahme für die Stromkosten beim Jobcenter vorstellig wird. Das kann zur Folge haben, dass nicht nur die Energiekosten künftig direkt an den Stromlieferanten (§ 24 Abs. 2 SGB II), sondern dass auch die KdU direkt an den Vermieter (§ 22 Abs. 7 SGB II) überwiesen wird.

VII.6.3 Schuldenübernahme, § 22 Abs. 8 SGB II

Bei Personen, die bereits KdU-Leistungen beziehen, *können* nach § 22 Abs. 8 SGB II auch *Schulden* übernommen werden, soweit dies zur Sicherung der Unterkunft oder zur Behebung einer vergleichbaren Notlage gerechtfertigt ist. Sie *sollen* übernommen werden, wenn dies gerechtfertigt und notwendig ist und sonst Wohnungslosigkeit einzutreten droht. Die Schuldenübernahme erfolgt in der Regel als Darlehen für den Leistungsberechtigten.

Die *Sicherung der Unterkunft* wird insbesondere durch die Verhinderung bzw. nachträgliche Beseitigung einer fristlosen Kündigung betrieben, indem mit dem Wegfall der Mietschulden auch der Kündigungsgrund entfällt. Eine *vergleichbare Notlage* wäre hier vor allem bei Energie-, Betriebskosten- oder Heizungsschulden gegeben. Durch eine Schuldenübernahme können angedrohte Leistungseinstellungen verhindert werden.

Über die Schuldenübernahme ist nach *pflichtgemäßem Ermessen* zu entscheiden, solange dies zur Sicherung der Unterkunft oder zur Behebung einer vergleichbaren Notlage gerechtfertigt ist (§ 22 Abs. 8 Satz 1 SGB II). Das Ermessen lässt in jedem Einzelfall die Prüfung zu, ob das Ziel – Wegfall der Notlage – auch anders (z. B. durch Verhandlungen mit dem Gläubiger) zu erreichen ist.

Dagegen *sollen* die Schulden übernommen werden, wenn dies gerechtfertigt und notwendig ist, um Wohnungslosigkeit bzw. eine vergleichbare Notlage zu vermeiden (§ 22 Abs. 8 Satz 2 SGB II). Wenn bereits die Räumung droht oder der Termin für die Einstellung der Stromlieferung genannt ist, kann nur noch mit der sofortigen Schuldenübernahme die akute schwere Notlage verhindert werden. Nur in atypischen Fällen – wie z. B. beim Leistungsmissbrauch – wäre dann die Schuldenübernahme nicht gerechtfertigt.

Damit das Jobcenter von einer entsprechenden Notlage erfährt und seiner Aufgabe nach § 22 Abs. 8 SGB II nachkommen kann, trifft die Gerichte grundsätzlich eine unverzügliche *Mitteilungspflicht*, wenn bei ihnen eine Klage auf Räumung der Wohnung eingeht (§ 22 Abs. 9 SGB II).

Zu Frage f:

Im Ausgangsfall wird es für Helena Noelle zu einer Schuldenübernahme kommen, da hier auch Kinder im Haushalt mitbetroffen sind, die durch das Verhalten der Mutter nicht in Mitleidenschaft gezogen werden dürfen. Allerdings könnte die Schuldenübernahme in der Folge auch dazu führen, dass die KdU an den Vermieter (§ 22 Abs. 7 SGB II) und die Energiekostenpauschale direkt an den Stromlieferanten überwiesen wird (§ 24 Abs. 2 SGB II), da die mehrfache Anmeldung von Darlehensbedarf gegenüber Helena als unwirtschaftliches Verhalten ausgelegt werden wird.

VII.7 Kosten der Unterkunft in der Sozialhilfe

Die grundlegenden Bestimmungen der §§ 35 – 36 SGB XII zu den Bedarfen der Unterkunft im Bereich der Hilfen zum Lebensunterhalt (3. Kapitel SGB XII) sind weitgehend mit der Bestimmung im Rahmen der Grundsicherung für Arbeitsuchende (§ 22 SGB II) vergleichbar. So hat der Gesetzgeber etwa auch in die Sozialhilfe ausdrücklich eine Karenzzeit aufgenommen (vgl. § 35 Abs. 1 und 2 SGB XII). Der Träger der Sozialhilfe hat die Pflicht, bereits zu Beginn der Karenzzeit die Angemessenheit der Aufwendungen für Unterkunft und Heizung zu prüfen. Übersteigen diese den im Einzelfall angemessenen Umfang, so treffen den Sozialhilfeträger Unterrichts- und Hinweispflichten (§ 35 Abs. 2 SGB XII). Im Bereich der Grundsicherung im Alter und bei Erwerbsminderung verweist § 42a Abs. 1, 1. Halbsatz SGB XII auf diese Bestimmung.

Lesen Sie § 35 SGB XII und machen Sie sich klar, wo Sie die dem SGB II entsprechenden Regelungen finden!

VII.7.1 Besondere Wohnkonstellationen

Das Sozialhilferecht kennt darüber hinaus eine Reihe besonderer Wohnkonstellationen, die hinsichtlich der Anerkennung der erforderlichen Bedarfe unterschiedlich behandelt werden.

VII.7.1.1 Gemeinsame Wohnung mit Familienangehörigen

§ 42a Abs. 3 SGB XII (4. Kapitel SGB XII) befasst sich mit Konstellationen, in denen eine leistungsberechtigte Person in einer Wohnung zusammenlebt

- mit mindestens einem Elternteil, mit mindestens einem volljährigen Geschwisterkind oder einem volljährigen Kind und diese Mieter oder Eigentümer der gesamten Wohnung (Mehrpersonenhaushalt) sind und
- in denen die leistungsberechtigte Person nicht vertraglich zur Tragung von Unterkunftskosten verpflichtet ist.

In diesen Konstellationen stellt sich das Problem, dass ohne den Nachweis eines entsprechenden Vertrages und ohne den Nachweis entsprechender Zahlungen, die Anerkennung eines Bedarfs für die Kosten der Unterkunft grundsätzlich nicht möglich wäre. Aufgrund der engen familiären Verbundenheit kommen solche Fallgestaltungen aber häufig vor. Hier hilft die gesetzliche Bestimmung weiter, die einen Nachweis entsprechender Aufwendungen entbehrlich macht.

Für die Berechnung des anzuerkennenden *Bedarfs für die Kosten der Unterkunft* gilt folgende mathematische Gleichung (*Differenzmethode*):

1. Ermittlung der angemessenen Aufwendungen für einen Mehrpersonenhaushalt entsprechend der Anzahl der in der Wohnung lebenden Personen **abzüglich (minus)**
2. der angemessenen Aufwendungen für einen Mehrpersonenhaushalt für einen Haushalt mit einer *um eins verringerten Personenzahl*.

Die ermittelte *Differenz* sind die anzuerkennenden Kosten der Unterkunft.

Für die Anerkennung der *Heizkosten* gilt in diesem Fall nicht das Kopfteilprinzip.[153] Vielmehr ist zu errechnen, welchen prozentualen Anteil die als Bedarf zu berücksichtigenden Aufwendungen für die Unterkunft an den gesamten Aufwendungen für die Unterkunft ausmachen. Dieser Prozentsatz ist dann auch bei der Ermittlung des zu übernehmenden Anteils der Heizkosten zugrunde zu legen.[154]

VII.7.1.2 Einrichtungen und weitere Wohnformen

Bei Leistungsberechtigten, die sich in einer *Einrichtung* befinden (§ 27b Absatz 1 Satz 2 oder nach § 27c Absatz 1 Nummer 2 SGB XII), bemisst sich der Bedarf für Unterkunft und Heizung nach der ermittelten durchschnittlichen Warmmiete (§ 45a SGB XII) von Einpersonenhaushalten (§ 42 Nr. 4b SGB XII).

Besondere Bestimmungen enthält das Sozialhilferecht zudem für Personen, die nicht in einer Wohnung leben, weil ihnen zur Erbringung von *Leistungen der Eingliederungshilfe* (i. S. d. Teil 2 SGB IX) allein oder zu zweit ein persönlicher Wohnraum und zusätzliche Räumlichkeiten zur gemeinschaftlichen Nutzung überlassen werden (§ 42a Abs. 2 Satz 1 Nr. 2 i. V. m. Abs. 5 und 6 SGB XII ggf. i. V. m. § 35 Abs. 6 Satz 1 SGB XII).

Letztlich enthält das Sozialhilferecht noch eine eigenständige Bestimmung für Personen, die sich in *sonstigen Unterkünften* aufhalten (§§ 42a Abs. 2 Satz 1 Nr. 3 i. V. m. Abs. 7 SGB XII ggf. i. V. m. § 35 Abs. 6 Satz 2 SGB XII). Hierbei handelt

---

153 Vgl. unter VII.2.2.
154 Das ist widersprüchlich. Denn wenn die ganze Familie hilfebedürftig i. S. d. SGB XII wäre, gälte wieder das Kopfteilprinzip.

es sich um Unterbringungsformen, die i.d.R. nicht längerer oder gar dauerhafter Unterbringung dienen, sondern der Überbrückung von Notsituationen (z. B. Pensionen, Ferienwohnungen, Wohnwagen, Notquartiere in Gemeinschaftsunterkünften) (Stöckle/Montforts 2022: 6.1.5.7). In diesem Fall sind höchstens die durchschnittlichen angemessenen tatsächlichen Aufwendungen für die Warmmiete eines Einpersonenhaushaltes im örtlichen Zuständigkeitsbereich des für die Ausführung des Gesetzes nach diesem Kapitel zuständigen Trägers als Bedarf anzuerkennen (§ 42a Abs. 7 Satz 1 SGB XII mit weitergehenden Ausnahmen).

VII.7.2 Schuldübernahme

Im Kontext der Übernahme von Mietschulden sei darauf hingewiesen, dass auch Personen, die sonst **keine Leistungen nach dem SGB II oder dem SGB XII beziehen**, einen *Anspruch auf Übernahme von Schulden* zur Sicherung der Unterkunft gegenüber dem Sozialamt haben können (§ 21 Satz 2 SGB XII i. V. m. § 36 SGB XII). Das betrifft insbesondere erwerbsfähige Personen – die also eigentlich in den Anwendungsbereich des SGB II fallen würden – aber aufgrund eines bescheidenen Einkommens nicht als hilfebedürftig anzusehen sind.

Darüber hinaus soll im Bereich der Grundsicherung für Arbeitsuchende die Schuldübernahme von Seiten des Jobcenters grundsätzlich als Darlehen erfolgen (§ 22 Abs. 8 Satz 4 SGB II). Demgegenüber eröffnet § 36 Abs. 1 Satz 3 SGB XII dem Sozialamt das *Ermessen, zwischen Beihilfe und Darlehen* zu wählen. Ein Darlehen als Form der Schuldübernahme dürfte von Seiten des Sozialamts wohl nur dann in Betracht kommen, wenn die berechtigte Aussicht besteht, dass sich die finanzielle Situation der leistungsberechtigten Person dergestalt verbessern wird, dass sie zur Rückzahlung des Darlehens perspektivisch auch tatsächlich in der Lage ist.

VII.8 Exkurs: Bundesmittel für KdU

In der Politik wird regelmäßig darüber diskutiert, ob der Bund zur Stärkung der Kommunen verstärkt die Kosten der Unterkunft übernehmen sollte. Mit einer solchen Regelung wird – sozialpolitisch gesehen – die Armut der Bürger einer Kommune zur Bundesangelegenheit. Das entlastet die Kommunen. Es entfremdet sie aber auch von den Bedürfnissen ihrer Bürgerinnen und Bürger: Warum soll eine Kommune sozialen Wohnungsbau in der Gemeinde unterstützen und soziale Brennpunkte vermeiden, wenn die Wohnkosten der Bedürftigen vor Ort sie nur wenig belasten? Es steht zu befürchten, dass sich Kommunen nicht für die Versorgung von Bürgerinnen und Bürgern einsetzen und deren Bedarfslagen nicht erkennen (wollen/können), wenn die finanzielle Verantwortung für diese Zielgruppe nicht (auch) bei ihnen liegt.

VII.9 Wiederholungsfälle

Verschiedene Wohnkonstellationen

Schauen Sie sich noch einmal die Tabelle VII.1 an und beantworten Sie folgende Fälle[155]

a) Herr und Frau Adam beziehen Bürgergeld. Sie wohnen in einer 55m² großen Wohnung. Die Kaltmiete beträgt 10 €/m². Sind die Kosten der Unterkunft angemessen?

b) Frau und Herr Berta beziehen Leistungen der Sozialhilfe. Sie wohnen in einer 70m² großen Wohnung. Die Kaltmiete beträgt 6,50 €/m². Sind die Kosten der Unterkunft angemessen?

c) Herr und Frau Charles beziehen Bürgergeld. Sie wohnen in einer 65m² großen Wohnung. Die Kaltmiete beträgt 9,00 €/m². Sind die Kosten der Unterkunft angemessen?

d) Dora ist 20 Jahre alt. Sie lebt gemeinsam mit ihren Eltern in einer Wohnung. Alle drei beziehen Bürgergeld. Die Familie plant einen Umzug und fragt sich, ob dafür eine Zusicherung i. S. d. § 22 Abs. 5 SGB II erforderlich ist.

VII.10 Wiederholungsfragen

Fragen

- Welche Behörde ist Träger der Kosten der Unterkunft im Bereich der Grundsicherung für Arbeitsuchende? Aus welcher Norm ergibt sich das?
- Erklären Sie den Begriff „Unterkunft"!
- Sind auch die Kosten für die Haushaltsenergie (Stromkosten zum Kochen, Beleuchtung etc.) von den Kosten der Unterkunft erfasst? (Begründung!)
- Was bedeutet das Kopfteilprinzip im Zusammenhang mit den Kosten der Unterkunft?
- Wie lange dauert die neu eingeführte Karenzzeit und was bedeutet die Karenzzeit für die Übernahme der Kosten der Unterkunft durch die Behörde?
- In welchen Schritten wird die Angemessenheit einer Unterkunft geprüft?
- Was besagt die Produkttheorie in Bezug auf den angemessenen Mietpreis einer Wohnung?
- Skizzieren Sie zentrale Folgen, wenn die Aufwendungen für die Unterkunft unangemessen sein sollten!
- Nennen Sie zentrale Konsequenzen, wenn ein Bürgergeld-Empfänger, der älter ist als 25 Jahre vor einem Umzug nicht die nach § 22 Abs. 4 SGB II erforderliche Zusicherung eingeholt hat.
- Wann ist ein Wohnungswechsel als „erforderlich" i. S. d. § 22 Abs. 1 Satz 2 SGB II anzusehen?
- Was sind die Konsequenzen, wenn eine Person unter 25 Jahre ohne die erforderliche Zusicherung des zuständigen Trägers auszieht?

---

155 Eine Lösungsskizze finden Sie am Ende des Buches in Kapitel XVI.

- In welcher Leistungsform werden ggf. Mietschulden eines Bürgergeld-Empfängers von der Behörde übernommen und was bedeutet das für Sie in der Beratungspraxis?
- Welche Aufgabe hat das Gericht nach dem SGB II im Fall von Räumungsklagen aufgrund von Zahlungsverzug? Welche Zielsetzung liegt der gesetzlichen Regelung zugrunde?
- Welche Norm des SGB XII ist in Bezug auf die Übernahme von Schulden durch das Sozialamt anwendbar, obwohl die Person sonst keine Leistungen nach dem SGB XII bezieht und sogar erwerbsfähig i. S. d. SGB II ist.

VIII. Kapitel: Abweichender Bedarf und weitere Leistungen sowie Leistungen für Bildung und Teilhabe

9. Fall: Familie Noelle und der kaputte Kühlschrank

Die Familie bezieht nun schon seit einiger Zeit Bürgergeld nach dem SGB II. Von dem wenigen Geld zu leben, gelingt Familie Noelle allerdings nur begrenzt. Weil das Geld im August nicht ausreicht, um den kaputten Kühlschrank reparieren zu lassen, hat die Mutter von Helena Noelle sich bereit erklärt, der Familie Geld zu leihen. Sie verlangt aber in den Folgemonaten eine Rückzahlung. Die in Aussicht gestellte Summe reicht für die Reparaturkosten, aber nicht für den weiteren Finanzbedarf der Familie Noelle. Noelles haben deshalb Beratungsbedarf:

a) Kann die Darlehenszahlung der Schwiegermutter als weitere Leistung zum Bezug des Bürgergelds vorübergehend hinzukommen?

b) Kann die Familie stattdessen ein Darlehen beim Jobcenter beantragen?

c) Wann und wie wäre ein Darlehen des Jobcenters ggf. zurückzuzahlen?

d) Leon benötigt ein Jugendbett, denn er ist aus seinem Kinderbett herausgewachsen. Friederike muss ihre Aufgaben im Homeschooling an einem richtigen Schreibtisch erledigen. Bisher saß sie am Küchentisch, der aber für den Laptop etc. nicht genug Platz bietet. Können für diese beiden Einrichtungsgegenstände zusätzliche Leistungen mit Aussicht auf Erfolg beim Jobcenter beantragt werden?

e) Max Noelle hat durch den Stress der letzten Monate 15 kg abgenommen. Alle Kleidungsstücke sind zu weit. Kann er für die Erneuerung der gesamten Bekleidung eine Erstausstattung beantragen?

f) Klara braucht laut Aussage des Orthopäden wegen einer Fehlstellung des Fußes orthopädische Schuhe. Gibt es hierfür zusätzliche Leistungen des Jobcenters?

g) Frau Noelle benötigt eine neue Brille, da sich ihre Augen verschlechtert haben, ohne dass die Verschlechterung eine Zuschusspflicht der Krankenkasse auslösen würde. Gibt es hierfür zusätzliche Leistungen des Jobcenters?

Beraten Sie Noelles zu diesen Fragen.

Gehen Sie dabei davon aus, dass sämtliche Aussagen zutreffend sind.

VIII.1 Abweichende Erbringung von Leistungen

VIII.1.1 Darlehen, § 24 Abs. 1 SGB II

§ 24 SGB II regelt zwei unterschiedliche Bedarfslagen:

- Einerseits geht es um *Darlehen*, die zur Überbrückung vorübergehender Notlagen gewährt werden (Absätze 1, 4 und 5).
- Andererseits wird für Bedarfslagen, die nur einmalig auftreten und deshalb vom Regelbedarf nicht erfasst sind, ein *zusätzlicher Leistungsanspruch* gewährt (Absatz 3).

VIII.1.1.1 Darlehensvoraussetzungen

Ein Darlehen i. S. d. § 24 Abs. 1 SGB II wird ausnahmsweise dann gewährt, wenn der Regelbedarf zur monatlichen Existenzsicherung nicht im notwendigen Umfang zur Verfügung steht. Das Darlehen wird damit zum *Auffangnetz*, um im Notfall auch dann das Dasein des Leistungsberechtigten zu sichern, wenn der dafür eigentlich gedachte Regelbedarf dies wegen einer Bedarfsspitze im Auszahlungsmonat nicht kann.

Voraussetzung für die Gewährung eines Darlehens ist, dass es sich um einen Bedarf handelt, der eigentlich aus dem *Regelbedarf* zu finanzieren wäre, für welchen aber tatsächlich die aktuell zur Verfügung stehenden Geldmittel nicht ausreichen (z. B. bei Verlust, einmalig hohen Ausgaben, Diebstahl o.ä.). Es muss also im ersten Schritt immer geprüft werden, ob der Bedarf, zu dessen Deckung das Darlehen dienen soll, vom Regelbedarf umfasst ist. Das grenzt die Darlehensgewährung nach § 24 Abs. 1 SGB II zur Gewährung eines Mehrbedarfs nach § 21 Abs. 6 SGB II ab, der nur bei Bestehen eines „besonderen Bedarfs" geltend gemacht werden kann.[156]

> **Merke:**
>
> Da der Regelbedarf nach § 20 SGB II nicht die Unterkunftskosten umfasst, bezieht auch § 24 Abs. 1 SGB II für das Darlehen keine ungedeckten Unterkunftskosten mit ein. Für Darlehen im Zusammenhang mit Unterkunftskosten gibt es daher die Sonderregelung des § 22 Abs. 8 SGB II.[157]

Mit dem Regelbedarf und seiner Zusammensetzung haben Sie sich bereits befasst (VI.2.2). Überlegen Sie daher zunächst selbst: Lässt sich eine Reparatur oder eine Neuanschaffung des Kühlschranks einer Abteilung des Regelbedarfs zuordnen?[158]

Darüber hinaus kann ein Darlehen nur für einen *einmaligen Bedarf* erbracht werden. Typische Situationen sind nicht angesparte Kosten für plötzlich auftretende Bedarfe an Bekleidung oder Hausrat wegen Verschleiß oder Defekt oder für die Bezahlung von Stromschulden. Dass es sich um einen einmaligen Bedarf handeln muss, ergibt sich zum einen gesetzessystematisch aus der Mehrbedarfsregelung des § 21 Abs. 6 SGB II. Dieser verweist für einmalige Bedarfe ausdrücklich auf § 24 Abs. 1 SGB II. Aber auch vom Inhaltlichen her lässt sich diese einschränkende Auslegung erklären: Wenn eine leistungsberechtigte Person einen laufenden Bedarf hat, den sie nicht aus dem Regelbedarf heraus decken kann, dann würde die Gewährung eines zurückzuzahlenden Darlehens sie in ein kontinuierliches und stetig wachsendes finanzielles Problem bringen (BSG, Urteil vom 18.02.2010–B 4 AS 29/09 R, Rn. 23). Dann ist entweder zu prüfen, ob die Voraussetzungen

---

156 Vgl. unter VI.3.2.1: „Ein besonderer Bedarf ist gegeben, wenn dieser nicht vom Regelbedarf abgedeckt ist, weil er auf Grund besonderer Umstände (atypische Lage) entweder vom Kostenvolumen her oder seiner Art nach nicht (mehr) als Durchschnittsbedarf erfasst sein kann."
157 Vgl. unter VII.6.3.
158 Eine Reparatur oder eine Neuanschaffung des Kühlschranks ist vom Regelbedarf umfasst. Denn nach §§ 5, 6 RBEG, Abteilung 5, gehören Haushaltsgeräte – d. h. deren Anschaffung wie auch Reparatur – zum Regelbedarf.

für einen nicht zurückzuzahlenden Zuschuss in Form eines Mehrbedarfs (§ 21 Abs. 6 SGB II) erfüllt sind oder ob im Leben der leistungsberechtigten Person grundsätzliche strukturelle Veränderungen vorzunehmen sind.

Wenn der einmalige Bedarf vom Regelbedarf umfasst ist, löst er nur dann einen Anspruch auf ein Darlehen aus, wenn er nach den Umständen *unabweisbar* ist. Die Bedarfsdeckung muss fürsorgerechtlich geboten sein. Für die weitergehende Auslegung kann auf die Legaldefinition des § 21 Abs. 6 SGB II für den atypischen Mehrbedarf zurückgegriffen werden. Die Vorschrift verwendet denselben Begriff. Der Kontext – fehlende Mittel zur Bedarfsdeckung – ist vergleichbar.[159]

Mit dem nicht zurückzuzahlenden Mehrbedarf nach § 21 Abs. 6 SGB II und dem zurückzuzahlenden Darlehen nach § 24 Abs. 1 SGB II stehen zwei unterschiedliche Wege zur Verfügung, wie einem Leistungsberechtigten in Notsituationen weitergeholfen werden kann.[160] Daher stellt sich die Frage, wie sich diese beiden Leistungen zueinander verhalten. Dazu gibt § 21 Abs. 6 SGB II Auskunft. Dort heißt es in Satz 1, 2. Halbsatz: „[…] bei einmaligen Bedarfen ist weitere Voraussetzung, dass ein Darlehen nach § 24 Abs. 1 ausnahmsweise nicht zumutbar oder wegen der Art des Bedarfs nicht möglich ist." Das bedeutet im Umkehrschluss, dass ein Darlehen nur dann in Betracht kommt, wenn es *zumutbar* und wegen der *Art des Bedarfs möglich* ist.

Eine letzte Voraussetzung für die Gewährung eines Darlehens ergibt sich aus der Zusammenschau von § 24 Abs. 1 SGB II und § 42a Abs. 1 Satz 1 SGB II. Danach werden Darlehen nur erbracht, wenn ein Bedarf *weder durch Vermögen* nach § 12 Abs. 2 und 4 Satz 1 *noch auf andere Weise* gedeckt ist. Diese Voraussetzungen verdeutlichen, dass die Gewährung eines Darlehens nachrangig gegenüber eigenen Finanzierungsmöglichkeiten ist.

Arbeiten Sie mit dem Gesetz und notieren Sie sich § 42a SGB II neben § 24 Abs. 1 SGB II.

> **Zu Frage a und b:**
>
> Die Reparatur oder die Ersatzbeschaffung eines Kühlschrankes kommt in so unregelmäßigen Abständen vor, dass man hier *nicht von einem laufenden Bedarf* (i. S. d. § 21 Abs. 6 SGB II) sprechen kann.
> Der Bedarf ist zudem *unabweisbar*, weil eine Familie mit Kindern im Sommer nicht auf die Lebensmittelaufbewahrung im Kühlschrank verzichten kann.
> Die Gewährung eines zurückzuzahlenden Darlehens (im Vergleich zu einem nicht zurückzuzahlenden Zuschuss in Form eines Mehrbedarfs nach § 21 Abs. 6 SGB II) ist *zumutbar*. Die in Abteilung 5 der §§ 5, 6 RBEG ausgewiesenen Ausgaben für Innenausstattung, Haushaltsgeräte und -gegenstände sowie für die Haushaltsführung erfassen nach Inhalt und Umfang Reparaturen oder Ersatzanschaffungen von Haushaltsgeräten wie dem Kühlschrank, um den es hier geht. Solche Kosten fallen typischerweise und erwartbar an. Deshalb muss auch regelmäßig dafür Geld aus dem Regelbedarf angespart werden. Wenn dies im

---

159 Vgl. VI.3.2.1.
160 Seit dem 1.1.2021 kann ein Mehrbedarf nach § 21 Abs. 6 SGB II auch bei einmaligen Bedarfen gewährt werden.

Vorfeld nicht geschehen ist, dann ist es zumutbar, die durch das Jobcenter zur Verfügung gestellten Mittel nachträglich zurückzuzahlen.
Wenn aber die Mutter von Frau Noelle das nötige Geld zur Verfügung stellt, sind die Kosten auf andere Weise gedeckt und es entfällt wegen Fehlens einer Voraussetzung der Darlehensanspruch.

Zum Vergleich:
Bei der Anschaffung eines Laptops (vgl. 6. Fall, Frage g) handelt es sich um einen *unabweisbaren Bedarf*, weil Friederike ihn notwendig benötigt, um am Schulunterricht teilnehmen zu können.
Es ist zudem ein *besonderer Bedarf*. Ein Laptop gehört nicht zur Innenausstattung und ist kein Haushaltsgerät (Abteilung 5). Er könnte zwar unter die Abteilungen 8 – 10 oder 12 fallen (Nachrichtenübermittlung, Freizeit/Unterhaltung/Kultur, Bildung, andere Waren). Rechnet man aber alle Beträge dieser Abteilungen zusammen, so ergibt sich ein Wert, der weit unter dem Kostenvoranschlag für den Laptop von 380 € liegt. Der Bedarf wäre hier zwar der Sache aber nicht dem Umfang nach vom Regelbedarf abgedeckt.
Trefflich lässt sich darüber streiten, ob die Anschaffung des Laptops als einmaliger oder als laufender Bedarf zu beurteilen ist.[161]
Eine Darlehensgewährung zur Anschaffung eines Laptops wäre hier *nicht zumutbar*. Der Regelbedarf würde die Anschaffung auch mit kleinen Ansparbeträgen nicht decken, weil die Kosten den vorgesehenen Durchschnittsbedarf weit übersteigen. Dann ist es Friederike aber auch nicht zumutbar, dass zunächst das Jobcenter die Anschaffungskosten im Wege eines Darlehens vorstreckt, dass sie dann nach und nach zurückzuzahlen hat.
Deshalb wäre gedanklich zu prüfen, ob die Voraussetzungen für einen atypischen Bedarf nach § 21 Abs. 6 SGB II vorliegen.[162]

Tabelle VIII.1: Verhältnis von § 21 Abs. 6 SGB II zu § 24 Abs. 1 SGB II

Atypischer Bedarf, § 21 Abs. 6 SGB II	Darlehen, § 24 Abs. 1 SGB II
■ besonderer Bedarf ■ unabweisbarer Bedarf ■ laufender/einmaliger Bedarf ■ bei einmaligem Bedarf: Darlehen nicht zumutbar oder unmöglich	■ Bestandteil des Regelbedarfs, aktuell vorhandene Mittel reichen aber nicht aus ■ unabweisbarer Bedarf ■ einmaliger Bedarf ■ Darlehen zumutbar und möglich ■ Bedarf weder durch Vermögen noch in anderer Weise gedeckt

---

161 Bevor der Anwendungsbereich von § 21 Abs. 6 SGB II zum 1.1.2021 auch auf einmalige Bedarfe ausgeweitet wurde, sprachen sich einzelne Gerichte dafür aus, dass die Anschaffung des Laptops als laufender Bedarf zu qualifizieren und so der Anwendungsbereich für den nicht zurückzuzahlenden Mehrbedarf eröffnet sei, so z. B. LSG NRW v. 22.05.2020, L 7 AS 719/20 B ER, L 7 AS 720/20 B Rn. 21: „Maßgeblich ist, ob eine atypische Bedarfssituation vorliegt, die auf Dauer zu spürbaren Einschränkungen des soziokulturellen Existenzminimums führt, weil ein von einem durchschnittlichen Bedarf erheblich abweichendes Existenzsicherungsbedürfnis entsteht." Anders das BSG: „Die Anschaffung des Tablets erfolgt im vorliegenden Fall prognostisch nicht mehrfach." B 4 AS 88/20 R, Rn. 24.
162 Vgl. dazu unter VI.3.2.1.

VIII.1.1.2 Darlehen als Sach- oder Geldleistung

Sind die Voraussetzungen für das Darlehen gegeben, so ist dieses zu gewähren. Da ein entsprechender Rechtsanspruch besteht, hat das Jobcenter als Behörde insoweit *kein Entschließungsermessen*.[163] Es besteht aber ein *Auswahlermessen* hinsichtlich der Frage, ob das Darlehen als Sach- oder Geldleistung gewährt wird.[164] Hierüber entscheidet die Behörde mit Verwaltungsakt.

Eine Leitlinie zur Ausübung des Auswahlermessens lässt sich aus § 24 Abs. 2 SGB II herleiten: Danach kann das Bürgergeld in Form von Sachleistungen erbracht werden, solange sich Leistungsberechtigte als ungeeignet erweisen, mit den Leistungen ihren Bedarf zu decken. Aus der Formulierung ergibt sich der regelhafte Vorrang von Geldleistungen. Entsprechend ist auch die Ermessensabwägung vorzunehmen: Sachleistungen brauchen einen besonderen Anlass (z. B. wiederholte zweckfremde Verwendung des Geldes als Nachweis der mangelnden Eignung des Leistungsberechtigten) und dürfen die Zielsetzung des Regelbedarfs – selbständiges Wirtschaften mit geringen Mitteln – nicht konterkarieren (z. B. durch langdauernde Entwöhnung vom selbstverantworteten Umgang mit Geld).[165]

VIII.1.1.3 Darlehenstilgung, § 42a II SGB II

Rückzahlungsansprüche aus Darlehen werden seitens des Jobcenters ab dem Monat, der auf die Auszahlung des Darlehens folgt, in Höhe von 5 Prozent des maßgebenden Regelbedarfs aufgerechnet (§ 42a Abs. 2 Satz 1 SGB II). So findet die Schuldentilgung automatisch in monatlichen Raten statt. Das gilt jedenfalls für alle im Leistungsbezug stehenden Darlehensnehmer.

Prüfen Sie, ob Sie sich die Bestimmung des § 42a SGB II bereits neben § 24 Abs. 1 SGB II notiert haben.

> **Zu Frage c:**
>
> Frage c ist damit beantwortet. In der Praxis heißt das, dass Familie Noelle durch ein Darlehen den Kühlschrank reparieren lassen oder neu beschaffen kann. Anschließend wird aber der Regelbedarf des Darlehensnehmers – hier vermutlich Herr Noelle als Antragsteller – um 5 % gekürzt. Der BG steht damit in den folgenden Monaten weniger Geld für den Lebensunterhalt zur Verfügung. Die Tilgung beginnt mit dem Folgemonat. Die Behörde hat insoweit keinen Entscheidungsspielraum. Mit der Schwiegermutter könnten ggf. günstigere Rückzahlungskonditionen vereinbart werden.[166]

---

163 Das Entschließungsermessen bezieht sich auf die Frage, OB eine Leistung zu gewähren ist.
164 Das Auswahlermessen bezieht sich auf die Frage, WIE eine Leistung zu gewähren ist.
165 Sonderfälle, in denen kein laufender Bürgergeld-Bezug stattfindet, finden sich in § 24 Abs. 4 und 5 SGB II.
166 Sollte das Jobcenter die Zuwendung der Schwiegermutter als Einkommen qualifizieren und eine Anrechnung auf den Bedarf vornehmen wollen, so ließe sich dagegen einwenden, dass diese Unterstützung zumindest im Falle einer darlehensweisen Gewährung auch wieder an die Schwiegermutter zurückzuzahlen ist und eine Berücksichtigung als Einkommen daher unbillig wäre (vgl. § 11a Abs. 5 SGB II).

VIII.1.2 Gesonderte Leistungen, § 24 Abs. 3 SGB II

Gem. § 24 Abs. 3 SGB II werden gesonderte Leistungen erbracht für

1. Erstausstattungen für die Wohnung einschließlich Haushaltsgeräten,
2. Erstausstattungen für Bekleidung und Erstausstattungen bei Schwangerschaft und Geburt sowie
3. Anschaffung und Reparaturen von orthopädischen Schuhen, Reparaturen von therapeutischen Geräten und Ausrüstungen sowie die Miete von therapeutischen Geräten.

VIII.1.2.1 Erstausstattungen

Auch bei einem noch so wirtschaftlichen Umgang ermöglicht es der Regelbedarf nicht, eine Gesamtausstattung der Wohnung (in der Regel bei einem Erstbezug oder Wohnungsbrand) oder der Bekleidung (z. B. bei Neugeborenen) zu ersparen. Deshalb räumt das Gesetz einen Anspruch für einmalige umfassende Anschaffungen für die Wohnung, die Bekleidung oder eine Ausstattung für ein neugeborenes Kind mit allem Lebensnotwendigen ein. Davon zu unterscheiden sind Erhaltungs- und Ergänzungsanschaffungen, die aus dem Regelbedarf zu finanzieren sind. Für Leistungsberechtigte kommt es also sehr darauf an, ob der benötigte Gegenstand als *Erstausstattung* oder als *Ergänzungsanschaffung* zu werten ist.

> **Merke:**
>
> Für alle hier in Betracht kommenden Einmalleistungen ist stets zu prüfen, ob es sich um fürsorgetechnisch *notwendige* Ausstattungsgegenstände handelt (Mikrowellen, Kaffeemaschinen o.ä. fallen nicht darunter).

Der Begriff *Ausstattung* meint von seinem Wortsinn her eine Produktgruppe und ist damit zu unterscheiden von einzelnen Gegenständen. So wurde auch zunächst bei der Auslegung des § 24 Abs. 3 SGB II davon ausgegangen, dass eine Erstausstattung nur dann in Betracht kommt, wenn sie sich auf sämtliche Gegenstände bezieht, die für eine geordnete Haushaltsführung und ein an den herrschenden Lebensgewohnheiten orientiertes Wohnen erforderlich sind.

> Bezogen auf den Ausgangsfall wäre dann die Neubeschaffung eines Jugendbettes oder die Erstanschaffung eines Kinderschreibtischs als einzelne Gegenstände keine Erstausstattung.

Das BSG hat aber klargestellt, dass der Begriff Erstausstattung bedarfsbezogen zu verstehen ist. Erfasst sind davon alle Bedarfe, die *erstmalig* auftreten, auch wenn es um einzelne Gegenstände geht, z. B. die Küchenausstattung, die nach dem Umzug von einer Wohnung mit Einbauküche in eine Wohnung ohne ausgestattete Küche benötigt wird (BSG Urteil v. 23.5.2013, B 4 AS79/12 R, Rn. 14).

> Bezogen auf den Ausgangsfall ist damit die Erstanschaffung eines Kinderschreibtischs eine Erstausstattung, denn der Schreibtisch stellt i. S. d. Fürsorgeleistungen einen notwendigen und erstmals angeschafften Ausstattungsgegenstand dar.

Das Gleiche gilt für die Anschaffung eines Jugendbettes als Erstanschaffung für Leon.

Ein Bedarf tritt auch dann erstmalig auf, wenn ein Gegenstand zwar bereits im Haushalt vorhanden, aber nicht mehr nutzbar ist, wie z. B. der Elektroherd nach dem Umzug in eine Wohnung mit Gasanschluss.

Bezogen auf den Ausgangsfall ist damit die Neubeschaffung der maßgerechten Bekleidung für Max Noelle eine Erstanschaffung. Es ist zwar bereits eine vollständige Kleidungsausstattung vorhanden. Diese ist aber durch den erheblichen Gewichtsverlust nicht mehr nutzbar. Frage d und e sind damit beantwortet. Die Leistungen sind zusätzlich zu gewähren.

Nach § 24 Abs. 3 Satz 5 SGB II können die Beihilfen zur Erstausstattung (Nr. 1 und 2) als *Sach-* oder *Geldleistung*, auch in Form von *Pauschalbeträgen*, erbracht werden. Die Leistungsträger können sich also entscheiden, ob sie eine Spitzabrechnung der Kosten vornehmen, Gutscheine für den Bezug von Waren vergeben (ggf. auch für ein Sozialkaufhaus) oder Pauschalen gewähren, welche eine Überprüfung der individuellen Bedarfsdeckung in der Regel überflüssig machen. Vielmehr ist es dann der einzelne Leistungsberechtigte, der im Fall der Auszahlung einer Pauschale ggf. nachweisen muss, dass er einzelne notwendige Gegenstände mit der Auszahlung nicht abdecken konnte.

Bei der *Bemessung der Pauschalbeträge* sind laut Gesetz geeignete Angaben über die erforderlichen Aufwendungen und nachvollziehbare Erfahrungswerte zu berücksichtigen (§ 24 Abs. 3 Satz 6 SGB II). Hat der kommunale Träger für die Gewährung einer Pauschaule eine Richtlinie erlassen, fehlt aber eine Darlegung zur Kalkulationsgrundlage der Pauschale oder dazu, welche Gegenstände damit als fürsorgerechtlich notwendig abgedeckt gelten sollen, bringt das den erwerbsfähigen Leistungsberechtigten aus rechtlicher Sicht in eine schwierige Position. Ein Vorgehen gegen eine solche Richtlinie, die lediglich verwaltungsinterne Wirkung entfaltet und sich nicht unmittelbar und individuell an den einzelnen Bürger richtet, ist nicht möglich. Der betroffene Leistungsberechtigte müsste also in jedem Einzelfall über die Notwendigkeit einzelner Anschaffungen und deren mangelnde Abdeckung durch die gesetzte Pauschale streiten.

VIII.1.2.2 Anschaffung und Reparaturen medizinisch-therapeutischer Gegenstände

Da die gesetzlichen Krankenkassen eine ganze Reihe von medizinischen Hilfsmitteln nicht (z. B. regelmäßig Brillen für Erwachsene) oder nur mit Selbstbeteiligung (z. B. orthopädisches Schuhwerk oder Einlagen) gewährleisten, hat der Gesetzgeber die kostenfreie Versorgung mit orthopädischen Schuhen und die Miete oder Reparatur therapeutischer Geräte über (ergänzende) SGB II Leistungen abgedeckt. Dabei fallen die orthopädischen Schuhe selbst in die vorrangige Leistungspflicht der Krankenkassen (§ 33 SGB V). Die Zuzahlungspflicht der Versicherten (§ 61 SGB V) ist aber über § 24 Abs. 3 Satz 1 Nr. 3 SGB II abgedeckt.

> **Zu Frage f:**
>
> Die orthopädischen Schuhe für Klara gewährt also die Krankenkasse. Die Zuzahlung ist durch das Jobcenter zu gewährleisten.

> **Zu Frage g:**
>
> Das Gesetz bezieht sich lediglich auf die Anmietung oder Reparatur von medizinisch-therapeutischen Geräten. Die Anschaffung dieser Geräte ist durch die Bestimmung nicht abgedeckt. Die Kosten für die Anschaffung der Brille für Frau Noelle können daher nicht nach § 24 Abs. 3 Satz 1 Nr. 3 SGB II geltend gemacht werden. In der Konsequenz müsste Frau Noelle die Brille daher aus dem Regelbedarf bestreiten. Angesichts der Höhe der Kosten, die mit der Anschaffung einer Brille verbunden sind, wird man allerdings nicht davon ausgehen können, dass der Bedarf zum Erwerb einer Brille tatsächlich der Höhe nach vom Regelbedarf abgedeckt ist. Dann bleibt die Möglichkeit darüber nachzudenken, ob es sich hier um einen atypischen Mehrbedarf handelt, der im Einzelfall über die Bestimmung des § 21 Abs. 6 SGB II erfasst sein kann. Eine solche Ansicht wird dadurch bestärkt, dass mit der Neufassung des § 21 Abs. 6 SGB II auch einmalige Bedarfe geltend gemacht werden können.[167]

VIII.1.3 Darlehen und einmalige Bedarfe in der Sozialhilfe

Auch im Bereich der Sozialhilfe sind Situationen denkbar, in denen die *Gewährung eines Darlehens* erforderlich ist. § 37 Abs. 1 SGB XII enthält die dem § 24 Abs. 1 SGB II entsprechende Bestimmung. Gem. § 37 Abs. 4 SGB XII können (= Ermessen) zur Rückzahlung des Darlehens monatliche Teilbeträge in Höhe von bis zu 5 % der Regelbedarfsstufe 1 einbehalten werden.

Die Regelung zur *Gewährung einmaliger Bedarfe* (§ 31 SGB XII) entspricht der Bestimmung des § 24 Abs. 3 SGB II. Allerdings erfährt der Anwendungsbereich der Norm durch § 31 Abs. 2 SGB XII eine Ausweitung: Auch Personen die zwar keine Sozialhilfe beziehen, aber die aufgezählten einmaligen Bedarfe nicht aus eigenen Mitteln und Kräften vollständig decken können, haben einen Anspruch auf Unterstützung. Um zu ermitteln, welchen Eigenanteil der Antragsteller selbst zu übernehmen hat, gibt § 31 Abs. 2 Satz 2 SGB XII folgenden Weg vor:

    Einkommen des Antragsstellers von bis zu sieben (!) Monaten

– Summe des rechnerischen monatlichen Bedarfs für diesen Zeitraum (Regelbedarf/Unterkunftsbedarf/Mehrbedarf)

= möglicher durch den Antragsteller zu übernehmender Eigenanteil

Der Anspruch gegenüber dem Sozialamt beläuft sich dann auf die Differenz zwischen dem bestehenden einmaligen Bedarf und dem durch den Antragsteller selbst zu übernehmenden Eigenanteil.

---

167 Vgl. unter VI.3.2.1.

VIII.2 Leistungen für Auszubildende, § 27 SGB II

Auszubildende, die dem Grunde nach Anspruch auf Existenzsicherungsleistungen nach dem Bundesausbildungsförderungsgesetz (BAföG) haben, sind grundsätzlich von den Existenzsicherungsleistungen des SGB II ausgeschlossen. Ausdrücklich ausgenommen von diesem Ausschluss sind die Leistungen, die in § 27 SGB II abschließend aufgeführt sind, vgl. § 7 Abs. 5 SGB II.[168] Die Regelung will ein Doppeltes erreichen: Zum einen soll sichergestellt werden, dass Fragen der Ausbildungsförderung grundsätzlich über das BAföG geklärt werden. Zum anderen erkennt der Gesetzgeber an, dass es Situation geben kann, in denen neben der Ausbildungsförderung weitergehende Leistungen der Grundsicherung erforderlich sind: „Vor diesem Hintergrund sollen die Leistungen für Auszubildende zum einen nichtausbildungsgeprägte Bedarfe decken und zum anderen Existenzsicherungslücken schließen, die durch die Pauschalierung von Ausbildungsleistungen entstehen" (Luik et al./Silbermann 2024: § 27 SGB II Rn. 1).

Die Mehrzahl der in § 21 SGB II aufgeführten Mehrbedarfe sind *nicht ausbildungsbezogen* (bis auf die Bedarfe nach § 21 Abs. 4 und Abs. 6a SGB II), können somit nicht in Konkurrenz zu Leistungen nach dem BAföG treten und werden deshalb bei entsprechender Hilfebedürftigkeit auch an Auszubildende i. S. d. § 7 Abs. 5 SGB II erbracht. So beziehen Studierende mit Kindern z. B. nicht selten die Mehrbedarfe nach § 21 Abs. 2 SGB II (Schwangerschaft) oder § 21 Abs. 3 SGB II (Alleinerziehung). Der Mehrbedarf nach § 21 Abs. 7 SGB II (Warmwasserzubereitung) gilt – wie die Kosten der Unterkunft – als *ausbildungsgeprägt*, weil dafür anteilig auch BAföG gezahlt wird bzw. gezahlt würde. Hierfür gibt es deshalb keine Leistungen nach § 27 SGB II.

Außer den Mehrbedarfen wird auch die *Erstausstattung* mit (Schwangerschafts-)Bekleidung und anlässlich der Geburt gewährleistet (§ 27 Abs. 2 i. V. m. § 24 Abs. 3 Satz 1 Nr. 2 SGB II).

Bei den sog. ausbildungsgeprägten Bedarfen *können* (Ermessen!) in Härtefällen *Darlehen* gewährt werden (§ 27 Abs. 3 Satz 1 SGB II). Bei Studierenden treten diese Fälle z. B. ein, wenn der BAföG-Anspruch direkt vor dem bevorstehenden Hochschulabschluss ausläuft.

Ebenso wie im Bereich des SGB II sind auch im Bereich der *Sozialhilfe* Auszubildende, deren Ausbildung im Rahmen des BAföG dem Grunde nach förderungsfähig ist, von Leistungen nach dem 3. und 4. Kapitel SGB XII ausgeschlossen (§ 22 Abs. 1 Satz 1 SGB XII). Allerdings gibt es auch hier – wie im Bereich der Grundsicherung für Arbeitsuchende – eine Härtefallregelung (§ 22 Abs. 1 Satz 2 SGB XII).[169]

---

[168] Vgl. unter IV.3.3.
[169] Weitergehende Ausnahmen finden sich in § 22 Abs. 2 SGB XII.

VIII.3 Leistungen für Bildung und Teilhabe, § 28 SGB II

Es hat sich gezeigt, dass Leistungen für die Bildung nur in ganz geringem Umfang im Regelbedarf enthalten sind.[170] Das ist nur vor dem Hintergrund zu rechtfertigen, dass für Kinder und junge Erwachsene besondere *Bildungs- und Teilhabeleistungen* vorgesehen sind, § 28 SGB II. Ausgeschlossen von diesen Leistungen sind junge Erwachsene, wenn sie wegen dauerhafter Erwerbsminderung ohne Besserungsaussicht Grundsicherung nach dem 4. Kapitel SGB XII beziehen (§ 19 Abs. 2 SGB II).

> **Beispiel:**
>
> Der 19-jährige Anton hat ein Down-Syndrom (eine kognitiv wesentliche Beeinträchtigung). Er lebt mit seinen erwerbsfähigen Eltern und der 14-jährigen Schwester in einer BG. Anton bezieht wegen § 19 Abs. 1 Satz 2 SGB II kein Bürgergeld für nichterwerbsfähige Leistungsberechtigte, sondern Grundsicherung bei Erwerbsminderung (4. Kapitel SGB XII). Deswegen hat er auch keinen Anspruch auf Bildungs- und Teilhabeleistungen nach § 28 SGB II, um an einem Ausflug seiner Förderschule teilnehmen zu können. Diese Leistungen werden ihm nach §§ 34 ff., 42 Nr. 3 SGB XII über die Sozialhilfe gewährleistet.

Zu den Leistungen für Bildung und Teilhabe des § 28 SGB II gehören insbesondere

- nach Abs. 2 tatsächliche Kosten für Schulausflüge und Klassenfahrten;
- nach Abs. 3 durch Verweis auf § 34 SGB XII Pauschalauszahlungen (130 €/ 65 €) für laufende Ausstattung mit Schulbedarf (Hefte, Stifte etc.);
- nach Abs. 4 Fahrkosten zur und von der Schule;
- nach Abs. 5 Lernförderung (Nachhilfestunden);
- nach Abs. 6 Kosten der schulischen Mittagsverpflegung;
- nach Abs. 7 tatsächliche Aufwendungen für die Teilnahme an
  - Sport, Spiel, Kultur, Geselligkeit,
  - Angeboten zu Freizeiten und
  - am Unterricht in künstlerischen Fächern oder vergleichbar angeleiteten Aktivitäten der kulturellen Bildung

  mit einer Pauschale (15 €/Monat) oder im Einzelfall in vollem Umfang.

Die Übersicht der Leistungen des § 28 SGB II macht deutlich, warum hinsichtlich der Gewährung eines Bedarfs für *Schulcomputer* und *Schulbücher* eine Lösung über die Mehrbedarfsregelungen des § 21 SGB II gesucht wird: § 28 SGB II lässt mit den eindeutigen gesetzlichen Vorgaben möglicher Fördervarianten keinen Spielraum für die Einbeziehung von digitaler Schulausrüstung oder Schulbüchern für Kinder. Die Möglichkeit eines solchen Vorgehens wird bestärkt durch die Rechtsprechung des Bundessozialgerichts. Dieses hat festgestellt, dass die nach § 28 Abs. 3 SGB II zu leistende Pauschale für die Ausstattung mit persönlichem Schulbedarf nach der ihr zugrundeliegenden Regelungskonzeption des Gesetzgebers weder die Ausstattung mit Laptops noch die Ausstattung mit Schulbüchern

---

170 Vgl. VI.2.2.

umfasse (für die Laptops: BSG Urteil vom 12.5.2021 – B 4 AS 88/20 R, Rn. 18; für die Schulbücher: BSG Urt. v. 8.5.2019 – B 14 AS 6/18 R, Rn. 15). Wenn der Gesetzgeber aber in § 28 SGB II keine abschließende Regelung getroffen habe, dann bleibe der Weg frei zur Prüfung eines Mehrbedarfs. Konsequenz dieser Rechtsprechung ist die Einführung der Bestimmung des § 21 Abs. 6a SGB II (Mehrbedarf Schulbücher). Politisch gesehen gehören die Bedarfe unter das Regime der Bildungs- und Teilhabeleistungen. Rechtlich könnten sie dort erst nach einer Gesetzesänderung verortet werden.

Bildungs- und Teilhabeleistungen werden nicht nur über § 28 SGB II sichergestellt. Ggf. sind entsprechende Leistungen über *§ 6b Bundeskindergeldgesetz* (BKGG) vorrangig (vgl. § 19 Abs. 2 SGB II). Auch das Sozialhilferecht enthält eine ausdrückliche Regelung für die Bedarfe für Bildung und Teilhabe (§ 34 SGB XII). Das Nebeneinander von möglichen Teilhabeleistungen nach BKGG, SGB II oder SGB XII ist in der Praxis schwer vermittelbar, zumal die Leistungsbedingungen (z. B. Antragsabhängigkeit) ähnlich, aber nicht gleich sind wie die folgende Übersicht verdeutlicht.

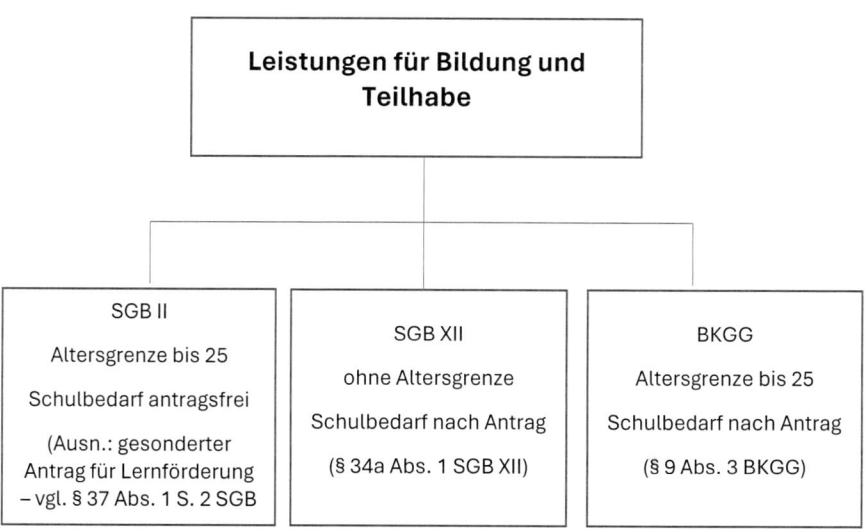

VIII.4 Sofortzuschlag

Seit Juli 2022 erhalten Kinder, Jugendliche und junge Erwachsene einen Sofortzuschlag i. H. v. 20 € pro Monat. Voraussetzung ist grundsätzlich ein Anspruch auf Bürgergeld, dem ein Regelbedarf nach den Regelbedarfsstufen 3, 4, 5 oder 6 zugrunde liegt (vgl. auch zu weiteren Berechtigten § 72 Abs. 1 SGB II). Auch in der Sozialhilfe kann der Sofortzuschlag bezogen werden. Allerdings gehören dort grundsätzlich nur Minderjährige zum berechtigten Personenkreis, die einen Anspruch auf Leistungen nach dem Dritten Kapitel haben, dem ein Regelsatz nach der Regelbedarfsstufe 4, 5 oder 6 zugrunde liegt (vgl. auch zu weiteren Berechtigten § 145 Abs. 1 SGB XII). Durch den Sofortzuschlag sollen die Lebens-

und Teilhabebedingungen von jungen Menschen bis zur Einführung einer Kindergrundsicherung verbessert werden (vgl. Luik et al./Kant 2024: § 72 SGB II Rn. 3).

VIII.5 Wiederholungsfälle

1. Leander und die Ausstattung seines Appartements[171]

Der Obdachlose Leander ist den Sommer über durch die Lande gezogen. Im November beantragt er beim Jobcenter Bielheim eine Erstausstattung für sein neu angemietetes Appartement. Der Sachbearbeiter weiß, dass Leander letztes Jahr im November eine Erstausstattung beim Jobcenter in Hannover beantragt und erhalten hat. Im folgenden Frühjahr ist er damals abgetaucht, die Wohnung wurde später leergeräumt, die Möbel sind nicht mehr vorhanden.

Hat Leander einen Anspruch auf Erstausstattung seines Appartements gegen das Jobcenter Bielheim?

2. Frau Prill möchte neu anfangen

Frau Prill hat sich von ihrem Ehemann getrennt und ist mit ihren beiden Kindern aus der Ehewohnung ausgezogen. Da Herr Prill nicht unterhaltsfähig ist, beantragt Frau Prill nach der Bewilligung von Bürgergeld durch das Jobcenter auch eine Wohnungserstausstattung.

a) Hat Frau Prill einen Anspruch auf eine Wohnungserstausstattung (Schlafzimmer- und Kinderzimmerausstattung, Wohnzimmer- und Küchenbedarf).

b) Kann sie in diesem Rahmen auch die Notwendigkeit eines Wäschetrockners geltend machen mit Verweis darauf, dass ein Trockenkeller im Mietshaus zwar zur Verfügung stehe, aber von der Wohnung im 2. Stock ohne Aufzug umständlich zu erreichen sei?

3. Marianne und die Schwangerschaftsverhütung

Marianne will keine weitere Schwangerschaft. Sie kann in diesem Monat die Kosten für die Dreimonats-Pille (Depot-Pille) nicht aufbringen (45 €).

Kann sie ein Darlehen für diesen Bedarf beim Jobcenter Bielheim beantragen?

---

[171] Eine Lösungsskizze finden Sie am Ende des Buches in Kapitel XIV.

VIII.6 Wiederholungsfragen

Fragen

- Was sind die Voraussetzungen zum Bezug eines Darlehens nach § 24 Abs. 1 SGB II?
- Wie grenzt sich ein Darlehen nach § 24 Abs. 1 SGB II ab von einem Mehrbedarf nach § 21 Abs. 6 SGB II?
- In welchem Umfang ist ein gewährtes Darlehen zu tilgen? Wo ist dies gesetzlich geregelt?
- Erklären Sie die beiden Worthälften des Begriffs Erstausstattung! Was ist eine „erste" Ausstattung und was ist eine „Ausstattung"?
- Was ist die Herausforderung für den erwerbsfähigen Leistungsberechtigten, wenn die Erstausstattung in Form einer Pauschale gewährt wird?
- Können auch Personen Zuschüsse zur privaten Krankenversicherung i. S. d. § 27 SGB II bekommen, die kein Bürgergeld beziehen?
- Wie erklärt es sich, dass Auszubildende, die nach § 7 Abs. 5 SGB II keinen Anspruch auf Leistungen zur Sicherung des Lebensunterhalts haben, gleichwohl nach § 27 SGB II Anspruch auf bestimmte Mehrbedarfe haben?
- In welchem Verhältnis zueinander stehen § 28 SGB II und § 21 Abs. 6 SGB II (z. B. hinsichtlich der Aufwendungen für einen für die Schule erforderlichen Laptop)?
- Welche Personen, die keine Sozialhilfe beziehen, haben möglicherweise Anspruch auf einmalige Bedarfe?

IX. Kapitel: Sicherung im Krankheits- und Pflegefall

10. Fall: Familie Noelle sorgt sich um die Krankenversicherung

Gehen wir zeitlich und gedanklich noch einmal einen Schritt zurück. Frau Noelle hat Lebensunterhaltsleistungen beantragt. Der Antrag ist beim zuständigen Jobcenter eingegangen. Der Bewilligungsbescheid liegt noch nicht vor. – Als Veranstaltungstechniker war Herr Noelle immer schon bei der gesetzlichen Krankenversicherung Mitglied. Jetzt bezieht er Kurzarbeitergeld. Frau Noelle hat ihre bisherige Tätigkeit als Friseurin im Rahmen einer geringfügigen Beschäftigung (Minijob) ausgeübt.

Helena Noelle ist verunsichert: Sie möchte gerne wissen, welche Auswirkungen der Bezug von Kurzarbeiter- bzw. von Bürgergeld auf ihren – Helenas – Schutz in der gesetzlichen Kranken- und Pflegeversicherung hat.

IX.1 Sicherung im Krankheitsfall im Bereich der Grundsicherung für Arbeitsuchende

IX.1.1 Gesetzliche Krankenversicherung (GKV) und private Krankenversicherung (PKV)

In Deutschland gilt grundsätzlich eine *Versicherungspflicht für alle Bürgerinnen und Bürger*. Sollte eine Versicherungspflicht in der gesetzlichen Krankenversicherung (GKV) nicht bestehen, haben sich die betroffenen Personen freiwillig in der GKV oder in der privaten Krankenversicherung (PKV) zu versichern. Es finden sich im SGB V (Krankenversicherung) und im SGB XI (Pflegeversicherung) lange und ausdifferenzierte Normen, die versuchen sicherzustellen, dass bei den unterschiedlichsten Fallgestaltungen immer ein Versicherungstatbestand einschlägig ist. Für die Sozialberatung folgt aus den vielen Möglichkeiten einer Absicherung im Krankheitsfall oft ein hoher Recherche- und Beratungsaufwand.

Die Mitgliedschaft in der GKV tritt in vielen Fällen zwangsweise ein, nämlich durch Verwirklichung der gesetzlichen Voraussetzungen einer Versicherungspflicht nach § 5 SGB V. Mitglieder sind – neben vielen anderen Personengruppen – insbesondere die gegen Arbeitsentgelt *Beschäftigten* (§ 5 Abs. 1 Nr. 1 SGB V). Generell ausgenommen von der Versicherungspflicht sind nach § 5 Abs. 5 Satz 1 SGB V *hauptberuflich selbständig Erwerbstätige*.[172]

> **Zum Fall:**
>
> Helena Noelle übt ihre Tätigkeit im Rahmen einer geringfügigen Beschäftigung aus. Daher ist sie in der gesetzlichen Krankenversicherung versicherungsfrei (§ 7 Abs. 1 Satz 1 SGB V i. V. m. § 8 SGB IV). Sie war daher bereits vor dem Bezug von Bürgergeld darauf angewiesen, ihren Versicherungsschutz auf anderem Weg sicherzustellen. Aber auch perspektivisch stellt sich für sie die Frage, ob ein

---

[172] *Hauptberuflich* ist eine selbständige Erwerbstätigkeit dann, wenn sie von der wirtschaftlichen Bedeutung und dem zeitlichen Aufwand her die übrigen Erwerbstätigkeiten zusammen deutlich übersteigt und den Mittelpunkt der Erwerbstätigkeit darstellt (so die Begründung BT-Drs 11/2237 S. 160).

IX. Kapitel: Sicherung im Krankheits- und Pflegefall

Versicherungsschutz im Rahmen der gesetzlichen Krankenversicherung besteht, wenn Leistungen nach dem SGB II bezogen werden.

IX.1.2 Mitgliedschaft in der Gesetzlichen Krankenversicherung

IX.1.2.1 Arbeitsuchende

Die Versicherungspflicht in der gesetzlichen Krankenversicherung tritt nach § 5 Abs. 1 SGB V u.a. ein

- Nr. 1   für Arbeiter, Angestellte und zur Berufsausbildung Beschäftigte mit einem Jahreseinkommen unterhalb der Grenze für die Versicherungsfreiheit (§ 6 Abs. 1 Nr. 1 SGB V),
- Nr. 2   bei Personen im Bezug von Arbeitslosengeld nach dem SGB III,
- Nr. 2a   bei Personen im Bezug von Bürgergeld nach dem SGB II,
- Nr. 9   bei eingeschriebenen Studierenden bis zur gesetzlichen Semester- oder Altershöchstgrenze,
- Nr. 11   bei Personen, die Rente beantragt haben oder beziehen, wenn sie in der letzten Hälfte ihres Berufslebens den ganz überwiegenden Teil (9/10) gesetzlich versichert waren.

Merke:

Die Krankenversicherungspflicht der Leistungsberechtigten ist nicht im SGB II geregelt, sondern im SGB V. Dasselbe Prinzip gilt für die Unfall- (SGB VII), Pflege- (SGB XI) und Rentenversicherungspflicht (SGB VI).[173] Die Absicherung der Leistungsberechtigten in den Sozialversicherungszweigen ergibt sich also aus den jeweiligen Leistungsgesetzen der Sozialversicherungen.

Zum Fall:

Frau Noelle muss im Rahmen des SGB V klären, ob sie gesetzlich versichert ist. Eine Versicherungspflicht aus § 5 Abs. 1 Nr. 2a SGB V ergibt sich nur, wenn sie selbst Bürgergeld-Leistungen bezieht. Einen entsprechenden Antrag hat sie bereits gestellt.

Wie war das noch mal: auf welchen Zeitpunkt wirkt eine Antragstellung im Bereich des SGB II und wo ist das gesetzlich geregelt?[174]

Sofern der Bürgergeld-Antrag von Frau Noelle bewilligt wird, ist sie ab dem Tag der Antragstellung über die Regelung des § 5 Abs. 1 Nr. 2a SGB V krankenversichert. Das ist zum gegenwärtigen Zeitpunkt aber noch ungewiss – so dass sich weiterhin die Frage stellt, ob auch zum gegenwärtigen Zeitpunkt ein krankenversicherungsrechtlicher Schutz besteht.

---

173 Beachte: Das Jobcenter führt während der Zeit des Bürgergeldbezugs allerdings keine Beiträge an die Rentenversicherung ab.
174 § 37 Abs. 2 Satz 2 SGB II: Der Antrag auf Leistungen zur Sicherung des Lebensunterhalts wirkt auf den Ersten des Monats zurück. Für den Fall, dass der Antrag bei einer unzuständigen Behörde gestellt wird, vgl. § 16 Abs. 2 Satz 2 SGB I.

IX.1.2.2 Familienangehörige

Sollte Frau Noelle nicht eigenständig gesetzlich krankenversichert sein, könnte zu ihrem Schutz die gesetzliche *Familienversicherung* eingreifen (§ 10 Abs. 1 SGB V). Danach sind gesetzlich versichert „[...] der Ehegatte, der Lebenspartner und die Kinder von Mitgliedern sowie die Kinder von familienversicherten Kindern, wenn diese Familienangehörigen

1. ihren Wohnsitz oder gewöhnlichen Aufenthalt im Inland haben,
2. nicht nach § 5 Abs. 1 Nr. 1, 2, 2a, 3 bis 8, 11 bis 12 oder nicht freiwillig versichert sind,
3. nicht versicherungsfrei oder nicht von der Versicherungspflicht befreit sind; dabei bleibt die Versicherungsfreiheit nach § 7 außer Betracht,
4. nicht hauptberuflich selbständig erwerbstätig sind und
5. kein Gesamteinkommen oberhalb einer gesetzlich vorgegebenen Grenze haben."[175]

Die Familienversicherung erfasst nur *Ehe- und Lebenspartner* (i. S. d. LPartG) sowie die *Kinder* der Mitglieder bis zur Volljährigkeit (§ 10 Abs. 2 Nr. 1 SGB V) bzw. in einigen Fällen auch darüber hinaus (§ 10 Abs. 2 Nr. 2 – 4 SGB V). Die Bedingungen des Absatzes 1 müssen dafür aber in jedem Fall erfüllt sein.

Zum Fall:

Frau Noelle könnte familienversichert sein, wenn ihr Mann gesetzlich versichertes Mitglied der GKV ist. Im Hinblick auf die Tatbestandsmerkmale der Familienversicherung lässt sich Folgendes feststellen:

1. Familie Noelle hat ihren Wohnsitz bzw. den gewöhnlichen Aufenthalt im Inland, denn die Familie lebt in Bielheim.
2. Sollte der Antrag von Frau Noelle auf SGB II Leistungen nicht bewilligt werden, wäre sie auch nicht nach § 5 Abs. 1 Nr. 2a SGB V gesetzlich krankenversichert.
3. Frau Noelle ist zwar bislang versicherungsfrei in der gesetzlichen Krankenversicherung gewesen. Die Versicherungsfreiheit ergab sich allerdings aufgrund ihrer geringfügigen Beschäftigung. Diese ist in § 7 SGB V geregelt. Laut der gesetzlichen Bestimmung „bleibt die Versicherungsfreiheit nach § 7 außer Betracht". Das bedeutet, dass diese Form der Versicherungsfreiheit der Begründung des Krankenversicherungsschutzes durch die Familienversicherung nicht entgegensteht.
4. Frau Noelle war nicht hauptberuflich selbständig tätig, sondern im Rahmen eines Angestelltenverhältnisses.
5. Frau Noelles Gesamteinkommen überschreitet nicht die gesetzliche Höchstgrenze von 538 €.

Helena Noelle erfüllt die Voraussetzungen des § 10 Abs. 1 SGB V und ist damit gesetzlich familienversichert, wenn Herr Noelle Mitglied der GKV ist.

---

[175] Damit wird Bezug genommen auf geringfügig Beschäftigte (§ 8 Abs. 1 Nr. 1, § 8a SGB IV) für die das zulässige monatliche Gesamteinkommen gegenwärtig 538 € (Stand: 01.01.2024) beträgt.

- Als Veranstaltungstechniker war Herr Noelle als gegen Arbeitsentgelt beschäftigter Angestellter (§ 5 Abs. 1 Nr. 1 SGB V) pflichtversichert in der gesetzlichen Krankenversicherung.
- Gegenwärtig ist er Kurzarbeiter. Auch in dieser Situation besteht die Versicherungspflicht in der gesetzlichen Krankenversicherung weiterhin fort (§ 192 Abs. 1 Nr. 4 SGB V).
- Sollte er perspektivisch aus seiner Tätigkeit als Kurzarbeiter ausscheiden und ausschließlich Leistungen nach dem SGB II beziehen, würde er den Versicherungstatbestand des § 5 Abs. 1 Nr. 2a SGB II erfüllen.

In allen drei Konstellationen wäre Herr Noelle Mitglied in der gesetzlichen Krankenversicherung und kann als Ausgangspunkt zur Begründung der Familienversicherung (i. S. d. § 10 SGB V) dienen.

IX.1.3 Beitragszahlungen, Leistungen, Zuzahlungen

Leistungen der GKV werden grundsätzlich nur an Beitragszahlende erbracht, da sich die Leistungen der Versicherung wesentlich aus deren Beitragseinnahmen finanzieren. Die *Beiträge für Versicherte*, die SGB II-Leistungen beziehen, werden von der Bundesagentur für Arbeit gezahlt (§ 252 Abs. 1 Satz 2 SGB V). Familienversicherte sind beitragsfrei versichert, also zahlt der Bund hier auch keine Beiträge.

Versicherten, also auch den Arbeitsuchenden und den über die Familienversicherung Abgesicherten, stehen die gesetzlichen *Leistungen der GKV* zu. Neben Leistungen zur Prävention (§§ 20 ff. SGB V) sind das vor allem Leistungen bei Krankheit (§§ 27 ff. SGB V). Eine nicht unerhebliche Anzahl von Arznei-, Heil- und Hilfsmitteln sind von der Versorgungspflicht der GKV ausgeschlossen. Das ergibt sich aus § 34 SGB V und der dazu ergangenen Verordnung/Richtlinie nach § 92 SGB V. Danach fallen u.a. nicht verschreibungspflichtige Arzneimittel, Arzneimittel zur Anwendung bei Bagatellerkrankungen (Erkältung, grippaler Infekt usw.), Mund- und Rachentherapeutika, Abführmittel, Arzneimittel gegen Reisekrankheiten, Batterien für Hörgeräte, Diätmittel u.a. aus der Versorgungspflicht der GKV heraus. Auch die Regelversorgung Volljähriger mit Sehhilfen und Brillengestellen ist ganz überwiegend nicht mehr gegeben (§ 33 Abs. 2 – 4 SGB V). Für Bürgergeld-Beziehende bedeutet dies, dass die nicht unter die Versorgungspflicht fallenden Leistungen vollumfänglich aus der Existenzsicherung finanziert werden müssen. Hier wird es erforderlich zu prüfen, ob ggf. ein Anspruch auf Mehrbedarf geltend gemacht werden kann.[176]

Für viele der oben aufgeführten Leistungen müssen *Zuzahlungen* erbracht werden. Auch Versicherte, die ihren Lebensunterhalt aus Bürgergeld bestreiten, müssen die Zuzahlungen aus dem Regelbedarf aufbringen. Nach der Rechtsprechung des BSG wird trotz ggf. erforderlicher Zuzahlungen das Existenzminimum von Bürgergeld-Beziehenden nicht unterschritten. Die Notwendigkeit, Zuzahlungen zu leisten, führe entsprechend der Absicht des Gesetzgebers zu einer Gleichbehandlung von Fürsorgebeziehenden und anderen Versicherten (BSG Urteil vom 24.4.2008, Az:

---

176 Vgl. VI.3.2.1.

B 1 KR 10/07 R). Wenn Versicherte im Bürgergeld-Bezug Leistungen der GKV benötigen, so müssen sie also die gesetzlich vorgegebenen Zuzahlungen erbringen. Nach § 61 SGB V betragen Zuzahlungen, die Versicherte zu leisten haben, 10 % des Abgabepreises, mindestens jedoch 5 € und höchstens 10 €; allerdings jeweils nicht mehr als die Kosten des Mittels selbst. Als Zuzahlungen zu stationären Maßnahmen werden je Kalendertag 10 € erhoben. Bei Heilmitteln und häuslicher Krankenpflege beträgt die Zuzahlung 10 % der Kosten sowie 10 € je Verordnung.

Die Zuzahlungen sind nicht mehr zu erbringen, wenn die *Belastungsgrenze* nach § 62 SGB V erreicht ist (2 % der jährlichen Bruttoeinnahmen zum Lebensunterhalt). Für Bürgergeld-Beziehende gilt die Sonderregelung des § 62 Abs. 2 Satz 6: „Bei Versicherten, die Leistungen zur Sicherung des Lebensunterhalts nach dem Zweiten Buch erhalten, ist (...) für die gesamte Bedarfsgemeinschaft nur der Regelbedarf nach § 20 Absatz 2 Satz 1 des Zweiten Buches maßgeblich." Die Grenze von 2 % (bzw. in besonderen Fällen nur 1 %) der Bruttojahreseinnahmen berechnen sich also bei den Leistungsbeziehenden nach dem SGB II aus einem (!) jährlichen Regelbedarf und beliefe sich 2024 für die gesamte BG Noelle auf 135,12 € im Jahr (563 € x 12= 6.756 €, davon 2 % = 135,12 €).

IX.1.4 Zuschüsse zur privaten Krankenversicherung

Die Mitgliedschaft in einer privaten Krankenversicherung folgt anderen gesetzlichen Regelungen als die GKV es tut. Einschlägig ist hier das Versicherungsvertragsgesetz (VVG). Die Krankenversicherungsregelungen finden sich in den §§ 192 ff. VVG. Der Versicherer (die PKV) muss jeder Person, die nicht in der GKV versichert bzw. versicherungspflichtig ist und nicht Sozialhilfe empfängt (Existenzsicherung oder bestimmte Hilfen in besonderen Lebenslagen), eine *Versicherung zum Basistarif* gewähren. Das bedeutet zugleich, dass die Versicherungspflicht der PKV diejenigen auffängt, die nicht durch die GKV oder durch Sozialhilfe im Krankheitsfall abgesichert sind.

Müssen z. B. Selbständige oder freiwillig Versicherte[177] Bürgergeld in Anspruch nehmen, tritt die gesetzliche Versicherungspflicht über den Bezug von Bürgergeld nicht ein, § 5 Abs. 5a SGB V. In der Konsequenz müssten die Betroffenen die Beiträge zur privaten Versicherung aus dem monatlichen Regelbedarf aufbringen, der diese Ausgaben aber in keiner Abteilung (RBEG) einkalkuliert.

§ 26 Abs. 1 SGB II sieht deshalb einen – der Höhe nach begrenzten – *Zuschuss* zu den Beiträgen der privaten Versicherung vor (halber Basistarif). Übersteigt die tatsächliche Beitragsforderung der privaten Krankenversicherung den abstrakt kalkulierten Zuschuss, sieht § 26 Abs. 1 SGB II keine individuellen Erhöhungsmöglichkeiten vor. Auch der in privaten Krankenversicherungen übliche Selbstbehalt[178] der Versicherten kann nicht durch zusätzliche Leistungen nach § 26 SGB II

---

177 Das sind z. B. Personen, die sich nach einer Zeit der Pflichtversicherung freiwillig weiterversichern, etwa weil die Familienversicherung nach § 10 SGB V durch Scheidung beendet wurde.
178 Der günstige Beitragssatz privater Versicherungen rührt u.a. auch daher, dass Versicherte einen gewissen Anteil an Krankenkosten aus eigenen Mitteln zu tragen haben (sog. Selbstbehalt).

ausgeglichen werden. Die Abdeckung der Beiträge zur *privaten Pflegeversicherung* ist analog geregelt (§ 26 Abs. 3 SGB II).

Es kommt vor, dass privat Versicherte über ein Einkommen verfügen, das ihren Lebensunterhalt sicherstellen könnte, wenn nicht die Beiträge zur Versicherung anfielen. Damit diese Personen nicht nur aufgrund ihrer Beiträge zur privaten Krankenversicherung hilfebedürftig i. S. d. SGB II werden, wird ein *Aufstockungsbetrag* geleistet, der nur insoweit fließt, wie es notwendig ist, um die Hilfebedürftigkeit zu vermeiden (§ 26 Abs. 2 SGB II).

IX.2 Sicherung im Krankheitsfall in der Sozialhilfe

IX.2.1 Übernahme der Krankenbehandlung für nicht Versicherungspflichtige

Sozialhilfeempfangende sind grundsätzlich nicht von § 5 SGB V erfasst und in der Folge nicht gesetzlich krankenversichert.[179] Wer Existenzsicherungsleistungen nach dem SGB XII bezieht, wird stattdessen vergleichbar den gesetzlich Versicherten über § 264 SGB V behandelt. Dieser Personenkreis kann eine Krankenkasse wählen und erhält eine Versichertenkarte, ist aber kein Versicherungsmitglied. Medizinische Untersuchungen und Behandlungen können in Anspruch genommen werden. Die Leistungen werden durch die Krankenkasse erbracht und später im Wege der Kostenerstattung von der Sozialhilfe finanziert (§ 264 Abs. 7 SGB V).

Haben die Personen, die Leistungen nach dem SGB XII beziehen, gleichwohl einen *gesetzlichen Kranken- und Pflegeversicherungsschutz*, dann übernimmt das Sozialamt die entsprechenden Versicherungsbeiträge und Zusatzbeiträge (§ 32 Abs. 1-3 und 5 SGB XII).

Erforderliche *Zuzahlungen* zu Krankenversicherungsleistungen haben die Sozialhilfeempfangenden aus dem Regelbedarf zu leisten. Erst wenn die Belastungsgrenze erreicht ist besteht die Möglichkeit, sich durch Bescheinigung der Krankenkasse für den Rest des Jahres von der Zuzahlung befreien zu lassen (§ 62 SGB V).[180]

IX.2.2 Zuschüsse zur privaten Krankenversicherung

Der *Zuschuss zu etwaigen privaten Versicherungen* ist wie im Bereich der Grundsicherung für Arbeitsuchende der Höhe nach begrenzt (§ 32 Abs. 4 und 6 SGB XII). Ausnahmsweise kann auch ein höherer Beitrag als angemessen anerkannt werden, wenn die Leistungsberechtigung voraussichtlich nur für einen Zeitraum von bis zu sechs Monaten besteht (§ 32 Abs. 4 Satz 3 und 4 SGB XII).

IX.2.3 Hilfe zur Gesundheit

Die *Hilfen zur Gesundheit* (§§ 47 ff. SGB XII) kommen nur bei Personen in Betracht, die weder gesetzlich noch privat krankenversichert sind. Der Gesetzgeber hat in Deutschland für eine umfassende Versicherungspflicht gesorgt. Insofern

---

179 Eine Ausnahme gilt z. B. für Rentnerinnen und Rentner, die aufgrund der Bestimmungen des § 5 Abs. 1 Nr. 11 oder 12 SGB V versicherungspflichtig sind und Sozialhilfe lediglich „aufstockend" beziehen.
180 Vgl. unter IX.1.3.

ist nur ein kleiner Personenkreis anspruchsberechtigt. Die Hilfen zur Gesundheit entsprechen inhaltlich den Leistungen der gesetzlichen Krankenversicherung (§ 52 Abs. 1 S. 1 SGB XII, vgl. hierzu Stöckle/Montforts 2022: S. 204).

Die Leistungen der Hilfen zur Gesundheit vermitteln unter den in §§ 47 bis 51 SGB XII geregelten Voraussetzungen einen *Rechtsanspruch* (z. B. § 48 S. 1 SGB XII: „*werden* Leistungen zur Krankenbehandlung (...) erbracht."; vgl. auch § 17 SGB XII). Der zuständige Sozialhilfeträger hat eine gebundene Entscheidung zu treffen. Ermessen darf nur ausgeübt werden, wenn dies in anderen Vorschriften, auf die verwiesen wird, vom Gesetzgeber eingeräumt wurde (z. B. § 52 Abs. 1 S. 2 SGB XII).

Zu den Leistungen gehört die *vorbeugende Gesundheitshilfe* (§ 47 SGB XII) mit medizinischen Vorsorgeleistungen und Untersuchungen zur Verhütung und Früherkennung von Krankheiten. Beispiele dafür sind: Ernährungskurse, Raucherentwöhnung, Rückenschule, Verhütung von Zahnerkrankungen, Schutzimpfungen, medizinische Vorsorgekuren, Krebsvorsorgeuntersuchungen usw. (vgl. GK-SRB/Sauer 2023: § 47 SGB XII Rn. 10 ff.).

Die *Hilfe bei Krankheit* (§ 48 SGB XII) dient als Auffangtatbestand, der nur dann zum Einsatz kommt, wenn keine anderweitige Absicherung besteht. Diese Absicherung wird aber regelmäßig vorhanden sein, denn fast alle Personen in Deutschland sind gesetzlich oder privat krankenversichert. Und auch Sozialhilfeempfänger, die keine anderweitige Absicherung haben und Leistungen nach dem dritten bis neunten Kapitel des SGB XII beziehen, erhalten Krankenhilfeleistungen von den Krankenkassen (gem. § 264 Abs. 2 S. 1 SGB V). Danach verbleibt nur noch eine kleine Zahl an Menschen, die bei Krankheit unmittelbar über § 48 SGB XII Leistungen beziehen. Dazu gehören:

- Deutsche im Ausland, die ausnahmsweise Sozialhilfe nach deutschem Recht im Ausland beziehen,
- Sozialhilfeempfänger, die voraussichtlich weniger als einen Monat HzL beziehen werden,
- Personen, bei denen ausschließlich Beratungskosten (§ 11 Abs. 5 S. 3 SGB XII) oder Versicherungsbeiträge für eine angemessene Alterssicherung (§ 33 SGB XII) erbracht werden (vgl. auch § 264 Abs. 2 S. 2 SGB XII). (Vgl. Hüttenbrink/Kilz 2018: S. 177 f.).

Der *Umfang der Leistungen* nach § 48 SGB XII entspricht dem Umfang der gesetzlichen Krankenversicherung nach § 27 Abs. 1 SGB V (u.a. ärztliche Behandlung; Psychotherapie; zahnärztliche Behandlung; Zahnersatz; Arznei-, Verband-, Heil- und Hilfsmittel). Soweit Krankenkassen bestimmte Leistungen nicht oder nur eingeschränkt erbringen und/oder Zuzahlungen erheben, gilt dies auch für Leistungsbeziehende gem. § 48 SGB XII. Daraus folgt, dass z. B. Zuzahlungen bei Bezug existenzsichernder Leistungen aus dem Regelbedarf zu erbringen sind (vgl. GK-SRB/Sauer 2023: § 48 SGB XII Rn. 31 f.).

Mit der *Hilfe zur Familienplanung* (§ 49 SGB XII) werden Leistungen erbracht, um einen Kinderwunsch zu ermöglichen und unerwünschte Schwangerschaften zu vermeiden (GK-SRB/Sauer 2023: § 49 SGB XII Rn. 1). Zu den Leistungen gehören die ärztliche Beratung, erforderliche Untersuchungen und die Verordnung empfängnis*regelnder* Mittel (§ 49 S. 1 SGB XII). Die Kosten für empfängnis*verhütende* Mittel werden nur ausnahmsweise aufgrund ärztlicher Verordnung übernommen (§ 49 S. 2 SGB XII).

Bei *Schwangerschaft und Mutterschaft* (§ 50 SGB XII) werden folgende Leistungen gewährt:

- ärztliche Behandlung und Betreuung sowie Hebammenhilfe,
- Versorgung mit Arznei-, Verband- und Heilmitteln,
- Pflege in einer stationären Einrichtung und
- häusliche Pflege nach den §§ 64c und 64f SGB XII sowie die angemessenen Aufwendungen der Pflegeperson.

Im Zusammenhang mit der Geburt eines Kindes ist zivilrechtlich auch Folgendes zu beachten: Im Familienrecht hat der rechtliche Vater eines nicht ehelich geborenen Kindes die Pflicht, bestimmte Kosten im Zusammenhang mit der Geburt und Schwangerschaft zu tragen (§ 1615l Abs. 1 BGB). Dieser unterhaltsrechtliche Anspruch geht ggf. gem. § 94 Abs. 1 SGB XII auf den Träger der Sozialhilfe über (vgl. Edtbauer/Rabe 2021: S. 318). Bei einer vertraulichen Geburt (vgl. §§ 25 ff. SchKG) werden die Kosten im Zusammenhang mit der Geburt, der Vor- und Nachsorge gem. § 34 Abs. 1 SchKG vorrangig durch den Bund getragen (vgl. GK-SRB/Sauer 2023: § 50 SGB XII Rn. 3).

Im Rahmen einer durch Krankheit bedingten *Sterilisation* werden durch den Träger der Sozialhilfe die ärztliche Untersuchung, Beratung und Begutachtung, die ärztliche Behandlung, die Versorgung mit Arznei-, Verband- und Heilmitteln sowie die Krankenhauspflege erbracht (§ 51 SGB XII). *Hilfe bei Sterilisation* kommt nur bei krankheitsbedingten Gründen, nicht jedoch bei anderen, die persönliche Lebensgestaltung bedingten Gründen, in Betracht. Erforderlich sind also körperliche oder seelische Gesundheitsgefahren (z. B. Herz-Kreislauf-Erkrankung oder schwere Depression der Mutter; vgl. hierzu GK-SRB/Sauer 2023: § 51 SGB XII Rn. 7 f.).

IX.2.4 Hilfe zur Pflege

Bestimmte Menschen sind im hohen Alter, nach schwerer Erkrankung oder manche bereits im Säuglingsalter pflegebedürftig. D. h., sie weisen im Vergleich zu anderen Menschen der Altersgruppe gesundheitlich bedingte Beeinträchtigungen der Selbstständigkeit oder der Fähigkeiten auf und bedürfen deshalb der Pflege durch andere (§ 61a Abs. 1 S. 1 SGB XII). Diese Pflege wird regelmäßig durch pflegende Angehörige, Pflegedienste oder Pflegeeinrichtungen erbracht. Gerade ältere Menschen sind teilweise auf eine vollstationäre Unterbringung im Pflegeheim angewiesen.

Pflege ist – insbesondere dann, wenn professionelle Hilfe in Anspruch genommen werden muss – mit hohen Kosten für die Betroffenen verbunden. Wie wird die Finanzierung der Pflege in Deutschland außerhalb der Sozialhilfe realisiert?[181]

Die Leistungen der Pflegeversicherung und das Einkommen und Vermögen reichen bei älteren Menschen häufig nicht aus, um die erforderliche Pflege zu finanzieren. In dieser Lebenssituation greift nachrangig (vgl. §§ 2, 63b SGB XII) die *Hilfe zur Pflege* (§§ 61 bis 66a SGB XII). Die gesetzliche Pflegeversicherung und die Hilfe zur Pflege sind eng aufeinander abgestimmt, so dass auf Tatbestandsseite der Bedarf/Versicherungsfall (vgl. §§ 61a, 61b SGB XII und §§ 14, 15 SGB XI) und auf der Rechtsfolgenseite die Leistungsarten (vgl. §§ 63 ff. SGB XII und §§ 36 ff. SGB XI) weitgehend identisch sind (vgl. GK-SRB/Busse 2023: §§ 61-66 SGB XII Rn. 6).

Während die gesetzliche Pflegeversicherung ein Teilleistungssystem darstellt – d. h. Leistungen betragsmäßig begrenzt sind – ist die Hilfe zur Pflege *bedarfsdeckend* angelegt. Die Träger der Sozialhilfe müssen daher den notwendigen pflegerischen Bedarf ermitteln, feststellen und abdecken. Hiervon gibt es im SGB XII nur wenige Ausnahmen. So ist das Pflegegeld (§ 64a SGB XII) und der Entlastungsbetrag (§§ 64i, 66 SGB XII) als Geldleistung in der Höhe begrenzt (Grosse/Weber/Wesemann 2020: S. 311).

Falls nach Landesrecht keine andere Regelung besteht, ist für die Gewährung der Hilfen zur Pflege der *überörtliche Träger* zuständig (vgl. § 97 Abs. 2 S. 1 und Abs. 3 Nr. 2 SGB XII; vgl. ferner GK-SRB/Busse 2023, §§ 61-66 SGB XII Rn. 43).

IX.2.4.1 Leistungsvoraussetzungen

IX.2.4.1.1 Nachrang gegenüber anderen Leistungen

Sozialhilfe wird nur geleistet, wenn keine andere Hilfe zur Verfügung steht, um die Notlage zu bekämpfen. Es gilt zunächst der *allgemeine Nachranggrundsatz*: Sozialhilfe erhält u.a. nicht, wer die erforderliche Leistung von anderen, insbesondere von Angehörigen oder von Trägern anderer Sozialleistungen erhält (§ 2 Abs. 1 SGB XII).[182] Von besonderer Relevanz ist in diesem Zusammenhang die Prüfung von Ansprüchen gegenüber den Trägern anderer Sozialleistungen. Hier spielen naturgemäß die Leistungen der gesetzlichen und privaten Pflegeversicherung die entscheidende Rolle. Unterhaltsverpflichtete Kinder werden nur noch selten belangt werden können, seitdem die gesetzliche Regelung verabschiedet wurde, dass Kinder mit einem Jahreseinkommen von bis zu 100.000 € vom Sozialhilfeträger nicht mehr herangezogen werden (vgl. § 94 Abs. 1a SGB XII).[183]

---

181 Die Betroffenen sind grundsätzlich in der *gesetzlichen* oder *privaten Pflegeversicherung* versichert. Allerdings deckt die (gesetzliche) Pflegeversicherung nur einen Teil der Pflegekosten, insbesondere wenn stationäre Pflege in Anspruch genommen wird. Ggf. wurden private *Zusatzpflegeversicherungen* abgeschlossen, über die ein weiterer Teil der Pflegekosten finanziert werden kann. Der verbleibende Anteil muss mit dem Einkommen und Vermögen der pflegebedürftigen Personen selbst bezahlt werden.
182 Der *Einsatz der Arbeitskraft* wird grundsätzlich nicht verlangt. Das ergibt sich im Umkehrschluss aus § 11 Abs. 3 S. 2 und 3 SGB XII. Nach dieser Regelung findet eine Unterstützung bei der Erzielung von Erwerbseinkommen nur noch auf Wunsch der Betroffenen statt. Das scheidet i.d.R. bei Pflegebedürftigkeit aus.
183 Vgl. hierzu unter XI.2.2.

IX.2.4.1.2 Pflegebedürftigkeit

Wesentliche Voraussetzung für die Gewährung der Hilfe zur Pflege ist die *Pflegebedürftigkeit* (§ 61 S. 1 SGB XII). Der Pflegebedürftigkeitsbegriff des Sozialhilferechtes entspricht weitgehend dem der Pflegeversicherung (vgl. § 62 SGB XII).[184] Pflegebedürftig sind Personen, die gesundheitlich bedingte Beeinträchtigungen der Selbständigkeit oder der Fähigkeiten aufweisen und deshalb der Hilfe durch andere bedürfen (§ 61a Abs. 1 S. 1 SGB XII). Die Beeinträchtigung der Selbständigkeit oder der Fähigkeiten wird in sechs Bereichen (z. B. Mobilität, Selbstversorgung und Gestaltung des Alltagslebens) anhand einer Vielzahl vorgegebener pflegefachlicher Kriterien (z. B. für den Bereich Mobilität: Positionswechsel im Bett, Halten einer stabilen Sitzposition und Umsetzen) geprüft. Jedes Kriterium wird mit Punkten bewertet (i. d. R. 0 bis 3 Punkte), wobei eine höhere Punktzahl eine erhöhte Beeinträchtigung der Selbstständigkeit und der Fähigkeiten markiert. Die Bereiche und die dazugehörigen Kriterien sind in § 61a Abs. 2 SGB XII aufgeführt. Die Punkte werden je nach Bereich unterschiedlich gewichtet (vgl. dazu Anlage 2 zu § 15 SGB XI). Im Anschluss daran werden die Einzelpunkte zu einer Gesamtpunktzahl addiert. Die Gesamtpunktzahl entscheidet über die Zuordnung zu Pflegegrad 1, 2, 3, 4 oder 5 (vgl. dazu § 61b SGB XII). Im Unterschied zur Pflegebedürftigkeit im Sinne des SGB XI ist bei der Hilfe zur Pflege im SGB XII keine auf Dauer bestehende Pflegebedürftigkeit erforderlich (vgl. Edtbauer/Rabe 2021: S. 320). D. h., der Pflegebedürftigkeitsbegriff im SGB XII ist umfassender und erfasst auch Personen, die nach einer Prognoseentscheidung weniger als 6 Monate pflegebedürftig sein werden (Grosse/Weber/Wesemann 2020: S. 300). Für Kinder bestehen abweichende Regelungen der Zuordnung zu den Pflegegraden (vgl. dazu § 61c SGB XII).

IX.2.4.1.3 Erforderlichkeit

Zudem hat der Träger der Sozialhilfe zu prüfen, welche konkreten Hilfen zur Pflege (vgl. §§ 64a bis 66 SGB XII) in Betracht kommen und ob deren Voraussetzungen vorliegen. Insbesondere müssen die konkreten Hilfen *erforderlich* sein. Das ist der Fall, wenn der pflegerische Bedarf im Einzelfall notwendig ist, weil es keine milderen Mittel gibt (vgl. § 63a SGB XII).

Im Unterschied zur gesetzlichen Pflegeversicherung ist die Hilfe zur Pflege *bedarfsdeckend* und *einzelfallorientiert* zu gewähren (vgl. § 9 Abs. 1 SGB XII). Zwar ist der Träger der Sozialhilfe an die Entscheidung der Pflegekasse über den Pflegegrad gebunden (§ 62a S. 1 SGB XII). Der Sozialhilfeträger kann allerdings weitere Tatsachen berücksichtigen, die in der gesetzlichen Pflegeversicherung keine Rolle spielen (vgl. § 62a SGB XII) – z. B. individuell den notwendigen Zeitaufwand feststellen. Insoweit hat der Träger der Sozialhilfe den notwendigen pflegerischen

---

[184] Die Pflegeversicherung ist Teil des Sozialversicherungsrechtes. Dieses wird im Studiengang Soziale Arbeit gesondert vermittelt. Deshalb beschränkt sich die Darstellung in diesem Lehrbuch auf ein Überblickswissen. In Bezug auf die Details der gesetzlichen Pflegeversicherung wird auf die einschlägige Literatur verwiesen (z. B. Kokemoor, Sozialrecht, 2022; Frings/Schweigler, Sozialrecht für die Soziale Arbeit, 2021; Waltermann/Schmidt, Sozialrecht, 2022; Muckel/Ogorek, Sozialrecht, 2019).

Bedarf zu ermitteln und festzustellen (§ 63a SGB XII; vgl. GK-SRB/Busse 2023: §§ 61-66 SGB XII Rn. 9).

IX.2.4.1.4 Leistungskonkurrenz

Eine spezielle Ausprägung des Nachranggrundsatzes enthält § 63b SGB XII. Zweck der Regelung ist es, *Doppelleistungen zu verhindern*. In § 63b Abs. 1 SGB XII ist allgemein geregelt, dass Leistungen der Hilfe zur Pflege nicht erbracht werden, soweit Pflegebedürftige gleichartige Leistungen nach anderen Rechtsvorschriften erhalten. Wenn bspw. die Pflegekasse die Einsätze eines Pflegedienstes im Rahmen der Pflegesachleistungen (§ 36 SGB XI) finanziert, kommt häusliche Pflegehilfe (§ 64b SGB XII) für den Einsatz von Pflegediensten, finanziert durch den Träger der Sozialhilfe, nur noch ergänzend in Betracht. D. h., die Sozialhilfe greift nur, wenn die Finanzmittel der Pflegeversicherung nicht bedarfsdeckend sind. Darüber hinaus enthält § 63b SGB XII in den Absätzen 2 bis 7 spezielle Regelungen, welche die Kürzung oder Anrechnung von Pflegeleistungen bezwecken (vgl. zu Details Grosse/Weber/Wesemann 2020: S. 346 ff.).

IX.2.4.1.5 Kein ausreichendes Einkommen und Vermögen

Weiterhin setzt die Hilfe zur Pflege voraus, dass *kein ausreichendes Einkommen und Vermögen* zur Finanzierung der Pflege vorhanden ist. Dies ist der Fall, wenn den Pflegebedürftigen selbst und deren nicht getrennt lebenden Ehegatten oder Lebenspartnern (im Sinne des LPartG) nicht zuzumuten ist, die für die Hilfe zur Pflege benötigten Mittel aus dem nach dem Sozialhilferecht einzusetzenden Einkommen und Vermögen selbst aufzubringen (§ 61 S. 1 SGB XII).[185] Bei pflegebedürftigen und unverheirateten Minderjährigen sind auch das Einkommen und Vermögen der Eltern oder eines Elternteils zu berücksichtigen (§ 61 S. 2 SGB XII). Für die Anrechnung von Einkommen und Vermögen bestehen für Bezieher von Hilfe zur Pflege besondere Regelungen (vgl. dazu § 87 Abs. 1 S. 2, § 88 Abs. 1 und 2, § 90 Abs. 2 Nr. 3 und § 90 Abs. 3 SGB XII; vgl. auch GK-SRB/Busse 2023: §§ 61-66 SGB XII Rn. 25).

Tabelle IX.1: Voraussetzungen der Hilfe zur Pflege

Anspruchsvoraussetzungen
1. Nachrang gegenüber anderen Leistungen (§ 2 SGB XII)
2. Pflegebedürftigkeit gem. § 61a SGB XII
3. Erforderlichkeit (§ 63a SGB XII) und Voraussetzungen der konkreten Leistung (§§ 64a bis 66 SGB XII – s. Übersicht Tab. IX.2)
4. Leistungskonkurrenz (§ 63b SGB XII)
5. Kein ausreichendes Einkommen und Vermögen

---

185 Vgl. unter Kapitel X.2.4 und X.3.6.

IX.2.4.2 Rechtsfolge

Liegen die Voraussetzungen des § 61 SGB XII vor, gewährt der zuständige Träger der Sozialhilfe Leistungen der Hilfe zur Pflege. Für Pflegebedürftige der Pflegegrade 2, 3, 4 oder 5 werden grundsätzlich erbracht

- *Leistungen der häuslichen Pflege* (dazu gehören: Pflegegeld; häusliche Pflegehilfe; Verhinderungspflege; Pflegehilfsmittel; Maßnahmen zur Verbesserung des Wohnumfeldes; andere Leistungen; digitale Pflegeanwendungen; ergänzende Unterstützung bei Nutzung digitaler Pflegeanwendungen),
- *Leistungen der teilstationären Pflege*, der *Kurzzeitpflege*, der *stationären Pflege* und
- ein *Entlastungsbetrag* (vgl. dazu § 63 Abs. 1 SGB XII).

Pflegebedürftige mit dem Pflegegrad 1 erhalten nach Bedarf

- Pflegehilfsmittel,
- Maßnahmen zur Verbesserung des Wohnumfeldes,
- digitale Pflegeanwendungen,
- ergänzende Unterstützung bei Nutzung von digitalen Pflegeanwendungen und
- den Entlastungsbetrag (vgl. dazu § 63 Abs. 2 SGB XII).

Tabelle IX.2: Überblick Leistungsarten der Hilfe zur Pflege

Pflegeleistung	Inhalt	§§
Pflegegeld	Pflegegeld wird nur bei Pflegegrad 2 – 5 im Rahmen häuslicher Pflege gezahlt, wenn die Pflegebedürftigen oder Sorgeberechtigten bei pflegebedürftigen Kindern die Pflege in geeigneter Weise selbst sicherstellen. Die Höhe des Pflegegeldes ergibt sich aus § 37 Abs. 1 SGB XI.	64a
Häusliche Pflegehilfe	Pflegesachleistungen (Pflegegrad 2-5), die von Pflegediensten erbracht und mit diesen abgerechnet werden.	64b
Kosten der häuslichen Pflege im Rahmen des Arbeitgebermodells	Vom Pflegebedürftigen mit Arbeitsvertrag angestellte Person, welche die Pflege übernimmt. Der Träger der Sozialhilfe übernimmt Lohn- und Lohnnebenkosten, ggf. Kosten für ein Assistenzzimmer oder andere Sachkosten.[186]	64f Abs. 3

---

[186] Vgl. Grosse/Weber/Wesemann 2020: S. 338.

Pflegeleistung	Inhalt	§§
Verhinderungspflege	Kostenübernahme für eine Ersatzpflegeperson, wenn z. B. Angehörige die ambulante Pflege übernommen haben und wegen Krankheit oder Urlaub ausfallen (Pflegegrad 2-5).	64c
Pflegehilfsmittel	Pflegehilfsmittel werden ab Pflegegrad 1 gewährt und dienen der Erleichterung der Pflege, Linderung der Beschwerden und/oder einer selbstständigeren Lebensführung (z. B. Pflegebett; Patientenlifter; Handschuhe).	64d
Maßnahmen zur Verbesserung des Wohnumfeldes	Maßnahmen können ab Pflegegrad 1 gewährt werden, wenn sie angemessen sind und häusliche Pflege ermöglichen/erleichtern oder eine selbstständige Lebensführung wiederherstellen (z. B. Verbreiterung der Türen für Rollstuhl/Rollator; ebenerdige Dusche; Badewanne mit Einstieg; Haltegriffe im Bad).	64e
Andere Leistungen	Alterssicherung für eine nicht professionelle Pflegeperson, soweit die Absicherung im Alter nicht anderweitig sichergestellt ist und Pflegegeld bezogen wird.	64f
Teilstationäre Pflege	Pflegebedürftige der Pflegegrade 2-5 haben unter bestimmten Voraussetzungen Anspruch auf Tages- und Nachtpflege und die entsprechende Beförderung zur Einrichtung (z. B. Betreuung des demenziell erkrankten Vaters in einer Tagesstätte, während der Arbeitszeit der pflegenden Tochter).	64g
Kurzzeitpflege	Vollstationäre Pflege für einen vorübergehenden Zeitraum für Pflegebedürftige mit Pflegegrad 2-5 (z. B. nach einem Krankenhausaufenthalt, um die Pflege zu Hause vorzubereiten)	64h
Entlastungsbetrag bei den Pflegegraden 2, 3, 4 oder 5	Bis zu 125 € monatlich, die zweckgebunden einzusetzen sind (Bsp.: Hilfe bei Umzug; Fahrdienst; Anträge stellen; Begleitung zum Arzt; Einkaufen; Wäsche waschen; Wohnung reinigen).[187]	64i

---

[187] Vgl. Grosse/Weber/Wesemann 2020: S. 317.

IX. Kapitel: Sicherung im Krankheits- und Pflegefall

Pflegeleistung	Inhalt	§§
Digitale Pflegeanwendungen, Ergänzende Unterstützung bei Nutzung von digitalen Pflegeanwendungen	Es handelt sich um elektronische Programme, die der Unterstützung von Pflegebedürftigen ab Pflegegrad 1 und/oder der Pflegenden dienen (z. B. Sturzprävention; Gedächtnisapps bei Demenz; Dekubitusprophylaxe – vgl. GK-SRB/Busse 2023, §§ 61-66 SGB XII Rn. 36).	64j, 64k
Stationäre Pflege	Vollstationäre Pflege in einem Pflegeheim	65
Entlastungsbetrag bei Pflegegrad 1	Bis zu 125 € monatlich, die zweckgebunden einzusetzen sind. In Erweiterung des § 64i SGB XII ist der Entlastungsbetrag bei Pflegegrad 1 auch für Leistungen der §§ 64b (Leistungen der häuslichen Pflegehilfe), 64e (Maßnahmen zur Verbesserung des Wohnumfeldes, 64f (andere Leistungen) und 64g SGB XII (Leistungen zur teilstationären Pflege) einsetzbar.	66

IX.3 Wiederholungsfälle[188]

1. Anna und ihre Kinder

Anna bezieht Leistungen nach dem SGB II. Sie benötigt ärztliche Behandlung. Ist sie krankenversichert und ist der Anspruch auf ärztliche Behandlung gesichert? Gilt dasselbe für Ihre beiden minderjährigen Kinder, ggf. auf welcher Rechtsgrundlage?

2. Berta und der Pflegeheimplatz

Berta (B) ist 90 Jahre alt und bezieht eine bereinigte Altersrente (nach § 82 SGB XII) von der Deutschen Rentenversicherung Bund i. H. v. 848 €. Sie ist pflegebedürftig und von ihrer Pflegekasse – der AOK Bielheim – dem Pflegegrad 3 zugeordnet. In diesem Monat ist B aus ihrer Mietwohnung in ein Pflegeheim gezogen und will dort bis zu ihrem Lebensende bleiben. Zu Hause kann sie niemand pflegen. Ein Pflegedienst oder eine teilstationäre Pflege wären nicht ausreichend, um ihre pflegerischen Bedarfe zu decken. Die Heimkosten[189] belaufen sich monatlich auf insgesamt 3.000 €[190], wobei keine Zusatzleistungen vereinbart wurden. Ihre Pflegekasse zahlt für den Pflegeheimplatz von B im Jahr 2024 einen Teilbetrag i. H. v. 1.262 €. Es verbleibt ein Betrag i. H. v. 1.738 €, inklusive Kosten für eine angemessene Unterkunft i. H. v. 400 €. B verfügt über ein Girokonto bei der

---

[188] Eine Lösungsskizze finden Sie am Ende des Buches in Kapitel XIV.
[189] Die Heimkosten setzen sich grds. aus den Pflegekosten, den Unterkunfts- und Verpflegungskosten, den Investitionskosten und ggf. den Kosten für Zusatzleistungen zusammen. Die Kosten für Unterkunft und Verpflegung sowie für Zusatzleistungen müssen Pflegebedürftige selbst tragen (Vgl. dazu z. B. https://www.hamburg.de/pflege-im-heim/1771932/kosten/).
[190] Der Leistungszuschlag i. H. v. 5 % im ersten Jahr ist bereits berücksichtigt (vgl. § 43c S. 1 SGB XI).

A-Bank mit einem Guthaben i. H. v. 1.720 € und ein Sparbuch bei der Sparkasse C mit einem Guthaben i. H. v. 6.700 €. Zudem hat sie eine Lebensversicherung mit einem Rückvergütungsanspruch i. H. v. 349 € sowie eine Sterbegeldversicherung mit einer Versicherungssumme i. H. v. 6.000 € bei der Bielheimer Sterbekasse Lebensversicherung AG abgeschlossen. B stellt beim zuständigen überörtlichen Träger der Sozialhilfe T einen Antrag auf „Hilfe zur Pflege".[191] **Hat B einen Anspruch auf Hilfe zur Pflege im Umfang der ungedeckten Heimkosten i. H. v. 1.738 €?**

IX.4 Wiederholungsfragen

Fragen

- Sind Bürgergeld-Bezieher gesetzlich krankenversichert?
- Sind Sozialhilfeempfänger gesetzlich krankenversichert oder wie sind sie im Fall einer Krankheit geschützt?
- Welche Voraussetzungen müssen erfüllt sein, damit die Familienversicherung (§ 10 SGB V) eingreift?
- Müssen Bürgergeld Empfangende Beiträge zur gesetzlichen Krankenversicherung leisten?
- Wer trägt die Kosten einer Krankenbehandlung im Fall der Hilfen zum Lebensunterhalt?
- Begründen Sie, warum Bürgergeld Empfangende Zuzahlungen zu Medikamenten etc. leisten müssen?
- In welcher Größenordnung liegt bei Bürgergeld Empfangenden die Belastungsgrenze für Zuzahlungen?

---

[191] Angelehnt an SG Duisburg, Urteil v. 04.12.2019 – S 3 SO 552/17.

X. Kapitel: Anrechnung von Einkommen und Vermögen

11. Fall: Die Eheleute Noelle gehen arbeiten

Max ist aus- und Mike ist eingezogen bei Familie Noelle. Die Finanzsituation stellt sich in der aktuellen Situation wie folgt dar: Max zahlt von seinem Einkommen seinen leiblichen Kindern den ihnen zustehenden Mindestunterhalt (480 € für Leon (2 Jahre), 551 € für Friederike (8 Jahre)). Helena selbst erhält mangels Unterhaltsfähigkeit[192] von Max keinen Unterhalt. Auch Klaras Vater zahlt gegenwärtig keinen Unterhalt. Max lässt das Kindergeld für Friederike und Leon voll an Helena auszahlen. Helena bezieht darüber hinaus das Kindergeld für Klara. Das Kindergeld beläuft sich in der Summe für die drei Kinder auf 750 €/Monat. Nach einem Arbeitsplatzwechsel verdient Helena im Rahmen ihrer aktuellen Tätigkeit als Angestellte in einem Friseursalon 500 €/Monat. Klara (14 Jahre) jobbt (50 €/Monat), um Geld für den Führerschein zurückzulegen. Helenas Mutter gibt jedem Kind monatlich 100 € als Taschengeld. Mike verdient nichts, hat aber die ganze Familie dazu bewegt, sich mittags an der Tafel zu versorgen, was finanziell eine Entlastung darstellt. Die Übernahme der KdU (960 € Kaltmiete) durch das Jobcenter ist inzwischen auch geklärt.

Dennoch macht sich Helena Sorgen. Sie hat Schulden und das Auto (Verkehrswert 4.000 €) benötigt eine Reparatur. Sie braucht den Wagen, um zur Arbeitsstelle zu kommen. Dabei kann sich die Familie den Spritverbrauch eigentlich gar nicht leisten. Zum Glück hat sie im letzten Monat von ihrer verstorbenen Patentante 10.000 € geerbt, aus welchen Schulden und Reparatur bezahlt werden könnten. Außerdem will sie das Geld verwenden, um eine Rechtsschutz- und Haftpflichtversicherung abzuschließen. Heute ist der neue Bescheid über Bürgergeld gekommen. Helena fragt sich, warum die Leistungen abgesenkt wurden:

a) Ihr werden für die nächsten sechs Monate jeweils 1.666,67 € als Einkommen angerechnet. Warum? Einnahmen in dieser Höhe hat sie doch gar nicht.

b) Ist es richtig, dass das von der Oma geschenkte Taschengeld als Einkommen angerechnet wird?

c) Ist es richtig, dass das Kindergeld teilweise den Kindern angerechnet wird, obwohl es ihr, der Mutter, zusteht?

d) Kann es richtig sein, dass die von ihr verdienten 500 € nur zu einem Teil als Einkommen angerechnet werden?

e) Bekommt Klara wegen ihres Erwerbseinkommens weniger Bürgergeld für nichterwerbsfähige Leistungsberechtigte?

f) Könnte ihnen etwa künftig auch das vergünstigte Essen bei der Tafel nachteilig angerechnet werden?

---

[192] Unterhaltsfähigkeit bedeutet nach § 1603 BGB, dass der Unterhaltsschuldner über ein Einkommen verfügt, dass jenseits seines eigenen notwendigen Existenzbedarfs Unterhaltszahlungen an den Unterhaltsberechtigten ermöglicht. Einzelheiten lassen sich der sog. Düsseldorfer Tabelle entnehmen.

g) Wäre es ihr möglich, demnächst die KFZ-Steuer sowie KFZ- und Vollkaskoversicherung samt Spritkosten für die Fahrten zum/vom Arbeitsplatz als Bedarf geltend zu machen oder irgendwie vom Einkommen abzuziehen?

h) Könnte sie die benötigten Versicherungen jetzt noch abschließen und wie ließe sich die zusätzliche Ausgabe decken?

X.1 Grundlagen

Leistungsberechtigt ist nach § 7 Abs. 1 Satz 1 Nr. 3 SGB II, wer hilfebedürftig ist. *Hilfebedürftig* ist nach § 9 Abs. 1 Satz 1 SGB II, wer seinen Lebensunterhalt nicht oder nicht ausreichend aus dem zu berücksichtigenden Einkommen oder Vermögen sichern kann und die erforderliche Hilfe nicht von anderen erhält.

Daraus ergibt sich der Weg zur Berechnung der Höhe der Leistungen nach dem SGB II:

- Ermittlung des Bedarfs für den Lebensunterhalt.
- Ermittlung des dafür einzusetzenden Einkommens und Vermögens.
- Berechnung der Differenz zwischen Bedarf und vorhandenen Finanzmitteln.

Anspruch auf Bürgergeld oder Bürgergeld für nichterwerbsfähige Leistungsberechtigte besteht in Höhe der positiven Differenz zwischen Bedarf und einzusetzenden Eigenmitteln.

Schauen Sie sich zur Sicherheit noch einmal die einzelnen Schritte der Bedarfsberechnung unter VI.1.1 an.

Die Ermittlung des für den Lebensunterhalt erforderlichen Bedarfs war Gegenstand der vorhergehenden Kapitel (VI. – VIII. Kapitel). Dieses Kapitel widmet sich der Ermittlung der zur Bedarfsdeckung einzusetzenden Eigenmittel.

X.1.1 Abgrenzung von Einkommen und Vermögen

Mittel, die eine hilfebedürftige Person einsetzen kann, um ihren Bedarf zu decken sind *Einkommen* (§§ 11 ff. SGB II) und *Vermögen* (§ 12 SGB II). Sie machen zusammen die wirtschaftliche Leistungsfähigkeit der betroffenen Person aus. Dennoch handelt es sich um verschiedene Sorten von Finanzmitteln, die nach Struktur und Zielsetzung unterschiedlich funktionieren.

> **Beispiel:**
>
> Wenn Frau Noelle bei der Beantragung des Bürgergelds ausschließlich 500 € auf einem Sparbuch als Vermögen hat, wird der Betrag bei der Berechnung ihres Leistungsanspruchs nicht berücksichtigt. Er ist nach § 12 Abs. 2 Satz 1 SGB II vom Freibetrag (15.000 €) umfasst. Wenn Frau Noelle im Monat der Antragstellung 500 € verdient, dann gibt es dafür nach § 11b Abs. 2 SGB II einen pauschalen Absetzbetrag von 100 €, dem weitere Absetzbeträge (Abs. 3) hinzugerechnet werden. Finanziell steht Frau Noelle besser da, wenn die 500 € Vermögen statt Einkommen darstellen. Im ersteren Fall wird ihr der volle Bedarf als Bürgergeld zuerkannt. Im zweiten Fall wird ein Teil des Einkommens als

bedarfsdeckend angerechnet und nur der Differenzbetrag zum übersteigenden Bedarf als Bürgergeld zuerkannt.

> **Merke:**
>
> Bei der Frage nach der wirtschaftlichen Hilfebedürftigkeit eines Leistungsberechtigten sind seine Geldmittel zunächst danach zu unterscheiden, ob sie aus rechtlicher Sicht Einkommen oder Vermögen darstellen.

Der Begriff des *Einkommens* ist ein Alltagsbegriff, der im Kontext des SGB II sehr spezifisch ausgelegt wird. Einkommen gilt hier als Selbsthilfemöglichkeit, mit der die finanzielle Hilfebedürftigkeit (und damit die Leistungsberechtigung nach dem SGB II) teilweise oder sogar vollständig zu vermeiden ist. Dass Einkommen zur Selbsthilfe eingesetzt werden muss, ergibt sich schon aus dem Prinzip des § 2 Abs. 2 SGB II, wonach Existenzsicherungsleistungen nur erbracht werden dürfen, soweit die Hilfebedürftigkeit nicht anderweitig beseitigt werden kann.

Einkommen sind gem. § 11 Abs. 1 Satz 1 SGB II alle *Einnahmen in Geld* (Bargeld, Schecks, Kontogutschriften), soweit sie nicht ausnahmsweise nicht als Einkommen zu berücksichtigen sind (§ 11a SGB II, § 13 SGB II i. V. m. Bürgergeld-V). Dagegen sind *Einnahmen in Geldeswert* (wie z. B. bepreiste Gutscheine, Waren oder Dienstleistungen, die sich durch Tausch oder Auszahlung in Geldbeträge umwandeln lassen) nach § 11 Abs. 1 Satz 2 SGB II nur ausnahmsweise zu berücksichtigen, nämlich wenn sie im Rahmen einer Erwerbsarbeit oder im Rahmen des Bundes- bzw. Jugendfreiwilligendienstes zufließen. Einkommen hat ein Leistungsberechtigter auch dann, wenn er die Einnahmen *faktisch nicht frei* verwenden kann, weil er Schulden tilgen muss.

> **Zum Fall:**
>
> Der Zuverdienst von 500 € verliert auch dann nicht seine Eigenschaft als Einkommen, wenn Helena daraus Reparaturen zahlt und Schulden tilgt. Wenn Helena das Geld einem Gläubiger zur Schuldentilgung überlässt, wird sie fürsorgerechtlich dennoch so behandelt, als hätte sie das Einkommen für diesen Monat zur Verfügung. Der Bürgergeld Anspruch wird entsprechend geringer ausfallen. Sollte das Geld dann nicht zur Bedarfsdeckung reichen, kann sie allenfalls ein Darlehen (§ 24 Abs. 1 SGB II) beantragen. Im Zweifel werden Helenas Schulden während der Zeit des Bürgergeld Bezugs also wachsen, denn sie wird sich sehr genau überlegen, ob sie ihren Zuverdienst zur Schuldentilgung verwendet.

Nach höchstrichterlicher Rechtsprechung unterscheidet sich Einkommen von Vermögen durch den *Zeitpunkt des Zuflusses* (sog. Zuflusstheorie, vgl. § 11 Abs. 2 S. 1 SGB II). Maßgeblicher Bezugspunkt ist die Antragstellung gemäß § 37 Abs. 1 SGB II. Einkommen ist grundsätzlich das, was jemand nach Antragstellung wertmäßig dazu erhält und Vermögen das, was er bei Antragstellung bereits hat (BVerwG 18.2.1999 – 5 C 35-97, BVerwGE 108, 296 ff.).

X. Kapitel: Anrechnung von Einkommen und Vermögen

Erinnern Sie sich noch, auf welchen Zeitpunkt die Antragstellung wirkt? Und welche Auswirkung könnte das auf die Unterscheidung von Einkommen und Vermögen haben?[193]

Zum Fall:

Wäre Helenas Erbschaft schon vor der Erstbeantragung von Bürgergeld angefallen, hätten die 10.000 € im Zeitpunkt der Antragstellung bereits Vermögen dargestellt. Da die Erbschaft aber erst nach der Erstbeantragung erfolgte, stellt sie Einkommen dar. Dabei findet der Zufluss – aus rechtlicher Sicht – im Zeitpunkt des Erbfalls statt. In dem Augenblick, in welchem der Erblasser verstirbt, geht die Hinterlassenschaft unmittelbar auf den Erben über. Auch wenn es nach dem Todesfall noch erhebliche Zeit dauern kann, bis das Erbe tatsächlich zur Auszahlung kommt, ist aus rechtlicher Sicht der Zufluss im Zeitpunkt des Todes des Erblassers.[194] Diese unterschiedliche rechtliche Behandlung von Erbschaften (als Vermögen bzw. als Einkommen) hat der Gesetzgeber, gerade im Hinblick auf die Höhe manch eines Nachlasses, als ungerecht erachtet. Deshalb bestimmt nunmehr § 11a Abs. 1 Nr. 7 SGB II, dass Erbschaften nicht als Einkommen zu berücksichtigen sind. Wenn Erbschaften im Zeitpunkt des Zuflusses also doch kein zu berücksichtigendes Einkommen darstellen, dann sind sie im Folgemonat über die für die Leistungsberechtigten günstigeren Regelungen des Vermögens geschützt.

Keinen wertmäßigen Zuwachs und damit kein Einkommen bewirken *Vermögensumschichtungen*. Nur in dem Fall, in dem es der leistungsberechtigten Person gelingt, bei der Veräußerung des Vermögensgegenstandes einen Erlös zu erzielen, der über dem Marktwert liegt, kann darin Einkommen gesehen werden.

Zum Fall:

Helenas Auto gab es schon bei ihrer Erstbeantragung von Bürgergeld. Es stellt Vermögen im Wert von 4.000 € dar. Wenn Helena das Auto jetzt zu einem Preis von 4.000 € verkaufen würde, würde sie ihr Vermögen umschichten: an die Stelle des vorher vorhandenen Autos träte nun das Bargeld. Wenn zuvor das Auto als Vermögen qualifiziert wurde, muss dies auch für den Geldbetrag gelten, der an die Stelle des Autos tritt. Obwohl der an Helena ausgezahlte Kaufpreis einen Geldzufluss während der Zeit des Bürgergeld-Bezugs darstellt, handelt es sich hierbei nicht um Einkommen i. S. d. SGB II. Anders wäre die Situation zu beurteilen, wenn Helena durch gutes Verhandeln einen Kaufpreis in Höhe von 4.500 € erzielen könnte. Dann wäre der Gewinn in Höhe von 500 € als Einkommen anzusehen.

Zur Deckung des Bedarfs kann Einkommen nur dann genutzt werden, wenn es tatsächlich erzielt wurde und daher für die Bedarfsdeckung auch tatsächlich zur

---

193 Gem. § 37 Abs. 2 Satz 2 SGB II wirkt der Antrag zur Sicherung des Lebensunterhalts auf den ersten des Monats zurück. Beispiel: Herr Meier erhält am 08.08. noch eine verspätete Gehaltszahlung, die er zunächst gerichtlich gegen seinen ehemaligen Arbeitgeber durchzusetzen hatte. Am 20.08. stellt er einen Antrag auf Bürgergeld, der später positiv entschieden wird. Da die Antragstellung nach § 37 Abs. 2 Satz 2 SGB II auf den 01.08. zurückwirkt, handelt es sich bei der Gehaltsnachzahlung aus Sicht des SGB II um Einkommen. Hätte Herr Meier eine Berücksichtigung als Einkommen verhindern wollen, hätte er seinen Antrag erst im September stellen dürfen.

194 Das bedeutet auch: Wäre die Tante vor der Antragstellung verstorben, das Erbe aber erst nach der Antragstellung ausgezahlt worden, so wäre das für die Wertung als Vermögen unschädlich.

Verfügung steht. Nur „*bereite Mittel*" können daher auf den Bedarf angerechnet werden oder zu einem Wegfall der Hilfebedürftigkeit führen (BVerwG 2.6.1965 – V C 63/64, BVerwGE 21, 208 (212 f.). Das gilt auch dann, wenn der Leistungsberechtigte eigentlich verpflichtet wäre, Einkommen zu erzielen (z. B. durch Annahme eines Arbeitsangebotes), dies aber nicht tut.[195]

Zum Fall:

Ob Klaras Vater tatsächlich unter Einsatz aller Kräfte außerstande ist, Einkommen zu erzielen und davon seiner Tochter Unterhalt zu zahlen, bleibt nach dem Sachverhalt offen. Tatsache ist, dass er keinen Unterhalt zahlt. Das Jobcenter kann Klara deshalb auch nicht einfach den ihr zustehenden Unterhalt fiktiv anrechnen.

X.1.2 Reihenfolge der Bedarfsdeckung bei vorhandenen Mitteln, § 19 Abs. 3 SGB II

Wenn die finanziellen Mittel der hilfebedürftigen Person nur einen Teil ihres Bedarfs decken können, stellt sich die Frage, auf welchen Teil des Bedarfs das Einkommen oder Vermögen anzurechnen ist. Hierauf gibt § 19 Abs. 3 SGB II Antwort. Die Anrechnung erfolgt zunächst auf den Regelbedarf, dann erst auf den Mehrbedarf (auch Mehrbedarfe nach § 23 SGB II) und zuletzt auf die Kosten der Unterkunft. Dies ist in der Praxis bedeutsam, weil die Kommunen die KdU verantworten. Die Eigenmittel der Leistungsberechtigten entlasten durch eine Anrechnung also vorrangig die Agenturen für Arbeit.

X.2 Einkommen

Während das SGB II das Thema Vermögen in einem einzelnen Paragraphen behandelt (§ 12 SGB II), benötigt das Gesetz für das Thema Einkommen drei Vorschriften. Dabei unterscheidet es zwischen

- nicht einzusetzendem Einkommen, § 11 a SGB II und
- einzusetzendem bereinigten Einkommen, §§ 11, 11b SGB II.

Darüber hinaus ist das Bundesministerium für Arbeit und Soziales (BMAS) dazu ermächtigt, eine Rechtsverordnung zu erlassen, mit der die §§ 11 ff. SGB II näher ausgelegt werden (vgl. § 13 SGB II).[196] Die Rechtsverordnung darf u.a.

- über § 11a SGB II hinaus weitere Einnahmen von der Einkommensberücksichtigung ausnehmen,
- über § 12 Abs. 2 SGB II hinaus weiteres Vermögen von der Berücksichtigung ausnehmen,
- für einzelne Absetzbeträge Pauschalen festsetzen, so dass keine Nachweise im Einzelfall zu führen sind.

---

195 Eine andere Frage ist diejenige, ob ihm gegenüber dann eine Sanktion verhängt werden kann. Vgl. dazu unter XI.
196 Vgl. zur Einordnung der Verordnung in der Normenhierarchie unter II.1.1.

Das BMAS hat von dieser Ermächtigung Gebrauch gemacht und die „Verordnung zur Berechnung von Einkommen sowie zur Nichtberücksichtigung von Einkommen und Vermögen beim Bürgergeld" (*Bürgergeldverordnung – Bürgergeld-V*) erlassen.

X.2.1 Nicht zu berücksichtigendes Einkommen, § 11a

X.2.1.1 Ausgenommene Einkommensarten, § 11a Abs. 1 SGB II

Die Anrechnung von Einnahmen als Einkommen verringert einen möglichen Anspruch auf Bürgergeld. Daher stellt etwa § 11a Abs. 1 Nr. 1 SGB II klar, dass *SGB II Leistungen* kein anrechenbares Einkommen sind. Dass der Regelbedarf nicht zugleich Einkommen sein kann, welches wiederum den Anspruch auf den Regelbedarf zum Wegfall bringen würde, ist unmittelbar einleuchtend. Vor demselben Hintergrund lässt sich verstehen, dass die Rückerstattung überzahlter pauschaler Stromkosten nicht als Einkommen qualifiziert wird (BSG, Urt. v. 23. 8. 2011 – B 14 AS 185/10 R). Stromkosten sind aus dem Regelbedarf zu finanzieren.[197] Deshalb lassen sich Rückerstattungen aus Stromeinsparungen als Regelbedarfsersparnisse ebenfalls dem § 11a Abs. 1 Nr. 1 SGB II zuordnen.

Zu den Einnahmen, die gem. § 11a Abs. 1 SGB II nicht als Einkommen zu berücksichtigen sind, zählen daneben z. B.

- steuerfreie Einnahmen aus nebenberuflicher Tätigkeit (sog. Übungsleiterpauschale und Ehrenamtspauschale gem. § 3 Nr. 26 und Nr. 26a EStG) soweit diese Einnahmen einen Betrag von 3.000 € im Kalenderjahr nicht überschreiten (§ 11a Abs. 1 Nr. 5 SGB II). Das gilt unabhängig davon, ob die Pauschale in monatlichen Raten oder einmal jährlich ausgezahlt wird.
- Mutterschaftsgeld (§ 19 MuSchG). Das gilt unabhängig davon, ob es sich um Mutterschaftsgeld für nach dem SGB V Versicherte (§ 19 Absatz 1 MuSchG) oder für Nicht-Versicherte (§ 19 Absatz 2 MuSchG) handelt.
- Erbschaften (§ 11a Abs. 1 Nr. 7 SGB II)[198].

X.2.1.2 Ausgenommene Entschädigungsleistungen, § 11a Abs. 2 SGB II

Entschädigungen, die wegen eines Schadens erbracht werden, der kein Vermögensschaden ist, stellen kein Einkommen dar (§ 11a Abs. 2 SGB II). Hier geht es um Schäden, die nicht an Gegenständen oder bei den eigenen Finanzmitteln entstanden sind, sondern die nichtmaterieller/immaterieller Natur sind. Darunter fällt vor allen Dingen das *Schmerzensgeld*. Das Schmerzensgeld soll einen Schaden ausgleichen, den jemand durch Schmerzen – z. B. nach einem Hundebiss – erlitten hat. Dieses Ziel des Schadensausgleichs würde bei SGB II-Leistungsberechtigten verfehlt, wenn sie wegen des Schmerzensgeldes weniger staatliche Grundsicherungsleistungen erhielten. Dann erhielte nicht der Leistungsberechtigte für seine Schmerzen einen Ausgleich, sondern Nutznießer der Schmerzensgeldzahlung wäre das Jobcenter.

---

197 Vgl. unter VI.2.2.
198 Vgl. dazu zuvor unter X.1.

X.2.1.3 Zweckbestimmte Einnahmen, § 11a Abs. 3 SGB II

Ausgenommen von der Berücksichtigung als Einkommen sind nach § 11a Abs. 3 SGB II Leistungen, wenn und soweit sie

1. nach öffentlich-rechtlichen Vorschriften
2. eine besondere Zwecksetzung haben,
3. die nicht identisch ist mit der Zwecksetzung der SGB II Leistungen.

Rechtsfolge der Bestimmung ist es, dass die entsprechenden Zuwendungen *nicht als Einkommen berücksichtigt* werden. Anders formuliert: Die Zuwendungen mindern nicht den Anspruch der leistungsberechtigten Person auf Bürgergeld. Das ist aber grundsätzlich nur bei solchen Zuwendungen gerechtfertigt, die einer anderen Zielsetzung dienen als derjenigen des SGB II. Umgekehrt gesprochen: Wenn zwei unterschiedliche öffentliche Zuwendungen demselben Zweck dienen, dann spricht das dafür, dass die eine Leistung auf die andere anzurechnen ist. Würde die betroffene Person beide Leistungen zugleich in vollem Umfang beziehen, würde sie in doppelter Weise begünstigt.

Die *Zwecksetzung des SGB II* ist die Existenzsicherung der leistungsberechtigten Personen (vgl. bereits § 1 Abs. 1 SGB II). Auch Arbeitsentgelt oder Lohnersatzleistungen der Sozialversicherungsträger (Krankengeld, Verletztengeld der Unfallversicherung, Rente) werden zur Existenzsicherung erbracht. Ebenso dient Kindergeld allgemein der Entlastung der Leistungsberechtigten bei der Unterhaltssicherung ihrer Kinder. In all diesen Fällen ist § 11a Abs. 3 SGB II nicht einschlägig – die Einnahmen sind also auf den Bedarf der leistungsberechtigten Person anzurechnen.

Eine fehlende Anrechenbarkeit aufgrund einer *anderen Zwecksetzung* durch öffentlich-rechtliche Vorschriften ist in der Literatur z. B. anerkannt für

- Landesblinden- und Gehörlosengeld, das nur behinderungsbedingte Nachteile ausgleichen soll,
- Arbeitsförderungsgeld in einer Werkstatt für Behinderte (WfbM) oder
- Gründungszuschüsse, die dazu dienen sollen, dass die Arbeitslosigkeit durch die Aufnahme einer selbstständigen hauptberuflichen Tätigkeit beendet werden kann (§ 93 SGB III, vgl. ferner die Auflistung bei Knickrehm et al./Becker 2023: § 11a SGB II Rn. 9 ff.).

Besonders umstritten war in den letzten Jahren das sog. *Baby-Begrüßungsgeld*. Es wurde vor allem von Kommunen in den neuen Bundesländern als freiwillige Leistung eingeführt, um Gemeinden für junge Familien attraktiv zu machen. In der Vergangenheit wurden solche Leistungen vom Jobcenter vielfach als Einkommen angerechnet und damit der Leistungsanspruch im SGB II reduziert. Inzwischen stellen die Fachlichen Weisungen der BA klar, dass das Begrüßungsgeld einer anderen Zwecksetzung dient als das Bürgergeld und damit anrechnungsfrei bleibt (Fachliche Weisungen BA vom 7.2.2020 zu §§ 11 – 11b SGB II, 11.84).

Das im Rahmen der Vollzeitpflege gewährte *Pflegegeld* (§ 39 Abs. 1 Satz 1 SGB VIII) dient der Absicherung des Lebensunterhalts eines fremduntergebrachten

Kindes bei der aufnehmenden Pflegefamilie (§§ 27, 33 SGB VIII) und verfolgt damit – soweit es den erzieherischen Aufwand betrifft und nicht die Grundsicherung des Kindes – eine besondere Zwecksetzung, die nicht mit derjenigen des SGB II identisch ist. Denn die SGB II-Leistungen beziehen sich auf die Existenzsicherung der Leistungsberechtigten (und ggf. der BG) und nicht auf den erzieherischen Einsatz als Pflegeperson. Die Leistungen nach § 39 SGB VIII umfassen neben dem Unterhalt des Kindes auch die Kosten für den Sachaufwand sowie für die Erziehung und Pflege. § 11a Abs. 3 Satz 2 Nr. 1 SGB II bestimmt allerdings, dass auch bezogen auf den Teil des Pflegegeldes für den erzieherischen Einsatz mit zunehmender Anzahl der Pflegekinder eine teilweise Anrechnung stattfindet.

In einzelnen Gesetzbüchern wird über die Bestimmung des § 11a Abs. 3 SGB II hinaus gesondert geregelt, dass staatliche Leistungen nicht als Einkommen angerechnet werden dürfen. So bestimmt z. B. § 10 Abs. 5 Satz 2 *Bundeselterngeldgesetz* (BEEG), dass das Elterngeld nach der Geburt – in Abhängigkeit davon ob und in welcher Höhe vor der Geburt Erwerbseinkommen erzielt wurde – im Rahmen von SGB II Leistungen bis zur Kappungsgrenze von 300 € (bzw. 150 € beim Elterngeld-Plus) anrechnungsfrei bleibt. D. h. im Umkehrschluss, dass Elterngeld voll angerechnet wird, wenn unmittelbar vor der Geburt kein Erwerbseinkommen erzielt wurde.

Die Beispiele illustrieren das Ausmaß, in dem auch Einnahmen einbezogen sein können, deren Anerkennungs-, Ausgleichs- oder Anreizcharakter damit für Bürgergeld beziehende Personen in Frage gestellt sein könnte.

X.2.1.4 Zuwendungen der freien Wohlfahrt, § 11a Abs. 4 SGB II

Nach § 11a Abs. 4 SGB II sind Zuwendungen der freien Wohlfahrtspflege unter bestimmten Voraussetzungen *anrechnungsfrei*. Sie mindern nicht den Anspruch der betroffenen Person auf Leistungen nach dem SGB II.

Der Begriff der *freien Wohlfahrtspflege* ist weit zu verstehen: „Zur freien Wohlfahrtspflege gehören die Verbände der freien Wohlfahrtspflege (also insbes. die Arbeiterwohlfahrt, der Caritas-Verband, das Deutsche Rote Kreuz, das Diakonische Werk, der Paritätische Wohlfahrtsverband, die Zentralwohlfahrtsstelle der Juden sowie der Malteser Hilfsdienst) und auch Vereinigungen zur Betreuung besonderer Gruppen (Blinde, MS-Kranke, psychisch Kranke, HIV-Kranke) oder Gefährdeter (Obdachlosenhilfe, Strafgefangenenhilfe)." (Knickrehm et al./Becker 2023: § 11a SGB II Rn. 20).

Zuwendungen können Sach-, Dienst- oder Geldleistungen sein. Der Begriff beinhaltet zudem, dass es sich um eine freiwillige Zurverfügungstellung handelt. So kann etwa die kostenlose Abgabe von Medikamenten, Mahlzeiten (Suppenküchen), Kleidung oder Waren an Bedürftige von diesem Begriff genauso erfasst sein wie die Organisation kostenloser Nachhilfestunden oder die Ausstattung von Cafés mit Waschmaschinen und Wäschetrocknern zur kostengünstigen Nutzung.

Freie Wohlfahrt hat sich in Deutschland eigenständig sowohl vor als auch neben dem sehr viel jüngeren System staatlicher Fürsorge entwickelt. Öffentliche und freie Wohlfahrt verstehen sich als Ko-Produzenten sozialer Leistungen in Deutschland. Wegen dieser besonderen Stellung im Fürsorgesystem werden (freiwillige) Zuwendungen der freien Wohlfahrt nur dann auf den gesetzlichen Leistungsanspruch angerechnet, wenn daneben Leistungen des SGB II nicht gerechtfertigt wären (§ 11a Abs. 4 letzter Teilsatz SGB II). Die *Gerechtfertigkeitsprüfung* bedarf einer Beurteilung des Einzelfalls ohne pauschale Wertgrenzen.

> **Beispiel:**
>
> Ein örtlicher Caritasverband (Bayern) bot psychisch kranken Menschen eine stundenweise betreute Maßnahme mit therapeutischer Zielsetzung an. Dabei sollten die Betroffenen durch eine Motivationszulage von 5 €/Stunde zur freiwilligen Teilnahme an der therapeutischen Betreuung motiviert werden, ohne dass es arbeitsvertragliche Pflichten gab. Das Jobcenter hat in einem Fall die Monatseinnahmen (200 €) als Einkommen angerechnet. Das Gericht hat demgegenüber den Betrag als nicht anrechenbares Einkommen gewertet. Es befand, „dass die freie Wohlfahrtspflege Zuwendungen unabhängig von staatlichen Leistungen gerade zu dem Zweck gewährt, die Lage des Hilfebedürftigen zu verbessern und der öffentliche Träger nicht auf Kosten der Freien Wohlfahrtspflege entlastet werden soll (…) Dementsprechend ist grds. davon auszugehen, dass der Leistungsberechtigte sowohl die Leistung als auch die Zuwendung behalten können soll, wenn nicht ausnahmsweise von einer Überkompensation ausgegangen werden muss" (LSG München, Urteil v. 21.03.2019 – L 7 AS 114/16). Die BA hat die Motivationsprämien als nicht anzurechnendes Einkommen akzeptiert (Fachliche Weisungen BA vom 7.2.2020 zu §§ 11 – 11b SGB II Rn. 11.101).

X.2.1.5 Zuwendungen Dritter, § 11a Abs. 5 SGB II

Die Freistellung von Einkommen nach § 11a Abs. 5 Nr. 2 SGB II hängt vom Vorliegen mehrerer Voraussetzungen ab:

1. Es muss sich um *Zuwendungen Dritter* (Privatpersonen, Institutionen) handeln, die nicht von der Regelung des Abs. 4 erfasst sind.
2. Die Zuwendung darf *nicht durch eine rechtliche oder sittliche Pflicht* veranlasst gewesen sein, sondern sie muss frei erfolgt sein.
   - Eine *rechtliche Pflicht* bestünde z. B., wenn ein Unterhaltspflichtiger dem bedürftigen Unterhaltsberechtigten finanzielle Hilfe zukommen lässt.
   - Eine *sittliche Pflicht* bestünde z. B., wenn (nicht unterhaltspflichtige) Geschwister einander wechselseitig bei Bedarf beispringen.
3. Die frei erbrachte Zuwendung darf die Lage des Betroffenen nicht so günstig beeinflussen, dass wegen einer Überkompensation Fürsorgeleistungen nicht mehr gerechtfertigt sind (s.o. *Gerechtfertigkeitsprüfung*[199]).

Andererseits wäre eine Anrechnung verboten, wenn das gegenüber dem Betroffenen *grob unbillig* wäre (§ 11a Abs. 5 Nr. 1 SGB II). Hierzu zählt die BA in den fachlichen Weisungen u.a. Preisverleihungen oder die üblichen Zuwendungen unter Verwandten an minderjährige Kinder zum Geburtstag oder zum Weihnachts-

---

[199] Vgl. zur Gerechtfertigkeitsprüfung unter X.2.1.4.

fest (Fachliche Weisungen BA vom 7.2.2020 zu §§ 11 – 11b SGB II Rn. 11.105). Weiterhin kann man etwa an echte Trinkgelder denken, die das fehlende oder zu geringe Arbeitseinkommen ersetzen oder ergänzen.

> **Beispiel:**
>
> Gegenüber dem Bettler am Eingang der offenen Kirche, für den Kirchgänger Geld in den Hut fallen lassen, wäre es eine unbillige Härte, anschließend durch Anrechnung den Fürsorgeanspruch zu verkürzen. Denn die Gaben wurden dem Fürsorgeberechtigten gerade zusätzlich überlassen. Wenn hingegen der Betroffene anschließend Pfandflaschen aus Abfallbehältern sammelt und durch das Pfand Einnahmen erzielt, so ist das Einkommen. Denn die Flaschen stellen keine Zuwendung dar, sondern werden durch den Akt des Einsammelns erlangt.

Umstritten war zunächst die Frage, ob die *Entschädigung für Blutspenden* anrechnungsfrei zu bleiben hat, da eine Anrechnung als grob unbillig anzusehen wäre. Nach gerichtlicher Klärung geht nun auch die BA von einer Anrechnungsfreiheit aus (Fachliche Weisung vom 7.2.20 zu § 11, Kap. 5.8., Rn. 11.102).

> **Zu Frage b:**
>
> Das von Helenas Mutter gezahlte Taschengeld für die Kinder dürfte hier noch nicht in den Bereich der Überkompensation fallen, auch wenn der Betrag nicht ganz unerheblich ist und nicht nur – wie Weihnachts- oder Geburtstagsgeschenke – einmalig fließt. Da aber die Verbesserung der Lebenssituation der begünstigten Kinder nicht so erheblich ist, dass daneben SGB II Leistungen nicht mehr gerechtfertigt wären, ist das Taschengeld nicht anrechenbar.

X.2.1.6 Ferienjobs, § 11a Abs. 7 SGB II

Im Rahmen der Einführung des Bürgergelds ist ein neuer Anreiz für Schülerinnen und Schüler geschaffen worden, jobben zu gehen. Sie sollen die Möglichkeit haben, Wünsche, die aufgrund der Hilfebedürftigkeit der Eltern nicht realisierbar sind, durch eigene Erwerbstätigkeit in der Ferienzeit zu realisieren. Daher sind Einnahmen von Schülerinnen und Schülern allgemein- oder berufsbildender Schulen, die das 25. Lebensjahr noch nicht vollendet haben, aus Erwerbstätigkeiten, die in den Schulferien ausgeübt werden, nicht als Einkommen zu berücksichtigen (§ 11a Abs. 7 SGB II). Allerdings stellt das Gesetz auch klar, dass diese Ausnahmeregelung nicht für Ausbildungsvergütungen gilt, auf die ein Anspruch besteht.

> **Zum Fall:**
>
> Um den Führerschein in Höhe von 3.000 € zu finanzieren, könnte Klara in den Schulferien versuchen, am Stück die erforderlichen Kosten zu erwirtschaften.

X.2.1.7 Weitere Ausnahmen, Bürgergeld-Verordnung

Mit der Bürgergeld-V hat das BMAS von der Möglichkeit Gebrauch gemacht, weitere Einnahmen vom Einkommen i. S. d. § 11 SGB II auszunehmen. *Nicht als Einkommen* zu berücksichtigen sind nach § 1 Abs. 1 der Verordnung z. B.

- Einnahmen, wenn sie innerhalb eines Kalendermonats 10 € nicht übersteigen (Nr. 1);
- das von einer zu pflegenden Person an die Pflegeperson weitergeleitete und nicht steuerpflichtige *Pflegegeld* für Leistungen der Grundpflege und hauswirtschaftlichen Versorgung (Nr. 4). Dahinter steht die Überlegung, dass die Bereitschaft, ehrenamtlich die Pflege zu übernehmen, gestärkt werden soll. Das wäre bei einer Anrechnung der entsprechenden Einnahmen auf den Bedarf womöglich nicht der Fall;
- *Kindergeld* für Kinder des Hilfebedürftigen, soweit es nachweislich an das nicht im Haushalt des Hilfebedürftigen lebende Kind *weitergeleitet* wird (Nr. 8);
- bei Bürgergeld für nichterwerbsfähige Leistungsberechtigte, die das 15. Lebensjahr noch nicht vollendet haben, Einnahmen aus Erwerbstätigkeit, soweit sie einen Betrag von 100 € monatlich nicht übersteigen (Nr. 9);

> **Zu Frage e:**
>
> Diese Regelung ist für Klara günstig. Sie hat das 15. Lebensjahr nicht vollendet und bezieht 50 € aus ihrer Erwerbstätigkeit. Dieser Betrag wird nicht als Einkommen angerechnet.

- *bereitgestellte Verpflegung* unter den näher genannten Voraussetzungen (Nr. 11);

> **Zu Frage f:**
>
> Die Mittagsmahlzeiten an der Tafel werden somit nicht angerechnet.

- Geldgeschenke bis zum Betrag von 3.100 € anlässlich von Firmungen, Konfirmationen und vergleichbaren Festen (Nr. 12).

X.2.2 Zu berücksichtigendes Einkommen, § 11 SGB II

X.2.2.1 Zeitpunkt der Berücksichtigung

Einnahmen sind (nur) für den Monat als Einkommen zu berücksichtigen, in dem sie *zufließen* (§ 11 Abs. 2 Satz 1 SGB II). Das gilt unabhängig davon, ob es sich um laufende oder um einmalige Einnahmen (z. B. Weihnachtsgeld, Schenkungen, Abfindungen) handelt. Übersteigen die zufließenden Beträge den im jeweiligen Monat erforderlichen Bedarf, sind sie in den Folgemonaten nicht mehr dem Einkommen zuzuordnen. Dann sind sie als Bestandteil des Vermögens über § 12 SGB II geschützt.

> **Beispiel:**
>
> Frau Pietruck bezieht Bürgergeld. Sie hat einen monatlichen Bedarf von 1.100 € (Regelbedarf und Kosten der Unterkunft). In der Vorweihnachtszeit findet sie eine kurzzeitige Beschäftigung als Verkäuferin. Aus dieser Tätigkeit erzielt sie ein einzusetzendes Einkommen in Höhe von 1.500 €, das ihr im Januar ausgezahlt wird. Das einzusetzende Einkommen übersteigt den monatlichen Bedarf von Frau Pietruck um 400 €. Da diese im Monat des Zuflusses keine Berück-

sichtigung finden, sind sie im Februar als Vermögen anzusehen und über die vergleichsweise hohen Vermögensschongrenzen[200] geschützt.

Um rechtsmissbräuchlichen Gestaltungen vorzubeugen, ist das Vorgehen bei *Nachzahlungen* ein anderes (§ 11 Abs. 3 SGB II). Diese sind, sofern sie den Bedarf eines Monats übersteigen, auf einen Zeitraum von sechs Monaten gleichmäßig aufzuteilen und ab dem Monat des Zuflusses mit einem entsprechenden Teilbetrag zu berücksichtigen.

X.2.2.2 Kindergeld und Kinderzuschlag

Aus § 11 Abs. 1 Satz 4 und 5 SGB II ergibt sich, dass Kindergeld und Kinderzuschlag[201] (laufendes) Einkommen sind.

Kindergeld ist für die Mehrheit der anspruchsberechtigten Eltern keine Sozialleistung, sondern eine Steuervergütung (§ 31 Satz 3 EStG). So soll das Existenzminimum des Kindes durch eine Kindergeldzahlung in Form einer Steuererstattung bei den Eltern sichergestellt werden. Das Bundesverfassungsgericht hat hierzu ausgeführt: „Nach dem System des sogenannten Familienleistungsausgleichs wird gemäß § 31 Satz 1 EStG die steuerliche Freistellung des Einkommensbetrages der Eltern in Höhe des Existenzminimums eines Kindes entweder durch den Kinderfreibetrag nach § 32 Abs. 6 EStG oder durch das im X. Abschnitt des Einkommensteuergesetzes geregelte Kindergeld bewirkt. Wirkt sich bei den Eltern der Kinderfreibetrag dergestalt aus, dass er in vollem Umfang zur Minderung der steuerlichen Bemessungsgrundlage führt, wird die steuerliche Freistellung des Existenzminimums allein durch den Kinderfreibetrag bewirkt. (...) Wirkt sich der Kinderfreibetrag hingegen nicht aus, weil das Einkommen der Eltern ihr eigenes steuerfreies Existenzminimum nicht übersteigt oder weil die steuerliche Entlastung durch den Freibetrag geringer ist als das gezahlte Kindergeld, so dient das Kindergeld gemäß § 31 Satz 2 EStG der Förderung der Familie. Auch insoweit stellt es jedoch keine Sozialleistung im formellen Sinne dar, sondern eine einkommensteuerliche Förderung der Familie durch eine Sozialzwecknorm." (BVerfG Beschluss v. 6.4.2011, Az. 1 BvR 1765/09, Rn. 3).

Bei Leistungsberechtigten, die in Deutschland nicht unbeschränkt steuerpflichtig sind, ist zu prüfen, ob das *Kindergeld als Sozialleistung* nach dem Bundeskindergeldgesetz (BKGG) zu erbringen ist. (vgl. § 1 Abs. 1 BKGG).

Kindergeld und Kinderzuschlag stehen nach EStG und BKGG den Eltern als den Unterhaltspflichtigen zu, welche durch die Sozialleistungen entlastet werden sollen. Anders verhält es sich im SGB II. Beide Leistungen werden nach § 11 Abs. 1 Satz 4 und 5 SGB II zunächst den *Kindern* zugerechnet, „soweit es bei dem jeweiligen Kind zur Sicherung des Lebensunterhalts, mit Ausnahme der Bedarfe nach § 28, benötigt wird." Das Kindergeld soll also bei dem Kind, für welches das Kindergeld den Eltern oder dem Elternteil ausgezahlt wird, als Einkommen angerechnet werden, wenn die sonstigen finanziellen Mittel des Kindes nicht schon

---

200 Vgl. dazu unter X.3.1.
201 Zum Kinderzugschlag vgl. hierzu unter II.2.1.

ausreichen, um seinen Lebensbedarf zu decken. Dahinter steht die Idee, dass das Kind möglichst eigenständig und unabhängig von Leistungen nach dem SGB II leben können soll. Ist dessen Lebensunterhalt gesichert spricht nichts dagegen, dass der Grundsatz wieder zur Anwendung gelangt und die verbleibenden Mittel den Eltern als Einkommen zugerechnet werden.

> **Zum Fall:**
>
> Würde Klaras biologischer Vater wegen eines hohen eigenen Einkommens für das Kind entsprechend hohe Unterhaltsleistungen erbringen, wäre Klara ggf. gar nicht auf das Kindergeld angewiesen. Klaras rechnerischer Lebensbedarf liegt bei 663 € (RBS 4: 471 € zuzüglich 1/5 der KdU/192€). Wenn der Vater ein Einkommen von netto 3.901 € hätte, müsste er ihr als einziger Unterhaltsberechtigter bereits einen Mindestunterhalt von 701 € zahlen. Damit wäre Klara nicht mehr hilfebedürftig und auf Kindergeld für den Lebensunterhalt nicht angewiesen. Decken die Eigenmittel eines Kindes seinen Lebensbedarf, wird das Kindergeld nicht dem Kind, sondern den Eltern bzw. dem Elternteil zugerechnet (sog. „überschießendes Kindergeld"). Denn die Anrechnung als Einkommen des Kindes erfolgt nur, soweit dies zur Sicherung des Lebensbedarfs erforderlich ist. Ist die Zurechnung nicht erforderlich, wird das Kindergeld dem zugerechnet, dem es überwiesen wird: Dem Elternteil bzw. den Eltern.

> **Merke:**
>
> Die Frage, wem das Kindergeld als Einkommen zugerechnet wird, hängt im Einzelfall von der Berechnung des Lebensbedarfs eines Kindes sowie von den ihm zur Verfügung stehenden Einkünften ab. Kann das Kind mit seinen Einkünften und ggf. mit Zurechnung des Kindergeldes seinen Lebensbedarf decken, wird es nicht mehr der BG zugerechnet. Denn zur BG gehören (minderjährige, unverheiratete noch nicht 25jährige) Kinder nur, *soweit sie den eigenen Lebensbedarf nicht decken können*, § 7 Abs. 3 Nr. 4 SGB II.

> **Zu Frage c:**
>
> Für Helenas Kinder bedeutet dies Folgendes:
>
> - Das Kindergeld für die 14-jährige Klara (250 €) wird ihr zur Abdeckung des Lebensbedarfs von 663 € voll zugerechnet und mit Bürgergeld für nichterwerbsfähige Leistungsberechtigte aufgestockt.
> - Das Kindergeld für die 8-jährige Friederike (250 €) wird zur Aufstockung des Lebensbedarfs (RBS 5/390 € + 1/5 KdU/192 € = 582 €) angesichts der Mindestunterhaltzahlung (551 €) mit 31€ herangezogen, während das restliche Kindergeld Helena zuzurechnen ist. Friederike fällt damit aus der BG.
> - Das Kindergeld für den 2-jährigen Leon (250 €) wird zur Aufstockung des Lebensbedarfs (RBS 6/357 € + 192 € KdU = 549€) angesichts der Mindestunterhaltzahlung 480 €) mit 68 € herangezogen. Das restliche Kindergeld ist Helena zuzurechnen. Leon fällt damit aus der BG heraus.

X. Kapitel: Anrechnung von Einkommen und Vermögen

X.2.2.3 Vermutetes Einkommen, § 1 Abs. 2 Bürgergeld-V

Für Haushaltsgemeinschaften[202] mit Verwandten und Verschwägerten schafft § 9 Abs. 5 SGB II die gesetzliche Vermutung, dass Hilfebedürftige „von ihnen Leistungen erhalten, soweit dies nach deren Einkommen und Vermögen erwartet werden kann". Die Frage, wann Leistungen erwartet werden können, klärt § 1 Abs. 2 Bürgergeld-V: Solange das Einkommen der Verwandten oder Verschwägerten den doppelten Betrag der RBS 1 zuzüglich anteiliger KdU nicht übersteigt, werden keine Leistungen an Hilfebedürftige vermutet.

> **Zum Fall:**
>
> Anfangs vermutete das Jobcenter solche Leistungen von Helenas Mutter an die Familie. Würde Helenas Mutter mit im Haushalt der Tochter leben, würden keine Leistungen von Ihr für die BG vermutet, solange ihr bereinigtes Einkommen 1.286 € nicht überstiege (1126 €/Monat [doppelte RBS 1] zuzüglich 160€/Monat anteilige KdU bei 6 Personen im Haushalt).

X.2.3 Anrechnung von Einkommen

In einem ersten Schritt wurde der Frage nachgegangen, „ob" Mittel, die der hilfebedürftigen Person zur Verfügung stehen, als Einkommen zu berücksichtigen sind. Nun ist in einem zweiten Schritt zur klären, *„in welchem Umfang"* diese Mittel auf den Bedarf anzurechnen sind. Anders formuliert: Allein der Umstand, dass eine Person über Einkommen im Sinne des SGB II verfügt, bedeutet noch nicht, dass dieses Einkommen ihren Unterstützungsbedarf mindert. Zunächst sind unterschiedliche Absetzungen vorzunehmen, die in § 11b SGB II aufgelistet sind.

Schauen Sie sich zur Verdeutlichung noch einmal die Grundlagen der Berechnung der Hilfebedürftigkeit und die dort dargestellte Klammerrechnung an![203]

Im Rahmen des 6. Falls „Familie Noelles Regel- und Mehrbedarf"[204] wurde die Frage angesprochen, inwieweit alltäglich notwendige Ausgaben zu einer rechnerischen Bedarfserhöhung oder zu einer rechnerischen Einkommensverringerung führen. Am Beispiel der Ausgaben für KFZ-Steuer, KFZ-Versicherung, Sprit- und Reparaturkosten war deutlich geworden, dass alle diese Ausgaben nur als Teil des Regelbedarfs erfasst sind.

> **Merke:**
>
> Menschen, die als Aufstocker erwerbsbedingt besondere Ausgaben haben, wird kein höherer Bedarf zuerkannt als Leistungsberechtigten, die nicht erwerbstätig sind. Den Aufstockern wird aber ein Teil Ihres Einkommens durch die *Einkommensbereinigung* belassen, damit berufsbedingte wie auch weitere zusätzliche Ausgaben möglich werden.

---

202 Vgl. hierzu unter V.2.
203 Vgl. unter VI.1.1.
204 Vgl. unter VI – 6. Fall Frage h.

X.2.3.1 Absetzbeträge, § 11b Abs. 1 SGB II

In § 11b Abs. 1 SGB II sind Mittel aufgelistet, die zwar als Einkommen anzusehen sind, die die bedürftige Person aber gleichwohl nicht nutzen kann, um den täglichen Lebensunterhalt zu bestreiten. Um diese Regelung zu verstehen ist es sinnvoll, sich zunächst klarzumachen, dass das SGB II von einem sehr weiten Einkommensbegriff ausgeht: Einkommen meint das Bruttoeinkommen der hilfebedürftigen Person.

Die Bestimmung des § 11b Abs. 1 SGB II zeigt wieder einmal, wie systematisch das SGB II aufgebaut ist. Die aufgelisteten acht Nummern leiten Sie durch die Prüfung, was im Einzelnen vom Einkommen abzusetzen ist. Wenn Sie diese Nummern Punkt für Punkt durcharbeiten, werden Sie nichts übersehen.

Steuern sind ebenso wie die *Pflichtbeiträge zur Sozialversicherung* einschließlich der Beiträge zur Arbeitsförderung an den Staat abzuführen. Sie stehen der hilfebedürftigen Person nicht zur Verfügung, um den eigenen Bedarf zu decken. Daher sind sie vom Einkommen abzusetzen (§ 11b Abs. 1 Satz 1 Nr. 1 und Nr. 2 SGB II).[205]

Zu den absetzbaren *Versicherungsbeiträgen* zählen gem. § 11b Abs. 1 Satz 1 Nr. 3 SGB II

- die Beiträge für eine *freiwillige oder private Kranken-, Pflege und Rentenversicherung* für Mitglieder in einer Bedarfsgemeinschaft, die nicht bereits über ihre Eltern oder ihren Ehepartner, sondern eigenständig versichert sind (z. B. eheähnliche Partner). Wird ein Zuschuss zur Kranken- oder Pflegeversicherung gem. § 26 SGB II geleistet, mindert sich entsprechend der absetzbare Betrag.
- die Beiträge zu *gesetzlich vorgeschriebenen Versicherungen* (z. B. Kfz-Haftpflichtversicherung oder gesetzlich vorgeschriebene Berufshaftpflichtversicherung) in tatsächlicher Höhe.
- die Beiträge für andere *private Versicherungen* (z. B. Privathaftpflicht- oder Hausratsversicherung). Für diese Versicherungen wird grundsätzlich eine monatliche Pauschale in Höhe von 30 € angesetzt, unabhängig davon, ob eine entsprechende Versicherung besteht oder nicht und in welcher Höhe die Versicherung Kosten verursacht (vgl. § 6 Abs. 1 Nr. 1 Bürgergeld-V).

Vom Einkommen können weiterhin *titulierte Unterhaltsansprüche* abgesetzt werden (§ 11b Abs. 1 Nr. 7 SGB II). Dabei handelt es sich um Unterhaltszahlungen, die aufgrund einer notariellen Urkunde oder aufgrund eines Unterhaltsurteils gezahlt werden müssen.

---

[205] Möglicherweise stellen Sie sich nun die Frage, warum denn überhaupt mit dem Bruttoeinkommen gerechnet wird, wenn die Steuern und Sozialversicherungsbeiträge ohnehin vom Einkommen abzusetzen sind. Dann könnte man doch viel einfacher von vornherein das Nettoeinkommen als Ausgangspunkt nehmen. Sie werden später sehen, dass sich der Erwerbstätigenfreibetrag (§ 11b Abs. 3 SGB II; X.2.3.4) prozentual anhand des Einkommens berechnet. Dort erweist es sich für die hilfebedürftige Person als günstiger, wenn für die prozentuale Berechnung das höhere Bruttoeinkommen und nicht das niedrigere Nettoeinkommen zugrunde gelegt wird.

Von besonderem Interesse für erwerbstätige Leistungsberechtigte sind die Bestimmungen des § 11b Abs. 1 Nr. 5 und 6 SGB II. Danach dürfen vom Einkommen abgesetzt werden

- die mit der Erzielung des Einkommens verbundenen notwendigen Ausgaben (§ 11b Abs. 2 SGB II) ebenso wie
- ein weitergehender Erwerbsfreibetrag (§ 11b Abs. 3 SGB II).

Diese Bestimmungen sind im Folgenden noch einmal genauer zu betrachten.

X.2.3.2 Absetzbeträge für Erwerbstätige, § 11b Abs. 2 SGB II

Gehen Sie gedanklich noch einmal zu den Grundlagen zurück: Ziel der Grundsicherung für Arbeitsuchende ist es, die Eigenverantwortung von erwerbsfähigen Leistungsberechtigten zu stärken und dazu beizutragen, dass sie ihren Lebensunterhalt unabhängig von der Grundsicherung aus eigenen Mitteln und Kräften bestreiten können.

Wissen Sie noch, wo dies ausdrücklich geregelt ist?[206]

Erwerbsfähige Leistungsberechtigte sollen also dazu motiviert werden, einer Berufstätigkeit nachzugehen. Das werden sie aber – aus finanzieller Sicht – nur dann machen, wenn sich das Arbeiten lohnt. Der Gesetzgeber ist daher aufgefordert, *Anreize* zu schaffen. Er hat zu gewährleisten, dass Leistungsberechtigten, die arbeiten gehen in attraktiver Weise mehr Mittel zur Verfügung verbleiben als Leistungsberechtigten, die nicht arbeiten gehen. Deshalb wird erzieltes Einkommen aus Erwerbstätigkeit nicht in vollem Umfang auf den Bedarf angerechnet. Der erwerbstätige Leistungsberechtigte darf weitergehende Absetzungen vornehmen.

Möglicherweise haben Sie schon einmal für sich selbst eine Einkommensteuererklärung abgeben müssen. Dort werden Sie überlegen, ob Sie Ausgaben hatten, aufgrund derer die Einkommensteuerlast gemindert werden kann. Wissen Sie wie im Steuerrecht die Ausgaben heißen, die im Zusammenhang mit einer Erwerbstätigkeit geltend gemacht werden können?[207]

Ebenso wie im Steuerrecht besteht auch im Rahmen der Grundsicherung für Arbeitsuchende die Möglichkeit, Ausgaben vom Einkommen abzusetzen, die erforderlich waren, um das Einkommen zu erzielen. Dadurch verringert sich der Betrag, der auf den Bedarf anzurechnen ist. Das bedeutet, dass der Anspruch der erwerbsfähigen Leistungsberechtigten auf Bürgergeld größer bleibt. Dabei unterscheidet der Gesetzgeber danach, wie hoch das erzielte Einkommen der leistungsberechtigten Person ist.

---

206 § 1 Abs. 2 Satz 1 SGB II.
207 Im Steuerrecht spricht man von Werbungskosten. Vgl. § 9 Abs. 1 Satz 1 EStG: Werbungskosten sind Aufwendungen zur Erwerbung, Sicherung und Erhaltung der Einnahmen.

1. Alternative

Für den Fall, dass der Arbeitsuchende ein Einkommen aus Erwerbstätigkeit von bis zu 400 € hat, geht der Gesetzgeber davon aus, dass ein Betrag von 100 € erforderlich ist, um dieses Einkommen zu erzielen. Aus Gründen der Verwaltungsvereinfachung hat er den in diesem Fall vom Erwerbseinkommen abzusetzenden Betrag pauschaliert (§ 11b Abs. 2 Satz 1 SGB II). Das kann für den Leistungsberechtigten sowohl ein Vor- als auch ein Nachteil sein.

> **Beispiel:**
>
> Familie Gómez bezieht Leistungen nach dem SGB II. Um den Lebensunterhalt bestreiten zu können, gehen Herr und Frau Gómez zudem beide einer Erwerbstätigkeit nach.
> - Herr Gómez hat ein monatliches Einkommen in Höhe von 300 €. Um dieses Einkommen zu erzielen, entstehen ihm monatliche Kosten in Höhe von 120 € (Fahrtkosten, Arbeitskleidung etc.).
> - Frau Gómez hat ebenfalls ein monatliches Einkommen in Höhe von 300 €. Ihr Arbeitsplatz ist fußläufig von der Wohnung der Familie entfernt. Ihr entstehen daher keinerlei weitergehende Kosten, um das Einkommen zu erzielen.

Da sowohl Herr als auch Frau Gómez ein Einkommen aus Erwerbstätigkeit von weniger als 400 € haben, wird in ihrem Fall der nach § 11b Abs. 2 Satz 1 SGB II abzusetzende Betrag pauschaliert. Nach dieser Norm können beide einen Betrag in Höhe von 100 € absetzen, und zwar unabhängig davon, dass Frau Gómez keinerlei weitergehende Kosten im Rahmen ihrer Erwerbstätigkeit entstehen und dass Herr Gómez sogar höhere Kosten als 100 € hat.

2. Alternative

Erzielt der Arbeitsuchende ein Einkommen von mehr als 400 € brutto gibt es zwei Möglichkeiten:

- Genau wie im Fall eines Erwerbseinkommens von bis zu 400 € kann auch in diesem Fall die Pauschale von 100 € geltend gemacht werden.
- Kann die oder der erwerbsfähige Leistungsberechtigte jedoch nachweisen, dass die notwendigen Ausgaben zur Erzielung des Einkommens aus Erwerbstätigkeit den Betrag von 100 € übersteigen (§ 11b Abs. 1 Satz 1 Nr. 3 – 5 SGB II), so kann er auch den höheren Betrag absetzen (§ 11b Abs. 2 Satz 2 SGB II).

Vor diesem Hintergrund ist es wichtig zu überlegen, welche Ausgaben zur Erzielung des Einkommens aus Erwerbstätigkeit notwendig sind. Hierzu können zum Beispiel zählen (Auflistung nach Widerspruch e. V 2017: S. 89):

- Kosten für Arbeitsmittel, Arbeitsmaterial sowie Arbeitskleidung,
- die Beiträge zu Berufsverbänden und Gewerkschaften,
- Kinderbetreuungskosten,
- berufliche Fortbildungen und Fachliteratur,

- Kosten für Telefon und Internetanschluss,
- Reise- und Umzugskosten,
- die Kosten der doppelten Haushaltsführung,
- Bewerbungskosten,
- Fahrkosten.

Die Verordnung zur Berechnung von Einkommen sowie zur Nichtberücksichtigung von Einkommen und Vermögen beim Bürgergeld für nichterwerbsfähige Leistungsberechtigte (Bürgergeld-V) enthält in § 6 zur Vereinfachung erneut Pauschbeträge für einzelne vom Einkommen abzusetzende Beträge.

Notieren Sie sich daher neben § 11b Abs. 2 Satz 2 SGB II einen Verweis auf § 6 Bürgergeld-V.

- Von Interesse ist auch in diesem Zusammenhang die bereits thematisierte *Versicherungspauschale für private angemessene Versicherungen* in Höhe von 30 € monatlich (§ 6 Abs. 1 Nr. 1 Bürgergeld-V). Diese darf auch bei Nachweis höherer Kosten nicht überschritten werden. Andererseits kann sie auch dann geltend gemacht werden, wenn eine Versicherung nicht abgeschlossen worden ist. Anders ist es allerdings bei Minderjährigen: Diese können die Pauschale nur dann geltend machen, wenn eine entsprechende Versicherung besteht (§ 6 Abs. 1 Nr. 2 Bürgergeld-V).
- Bei Personen, die nicht *versicherungspflichtig in der gesetzlichen Kranken- und Pflegeversicherung* sind und aufstockend Bürgergeld beziehen, ist monatlich ein Betrag in Höhe eines Zwölftels der nachgewiesenen Jahresbeiträge zu den gesetzlich vorgeschriebenen Versicherungen abzusetzen (§ 6 Abs. 1 Nr. 3 Bürgergeld-V).
- Bei *Benutzung eines Kraftfahrzeuges* wird eine Abzugspauschale von 0,20 € für jeden Entfernungskilometer der kürzesten einfachen Wegstrecke zur Arbeit für jeden Tag zugrunde gelegt (§ 6 Abs. 1 Nr. 5 Bürgergeld-V). Alternativ können die Kosten der günstigsten Monatsfahrtkarte bei Benutzung öffentlicher Verkehrsmittel geltend gemacht werden. Dies gilt auch dann, wenn die Entfernungspauschale im Vergleich dazu unangemessen hoch wäre (§ 6 Abs. 2 Bürgergeld -V).

X.2.3.3 Absetzbeträge für Schüler und Auszubildende, § 11b Abs. 2b SGB II

Für Schülerinnen und Schüler, Teilnehmende an einem Freiwilligendienst, Auszubildende und Studierende ist ein Freibetrag in Höhe von 538 € (Stand: 2024) abzusetzen, sofern die weitergehenden Voraussetzungen des § 11b Abs. 2b SGB II erfüllt sind. Damit bleiben entsprechende Einnahmen aus geringfügiger Beschäftigung komplett unberücksichtigt und werden nicht auf den SGB II-Anspruch angerechnet.[208]

---

[208] Mit dieser Regelung geht einher, dass der Einkommensfreibetrag des § 11b Abs. 3 Satz 2 Nr. 1 SGB II in diesen Fällen nicht zur Anwendung gelangen kann, vgl. § 11b Abs. 3 Satz 4 SGB II. Da das Einkommen bis 538 € (Stand: 2024) ohnehin vollständig abgesetzt werden kann, bedarf es keines weitergehenden Freibetrags für das Bruttoeinkommen zwischen 100 und 520 €.

X.2.3.4 Erwerbstätigenfreibetrag, § 11b Abs. 3 SGB II

Die zuvor behandelten Regelungen (§ 11 b Abs. 1 und 2 SGB II) dienen der *Einkommensbereinigung*. Vom brutto Einkommen sind die Beträge abzusetzen, die dem Einzelnen nicht zur Verfügung stehen, um damit seinen Lebensunterhalt zu bestreiten. Sie können daher den Bedarf, den der Einzelne gegenüber dem Jobcenter geltend macht, auch nicht mindern.

§ 11b Abs. 3 SGB II möchte für erwerbsfähige Leistungsberechtigte einen weiteren Anreiz schaffen, um sozialversicherungspflichtig erwerbstätig zu sein. Erwerbsfähige Leistungsberechtigte, die einer Erwerbstätigkeit nachgehen, sollen trotz der Hilfebedürftigkeit finanziell besser dastehen, als solche, die nicht arbeiten gehen. Daher dürfen die erwerbstätigen Leistungsberechtigten einen weiteren *Freibetrag* vom monatlichen Einkommen aus Erwerbstätigkeit absetzen. Zur Förderung sozialversicherungspflichtiger Beschäftigungen ist der Absetzbetrag noch einmal höher, wenn die Geringfügigkeitsgrenze überschritten wird.

Der Regelung liegen folgende Überlegungen zugrunde:

- Die ersten 100 € des Einkommens werden bereits über die Bestimmung des § 11b Abs. 2 SGB II abgesetzt.[209] Daher kann ein weitergehender Abzugsbetrag erst dann zum Zuge kommen, wenn das Einkommen 100 € übersteigt.
- Für den Teil des monatlichen Einkommens, der 100 € übersteigt und nicht mehr als 520 € beträgt, beläuft sich der Abzugsbetrag auf 20 Prozent des Bruttoeinkommens (§ 11b Abs. 3 Satz 2 Nr. 1 SGB II).
- Zur Förderung sozialversicherungspflichtiger Beschäftigungen beläuft sich der Freibetrag für den Teil des monatlichen Bruttoeinkommens, der 520 € übersteigt und nicht mehr als 1.000 € beträgt auf 30 % (§ 11b Abs. 3 Satz 2 Nr. 2 SGB II).
- Je höher das Einkommen der leistungsberechtigten Person ist, umso mehr ist sie einer Person vergleichbar, die ihren Lebensunterhalt ohne Grundsicherung nach dem SGB II bestreiten kann. Daher reduziert sich der Prozentsatz, der zum Abzug kommt für den Teil des monatlichen Einkommens, der 1.000 € übersteigt und nicht mehr als 1.200 € beträgt, auf 10 Prozent (§ 11b Abs. 3 Satz 2 Nr. 3 SGB II).
- Aus der abschließenden Bestimmung des § 11b Abs. 3 Satz 2 SGB II ergibt sich zugleich, dass der Anteil des Einkommens, der 1.200 € übersteigt, vollumfänglich auf den Bedarf anzurechnen ist. Eine Ausnahme gilt nur für erwerbsfähige Leistungsberechtigte, die entweder mit mindestens einem Kind in Bedarfsgemeinschaft leben oder die mindestens ein Kind haben. In diesem Fall liegt die Grenze, bis zu der ein prozentualer Betrag des Einkommens abzusetzen ist, bei 1.500 € (§ 11b Abs. 3 Satz 3 SGB II).

---

[209] Vgl. unter X.2.3.2.

X. Kapitel: Anrechnung von Einkommen und Vermögen

Die vorhergehenden Ausführungen lassen sich in folgender Übersicht noch einmal zusammenfassen:

Tabelle X.1: Anrechnung von Einkommen

Bruttolohn	Absatzpauschale § 11 b Abs. 2 Satz 1 SGB II	Freibetrag § 11b Abs. 3 SGB II	Gesamter Absatzbetrag
100 €	100 €	-	100 €
200 €	100 €	20 €	120 €
300 €	100 €	40 €	140 €
400 €	100 €	60 €	160 €
500 €	100 €*	80 €	180 €
600 €	100 €*	84 + 24 €	208 €
700 €	100 €*	84 + 54 €	238 €
800 €	100 €*	84 + 84 €	268 €
900 €	100 €*	84 + 114 €	298 €
1000 €	100 €*	84 + 144 €	328 €
1100 €	100 €*	84 € + 144 + 10 €	338 €
1200 €	100 €*	84 € + 144 + 20 €	348 €
1500 €**	100 €*	84 € + 144 + 50 €	378 €

* Übersteigt das Bruttoeinkommen 400 €, dann kann im Einzelfall auch ein höherer Betrag als die Absatzpauschale geltend gemacht werden (§ 11b Abs. 2 Satz 2 SGB II).
** Die höhere Obergrenze kommt zur Anwendung, wenn die oder der erwerbsfähige Leistungsberechtigte mit einem oder mehreren minderjährigen Kindern zusammenlebt oder mindestens ein Kind hat (§ 11b Abs. 3 Satz 3 SGB II).

X.2.3.5 Anrechnung nach der Horizontalmethode

Durch das anzurechnende Einkommen mindert sich entsprechend der Bedarf der leistungsberechtigten Person. Sofern die *Bedarfsgemeinschaft nur aus einer Person* besteht, ist ihr entsprechend das erzielte anrechenbare Einkommen zuzurechnen.

Schwieriger erweist sich die Beantwortung der Frage, wenn die *Bedarfsgemeinschaft aus mehreren Personen* besteht: Mindert das Einkommen den Bedarf der Person, die das Einkommen erzielt oder ist das Einkommen auf den Bedarf aller Mitglieder der Gemeinschaft anzurechnen? Eine Antwort auf diese Frage gibt § 9 Abs. 2 Satz 3 SGB II: „Ist in einer Bedarfsgemeinschaft nicht der gesamte Bedarf aus eigenen Kräften und Mitteln gedeckt, gilt jede Person der Bedarfsgemeinschaft *im Verhältnis des eigenen Bedarfs zum Gesamtbedarf* als hilfebedürftig." Für die Ermittlung des Bedarfs ist es also erforderlich, einerseits den Bedarf der Gemeinschaft insgesamt zu berechnen. Andererseits wird aber auch berechnet, welchen prozentualen Anteil der Bedarf eines jeden einzelnen Mitglieds der Gemeinschaft gemessen an dem gesamten Bedarf der Gemeinschaft ausmacht. Was für die Berechnung des Bedarfs gilt, gilt auch für die Anrechnung des Einkommens. Sofern eine Einstandspflicht besteht, wird das anrechenbare Einkommen nicht schlicht nach Köpfen gleichmäßig auf alle Mitglieder der Gemeinschaft verteilt. Vielmehr erfolgt eine prozentuale Verteilung des Einkommens auf jedes einzelne Mitglied der Gemeinschaft entsprechend dem zuvor ermittelten Anteil an dem gesamten Bedarf der Gemeinschaft. Dieses Vorgehen wird als *Horizontalmethode* bezeichnet.[210]

X.2.4 Einkommensanrechnung in der Sozialhilfe

Ebenso wie im Bereich der Grundsicherung für Arbeitsuchende stellt sich auch im Bereich der Sozialhilfe die Frage, in welchem Umfang Einkommen auf den sozialhilferechtlichen Bedarf anzurechnen ist.

X.2.4.1 Einkommen – nicht zu berücksichtigendes Einkommen

Der sozialhilferechtliche *Einkommensbegriff* ist weiter gefasst als derjenige im SGB II. Zum Einkommen zählen hier alle Einkünfte in Geld oder Geldeswert (§ 82 Abs. 1 Satz 1 SGB II). Demgegenüber sind im Bereich der Grundsicherung für Arbeitsuchende Einnahmen in Geldeswert nur im Kontext einer Erwerbstätigkeit zum Einkommen gerechnet (§ 11 Abs. 1 Satz 2 SGB II). Warum ein geschenktes Auto für einen Arbeitsuchenden als Vermögen zu qualifizieren ist, während es sich für einen Sozialhilfeempfänger um Einkommen handelt, ist vor dem Gedanken der Gleichbehandlung (Art. 3 GG) nur schwer nachvollziehbar.

Ebenso wie das Grundsicherungsrecht des SGB II kennt auch das Sozialhilferecht eine ganze Reihe von Zuwendungen, die *nicht dem Einkommen* zuzurechnen sind. Hierzu zählen

- ausgenommene Einkommensarten, § 82 Abs. 1 Satz 2 SGB XII
- ausgenommene Entschädigungsleistungen, § 83 Abs. 2 SGB XII
- zweckbestimmte Einnahmen, § 83 Abs. 1 SGB XII
- Zuwendungen der freien Wohlfahrtspflege, § 84 Abs. 1 SGB XII
- Zuwendungen Dritter, § 84 Abs. 2 SGB XII

Hinsichtlich des Zeitpunkts der Berücksichtigung von Einkommen unterscheidet die Sozialhilfe zwischen *einmaligen Einnahmen* und *laufenden Einnahmen*: Einmalige Einnahmen, bei denen für den Monat des Zuflusses bereits Leistungen ohne Berücksichtigung der Einnahme erbracht worden sind, werden im Folgemonat berücksichtigt (§ 82 Abs. 7 Satz 1 SGB XII). Sofern eine einmalige Einnahme so hoch ist, dass der Leistungsanspruch durch die Berücksichtigung in einem Monat entfiele, ist die einmalige Einnahme auf einen Zeitraum von sechs Monaten gleichmäßig zu verteilen und mit einem entsprechenden Teilbetrag zu berücksichtigen (§ 82 Abs. 7 Satz 2 SGB XII).

---

210 Vgl. hierzu unter Kapitel XIII „Das vollständige Gutachten".

> **Beispiel:**
> Herr Wagner ist hilfebedürftig. Er hat einen monatlichen Bedarf von 1.100 €. Ein vermögender Freund meint es gut mit ihm und schenkt ihm einmalig 6.000 €.
> Fällt Herr Wagner in den Anwendungsbereich des SGB II, dann sind von den 6.000 € im Monat des Zuflusses 1.100 € auf seinen Bedarf anzurechnen (§ 11 Abs. 2 SGB II). Die verbleibenden 4.900 € sind im Folgenden Monat als Vermögen zu beurteilen und entsprechend der Bestimmung des § 12 SGB II geschützt.
> Fällt Herr Wagner in den Anwendungsbereich des SGB XII, dann sind die 6.000 € gleichmäßig über einen Zeitraum von 6 Monaten auf seinen Bedarf anzurechnen. Sein Bedarf reduziert sich entsprechend ein halbes Jahr lang um monatlich 1.000 €, bis die Schenkung vollständig verbraucht ist.

X.2.4.2 Anrechnung des Einkommens

Erzielt ein Sozialhilfeempfänger Einkommen, so sind gem. § 82 Abs. 2 Satz 1 SGB XII davon abzusetzen

- auf das Einkommen entrichtete Steuern,
- Pflichtbeiträge zur Sozialversicherung einschließlich der Beiträge zur Arbeitsförderung,
- Beiträge zu öffentlichen oder privaten Versicherungen, soweit diese gesetzlich vorgeschrieben oder nach Grund und Höhe angemessen sind,
- Beiträge zur geförderten Altersvorsorge (Riester-Rente),
- die mit der Erzielung des Einkommens verbundenen notwendigen Ausgaben.

Zur Ermittlung der zur Erzielung des Einkommens *notwendigen Ausgaben* hilft § 3 der Verordnung zur Durchführung des § 82 SGB XII (SGB XII§ 82DV). Hierzu gehören gem. § 3 Abs. 4 SGB XII§ 82DV vor allem

- notwendige Aufwendungen für Arbeitsmittel,
- notwendige Aufwendungen für Fahrten zwischen Wohnung und Arbeitsstätte,
- notwendige Beiträge für Berufsverbände,
- notwendige Mehraufwendungen infolge Führung eines doppelten Haushalts.

Als *Aufwendungen für Arbeitsmittel* kann ein monatlicher Pauschbetrag von 5,20 € berücksichtigt werden, wenn nicht im Einzelfall höhere Aufwendungen nachgewiesen werden (§ 3 Abs. 5 SGB XII§ 82DV).[211] Die Ermittlung der absetzbaren Fahrtkosten richtet sich nach § 3 Abs. 6 SGB XII§ 82 DV.

Im Rahmen der Hilfe zum Lebensunterhalt und der Grundsicherung im Alter ist ein weiterer Betrag des Einkommens aus Erwerbstätigkeit abzusetzen. Dieser beläuft sich auf 30 % des Einkommens, höchstens jedoch auf 50 % der Regelbedarfsstufe 1. (vgl. § 82 Abs. 3 Satz 1 SGB XII).

---

[211] Auch an dieser Stelle lohnt wieder ein Vergleich mit der Grundsicherung für Arbeitsuchende. Dort kann eine Pauschale von 100 € abgesetzt werden, § 11b Abs. 2 Satz 1 SGB II, vgl. unter X.2.3.2.

X.2 Einkommen

> **Beispiel:**
>
> Der alleinstehende Herr Caspari erzielt ein Einkommen aus Erwerbstätigkeit von 900 € (brutto). Gem. § 82 Abs. 3 Satz 1 SGB XII darf er von diesem Einkommen einen Betrag in Höhe von 30 % absetzen und braucht ihn in der Folge nicht auf seinen Bedarf anrechnen zu lassen. Rein rechnerisch könnte er somit einen Betrag von 300 € absetzen. Die Absetzmöglichkeit ist jedoch zugleich begrenzt auf 50 % der Regelbedarfsstufe 1. Das sind im Jahr 2024 50 % von 563 €. Damit kann Herr Caspari höchstens 281,50 € absetzen.

Für Menschen in einer Werkstatt für behinderte Menschen (WfbM) gibt es eine gesonderte Berechnung des Freibetrags, § 83 Abs. 3 Satz 2 SGB XII. Dieser setzt sich zusammen aus

- einem Achtel der Regelbedarfsstufe 1
- zuzüglich 50 % des diesen Betrag übersteigenden Entgelts.

> **Beispiel**
>
> Frau Reichart arbeitet in einer Werkstatt für behinderte Menschen. Sie bezieht Grundsicherung im Alter und bei Erwerbsminderung. Ihr Arbeitsentgelt beläuft sich auf 220,37 €.
> Das abzusetzende Einkommen setzt sich zusammen aus
>
> - Grundfreibetrag: ein Achtel (= 12,5 %) der Regelbedarfsstufe 1
>   also 1/8 von 563 € (im Jahr 2024) = 70,37
> - 50 % des diesen Betrag übersteigenden Entgelts
>   also 50 % von 150 € (der Differenz zwischen 70,37 und 220,37) = 75 €
>
> Frau Reichart kann von ihrem Entgelt nach dieser Bestimmung 145,37 € absetzen.

X.2.4.3 Anrechnung nach der Vertikalmethode

Ebenso wie im Rahmen des SGB II stellt sich auch im Bereich der Sozialhilfe die Frage, in welcher Weise eine Anrechnung des Einkommens erfolgt, wenn mehrere Personen gemeinschaftlich zusammenleben. Ausgangspunkt für die Beantwortung dieser Frage bildet § 19 SGB XII. Danach ist eine Person hilfebedürftig, sofern sie ihren *eigenen notwendigen Lebensbedarf* nicht aus eigenen Mitteln und Kräften bestreiten kann. Im Unterschied zur Grundsicherung für Arbeitsuchende stellt die Norm also nicht maßgeblich auf die Hilfebedürftigkeit der gesamten Gemeinschaft, sondern auf die Hilfebedürftigkeit der einzelnen Person ab. Was im Rahmen der Ermittlung des Bedarfs gilt, gilt entsprechend auch für die Anrechnung des Einkommens: Erzielt eine Person anrechenbares Einkommen, so ist dies zunächst ihr selbst anzurechnen. Erst dann, wenn durch die zur Verfügung stehenden Mittel der gesamte eigene Bedarf gedeckt ist und darüber hinaus noch weitergehende Mittel zur Verfügung stehen, erfolgt im Rahmen der Bestimmungen der Einsatzgemeinschaft eine Anrechnung des Einkommens auf weitere Personen (sog. *Vertikalmethode*).

X.2.5 Wiederholungsfall

1. Das Einkommen von Herrn Hazinedar[212]

Das Ehepaar Hazinedar bezieht Leistungen nach dem SGB II. Herr Hazinedar findet eine neue Anstellung. Sein Bruttoeinkommen beträgt 920 € (netto 730 €). Um zur Arbeitsstätte zu gelangen, benötigt er ein Busticket. Die günstigste Zeitkarte kostet 50 €. Darüber hinaus entstehen ihm für Arbeitsmaterialien und -kleidung monatliche Ausgaben in Höhe von 30 €. Berechnen Sie das zu berücksichtigende Einkommen.

2. Das Einkommen von Frau Druwetzki

Familie Druwetzki (Mutter, Vater, 6-jährige Tochter Katharina) bezieht Leistungen nach dem SGB II. Frau Druwetzki findet eine neue Anstellung. Ihr Bruttoeinkommen beträgt 1.400 € (netto 1.110 €). Sie benötigt eine Zeitkarte für 50 €, um zum Arbeitsplatz zu gelangen. Weitergehende Kosten fallen nicht an. Berechnen Sie das zu berücksichtigende Einkommen.

X.2.6 Wiederholungsfragen

Fragen

- Definieren Sie die Begriffe „Einkommen" und „Vermögen" i. S. d. SGB II! Auf welchen Zeitpunkt ist maßgeblich abzustellen?
- Können Steuern und Beiträge zur Sozialversicherung im Rahmen der Einkommensbereinigung vom Einkommen eines Bürgergeld–Empfängers/Sozialhilfeempfängers abgesetzt werden? Welche Norm hilft zur Beantwortung der Frage weiter?
- Welche Beträge können bei einem Lohn von 600 € (brutto) zur Berechnung des im Rahmen des Bürgergelds zu berücksichtigenden Einkommens nach § 11b Abs. 2 und 3 SGB II zumindest abgesetzt werden?

X.3 Vermögen

Das Gesetz stellt den Grundsatz auf, dass alle verwertbaren Vermögensgegenstände auch tatsächlich als Vermögen zu berücksichtigen sind (§ 12 Abs. 1 Satz 1 SGB II). Dahinter steht die Überlegung, dass eine hilfebedürftige Person ihr zustehende Finanzmittel, Sachen und Rechte (= Vermögensgegenstände) zu Geld machen und die freiwerdenden Mittel nutzen kann, um den eigenen Lebensunterhalt zumindest teilweise zu sichern (§ 9 Abs. 1 SGB II).

X.3.1 Verwertbare Vermögensgegenstände

Daher stellt sich die Frage, welche Vermögenswerte „versilbert" werden können und in welchen Fällen ein solches Vorgehen nicht in Betracht kommt.

---

[212] Eine Lösungsskizze finden Sie am Ende des Buches in Kapitel XIV.

Überlegen Sie zunächst einmal selbst: Welche der Vermögenswerte, auf die Sie Zugriff haben, können Sie nutzen, um damit Ihren Lebensunterhalt zu bestreiten? Bei welchen Vermögenswerten erscheint Ihnen ein entsprechender Einsatz schwer möglich oder gar ausgeschlossen?

Die Verwertbarkeit von Vermögensgegenständen kann aus unterschiedlichen Gründen heraus problematisch sein:

- Vermögensgegenstände können aus rechtlichen oder tatsächlichen Gründen unverwertbar sein (Verwertungshindernisse).
- Die Verwertbarkeit von Vermögensgegenständen kann sich in zeitlicher Hinsicht als kompliziert erweisen.

X.3.1.1 Verwertungshindernisse

Eine Unverwertbarkeit aus *rechtlichen Gründen* besteht dann, wenn die hilfebedürftige Person einen Vermögensgegenstand nicht verwerten darf und eine Aufhebung der Beschränkung nicht erreichen kann:

- Hat sich eine bedürftige Person ein Auto bei Freunden ausgeliehen, so ist dieses selbstverständlich zu dem vereinbarten Zeitpunkt wieder an die Freunde herauszugeben. Die Leihe beinhaltet gerade nicht das Recht einer eigenmächtigen Veräußerung.
- Ist ein Grundstück zum Zwecke der Zwangsversteigerung beschlagnahmt worden, ist es dem Eigentümer gesetzlich verboten, weiterhin darüber zu verfügen (vgl. § 135 BGB).
- Mit der wirksamen Abtretung einer Forderung geht diese in das Eigentum des Vertragspartners über. Sie ist der weiteren Nutzung durch den ursprünglichen Forderungsinhaber entzogen.

Tatsächlich unverwertbar sind Vermögensgegenstande, „für die in absehbarer Zeit kein Käufer zu finden sein wird, etwa weil die Gegenstände dieser Art nicht (mehr) marktgängig sind oder die, wie Grundstücke infolge sinkender Immobilienpreise, über den Marktwert hinaus belastet sind und auch keine andere Verwertungsmöglichkeit ersichtlich ist" (BSG Urt. v. 24.5.2017 – B 14 AS 16/16 R, Rn. 22).

X.3.1.2 Zeitliche Grenzen der Verwertbarkeit

Beispiel:

Herr Böcker hat schon vor längerer Zeit seinen Job verloren und will nun einen Antrag auf Bürgergeld stellen. Allerdings hat er – gemeinschaftlich mit seinen beiden Brüdern – von einem entfernten Verwandten eine hochwertige Immobilie geerbt. Es besteht Einigkeit darüber, dass das Haus verkauft und der Veräußerungserlös unter den drei Geschwistern aufgeteilt werden soll. Wenn dies geschehen ist, wird Herr Böcker davon die nächsten Jahre erst einmal leben können. Nur jetzt stehen ihm die Mittel eben noch nicht zur Verfügung. Bis der

Verkauf vollständig abgewickelt ist, werden voraussichtlich noch vier Monate vergehen.

Das Jobcenter entscheidet über den Anspruch auf Leistungen zur Sicherung des Lebensunterhalts in der Regel für ein Jahr (§ 41 Abs. 3 Satz 1 SGB II). Die Behörde muss also eine Prognose darüber anstellen, ob die antragstellende Person während des gesamten Bewilligungszeitraums hilfebedürftig sein wird (vgl. BSG Urt. v. 20.2.2014 – B 14 AS 10/13 R, Rn. 32). Ist Vermögen vorhanden, dann stellt sich die Frage, ob dieses rechtzeitig genutzt werden kann, um den bestehenden Bedarf zu decken.

Herr Böcker ist gegenwärtig auf staatliche Unterstützung angewiesen. Noch hat er nicht den Erlös aus der Veräußerung der Immobilie. Voraussichtlich wird er erst in vier Monaten über die erforderlichen Mittel verfügen, um seinen Lebensunterhalt eigenständig bestreiten zu können. Um eine solche Übergangssituation gestalten zu können bestimmt § 24 Abs. 5 Satz 1 SGB II: „Soweit Leistungsberechtigten der sofortige Verbrauch oder die sofortige Verwertung von zu berücksichtigendem Vermögen nicht möglich ist oder für sie eine besondere Härte bedeuten würde, sind Leistungen als Darlehen zu erbringen."

X.3.2 Nicht zu berücksichtigendes Vermögen, § 12 Abs. 1 Satz 2 SGB II

Nachdem das Gesetz den Grundsatz aufgestellt hat, dass alle verwertbaren Vermögensgegenstände als Vermögen zu berücksichtigen sind, werden sieben Arten verwertbarer Vermögensgegenstände aufgelistet, die nicht zur berücksichtigen sind (§ 12 Abs. 1 Satz 2 SGB II). Durch die Reform des SGB II im Jahre 2022 sind die Ausnahmeregelungen erheblich ausgeweitet, so dass im Ergebnis das Vermögen der Leistungsberechtigten wesentlich umfassender geschützt wird als dies zuvor der Fall war. Einzelne dieser Ausnahmebestimmungen sollen im Folgenden dargestellt werden.

X.3.2.1 Angemessener Hausrat

Angemessener Hausrat ist nicht als Vermögen zu berücksichtigen, das eine hilfebedürftige Person zur Finanzierung des eigenen Lebensunterhalts einzusetzen hat (§ 12 Abs. 1 Satz 2 Nr. 1 SGB II). Das ist nur konsequent. Denn zum einen erkennt der Gesetzgeber selbst an, dass Hausrat Bestandteil der Elemente des Regelbedarfs ist, die als Grundlage eines menschenwürdigen Lebens erforderlich sind (vgl. § 20 Abs. 1 Satz 1 SGB II). Zum anderen wäre es widersprüchlich, wenn eine hilfebedürftige Person zunächst ihren Hausrat als Vermögen einsetzen müsste, um unmittelbar danach einen Anspruch für Erstausstattung (§ 24 Abs. 3 Satz 1 Nr. 1 SGB II) geltend machen zu können.

Unter *Hausrat* ist die Gesamtheit der Möbel und Gegenstände eines Haushalts zu verstehen. Angemessen sind insbesondere solche Gegenständige, die zur Haushaltsführung und zum Wohnen notwendig oder zumindest üblich sind (vgl. Fachliche Weisungen BA zu § 12, Rz. 12.12.). Für die Beurteilung der Angemessenheit sind die Lebensumstände während des Bezugs von Bürgergeld maßgebend.[213] Geht der Hausrat über den angemessenen Rahmen hinaus (etwa bei einer luxuriösen Heimkinoanlage), so ist er nicht mehr geschont und ein Austausch gegen ein geeignetes übliches Ersatzgerät zumutbar.

X.3.2.2 Angemessenes Kraftfahrzeug

Nicht als Vermögen zu berücksichtigen ist ein *angemessenes Kraftfahrzeug* für jede in der Bedarfsgemeinschaft lebende erwerbsfähige Person (§ 12 Abs. 1 Satz 2 Nr. 2 SGB II). Im Rahmen einer Selbstauskunft hat sich die antragstellende Person zur Angemessenheit zu erklären. Soweit dies geschieht und die Angaben plausibel sind, wird die Angemessenheit grundsätzlich vermutet. Begrenzt wird die Angemessenheit nach den Weisungen der BA durch eine wertmäßige Obergrenze: „Ist ein Verkaufserlös abzüglich ggf. noch bestehender Kreditverbindlichkeiten von maximal 15.000,00 € erreichbar, ist von Angemessenheit auszugehen." (vgl. Fachliche Weisungen BA zu § 12, Rz. 12.13). Ist das Kraftfahrzeug im Einzelfall nicht mehr als angemessen zu qualifizieren, so ist der die Angemessenheit übersteigende Wert auf den Vermögensfreibetrag (§ 12 Abs. 3 und 4 SGB II) anzurechnen.

> **Zum Fall:**
>
> Das Auto von Frau Noelle, mit einem Verkehrswert von 4.000 €, ist also als angemessen anzusehen und daher nicht als Vermögen zu berücksichtigen.

X.3.2.3 Hausgrundstück oder Eigentumswohnung

Ein selbst genutztes Hausgrundstück oder eine selbst genutzte Eigentumswohnung sind nicht als Vermögen zur berücksichtigen, sofern sie eine angemessene Wohnfläche nicht überschreiten (§ 12 Abs. 1 Satz 2 Nr. 5 SGB II).

Voraussetzung für die Anwendung der Norm ist, dass die hilfebedürftige Person das Haus oder die Wohnung *selbst nutzt*: „Zweck dieser Regelung ist nicht der Schutz der Immobilie als Vermögensgegenstand, sondern allein der Schutz der Wohnung im Sinne der Erfüllung des Grundbedürfnisses „Wohnen" und als räumlicher Lebensmittelpunkt" (BSG, Urteil vom 7. 11. 2006–B 7b AS 2/05 R, Rn. 3). Zieht die hilfebedürftige Person aus oder veräußert sie die Immobilie, dann entfällt entsprechend der Schutz des § 12 Abs. 1 Satz 2 Nr. 5 SGB II.

Dabei sieht das Gesetz folgende Wohnflächen als angemessen an:

---

[213] Beachte in diesem Zusammenhang auch die großzügigere Regelung im Rahmen der Sozialhilfe (§ 90 Abs. 2 Nr. 4 SGB XII), wonach die *bisherigen Lebensverhältnisse* der nachfragenden Person zu berücksichtigen sind.

X. Kapitel: Anrechnung von Einkommen und Vermögen

Anzahl der bewohnenden Personen	Eigentumswohnung mit Wohnfläche in qm	Hausgrundstück mit Wohnfläche in qm
1 – 4	130	140
5	150	160
6	170	180
jede weitere Person	+ 20 qm	+ 20 qm

Im Einzelfall können auch höhere Wohnflächen als angemessen anzuerkennen sein, sofern die Berücksichtigung als Vermögen eine besondere Härte bedeuten würde (z. B. aufgrund der Familienplanung, der besonderen Lage im ländlichen Raum oder aufgrund des behindertengerechten Umbaus für die vorliegende Behinderung eines Bewohners).

Unter den Voraussetzungen des § 12 Abs. 1 Satz 2 Nr. 6 SGB II kann auch Vermögen zur baldigen Beschaffung oder Erhaltung eines Hausgrundstücks oder einer Eigentumswohnung von angemessener Größe geschützt sein. Voraussetzung dafür ist, dass das Hausgrundstück oder die Eigentumswohnung Menschen mit Behinderungen oder pflegebedürftigen Menschen zu Wohnzwecken dient oder dienen soll und dieser Zweck durch den Einsatz oder die Verwertung des Vermögens gefährdet würde.

X.3.2.4 Besondere Härte

Nicht als Vermögen zu berücksichtigen sind Sachen und Rechte, soweit ihre Verwertung für die betroffene Person eine *besondere Härte* bedeuten würde (§ 12 Abs. 1 Satz 2 Nr. 7 SGB II).

Der Begriff der besonderen Härte ist ein unbestimmter Rechtsbegriff, der der vollen gerichtlichen Überprüfung unterliegt. Wann eine solche vorliegt, bestimmt sich nach den Umständen des jeweiligen Einzelfalls. Die besondere Härte kann sich sowohl aus den besonderen Lebensumständen der oder des Leistungsberechtigten als auch aus der Herkunft des Vermögens ergeben. Im Einzelfall kann etwa Vermögen der Härtefallregelung unterliegen, das nachweisbar aus Schmerzensgeld oder anderem geschützten Einkommen angespart wurde (BSG 15.4.2008 – B 14/7b AS 6/07 R). Zu denken ist in diesem Zusammenhang auch an Familien- und Erbstücke, deren Veräußerung eine besondere Härte bedeuten würde oder an Gegenständen, die zur Befriedigung geistiger, insbesondere wissenschaftlicher oder künstlerischer Bedürfnisse dienen und deren Besitz nicht Luxus ist (vgl. die entsprechende Wertung in § 90 Abs. 2 Nr. 6, 7 SGB XII).

X.3.2.5 Vermögen zur Aufnahme oder Fortsetzung einer Berufsausbildung oder Erwerbstätigkeit

Über die Bestimmung des § 12 Abs. 1 Satz 2 hinaus bestimmt § 7 Abs. 1 Bürgergeld-V, dass Vermögensgegenstände nicht als Vermögen zu berücksichtigen sind, die zur Aufnahme oder Fortsetzung der Berufsausbildung oder der Erwerbstätigkeit unentbehrlich sind. Hierzu zählen etwa Maschinen oder Arbeitsgeräte.

X.3.3 Karenzzeit

Ebenso wie im Bereich der Kosten der Unterkunft[214] hat der Gesetzgeber auch im Bereich des zu berücksichtigenden Vermögens eine Karenzzeit in das Gesetz aufgenommen (§ 12 Abs. 3 SGB II):

- Die Karenzzeit *von einem Jahr beginnt* mit Beginn des Monats, für den erstmalig Leistungen nach dem SGB II bezogen werden.
- Wird der Leistungsbezug in der Karenzzeit für mindestens einen Monat *unterbrochen*, verlängert sich die Karenzzeit um volle Monate ohne Leistungsbezug.
- Eine neue Karenzzeit beginnt, wenn zuvor *mindestens drei Jahre* keine Leistungen nach diesem oder dem Zwölften Buch bezogen worden sind.

Während dieser Karenzzeit ist das Vermögen der leistungsberechtigten Person nicht völlig unbeachtlich. Es wird allerdings nur berücksichtigt, sofern es *erheblich* ist (§ 12 Abs. 3 Satz 2 SGB II). Der unbestimmte Rechtsbegriff der Erheblichkeit wird in § 12 Abs. 4 SGB II näher definiert: Das ist der Fall, wenn es in der Summe 40.000 € für die leistungsberechtigte Person sowie 15.000 € für jede weitere mit dieser in Bedarfsgemeinschaft lebende Person übersteigt. Sofern eine Person in der Bedarfsgemeinschaft die ihr zur Verfügung stehende Summe nicht voll ausschöpft, sind die nicht ausgeschöpften Beträge auf die anderen Personen der Bedarfsgemeinschaft zu übertragen (§ 12 Abs. 4 Satz 1, 2. Halbsatz i. V. m. § 12 Abs. 2 Satz 2 SGB II). Ein selbst genutztes Hausgrundstück oder eine selbst genutzte Eigentumswohnung sind bei der Berechnung des erheblichen Vermögens nicht zu berücksichtigen (§ 12 Abs. 4 Satz 2 SGB II).

Der Ermittlung der Erheblichkeit des Vermögens wird grundsätzlich eine entsprechende *Erklärung der antragstellenden Person* zugrunde gelegt. Dieser ist eine Selbstauskunft beizufügen. Die Erklärung dient grundsätzlich als Grundlage für das Jobcenter, um zu vermuten, dass erhebliches Vermögen (nicht) vorhanden ist. Sofern das Jobcenter es für erforderlich erachtet, kann es verlangen, dass Nachweise zum vorhandenen Vermögen vorgelegt werden.

X.3.4 Ansatz des Vermögens

Das Vermögen ist mit seinem Verkehrswert zu berücksichtigen (§ 12 Abs. 5 Satz 1 SGB II). Dieser entspricht dem, was am Markt für den Vermögensgegenstand erzielt werden kann (BSG 11.12.2014 – B 4 AS 29/12 R, BeckRS 2013, 66988). Für die Bewertung ist der Zeitpunkt maßgebend, in dem der Antrag auf Bewilligung oder erneute Bewilligung der Leistungen der Grundsicherung für Arbeitsuchende gestellt wird, bei späterem Erwerb von Vermögen der Zeitpunkt des Erwerbs (§ 12 Abs. 5 Satz 2 SGB II).

---

214 Vgl. VII.3.

X. Kapitel: Anrechnung von Einkommen und Vermögen

> **Zum Fall:**
>
> Es ist ausdrücklich angegeben, dass das Auto von Frau Noelle noch einen Verkehrswert von 4.000 € hat, mit dem er anzusetzen ist. Wäre dies nicht der Fall, so müsste der Wert zunächst noch ermittelt werden (z. B. anhand der Schwacke-Liste).

X.3.5 Freibetrag, 12 Abs. 2 SGB II

Für jede Person in einer Bedarfsgemeinschaft ist ein Freibetrag in Höhe von 15.000 € abzusetzen (§ 12 Abs. 2 SGB II). Leben mehrere Personen in einer Bedarfsgemeinschaft, so können nicht ausgeschöpfte Freibeträge einer Person von einer anderen genutzt werden.

> **Beispiel:**
>
> In einer Bedarfsgemeinschaft leben Mutter (Vermögen: 20.000 €), Vater (Vermögen: 20.000 €) und eine Tochter (7 Jahre, Vermögen: 2.000 €). Die Karenzzeit (§ 12 Abs. 3 SGB II) ist bereits abgelaufen, so dass die entsprechenden Vermögenswerte zu berücksichtigen sind.

Mutter	
Vermögen:	20.000,00 €
Freibetrag:	15.000,00 €
übersteigendes Vermögen:	5.000,00 €
Vater	
Vermögen:	20.000,00 €
Freibetrag:	15.000,00 €
übersteigendes Vermögen:	5.000,00 €
Tochter	
Vermögen:	2.000,00 €
Freibetrag:	15.000,00 €
übertragbarer Freibetrag:	13.000,00 €

Im vorliegenden Fall schöpft die Tochter den ihr zur Verfügung stehenden Freibetrag nicht aus. Daher kann der von ihr nicht genutzte Anteil des Freibetrages von den Eltern eingesetzt werden.[215]

> **Zum Fall:**
>
> Sofern kein weiteres Vermögen vorhanden ist, würde Frau Noelle mit dem geerbten Vermögen ihrer Patentante (in Höhe von 10.000 €) den ihr zustehenden Freibetrag folglich noch nicht ausschöpfen. Eine Anrechnung des Vermögens auf den Bedarf käme damit nicht in Betracht.

---

[215] In diesem Zusammenhang ist zu berücksichtigen, dass die Tochter nur dann eine Bedarfsgemeinschaft mit ihren Eltern bildet, sofern sie ihren Bedarf nicht aus eigenem Einkommen oder Vermögen beschaffen kann, vgl. § 7 Abs. 3 Nr. 4 SGB II. Verfügt die Tochter über hinreichende Eigenmittel zur Finanzierung ihres Bedarfs gehört sie nicht mehr zur Bedarfsgemeinschaft. Eine Übertragung etwaiger verbleibender Freibeträge zwischen Eltern und Tochter kommt dann nicht mehr in Betracht.

X.3.6 Vermögen in der Sozialhilfe

Die Bestimmung zum einzusetzenden Vermögen ist in der Sozialhilfe vergleichbar aufgebaut wie im Bereich des Bürgergeldes, Grundsicherung für Arbeitsuchende. Zunächst wird der Grundsatz aufgestellt, dass das gesamte verwertbare Vermögen einzusetzen ist (§ 90 Abs. 1 SGB XII), bevor in den folgenden Absätzen Ausnahmen von diesem Grundsatz aufgelistet werden (§ 90 Abs. 2 und 3 SGB XII). Kommt eine unmittelbare Nutzung des vorhandenen und einzusetzenden Vermögens nicht in Betracht, soll die Sozialhilfe als Darlehen geleistet werden (§ 91 SGB XII).

Lange Zeit umstritten war im Rahmen der Sozialhilfe, ob auch ein *angemessenes Kraftfahrzeug* zum Schonvermögen zu zählen ist. Dies wird nunmehr ausdrücklich durch die Bestimmung des § 90 Abs. 2 Nr. 10 SGB XII klargestellt. In der Gesetzesbegründung heißt es hierzu: „Es ist davon auszugehen, dass ein Kraftfahrzeug, welches einen Verkehrswert von 7.500 € nicht überschreitet, angemessen ist. Sollte ein Kraftfahrzeug den Verkehrswert von 7.500 € übersteigen, ist für den übersteigenden Betrag auch der Vermögensfreibetrag nach § 90 Absatz 2 Nummer 9 heranzuziehen, sofern dieser noch nicht erschöpft ist" (BT-Drucks. 20/3873, S. 117). Der Begriff der Angemessenheit wird im Rahmen der Grundsicherung nach dem SGB II und der Sozialhilfe nach dem SGB XII in unterschiedlicher Weise konkretisiert.

Das geschonte Finanzvermögen ist im Bereich der Sozialhilfe auf *kleinere Barbeträge oder sonstige Geldwerte* beschränkt, wobei eine besondere Notlage der nachfragenden Person zu berücksichtigen ist (§ 90 Abs. 2 Nr. 9 SGB XII). Was darunter zu verstehen ist, wird durch § 1 der Verordnung zur Durchführung des § 90 Abs. 2 Nr. 9 SGB XII geklärt. Es handelt sich um einen Betrag von

- 10.000 € für jede volljährige Person sowie für jede alleinstehende minderjährige Person[216], die Hilfen zum Lebensunterhalt, Grundsicherung im Alter oder bei Erwerbsminderung, Hilfen zur Gesundheit, Hilfe zur Pflege, Hilfe zur Überwindung besonderer sozialer Schwierigkeiten und Hilfen in anderen Lebenslagen bezieht sowie
- 500 € für jede Person, die von einer der zuvor genannten Personen überwiegend unterhalten wird.

Als Auffangklausel bestimmt § 90 Abs. 3 SGB XII, dass Sozialhilfe nicht vom Einsatz oder von der Verwertung eines Vermögens abhängig gemacht werden darf, soweit dies *eine Härte* bedeuten würde. Das kann z. B. der Fall sein bei Vermögen, das aus einem Schmerzensgeldanspruch aufgebaut wurde (BVerwG 19.5.2005 – 5 B 106/04), Vermögen, das zur Sicherung der Bestattungskosten dient (BSG 18.3.2008 – B 8/9b SO 9/06) oder bei einer Lebensversicherung, die der Altersvorsorge dient (OLG Celle 28.10.2015 – 12 WF 174/15).

---

216 Gem. § 1 Satz 2 der Verordnung ist eine minderjährige Person alleinstehend, wenn sie unverheiratet und ihr Anspruch auf Leistungen nach dem SGB XII nicht vom Vermögen ihrer Eltern oder eines Elternteils abhängig ist.

X.3.7 Wiederholungsfall

Familie Zöllner und ihr Vermögen

Familie Zöllner beseht aus Mutter Zöllner, Vater Zöllner und den beiden minderjährigen Kindern Anton und Berta. Vater Zöllner hat ein Vermögen von 20.000 € angespart. Mutter Zöllner verfügt über ein Vermögen von 10.000 €. Anton hat auf seinem Sparbuch 3.000 € und Berta hat damals zur Geburt von ihrer Oma 2.000 € geschenkt bekommen. Außerdem ist Frau Zöllner seit längerem stolze Besitzerin eines Autos mit einem Verkehrswert von 20.000 €. Prüfen Sie, welches Vermögen Familie Zöllner nach der Karenzzeit nach dem SGB II bzw. nach dem SGB XII zur Sicherung des Lebensunterhalts einzusetzen hat.[217]

X.3.8 Wiederholungsfragen

Fragen

- Erklären Sie den Begriff des Vermögens!
- Welches Vermögen hat der Leistungsempfänger im Rahmen seines Bürgergeld-/Sozialhilfeanspruchs grundsätzlich einzusetzen? Welche zwei Ausnahmen gibt es hiervon?
- Geben Sie zwei Beispiele, wann Vermögen aus rechtlichen Gründen nicht verwertbar i. S. d. Bürgergeldes ist!
- Welcher Zeitpunkt ist maßgeblich, um zu beurteilen, ob Vermögen des Bürgergeld-Empfängers/Sozialhilfeempfängers als „angemessen" anzusehen ist?
- Wie würden Sie es beurteilen: Müssen Sie – sollten Sie als Sozialarbeiterinnen und Sozialarbeiter einmal arbeitsuchend werden – eigentlich auch ihre neuwertige und teure Gesetzessammlung veräußern, um den Lebensunterhalt bestreiten zu können oder wird diese vom Begriff des „Schonvermögens" erfasst? Begründung!
- Erklären Sie den Begriff der Karenzzeit im Kontext des Vermögens.
- Wann ist Vermögen während der Karenzzeit „erheblich"? Welche Konsequenz hat es, wenn das Vermögen erheblich ist?
- Welcher Freibetrag steht einem Bürgergeld-Empfänger zu?
- Was ist als kleinerer Barbetrag oder sonstiger Geldwert im Bereich der Sozialhilfe anzusehen?

---

217 Eine Lösungsskizze finden Sie am Ende des Buches in Kapitel XIV.

XI. Kapitel: Leistungskürzungen und Verpflichtungen Anderer

12. Fall: Herr Noelle und der Terminstress

Mittlerweile hat sich Max Noelle mit seiner Frau versöhnt und lebt nun wieder bei seiner Familie. Seit über 12 Monaten hat er kein Einkommen mehr, da sein Unternehmen wegen schlechter Auftragslage Insolvenz anmelden musste. Vor drei Monaten hat Herr Noelle mit dem Jobcenter einen Kooperationsplan erstellt und dort u.a. festgehalten, sich auf offene Stellen zu bewerben. Dazu bietet sich nun eine Gelegenheit: Das Bielheimer Symphonieorchester sucht für die anstehende Europa-Konzertreise „Mozart on Tour" einen Veranstaltungstechniker. Der Manager des Orchesters benötigt befristet für ein Jahr eine zuverlässige Person, die flexibel und bereit ist, die jeweils mehrwöchigen Konzertreisen zu begleiten. Bisher konnte das Orchester niemand finden und ersucht nun die Arbeitsverwaltung um Vermittlung. Das Jobcenter vermutet bereits, dass Herr Noelle eine gewisse Skepsis gegenüber dem Stellenangebot hat, da der Familienvater nicht über mehrere Wochen von seiner Frau und den Kindern getrennt sein möchte. Es fordert Herrn Noelle daher schriftlich und mit Rechtsfolgenbelehrung auf, sich auf diese Stelle zu bewerben und dies nachzuweisen. Tatsächlich bewirbt sich Herr Noelle nicht! Als der Sachbearbeiter im Jobcenter davon erfährt, lädt er Herrn Noelle ein, um gemeinsam sowohl das Geschehen als auch die weitere Bewerbungsstrategie zu besprechen. Er fügt der Einladung eine Belehrung an, die auf die möglichen Konsequenzen hinweist, die im Falle eines Nichtwahrnehmens des Termins eintreten könnten. Zu einem persönlichen Gespräch kommt es aber nicht: Am Tag des Termins beim Jobcenter macht Max Noelle sich mit dem Fahrrad auf den Weg. Er ist spät dran, da er verschlafen hat. Auf einer unübersichtlichen Kreuzung übersieht Herr Noelle ein heranfahrendes Auto, das Vorfahrt hat. Es kommt zum Unfall und Herr Noelle wird mit einem Schädelbasisbruch mit später folgenden Komplikationen für einen mehrwöchigen Aufenthalt in ein Krankenhaus eingeliefert. Das Jobcenter erfährt davon nichts. Durch beide Vorfälle ist der Sachbearbeiter so verärgert, dass er noch am Tag des Unfalls einen Sanktionsbescheid erstellt und Herrn Noelle den Regelbedarf für den folgenden Monat um 20 % kürzt (10 % Kürzung aufgrund der unterlassenen Bewerbung und 10 % Kürzung aufgrund des Nichterscheinens).

Frau Noelle öffnet die Post des Jobcenters zunächst nicht. Sie ist mit der Gesamtsituation überfordert und möchte von Ihnen wissen,

a) ob die Kürzung des Bürgergeldes wegen der unterlassenen Bewerbung auf die Stelle des Symphonieorchesters rechtmäßig war und

b) ob die Kürzung des Bürgergeldes wegen des nicht wahrgenommenen Termins beim Jobcenter rechtmäßig ist?

XI.1 Sanktionen im SGB II

Das Prinzip des Forderns (§ 2 SGB II) beinhaltet, dass Bürgergeldempfänger alle Möglichkeiten zur Beendigung oder Verringerung ihrer Hilfebedürftigkeit auszuschöpfen haben. Das Jobcenter kann von den erwerbsfähigen Leistungsberechtigten einfordern oder gemeinsam mit ihnen festhalten, welche Aktivitäten zur Wiedereingliederung in den Arbeitsmarkt zu erbringen sind (z. B. Bewerbungen schreiben; an einer Trainingsmaßnahme teilnehmen oder zu einem Termin beim Jobcenter erscheinen). Die Erfüllung dieser Pflichten bzw. *Obliegenheiten* kann durch den Staat nicht zwangsweise durchgesetzt werden. Die Befolgung ist vielmehr im eigenen Interesse der Leistungsberechtigten geboten (vgl. Grüneberg/ders. 2024: Einl. v. § 241 BGB Rn. 13), da als Konsequenz die Kürzung des Bürgergeldes droht.

Im Zusammenhang mit dem allgemeinen Sozialrecht haben Sie sich vielleicht schon mit Leistungskürzungen beschäftigt. Durch welche Norm sind Leistungskürzungen grds. im gesamten Sozialrecht möglich?[218]

Im SGB II existieren speziellere Sanktionsregelungen, die *Vorrang* haben gegenüber den allgemeinen Normen über die Mitwirkungspflichten im SGB I. Nur wenn die §§ 31 ff. SGB II eine Kürzung des Bürgergeldes bei Pflichtverletzungen nicht erlauben, ist eine etwaige Kürzung oder Versagung der Leistung nach den §§ 60 ff. SGB I zu prüfen.[219]

Mit dem Bürgergeld-Gesetz wurde auch das System der *Sanktionsregelungen reformiert*. Die Gesetzgebung hat damit auf das Urteil des BVerfG reagiert, mit dem im November 2019 u.a. festgestellt wurde, dass Kürzungen um mehr als 30 % des Regelbedarfes mit dem Grundrecht auf ein menschenwürdiges Existenzminimum **regelmäßig** unvereinbar sind (Urt. d. BVerfG v. 05.11.2019–1 BvL 7/16).[220] Allerdings kann es nach Auffassung des BVerfG trotzdem Situationen geben, in denen „ein vollständiger Leistungsentzug zu rechtfertigen" ist (Urt. d. BVerfG v. 05.11.2019–1 BvL 7/16 – Rn. 209). Während nach altem Recht Kürzungen bis zu 100 % (sog. Totalsanktion, da nicht nur der Regelbedarf sondern auch die Kosten für Unterkunft und Heizung gestrichen wurden) für drei Monate möglich waren, erlauben die reformierten Regelungen grundsätzlich nur Kürzungen bis zu 30 % für 1 bis 3 Monate. Bereits Anfang 2024 hat der Gesetzgeber dazu aber eine Ausnahme geschaffen: Wenn eLB eine zumutbare Arbeit willentlich ablehnen, wird der gesamte Regelbedarf für max. 2 Monate gekürzt (vgl. zu den Voraussetzungen und Rechtsfolgen die Ausführungen unten und § 31a Abs. 7 und § 31b Abs. 3 SGB II neue Fassung).

Ein erster Überblick über die Sanktionsregelungen im SGB II zeigt, dass die zu einer Sanktion führenden Pflichtverletzungen *abschließend* in § 31 SGB II aufgeführt sind. Ergänzend dazu enthält § 31a SGB II die Rechtsfolgen einer Pflichtverletzung und gibt den Umfang der Leistungskürzung vor. Details zum Beginn und zur Dauer der Kürzung des Bürgergeldes sind in § 31b SGB II zu finden. Eine

---

218 Gem. § 66 SGB I kann ein Sozialleistungsträger eine Sozialleistung ganz oder teilweise versagen oder entziehen, wenn u.a. bestimmte Mitwirkungspflichten (§§ 60 bis 62 und 65 SGB I) nicht erfüllt wurden und deswegen die Aufklärung des Sachverhalts erheblich erschwert ist und die Voraussetzungen der Leistung nicht nachgewiesen sind.
219 In diesem Zusammenhang stellt sich dann die Frage, ob die Kürzungsgrenzen des § 31a SGB II auch im Rahmen der Leistungskürzung nach § 66 SGB I zur Anwendung gelangen, vgl. hierzu SG Karlsruhe, Urteil vom 09.05.2023–S 12 AS 2046/22.
220 Vgl. dazu bereits Kap. I.

besondere Form von Pflichtverletzungen stellen die Meldeversäumnisse dar. Diese sind als eigenständiger Tatbestand in § 32 SGB II geregelt. Dazu gehört es z. B., wenn Termine beim Jobcenter versäumt werden.

Für eine Sanktionierung im Bereich der Grundsicherung sind grundsätzlich folgende *Voraussetzungen* zu beachten (in Anlehnung an Davilla 2011: S. 250 ff.):

- subjektiv vorwerfbares Fehlverhalten,
- Rechtsfolgenbelehrung,
- Fehlen eines wichtigen Grundes und
- Anhörung.

Nicht jeder Kürzungstatbestand erfordert alle vorgenannten Voraussetzungen (z. B. muss bei § 31 Abs. 2 SGB II nicht das Fehlen eines wichtigen Grundes geprüft werden, vgl. Rolfs et al./König 2023: § 31 SGB II Rn. 37).

XI.1.1 Subjektiv vorwerfbares Fehlverhalten

Die Kürzung der Sozialleistung setzt zunächst ein *Fehlverhalten* des Bürgergeldempfängers voraus. Im SGB II sind die Pflichten, deren Nichteinhaltung zu einer Kürzung des Bürgergeldes führen können, in den §§ 31 und 32 SGB II benannt.

Weiterhin bedarf es eines *subjektiv vorwerfbaren Fehlverhaltens*. Das ergibt sich zwar nicht ausdrücklich aus dem Gesetzestext des SGB II, ist allerdings als ungeschriebenes Tatbestandsmerkmal anerkannt. Der Maßstab, der an das erforderliche Verschulden anzulegen ist, ist strittig. Die Rechtsprechung und ein Teil der Literatur verlangen zumindest ein bedingt vorsätzliches Verhalten, während nach anderer Auffassung auch fahrlässiges Verhalten zu Sanktionen führen kann (vgl. dazu m. w. N. Davilla 2011: S. 251 f.; Rolfs et al./König 2023: § 31 Rn. 3 ff.).

XI.1.1.1 Pflichtverletzungen (§ 31 SGB II)

In § 31 SGB II werden insgesamt sieben Tatbestände aufgeführt, die zu einer Kürzung des Bürgergeldes führen können:

a) Weigerung einer Aufforderung des Jobcenters gem. § 15 Abs. 5 oder Abs. 6 SGB II nachzukommen. Dazu gehört bspw. die Aufforderung, die im Kooperationsplan festgehaltenen Absprachen einzuhalten (§ 31 Abs. 1 Nr. 1 SGB II),

b) Weigerung, eine zumutbare Arbeit, Ausbildung oder ein gefördertes Beschäftigungsverhältnis nach § 16e SGB II aufzunehmen, fortzuführen oder die Anbahnung zu verhindern (§ 31 Abs. 1 Nr. 2 SGB II),

c) Nichtantreten, Abbruch oder Anlassgeben für Abbruch einer zumutbaren Maßnahme zur Eingliederung in Arbeit (§ 31 Abs. 1 Nr. 3 SGB II),

d) Verminderung von Einkommen und Vermögen nach Volljährigkeit, in der Absicht, Bürgergeld zu beziehen (§ 31 Abs. 2 Nr. 1 SGB II),

e) Fortsetzung unwirtschaftlichen Verhaltens nach Rechtsfolgenbelehrung (§ 31 Abs. 2 Nr. 2 SGB II),

f) Ruhen oder Erlöschen des Anspruches auf Arbeitslosengeld, weil die Agentur für Arbeit eine Sperrzeit oder das Erlöschen nach dem SGB III festgestellt hat (§ 31 Abs. 2 Nr. 3 SGB II),

g) Erfüllung der Voraussetzungen im SGB III für Sperrzeiten, die das Ruhen oder Erlöschen des Arbeitslosengeldes begründen (§ 31 Abs. 2 Nr. 4 SGB II).

Weigerung, einer Aufforderung des Jobcenters gem. § 15 Abs. 5 oder 6 SGB II nachzukommen

Jobcenter und erwerbsfähiger Leistungsberechtigter haben gemeinsam einen *Kooperationsplan* zu erstellen (§ 2 Abs. 1 S. 2 SGB II). Der Kooperationsplan ist ein Plan zur Verbesserung der Teilhabe (§ 15 Abs. 2 S. 1 SGB II), in dem die Leistungen des Jobcenters und die Pflichten des eLB, u.a. Eigenbemühungen (z. B. Anzahl der Bewerbungen in einem Monat; Teilnahme an einer Eingliederungsmaßnahme), festgelegt werden. Der Kooperationsplan wird spätestens nach 6 Monaten aktualisiert und fortgeschrieben (§ 15 Abs. 3 S. 2 SGB II).

Es wird durch das Jobcenter regelmäßig überprüft, ob die im Kooperationsplan festgehaltenen Absprachen durch den eLB eingehalten wurden. Ist dies nicht der Fall oder hat sich der eLB geweigert, einem Kooperationsplan zuzustimmen[221], kann das Jobcenter *Aufforderungen mit Rechtsfolgenbelehrung* zu den verabredeten oder vom Jobcenter vorgegeben Eigenbemühungen und Mitwirkungshandlungen erlassen (vgl. § 15 Abs. 5 und 6 SGB II).

Die Aufforderungen bilden nach § 31 Abs. 1 Nr. 1 SGB II die Grundlage für eine Sanktionierung. Der Kooperationsplan selbst ist rechtlich unverbindlich. Erst die Aufforderung mit Rechtsfolgenbelehrung öffnet den Weg zur Leistungskürzung.[222]

Weigerung, eine zumutbare Arbeit oder Eingliederungsmaßnahme wahrzunehmen

Die Pflichtverletzung in § 31 Abs. 1 Nr. 2 SGB II befasst sich mit der Weigerung des Bürgergeldempfängers, zumutbare Tätigkeiten auszuüben. Die *Zumutbarkeit* ist in § 10 SGB II in der Weise normiert, dass einer erwerbsfähigen leistungsberechtigten Person grundsätzlich jede Arbeit zumutbar ist.

In § 10 Abs. 1 Nr. 1 bis 5 SGB II wird sogleich geregelt, wann eine Arbeit *ausnahmsweise nicht zumutbar* ist. Z. B. kann die Ausübung einer Arbeit unzumutbar sein, wenn Kinder bis zum Alter von drei Jahren betreut werden (§ 10 Abs. 1 Nr. 3 SGB II) oder die erwerbsfähige leistungsberechtigte Person sich um pflegebedürftige Angehörige kümmert, die Pflege mit einer Tätigkeit nicht vereinbar wäre und auch nicht anderweitig sichergestellt werden könnte (§ 10 Abs. 1 Nr. 4

---

221 Bei Meinungsverschiedenheiten zwischen Jobcenter und eLB sieht § 15a SGB II ein Schlichtungsverfahren vor. Eine bisher unbeteiligte Person soll dabei mit den streitenden Parteien einen gemeinsamen Lösungsvorschlag entwickeln. Während des Schlichtungsverfahrens sind keine Leistungsverminderungen möglich. Das Schlichtungsverfahren endet durch eine Einigung oder spätestens nach vier Wochen (vgl. § 15a SGB II).

222 Geiger/Stascheit/Winkler 2023: S. 1025.

SGB II). Als Auffangvorschrift sei hier noch auf § 10 Abs. 1 Nr. 5 SGB II verwiesen, wonach eine Arbeit dann unzumutbar ist, wenn der Ausübung der Arbeit ein sonstiger wichtiger Grund entgegensteht. Beispielsweise liegt ein wichtiger Grund vor, wenn die erwerbsfähige leistungsberechtigte Person noch die Schule besucht (Rolfs et al./Mushoff 2023: § 10 SGB II Rn. 36).

In § 10 Abs. 2 SGB II werden ausdrücklich Tatbestände angeführt, die der *Zumutbarkeit nicht entgegenstehen*. Z. B. kann niemand die Arbeit verweigern, weil diese nicht einer früheren Tätigkeit entspricht oder der Arbeitsweg länger ist als bei einer vorhergehenden Tätigkeit (vgl. § 10 Abs. 2 Nr. 1 und 3 SGB II).

Eine *Kürzung* kommt in Betracht, wenn eine zumutbare Arbeit, Ausbildung oder ein durch Lohnzuschuss (§ 16e SGB II) gefördertes Arbeitsverhältnis nicht aufgenommen, fortgeführt oder durch entsprechendes Verhalten deren Anbahnung verhindert wird (vgl. § 31 Abs. 1 S. 1 Nr. 2 SGB II).

Zu den *zumutbaren Eingliederungsmaßnahmen i. S. d. § 31 Abs. 1 Nr. 3 SGB II* gehören u.a. die Eignungsfeststellung, berufliche Weiterbildung und Trainingsmaßnahmen (vgl. dazu § 16 Abs. 1 SGB II und die entsprechenden Vorschriften des SGB III, vgl. hierzu Geiger/Stascheit/Winkler 2023: S. 1034).

Verminderung von Einkommen und Vermögen

Eine Pflichtverletzung liegt ferner vor, wenn ein Volljähriger sein Einkommen oder Vermögen in der Absicht vermindert, um überhaupt Bürgergeld oder ein höheres Bürgergeld zu beziehen (§ 31 Abs. 2 Nr. 1 SGB II). *Absicht* bedeutet in diesem Zusammenhang ein wissentliches und auch gewolltes Verhalten. Fahrlässigkeit reicht also nicht aus (Rolfs et al./König 2023, § 31 SGB II Rn. 27).[223] Eine *Verminderung* liegt vor, wenn bspw. Vermögen verschwendet wird, Schenkungen getätigt oder bestehende Rechtsansprüche nicht geltend gemacht werden und dadurch auf Geldzahlungen, Vermögenserwerb etc. verzichtet wird. Der Kürzungstatbestand setzt keine Rechtsfolgenbelehrung voraus (vgl. Geiger/Stascheit/Winkler 2023: S. 1038).

Fortsetzung des unwirtschaftlichen Verhaltens

Ein *unwirtschaftliches Verhalten* (§ 31 Abs. 2 Nr. 2 SGB II) stellt eine Pflichtverletzung dar, wenn der erwerbsfähige Leistungsberechtigte „unter Berücksichtigung der ihm durch die Allgemeinheit gewährten Hilfe bei allen oder einzelnen seiner Handlungen jede wirtschaftlich vernünftige Betrachtungsweise vermissen lässt und hierbei ein Verhalten zeigt, dass vom Durchschnitt wesentlich abweicht" (so die Gesetzesbegr. BT-Drs. 15/1516, 61; vgl. ferner Rolfs et al./König 2023: § 31 SGB II Rn. 30).

---

223 Neben dieser auf die Zukunft bezogenen Leistungskürzung kann der Leistungsempfänger verpflichtet sein, bereits erhaltenes Bürgergeld zurückzuzahlen. Der Ersatzanspruch steht in § 34 Abs. 1 S. 1 SGB II und lautet: „Wer nach Vollendung des 18. Lebensjahres vorsätzlich oder grob fahrlässig die Voraussetzungen für die Gewährung von Leistungen nach diesem Buch an sich oder an Personen, die mit ihr oder ihm in einer Bedarfsgemeinschaft leben, ohne wichtigen Grund herbeigeführt hat, ist zum Ersatz der deswegen erbrachten Geld- und Sachleistungen verpflichtet."

Sperrzeiten

Sperrzeiten, welche die Agentur für Arbeit nach Normen des SGB III verhängt hat oder verhängen könnte, können zu Leistungskürzungen beim Bürgergeld führen (§ 31 Abs. 2 Nr. 3 und 4 SGB II). So ruht z. B. der Anspruch auf Arbeitslosengeld, wenn der Arbeitslose seine Arbeit aufgegeben hat (vgl. § 159 Abs. 1 S. 2 Nr. 1 SGB III). Dies hat zur Folge, dass der Anspruch auf Arbeitslosengeld für die Dauer einer Sperrzeit ruht (vgl. § 159 Abs. 1 S. 1 SGB III). Dies führt im SGB II zu einer Pflichtverletzung und Leistungskürzung (vgl. § 31 Abs. 2 Nr. 3 SGB II).

> **Zu Frage a:**
>
> Herr Noelle wird aufgefordert, sich auf die Stelle als Veranstaltungstechniker des Bielheimer Symphonieorchesters zu bewerben und dies nachzuweisen. Da eine entsprechende Regelung offensichtlich im Rahmen des Kooperationsplans getroffen worden ist, handelt es sich hierbei um die *Aufforderung des Jobcenters zur Einhaltung der entsprechenden Absprachen* gem. § 15 Abs. 5 Satz 2 SGB II. Die Weigerung der Aufforderung nachzukommen, ist folglich eine Pflichtverletzung nach § 31 Abs. 1 S. 1 Nr. 1 SGB II.
> Gleichzeitig kommt eine Pflichtverletzung nach § 31 Abs. 1 S. 1 Nr. 2 SGB II in Betracht, wenn Herr Noelle durch sein Verhalten die *Anbahnung einer zumutbaren Arbeit verhindert*. Dies ist auch dann der Fall, wenn ein eLB auf ein Vermittlungsangebot überhaupt nicht reagiert (vgl. Geiger/Stascheit/Winkler 2023: S. 1029). Herr Noelle hat sich nicht auf die ausgeschriebene Stelle beworben, da er durch die Konzertreisen von seiner Frau und den Kindern mehrere Wochen getrennt wäre. Grundsätzlich ist jede Arbeit zumutbar, es sei denn, sie würde u.a. die Erziehung des Kindes erschweren (§ 10 Abs. 1 Nr. 3 SGB II). Vorliegend kann sich aber Frau Noelle während der Abwesenheit ihres Ehemannes um die Kinder kümmern.
> Weiterhin könnte Unzumutbarkeit der Arbeit vorliegen, wenn ein „*sonstiger wichtiger Grund entgegensteht*" (§ 10 Abs. 1 Nr. 5 SGB II). Die Auffangregelung ist allerdings einschränkend auszulegen (Rolfs et al./Mushoff 2023: § 10 SGB II Rn. 27). Zur Zumutbarkeit von Tätigkeiten, die mit Reisen verbunden sind, trifft das SGB II keine Regelung. Allerdings ist nach dem SGB III sogar eine getrennte Haushaltsführung zumutbar, wenn diese nur vorübergehend ist (vgl. § 140 Abs. 5 SGB III, vgl. Geiger/Stascheit/Winkler 2023: S. 249). Insofern kann sich Herr Noelle nicht auf die Unzumutbarkeit der Stelle beim Bielheimer Symphonieorchester berufen.
> Die Weigerung von Herrn Noelle, sich auf das Stellenangebot zu bewerben, stellt mithin eine Pflichtverletzung i. S. d. § 31 Abs. 1 Satz 1 Nr. 1 und 2 SGB II dar.

XI.1.1.2 Meldeversäumnisse (§ 32 SGB II)

Wenn sich Leistungsberechtigte trotz Aufforderung nicht beim Jobcenter melden oder nicht bei einem ärztlichen oder psychologischen Untersuchungstermin erscheinen (sog. *Meldeversäumnisse*), wird das Bürgergeld grundsätzlich gemindert. Unter „melden" bzw. „erscheinen" ist die persönliche physische Anwesenheit zu verstehen (vgl. Rolfs et al./König 2023: § 32 SGB II Rn. 3). Es reicht daher nicht aus, eine Vertretung zu schicken oder sich telefonisch zu melden (vgl. Geiger/Stascheit/Winkler 2023: S. 1058). Voraussetzung für die Verhängung einer Sanktion im Falle eines Meldeversäumnisses ist, dass die Betroffenen über die Rechtsfolgen belehrt wurden oder diese kannten.

> **Zu Frage b:**
>
> Herr Noelle wird schriftlich mit Rechtsfolgenbelehrung aufgefordert, zu einem Termin beim Jobcenter zu erscheinen. Grundsätzlich ist er nach § 32 Abs. 1 SGB II verpflichtet, den Termin wahrzunehmen. Da er dies nicht getan hat, liegt eine Pflichtverletzung vor. Allerdings ist fraglich, ob dieses Fehlverhalten subjektiv vorwerfbar ist, da er aufgrund des erlittenen Unfalls den Termin nicht wahrnehmen konnte. Dann scheitert die Verhängung der Sanktion bereits an dieser Stelle. Nur wenn man argumentiert, dass das fahrlässige Herbeiführen des Verkehrsunfalls auch als vorwerfbares Verhalten in Bezug auf das Nichterscheinen beim Jobcenter anzusehen ist, käme man zu dem Ergebnis, dass ein subjektiv vorwerfbares Fehlverhalten vorliegt.

XI.1.2 Rechtsfolgenbelehrung

Eine Kürzung der Sozialleistung ist grundsätzlich nur dann möglich, wenn der Leistungsempfänger über diese *Rechtsfolge belehrt* wurde oder die Rechtsfolge kennt (vgl. z. B. § 31 Abs. 1 S. 1 SGB II, und § 32 Abs. 1 S. 1 SGB II „trotz schriftlicher Belehrung über die Rechtsfolgen oder deren Kenntnis").[224] Die schriftliche Rechtsfolgenbelehrung muss die Pflicht beinhalten und den Hinweis auf den möglichen Beginn, die Höhe und Dauer der Kürzung im Fall einer Pflichtverletzung (vgl. Geiger/Stascheit/Winkler 2023: S. 1018 ff./S. 1061 f.). Da die Kürzung einer Sozialleistung den Leistungsempfänger hart trifft, ist sie nur dann rechtmäßig, wenn die betroffene Person weiß, dass ein bestimmtes Verhalten zu Leistungsminderungen führen kann.

> **Zum Fall:**
>
> Zu Frage a): Das Jobcenter hatte bei seiner Aufforderung, sich auf die ausgeschriebene Stelle als Veranstaltungstechniker für das Bielheimer Symphonieorchester zu bewerben, eine Rechtsfolgenbelehrung angefügt, so dass Herrn Noelle bewusst war, dass sein Fehlverhalten Konsequenzen nach sich ziehen kann.
> Zu Frage b): Das Jobcenter hatte die Einladung zum persönlichen Gespräch ausdrücklich mit einer Rechtsfolgenbelehrung versehen. Auch diesbezüglich war Herrn Noelle also bewusst, dass ein mögliches Nichterscheinen Konsequenzen für den Leistungsbezug haben könnte.

XI.1.3 Fehlen eines wichtigen Grundes

Die dargestellten Pflichtverletzungen in § 31 Abs. 1 SGB II und Meldeversäumnisse nach § 32 Abs. 1 S. 1 SGB II führen *nicht* zu einer Kürzung des Bürgergeldes, wenn der eLB für sein pflichtwidriges Verhalten einen wichtigen Grund hat (§ 31 Abs. 1 S. 2 und § 32 Abs. 1 S. 2 SGB II). Das BSG sieht einen wichtigen Grund dann als gegeben an, „wenn dem erwerbsfähigen Leistungsberechtigten bei Be-

---

224 Im Falle einer Verschleuderung von Einkommen oder Vermögen (§ 31 Abs. 2 Nr. 1 SGB II) ist eine Rechtsfolgenbelehrung oder die entsprechende Kenntnis nicht erforderlich.

rücksichtigung aller Umstände des Einzelfalles und Abwägung seiner berechtigten Interessen mit den Interessen der Gemeinschaft ein anderes Verhalten nicht zugemutet werden kann (...)" (BSG, Urt. V. 09.11.2010 – B 4 AS 27/10 R. zit. nach Rolfs et al./König 2023: § 31 SGB II Rn. 38). So können in Abhängigkeit von den Umständen des Einzelfalls z. B. die Betreuung von Kindern, Pflege von Angehörigen, gesundheitliche Beeinträchtigungen oder eine Überforderung des Arbeitslosen durch die angebotene Arbeit einen wichtigen Grund darstellen (vgl. dazu „Anhang: Wichtiger Grund von A-Z" Geiger/Stascheit/Winkler 2023: S. 1063 ff.).

Zum Fall

Zu Frage a): Herr Noelle könnte als wichtigen Grund anführen, dass er während der Konzertreisen seine Kinder nicht persönlich sehen kann. Nach einer älteren sozialgerichtlichen Entscheidung kann eine mit ständiger Ortsabwesenheit verbundene Tätigkeit unzumutbar sein, wenn eine tägliche Betreuung der Kinder in den Abendstunden nicht möglich ist (vgl. SG Fulda v. 09.03.1989 – S 1c Ar 328/88; vgl. ferner „Anhang: Wichtiger Grund von A-Z" Geiger/Stascheit/Winkler 2023: S. 1066). Hier ist im Einzelfall zu entscheiden. Dem Interesse von Herrn Noelle und den Kindern stehen die Interessen der Allgemeinheit gegenüber. Es erscheint nicht per se unzumutbar einer reisenden Tätigkeit von mehreren Wochen nachzugehen, wie es z. B. viele Montagearbeitnehmer tun. Die Kinder werden während seiner Abwesenheit von Frau Noelle betreut. Es handelt sich auch nicht um eine ständige Ortsabwesenheit, da Herr Noelle zwischen den Konzertreisen immer wieder bei seiner Familie sein kann. Demgegenüber steht das Interesse der Allgemeinheit an einem möglichst schonenden Einsatz der zur Verfügung stehenden Steuermittel. Insofern liegt hier kein wichtiger Grund vor, sich nicht auf die ausgeschriebene Arbeitsstelle zu bewerben.

Zu Frage b): Die Kürzungen wären nicht rechtmäßig, wenn Herr Noelle einen wichtigen Grund hätte, nicht in der vom Jobcenter gewünschten Weise mitzuwirken. Falls es ihm aus gesundheitlichen Gründen nicht möglich ist, sich beim Jobcenter zu melden und die Bewerbung durchzuführen, läge ein wichtiger Grund vor. Vorliegend hatte Herr Noelle einen schweren Fahrradunfall mit Schädelbasisbruch, Komplikationen und einem mehrwöchigen Krankenhausaufenthalt. Dies sollte dem Jobcenter schnellstmöglich mitgeteilt werden. Herr Noelle hat für das Meldeversäumnis nach § 32 Abs. 1 S. 1, 2 SGB II einen wichtigen Grund durch seine Krankheit. Sofern man also ein subjektives Fehlverhalten von Herrn Noelle bejaht, so ist die Leistungskürzung zumindest aufgrund des Vorliegens eines wichtigen Grunds rechtswidrig.

XI.1.4 Anhörung

Bevor in die Rechte von Bürgergeldempfängern eingegriffen wird, hat grundsätzlich eine *Anhörung* stattzufinden. Dies ergibt sich nicht unmittelbar aus dem SGB II, sondern aus § 24 SGB X.[225] Die betroffene Person muss die Möglichkeit erhalten, sich zu dem Vorwurf zu äußern. Das kann grundsätzlich auch im Schrift-

---

[225] Das SGB X trägt den Titel Verwaltungsverfahren und Sozialdatenschutz – hier finden sich also insbesondere Bestimmungen, die für alle verwaltungsrechtlichen Verfahren gelten – deshalb ist hier auch eine Regelung zu finden, die sich mit der Anhörung von Beteiligten befasst.

weg geschehen. Allerdings soll die Anhörung auf Verlangen des erwerbsfähigen Leistungsberechtigten *persönlich* erfolgen (§ 31a Abs. 2 SGB II, § 24 SGB X).

Zu Frage a:

Der angesetzte Termin beim Jobcenter sollte dazu dienen, „das Geschehen zu besprechen". Es sollte also eine Anhörung zu der Frage durchgeführt werden, warum sich Herr Noelle nicht auf die ausgeschriebene Stelle als Veranstaltungstechniker beworben hat. Der Mitarbeiter im Jobcenter weiß nicht von dem Unfall, den Herr Noelle erlitten hat. Er darf daher davon ausgehen, dass Herr Noelle bewusst nicht erschienen ist und den Termin bewusst hat verstreichen lassen. Insofern ist aus seiner Sicht dem Erfordernis einer Anhörung Genüge getan. Das macht deutlich, wie wichtig es ist, das Jobcenter schnellstmöglich über den Unfall zu informieren. Aber selbst, wenn man davon ausgeht, dass die erforderliche Anhörung (§ 31a Abs. 2 SGB II, § 24 Abs. 1 SGB X) unterblieben ist, würde das die Verhängung der Sanktion nicht nichtig machen. Eine unterbliebene Anhörung kann nachgeholt werden (§ 41 Abs. 1 Nr. 3 SGB X). Ein etwaiges fehlerhaftes Verhalten des Sachbearbeiters würde dadurch geheilt werden, so dass die Leistungskürzung insofern rechtmäßig wäre.

XI.1.5 Höhe, Dauer und Rechtsschutz

Die *Höhe der Minderung* des Bürgergeldes ist gestaffelt:

- Bei einer *ersten Pflichtverletzung* wird das Bürgergeld um 10 % der maßgebenden Regelbedarfsstufe gekürzt.
- Die *zweite Pflichtverletzung* geht mit einer Reduzierung um 20 % und
- die *dritte und jede weitere Pflichtverletzung* grundsätzlich mit einer Minderung um 30 % der maßgebenden Regelbedarfsstufe einher (vgl. § 31a Abs. 1 SGB II).
- Unter den Voraussetzungen des § 31a Abs. 7 SGB II neue Fassung entfällt der Leistungsanspruch in Höhe des Regelbedarfes für maximal zwei Monate ganz, wenn u.a. eine zumutbare Arbeit nicht aufgenommen und willentlich verweigert wird.

Praxistipp: Eine Kürzung der Kosten für Unterkunft und Heizung ist nicht möglich (§ 31a Abs. 4 S. 2 SGB II). Diese Regelung ist von hoher Relevanz für Bürgergeldempfänger, die Einkommen beziehen und „aufstocken". Denn § 19 Abs. 3 S. 2 SGB II besagt, dass zu berücksichtigendes Einkommen zunächst den Regelbedarf und die Mehrbedarfe deckt. Falls das „aufstockende Bürgergeld" dann nur noch für die Kosten für Unterkunft und Heizung erbracht wird, bleibt für eine etwaige Sanktionierung kein Raum mehr.[226]

Bis Anfang 2024 war die Minderung des Bürgergeldes auf maximal 30 % der maßgebenden Regelbedarfsstufe (§ 31a Abs. 4 S. 1 SGB II) gedeckelt. Nach der dritten Minderung führt jede weitere Pflichtverletzung zwar grundsätzlich weiterhin nur zu einer Kürzung i. H. v. 30 %, es sei denn, der Beginn des vorangegangenen Minderungszeitraumes liegt länger als ein Jahr zurück (§ 31a Abs. 1 S. 5

---

226 Vgl. Thomé Newsletter 05/2023 v. 05.02.2023 (https://harald-thome.de/newsletter/archiv/thome-newsletter-05-2023-vom-05-02-2023.html, zuletzt abgerufen am 17.01.2024).

SGB II). In dem Fall beginnt die Sanktionierung wieder mit der ersten Stufe (also 10 %).

Allerdings hat der Gesetzgeber dazu nun eine Ausnahme beschlossen[227]: Der Regelbedarf wird für max. zwei Monate vom Jobcenter um 100 % gekürzt, wenn Bürgergeldempfänger willentlich eine zumutbare Arbeit nicht annehmen. Dies setzt voraus, dass das Bürgergeld der eLB innerhalb des letzten Jahres wegen bestimmter Pflichtverletzungen bereits gemindert war. D. h., erst eine wiederholte Pflichtverletzung führt dann zu einer Kürzung des Regelbedarfs um 100 %. Zu diesen Pflichtverletzungen gehören:

- Weigerung, eine zumutbare Arbeit, Ausbildung oder ein nach § 16e SGB II gefördertes Arbeitsverhältnis aufzunehmen, fortzuführen oder deren Anbahnung durch entsprechendes Verhalten zu verhindern (vgl. § 31 Abs. 1 S. 1 Nr. 2 SGB II);
- Ruhen oder Erlöschen des Anspruchs auf Arbeitslosengeld, weil die Agentur für Arbeit das Eintreten einer Sperrzeit oder das Erlöschen des Anspruchs nach dem SGB III festgestellt hat (vgl. § 31 Abs. 2 Nr. 3 SGB II);
- Erfüllung der im SGB III genannten Voraussetzungen für das Eintreten einer Sperrzeit, die das Ruhen oder Erlöschen eines Anspruchs auf Arbeitslosengeld begründen (vgl. § 31 Abs. 2 Nr. 4 SGB II).

Weitere Voraussetzung ist, dass der eLB eine zumutbare Arbeit (vgl. § 10 SGB II) aktuell nicht aufnimmt. Dabei muss die Möglichkeit der Arbeitsaufnahme tatsächlich und unmittelbar bestehen und der eLB verweigert die Aufnahme der Arbeit willentlich (vgl. § 31a Abs. 7 SGB II nF).

Eine Kürzung ist erst nach erfolgter *Anhörung* möglich (vgl. § 24 SGB X und § 31a Abs. 2 SGB II) und erfolgt dann nicht, wenn die eLB einen *wichtigen Grund für die Ablehnung* der zumutbaren Arbeit haben (vgl. § 31a Abs. 7 S. 3 SGB II nF i. V. m. § 31 Abs. 1 S. 2 SGB II) oder die Kürzung im Einzelfall eine *außergewöhnliche Härte* bedeuten würde (§ 31a Abs. 3 SGB II).

Die Rechtsfolge ist, dass der Regelbedarf komplett entfällt. Die Kosten für Unterkunft und Heizung werden allerdings weiterhin vom Jobcenter gezahlt (vgl. dazu Umkehrschluss aus § 31a Abs. 7 S. 1 SGB II neue Fassung).

Die komplette Kürzung des Regelbedarfs wird allerdings *aufgehoben*, wenn die Möglichkeit der Arbeitsaufnahme nicht mehr besteht oder ein maximaler Kürzungszeitraum von zwei Monaten abgelaufen ist (vgl. § 31b Abs. 3 SGB II nF). Zudem ist die Minderung aufzuheben, sobald die eLB die zumutbare Arbeit aufnehmen oder sich dazu nachträglich ernsthaft und nachhaltig bereiterklären (vgl. § 31a Abs. 7 S. 3 SGB II nF i. V. m. § 31a Abs. 1 S. 6 SGB II).

Bei *Meldeversäumnissen* gibt es keine Staffelung. Diese werden einheitlich mit einer Kürzung der maßgebenden Regelbedarfsstufe i. H. v. 10 % sanktioniert, wobei bis zur Höhe von 30 % mehrere Kürzungen (auch die nach § 31 Abs. 1 und

---

[227] Vgl. Zweites Haushaltsfinanzierungsgesetz 2024 v. 27.03.2024 (BGBl. 2024 I Nr. 107 v. 27.03.2024).

Abs. 2 Nr. 1, 2 und 4) addiert werden können (§ 32 Abs. 1 S. 1 SGB II und § 31a Abs. 4 S. 1 SGB II).

Die *Dauer* der Leistungsminderung ist im Falle des § 31 SGB II (mit Ausnahme des Abs. 2 Nr. 3; vgl. § 31a Abs. 1 S. 7 SGB II) gestaffelt: Der Minderungszeitraum beträgt in der ersten Stufe 1 Monat, in der zweiten Stufe 2 Monate und in der dritten Stufe 3 Monate (§ 31b Abs. 2 S. 1 SGB II). Meldeversäumnisse werden einheitlich behandelt. Der Minderungszeitraum für jedes Meldeversäumnis beträgt 1 Monat. Der Zeitraum der Leistungsminderung beginnt am Monatsersten des Folgemonats, nachdem der VA erlassen wurde (§ 31b Abs. 1 S. 1 SGB II).

Die nachfolgende Übersicht fasst die Regelungen zur Höhe und Dauer der Sanktionierung zusammen:

Tabelle XI.1: Übersicht zur Höhe und Dauer der Sanktionen

Sanktionstatbestand	Sanktionshöhe	Sanktionsdauer	§§
Pflichtverletzung gem. § 31 Abs. 1 S. 1 und Abs. 2 Nr. 1, 2, 3 und 4 SGB II (Beachte aber zu Nr. 3: § 31a Abs. 1 S. 7 SGB II)	**Stufe 1**: Kürzung um **10 %** der maßgebenden Regelbedarfsstufe nach § 20 SGB II	1 Monat	§ 31a Abs. 1 S. 1 SGB II, § 31b Abs. 2 S. 1 **Nr. 1** SGB II
	Stufe 2: Kürzung um **20 %** der maßgebenden Regelbedarfsstufe nach § 20 SGB II	2 Monate	§ 31a Abs. 1 S. 2 SGB II, § 31b Abs. 2 S. 1 **Nr. 2** SGB II
	Stufe 3 und jede weitere Stufe (Ausnahme: nach mehr als 1 Jahr ohne Sanktion gem. § 31a Abs. 1 S. 5 SGB II): Kürzung um **30 %** der maßgebenden Regelbedarfsstufe nach § 20 SGB II	3 Monate	§ 31a Abs. 1 S. 3 SGB II, § 31b Abs. 2 S. 1 **Nr. 3** SGB II
Zumutbare Arbeit wird nicht aufgenommen	Kürzung um **100 %** der maßgebenden Regelbedarfsstufe nach § 20 SGB II	Max. 2 Monate	§ 31a Abs. 7 und § 31b Abs. 3 SGB II nF
Meldeversäumnis gem. § 32 SGB II	**10 %** der maßgebenden Regelbedarfsstufe	1 Monat	§ 32 Abs. 1 S. 1 a. E. und Abs. 2 S. 2 SGB II

(abgewandelt nach Fasselt/Schellhorn HSRB/Schwengers 2021 § 7 Rn. 29)

Der vom VA Belastete kann per *Widerspruch* und *Anfechtungsklage* gegen die Sanktion vorgehen. Allerdings haben Widerspruch und Anfechtungsklage keine aufschiebende Wirkung, d. h., das Jobcenter darf trotzdem die Leistung kürzen (vgl. § 39 Nr. 1 SGB II). Dem Bürgergeldempfänger stehen aber zwei Rechtsbehelfe zur Seite: Der Leistungsberechtigte kann beim Jobcenter (§ 86a Abs. 3 S. 1 SGG) oder beim Sozialgericht (§ 86b Abs. 1 S. 1 Nr. 2 SGG) einen Antrag auf

Herstellung der aufschiebenden Wirkung stellen. Es ist zu empfehlen den Antrag sofort beim Sozialgericht zu stellen, da der Bürgergeldempfänger hier wahrscheinlich schneller sein Ziel erreicht, dass eine Kürzung (vorläufig) nicht stattfindet (vgl. Zimmermann, in: NJ 4/2012, S. 147).

> **Zum Fall:**
>
> **Zu Frage a):** Spätestens dann, wenn die Anhörung nachgeholt wird, ist die verhängte Sanktion in Höhe einer Kürzung von 10 % wegen des Verstoßes gegen die Aufforderung des Jobcenters, sich auf die ausgeschriebene Stelle beim Bielheimer Symphonieorchester zu bewerben, rechtmäßig.
> **Zu Frage b):** Die Verhängung der Sanktion wegen des Meldeversäumnisses in Höhe von 10 % ist wegen fehlender subjektiver Vorwerfbarkeit, zumindest aber wegen des Vorliegens eines wichtigen Grundes rechtswidrig.

XI.2 Verpflichtungen Anderer: Übergang von Ansprüchen

Bürgergeldempfänger haben ggf. *Ansprüche gegen andere*, bei deren Inanspruchnahme oder Realisierung das Bürgergeld nicht oder in geringerem Umfang hätte ausgezahlt werden müssen. Zu nennen sind z. B. Schenkungen und damit verbundene Rückforderungsansprüche, Lohnforderungen gegen Arbeitgeber oder Schadensersatzansprüche gegen Unfallverursacher mit Ausnahme des Schmerzensgelds (vgl. dazu § 11a Abs. 2 SGB II). Sichert das Jobcenter die Existenz von Menschen, deren Lebensunterhalt bei Geltendmachung der Ansprüche gegen andere (teilweise) gesichert gewesen wäre, findet ein Forderungsübergang statt (z. B. Schenkerrückforderungsanspruch gem. § 528 BGB, Lohnforderung gegen Arbeitgeber gem. § 115 SGB X, Schadensersatzanspruch mit Ausnahme des Schmerzensgeldes gem. § 116 SGB X und § 11a Abs. 2 SGB II). Das Jobcenter leitet den Anspruch oder die Forderung des Bürgergeldempfängers gegen andere kraft Gesetzes auf sich über und versucht dann seinerseits, bei diesen Personen Forderungen/Geldzahlungen bis zur Höhe des gezahlten Bürgergeldes zu realisieren. Der wichtigste Fall des Forderungsüberganges sind Unterhaltszahlungen, z. B. Eheleute untereinander oder Kinder gegen Eltern(teile) (vgl. Edtbauer/Rabe 2021, S. 190 ff.)[228]

Die Heranziehung von u.a. *Unterhaltsverpflichteten* erfolgt nach § 33 SGB II. Dies setzt zunächst voraus, dass ein Unterhaltsanspruch besteht. Unterhaltsansprüche gewährt das bürgerliche Recht: Eheleute haben während einer bestehenden Ehe (§ 1360 BGB), im Fall der Trennung (§ 1361 BGB) und ggf. nach der Scheidung (§§ 1570 bis 1576 BGB) unter bestimmten im BGB genannten Voraussetzungen Anspruch auf ehelichen, Trennungs- und nachehelichen Unterhalt.[229] Eltern, die nicht miteinander verheiratet sind, müssen unter den Voraussetzungen des § 1615l BGB Unterhalt gewähren (Unterhalt der werdenden und betreuenden Mutter und/oder Betreuungsunterhalt für den Vater). Nicht zuletzt können Unterhaltsansprü-

---

[228] Weitere sog. Ersatzansprüche können sich aus den §§ 34 bis 34b SGB II ergeben, die hier aber nicht besprochen werden.
[229] Lebenspartner nach dem Lebenspartnerschaftsgesetz sind einander ebenfalls unter bestimmten Voraussetzungen zum Unterhalt verpflichtet. Zu nennen sind der Lebenspartnerschaftsunterhalt (§ 5 LPartG), der Unterhalt bei Getrenntleben (§ 12 LPartG) und der nachpartnerschaftliche Unterhalt (§ 16 LPartG). Mit der Einführung der gleichgeschlechtlichen Ehe (§ 1353 Abs. 1 BGB) dürften die Regelungen des LPartG zukünftig nur noch eine geringe Rolle spielen.

che zwischen Eltern und Kindern, aber auch zwischen Großeltern und Enkelkindern bestehen (§§ 1601 ff. und 1615a BGB; vgl. hierzu Schwab 2022, S. 69 ff., S. 172 ff., S. 457 ff.).

§ 33 Abs. 1 S. 1 SGB II sieht in diesen Fällen grundsätzlich einen *gesetzlichen Forderungsübergang* auf das zuständige Jobcenter vor: „Haben Personen, die Leistungen zur Sicherung des Lebensunterhaltes beziehen, für die Zeit, für die Leistungen erbracht werden, einen Anspruch gegen einen Anderen, der nicht Leistungsträger ist, geht der Anspruch bis zur Höhe der geleisteten Aufwendungen auf die Träger der Leistungen nach diesem Buch über, wenn bei rechtzeitiger Leistung des Anderen Leistungen zur Sicherung des Lebensunterhaltes nicht erbracht worden wären."

Von diesem gesetzlichen Forderungsübergang gibt es gewichtige *Ausnahmen*: Grundsätzlich kann Bürgergeld bezogen werden, ohne dass Unterhaltsverpflichtete herangezogen werden, wenn bestimmte, im Gesetz näher eingegrenzte Bürgergeldempfänger schlichtweg die Unterhaltsansprüche gegen Verwandte nicht geltend machen (§ 33 Abs. 2 S. 1 Nr. 2 SGB II): So müssen z. B. 25-jährige und ältere Leistungsempfänger nicht befürchten, dass ihre Verwandten in gerader Linie durch einen gesetzlichen Forderungsübergang vom Jobcenter belangt werden. Dasselbe gilt auch für unterhaltsverpflichtete Personen, die mit der unterhaltsberechtigten Person in einer BG leben (§ 33 Abs. 2 S. 1 Nr. 1 SGB II). Weiterhin werden Eltern eines Kindes nicht herangezogen, wenn die Tochter schwanger ist oder ein eigenes Kind bis zur Vollendung des sechsten Lebensjahres betreut (§ 33 Abs. 2 S. 1 Nr. 3 lit. a) und b) SGB II).

Andererseits können Eltern bzw. Kinder, die nicht gemeinsam in einer BG leben, den Forderungsübergang in den folgenden zwei Fällen nicht verhindern:

- Erstens werden die Eltern von *minderjährigen* Leistungsberechtigten zwingend mit ihren Unterhaltszahlungen herangezogen (§ 33 Abs. 2 S. 1 Nr. 2 lit. a) SGB II).
- Zweitens gilt dies auch für Bürgergeldempfänger, die das *25. Lebensjahr noch nicht vollendet* und die *Erstausbildung noch nicht abgeschlossen* haben (§ 33 Abs. 2 S. 1 Nr. 2 lit. b) SGB II).

Die Eltern dieser Kinder werden bei bestehender Leistungsfähigkeit vom Jobcenter zu Zahlungen zwangsweise veranlasst.

XI.3 Blick in die Sozialhilfe

Ein Blick in die Sozialhilfe zeigt, dass Leistungskürzungen und die Heranziehung Anderer nur noch *ausnahmsweise* möglich sind.

XI.3.1 Einschränkung der Leistung

Nach § 39a SGB XII a.F. waren Sanktionen i. H. v. 25 % der maßgebenden Regelbedarfsstufe möglich, wenn z. B. Sozialhilfeempfänger – trotz etwaiger Verpflichtung – die Aufnahme einer Tätigkeit abgelehnt haben. Die Regelung kam in der Praxis kaum zur Anwendung, da insbesondere erwerbsunfähige Leistungsberechtigte nicht zur Arbeitsaufnahme verpflichtet sind (vgl. GK-SRB/Busse 2023: § 39a SGB XII Rn. 1). Seit dem 01.01.2023 ist § 39a SGB XII ersatzlos gestrichen worden und eine Sanktionierung nach dieser Vorschrift nicht mehr möglich.

Gem. § 26 Abs. 1 SGB XII sollen Leistungen der Sozialhilfe in zwei Fällen bis auf das zum Lebensunterhalt Unerlässliche eingeschränkt werden:

- Erstens erfolgt die Leistungseinschränkung regelmäßig, wenn Sozialhilfeempfänger nach Vollendung des 18. Lebensjahres ihr Einkommen oder Vermögen in der *Absicht vermindert* haben, um überhaupt Sozialhilfe oder höhere Leistungen zu erhalten.
- Zweitens sollen die Leistungen eingeschränkt werden, wenn die Leistungsberechtigten trotz Belehrung ihr *unwirtschaftliches Verhalten* fortsetzen.

Hierbei handelt es sich aus der Sicht des Gesetzgebers um *sozialwidriges Verhalten* des Leistungsempfängers, das mit einer Einschränkung der Leistung sanktioniert werden soll.

Die *Höhe* und *Dauer* der Kürzung ist in § 26 Abs. 1 SGB XII nicht festgelegt. Nach einer Auffassung in Rechtsprechung und Literatur ist eine Einschränkung im Umfang von max. 30 % der maßgebenden Regelbedarfsstufe, nach anderer Auffassung weniger, möglich. Die Dauer ist im Einzelfall unter Beachtung aller Umstände und des Verhältnismäßigkeitsprinzips nach Ermessen des Sozialhilfeträgers zu bestimmen (vgl. GK-SRB/Wendtland 2023: § 26 SGB XII Rn. 3 ff.).

XI.3.2 Verpflichtungen anderer im SGB XII

Der Übergang von Ansprüchen gegen Andere ist in der Sozialhilfe in den §§ 93 ff. SGB XII geregelt. Grundsätzlich kann der Träger der Sozialhilfe Ansprüche der Leistungsberechtigten gegen andere (z. B. Lohn-, Unterhalts- oder Schadensersatzansprüche) bis zur Höhe der geleisteten Sozialhilfe auf sich überleiten (§ 93 Abs. 1 S. 1 SGB XII). Im Gegensatz zum gesetzlichen Forderungsübergang der entsprechenden Bürgergeld-Regelung (§ 33 SGB II), setzt der Übergang von Ansprüchen im SGB XII zunächst eine schriftliche Anzeige gegen den anderen voraus (vgl. § 93 Abs. 1 S. 1 und Abs. 2 S. 1 SGB XII). Erst danach geht der Anspruch auf den Sozialhilfeträger über.

In der Vergangenheit mussten vor allem *Kinder für ihre Eltern* aufkommen, die aufgrund ihrer finanziellen Situation Grundsicherung und/oder Hilfe zur Pflege bezogen haben. Mittlerweile werden die meisten Kinder nicht mehr für ihre Eltern vom Sozialhilfeträger herangezogen. Der Grund dafür ist § 94 SGB XII: Nach dessen Abs. 1 gehen zwar grundsätzlich Unterhaltsansprüche auf den Sozialhilfeträger über. Allerdings bestimmt § 94 Abs. 1 lit. a SGB XII, dass Unterhaltsansprüche gegenüber Kindern und Eltern nicht zu berücksichtigen sind, es sei denn, das jährliche Gesamteinkommen der unterhaltsverpflichteten Person beträgt *mehr als 100.000 €*. Mit der Norm wird vermutet, dass u.a. Kinder von leistungsbeziehenden Eltern ein geringeres Jahreseinkommen haben (vgl. § 94 Abs. 1 lit. a S. 3 SGB XII). Bei gegenteiligen Verdachtsmomenten kann der Sozialhilfeträger die Vermutung widerlegen und Auskunft über die Einkommenssituation der Unterhaltsverpflichteten verlangen (vgl. § 94 Abs. 1 lit. a S. 4 SGB XII). Zu weiteren Ausnahmen vom Übergang unterhaltsrechtlicher Ansprüche auf den Sozialhilfeträger vgl. § 94 Abs. 1 und Abs. 2 bis 5 SGB XII.

XI.4 Wiederholungsfall

Arbeit in der Schokoladenfabrik

Der eLB A bezieht seit einem Jahr Bürgergeld. In einem Kooperationsplan ist die Absprache festgehalten, dass A monatlich eine Bewerbung schreibt. Während eines Termins bei seinem Jobcenter erhält A ein Stellenangebot, auf das er sich bewerben soll. Es handelt sich um eine leicht zu lernende Tätigkeit in einer Schokoladenfabrik (u.a. Sortier- und Verpackungstätigkeiten) im 3-Schicht-System, die mit permanenter körperlicher Anstrengung verbunden ist. Das Jobcenter fordert A mit wirksamer Rechtsfolgenbelehrung zur Bewerbung auf. A bewirbt sich bei dem Unternehmen und wird zu einem Vorstellungsgespräch eingeladen. Die Personalreferentin erwähnt gegenüber dem Jobcenter, dass A im gesamten Bewerbungsgespräch zu erkennen gegeben hat, dass er die Stelle nicht antreten möchte. Das Jobcenter gibt A daraufhin Gelegenheit sich dazu zu äußern. A führt an, dass er aufgrund einer ärztlich attestierten Arthrose und einer Bewegungseinschränkung der Schulter keine körperlich anstrengenden Arbeiten ausführen kann. A legt dem Jobcenter das Attest vor. Daraufhin erlässt das Jobcenter einen Sanktionsbescheid und kürzt das Bürgergeld für einen Monat um 10 % des maßgebenden Regelbedarfs.[230] **Ist die Sanktion rechtmäßig?**[231]

XI.5 Wiederholungsfragen

Fragen

- Warum wurden die Sanktionsregelungen im SGB II vom Gesetzgeber reformiert? Sind zukünftig sog. „Totalsanktionen" möglich?
- Wann ist eine angebotene Arbeitsstelle im SGB II zumutbar? Welche Ausnahmen gibt es?
- In welcher Höhe und für welche Dauer darf das Bürgergeld gekürzt werden?
- Mit welchem Rechtsmittel können Bürgergeldempfänger gegen einen Sanktionsbescheid vorgehen? Wie kann vorläufig verhindert werden, dass das Bürgergeld gekürzt wird?
- Wie kann ein Bürgergeldempfänger grundsätzlich verhindern, dass Verwandte in gerader Linie vom Jobcenter im Rahmen von Unterhaltszahlungen herangezogen werden? In welchen Fällen ist dies nicht möglich?
- Können Kinder von Eltern, die Hilfe zur Pflege beziehen, an den Sozialhilfekosten beteiligt werden?

---

[230] Angelehnt an SG Magdeburg, Urt. v. 06.09.2021 – S 20 AS 1031/18.
[231] Eine Lösungsskizze finden Sie am Ende des Buches in Kapitel XIV.

XII. Kapitel: Leistungen für Personen in besonders schwierigen Lebenssituationen

Als *letztes „Auffangnetz"* im Sozialstaat sichert die Sozialhilfe Unterstützung für Menschen in besonderen Lebenslagen. Dies vor allem dann, wenn andere Sozialleistungssysteme nicht (vollständig) greifen. Unterstützung gibt es für Menschen mit besonderen sozialen Schwierigkeiten („Hilfe zur Überwindung besonderer sozialer Schwierigkeiten" – §§ 67 bis 69 SGB XII) und Hilfe in anderen Lebenslagen (§§ 70 bis 74 SGB XII). Die Hilfen nach dem 5. bis 9. Kapitel werden – wenn die Voraussetzungen vorliegen (§ 19 Abs. 3 i. V. m. §§ 67-74 SGB XII) – neben dem Bürgergeld (SGB II), der HzL (3. Kap. SGB XII) und der Grundsicherung im Alter und bei Erwerbsminderung (4. Kap. SGB XII) erbracht (Grosse/Weber/Wesemann 2020: S. 283).[232]

XII.1 Hilfe zur Überwindung besonderer sozialer Schwierigkeiten

Aus bestimmten Lebenssituationen folgen für einzelne Menschen herausfordernde Schwierigkeiten. Beispiele sind Wohnungslosigkeit, (Zwangs-)Prostitution, Entlassung aus dem Gefängnis oder häusliche Gewalt (vgl. GK-SRB/Busse 2023: §§ 67-69 SGB XII Rn. 11). Wenn keine anderen Hilfen zur Verfügung stehen oder tatsächlich geleistet werden[233], dann bietet die *Hilfe zur Überwindung besonderer sozialer Schwierigkeiten* (§§ 67-69 SGB XII) einen Ansatzpunkt der Sozialen Arbeit, um Unterstützung für Klienten zu erreichen. Zu den Hilfen gehören z. B. Beratung, Beschaffung einer Wohnung oder Hilfe bei der Erlangung eines Arbeitsplatzes (vgl. § 2 DVO zu § 69 SGB XII).

Zuständig für die Durchführung der Hilfen sind die *überörtlichen Träger der Sozialhilfe*, soweit keine abweichende Zuständigkeit durch das Recht der Bundesländer bestimmt wurde (vgl. § 97 Abs. 2 und Abs. 3 Nr. 3 SGB XII).

XII.1.1 Leistungsvoraussetzungen

Zu den Voraussetzungen gehört, dass es sich um Personen handeln muss, bei denen *besondere Lebensverhältnisse* mit *sozialen Schwierigkeiten* verbunden sind (§ 67 S. 1 SGB XII). Was darunter zu verstehen ist, hat das Bundesministerium für Arbeit und Soziales in der „Verordnung zur Durchführung der Hilfe zur Überwindung besonderer sozialer Schwierigkeiten" (kurz: DVO zu § 69 SGB XII) geregelt.

Bestimmt haben Sie in einer Einführungsveranstaltung zu den rechtlichen Grundlagen der Sozialen Arbeit besprochen, was eine Rechtsverordnung ist. Überlegen Sie einmal, von wem und wann diese erlassen werden darf.[234]

---

232 Vgl. zu den „Hilfen zur Gesundheit" (§§ 47 bis 52 SGB XII) und der „Hilfe zur Pflege" (§§ 61 bis 66a SGB XII) Kap. IX.
233 § 67 S. 2 SGB XII nennt als andere Hilfen Leistungen des SGB XII, des SGB VIII oder des SGB IX.
234 Die Exekutive (also die ausführende Gewalt im Staat) darf bestimmte Regelungen selbst treffen, wenn der Gesetzgeber dies in einem Gesetz ausdrücklich zulässt: „Durch Gesetz können die Bundesregierung, ein Bundesminister oder die Landesregierungen ermächtigt werden, Rechtsverordnungen zu erlassen. Dabei müssen Inhalt, Zweck und Ausmaß der erteilten Ermächtigung im Gesetze bestimmt werden." (Art. 80 Abs. 1 S. 1 und 2 GG). In § 69 SGB XII findet sich eine solche Ermächtigungsgrundlage. Danach darf das

XII.1.1.1 Soziale Schwierigkeiten und besondere Lebensverhältnisse

Klärungsbedürftig ist zunächst, wann Personen in *besonderen sozialen Schwierigkeiten* leben. Dies ist der Fall, wenn besondere Lebensverhältnisse derart mit sozialen Schwierigkeiten verbunden sind, dass die Überwindung der besonderen Lebensverhältnisse auch die Überwindung der sozialen Schwierigkeiten erfordert (§ 1 Abs. 1 S. 1 DVO zu § 69 SGB XII).

In weiteren Absätzen folgen dazu *Begriffsbestimmungen*:

- *Besondere Lebensverhältnisse* bestehen bei fehlender oder nicht ausreichender Wohnung, bei ungesicherter wirtschaftlicher Lebensgrundlage, bei gewaltgeprägten Lebensumständen, bei Entlassung aus einer geschlossenen Einrichtung oder bei vergleichbaren nachteiligen Umständen, die ihre Ursachen in äußeren Umständen oder in der Person der Hilfesuchenden haben können (§ 1 Abs. 2 DVO zu § 69 SGB XII). Besondere Lebensverhältnisse lassen sich auch als *„Abweichung von „normalen" Lebensverhältnissen"* beschreiben (vgl. GK-SRB/Busse 2023: §§ 67-69 SGB XII Rn. 9). Was unter „normal" zu verstehen ist, unterliegt dabei gewissen Definitionsschwierigkeiten. Allerdings lässt sich konstatieren, dass Lebenssituationen (z. B. Arbeitslosigkeit; niedrige Rente im Alter), die mit anderen Hilfen (z. B. SGB II, SGB III und SGB XII) gelöst werden können, noch unter „normal" zu fassen sind (ebd. Rn. 9). Es muss sich also um Problemlagen handeln, die mit den herkömmlichen Hilfen (noch) nicht ausreichend zu bewältigen sind.
- *Soziale Schwierigkeiten* liegen vor, wenn ein Leben in der Gemeinschaft durch ausgrenzendes Verhalten des Hilfesuchenden oder eines Dritten wesentlich eingeschränkt ist, insbesondere im Zusammenhang mit der Erhaltung oder Beschaffung einer Wohnung, mit der Erlangung oder Sicherung eines Arbeitsplatzes, mit familiären oder anderen sozialen Beziehungen oder mit Straffälligkeit (§ 1 Abs. 3 DVO zu § 69 SGB XII).

XII.1.1.2 Verbindung von besonderen Lebensverhältnissen und sozialen Schwierigkeiten

Die besonderen Lebensverhältnisse müssen mit sozialen Schwierigkeiten *verbunden* sein. Eine Kausalität ist aber nicht erforderlich (vgl. Rolfs et al./Kaiser 2023: § 67 SGB XII Rn. 3). So ist Gewalt im häuslichen Umfeld nicht zwingend die Ursache für Arbeitslosigkeit. Dennoch kann eine Verbindung bestehen, wenn die Gewalt den betroffenen Menschen derart psychisch belastet, dass keine Kraft für die Arbeitsplatzsuche bleibt. Denn zunächst müsste eine Loslösung aus dem gewaltgeprägten Umfeld erfolgen (z. B. Flucht in ein Frauenhaus). Erst im Anschluss, ggf. nach einer therapeutischen Behandlung, sind wieder Ressourcen vorhanden, um nach Stellen zu suchen und Bewerbungen zu schreiben.

Bundesministerium für Arbeit und Soziales (BMAS) mit Zustimmung des Bundesrates in einer Rechtsverordnung Bestimmungen über den Personenkreis und über Art und Umfang der Hilfe zur Überwindung besonderer sozialer Schwierigkeiten treffen.

XII.1.1.3 Keine Bewältigung der Schwierigkeiten aus eigener Kraft

Weiterhin ist Voraussetzung, dass die Hilfebedürftigen die besonderen sozialen Schwierigkeiten *nicht aus eigener Kraft bewältigen können* (vgl. § 67 S. 1 SGB XII a. E.). Insoweit geht die Selbsthilfe den Leistungen nach den §§ 67 ff. SGB XII vor.

XII.1.1.4 Nachrang der Hilfen

Der sog. *interne Nachrang* sieht vor, dass andere Leistungen nach dem SGB XII (z. B. Grundsicherung im Alter und bei Erwerbsminderung) oder Leistungen nach dem SGB VIII (z. B. Vollzeitpflege) oder nach dem SGB IX (z. B. Leistungen zur Teilhabe am Arbeitsleben) Vorrang vor den Hilfen zur Überwindung besonderer sozialer Schwierigkeiten haben (§ 67 Satz 2 SGB XII). Dies gilt allerdings nur, wenn die vorrangigen Leistungen auch *tatsächlich erbracht* werden. Ist dies nicht oder nur teilweise der Fall, besteht (ergänzend) ein Anspruch auf Hilfen nach §§ 67 ff. SGB XII. Darüber hinaus besteht der *allgemeine Nachranggrundsatz* der Sozialhilfe gem. § 2 SGB XII (z. B. ggü. BaföG, SGB III, SGB II; vgl. Rolfs et al./ Kaiser 2023: § 67 SGB XII Rn. 6)

XII.1.1.5 Berücksichtigung von Einkommen und Vermögen

Zudem ist zu prüfen, ob eigenes *Einkommen und Vermögen* zur Überwindung der Schwierigkeiten einzusetzen ist. Hier bestehen Sonderregelungen: Dienstleistungen werden erbracht, ohne dass Einkommen und Vermögen eingesetzt werden muss (vgl. § 68 Abs. 2 S. 1 SGB XII). Bei anderen Hilfen wird grundsätzlich das zu berücksichtigende Einkommen und Vermögen herangezogen. Wobei die Heranziehung von Leistungsberechtigten, ihren nicht getrenntlebenden Ehegatten oder Lebenspartnern (bei unverheirateten Minderjährigen auch der Eltern) und der nach dem BGB Unterhaltsverpflichteten nicht stattfinden soll, wenn dadurch der Erfolg der Hilfe gefährdet würde (vgl. § 68 Abs. 2 S. 2 SGB XII). Beispielsweise könnte die soziale Einbindung in die Familie gefährdet sein und Konflikte entstehen, wenn Angehörige per Unterhaltsanspruch zur Finanzierung der Leistung herangezogen werden. Im Übrigen gelten für die Einkommens- und Vermögensanrechnung die allgemeinen Regelungen (§§ 82 ff. SGB XII).[235]

---

[235] Vgl. hierzu unter Kapitel 10.

Tabelle XII.1: Voraussetzungen der Hilfe zur Überwindung besonderer sozialer Schwierigkeiten

Anspruchsvoraussetzungen[236]

1. Anspruchsberechtigter Personenkreis (§ 67 S. 1 SGB XII; § 1 DVO zu § 69 SGB XII)
   a) Besondere Lebensverhältnisse
   b) Soziale Schwierigkeiten
   c) Besondere Lebensverhältnisse müssen mit sozialen Schwierigkeiten verbunden sein
   d) Keine Bewältigung aus eigener Kraft möglich
2. Nachrang der §§ 67 ff. SGB XII
   a) Interner Nachrang ggü. SGB XII (andere Leistungen), SGB VIII und SGB IX (§ 67 S. 2 SGB XII)
   b) Allgemeiner Nachrang (§ 2 SGB XII)
3. Einkommen und Vermögen (nicht: bei Dienstleistungen oder Gefährdung der Hilfe)

XII.1.2 Rechtsfolge

Wenn die Voraussetzungen gegeben sind, besteht ein Rechtsanspruch auf die Leistungen der §§ 67 f. SGB XII („sind Leistungen (...) zu erbringen", § 67 S. 1 SGB XII i. V. m. § 17 Abs. 1 SGB XII). Die Ermittlung und Feststellung des Hilfebedarfs sowie die Durchführung der Maßnahmen erfolgt in geeigneten Fällen im Rahmen eines *Gesamtplanes* (vgl. § 68 Abs. 1 S. 2 SGB XII i. V. m. § 2 Abs. 3 S. 1 DVO zu § 69 SGB XII). Es werden notwendige Dienst-, Sach- und Geldleistungen erbracht – vorrangig allerdings Dienstleistungen der *Beratung* und *persönlichen Unterstützung* (vgl. § 2 Abs. 2 DVO zu § 69 SGB XII).

Aus § 68 SGB XII i. V. m. §§ 2 bis 6 DVO zu § 69 SGB XII ergeben sich *Art und Umfang* der möglichen Hilfsmaßnahmen:

- Beratung und persönliche Unterstützung (z. B. Schuldnerberatung in Anspruch zu nehmen oder in Bezug auf Behördengänge),
- Hilfe zur Erhaltung oder Beschaffung einer Wohnung (z. B. Beratung; Unterbringung in Obdachlosenwohnheim; Unterbringung in betreutem Einzelwohnen bei Haftentlassenen),
- Hilfe zur Ausbildung, Erlangung und Sicherung eines Arbeitsplatzes (z. B. Beratung und Motivation eine Stelle zu suchen, den Schulabschluss nachzuholen oder eine Ausbildung zu beginnen und entsprechende Sozialleistungen zu beantragen),

---

[236] Angelehnt an: von Boetticher, in: Grühn (Hrsg.), Fälle zum Sozialrecht, 2017, S. 87.

- Hilfe zum Aufbau und zur Aufrechterhaltung sozialer Beziehungen und zur Gestaltung des Alltags (z. B. zur Strukturierung des Alltags; für das Führen einer gesundheitsbewussten Lebensweise; sportliche oder kulturelle Betätigung)

(Vgl. Rolfs et al./Kaiser 2023: § 68 SGB XII Rn. 6 ff.).

Die genannten Leistungen sind nicht abschließend („insbesondere", § 68 Abs. 1 S. 1 SGB XII). Umfasst sind alle Maßnahmen, die *notwendig* sind, um die Schwierigkeiten abzuwenden, zu beseitigen, zu mildern oder ihre Verschlimmerung zu verhüten (§ 68 Abs. 1 S. 1 SGB XII). Ziel ist, die Betroffenen zur Selbsthilfe zu befähigen, die Teilhabe am Leben in der Gemeinschaft zu ermöglichen und die Führung eines menschenwürdigen Lebens zu sichern (§ 2 Abs. 1 S. 1 DVO zu § 69 SGB XII).

XII.2 Hilfe in anderen Lebenslagen

Das neunte Kapitel des SGB XII umfasst Leistungen, die in bestimmten Lebenslagen von Menschen Unterstützung bieten (z. B. Unterstützung von Menschen, die wegen Krankheit ihren Haushalt nicht weiterführen können; Unterstützung von alten und blinden Menschen mit Mehraufwendungen; Unterstützung im Todesfall, wenn Angehörige fehlen, die die Bestattung zahlen können).

Zu diesen Hilfen gehören:

- Hilfe zur Weiterführung des Haushalts (§ 70 SGB XII)
- Altenhilfe (§ 71 SGB XII)
- Blindenhilfe (§ 72 SGB XII)
- Hilfe in sonstigen Lebenslagen (§ 73 SGB XII)
- Bestattungskosten (§ 74 SGB XII)

XII.2.1 Hilfe zur Weiterführung des Haushalts

Menschen, die z. B. aufgrund von Krankheit oder Behinderung ihren Haushalt nicht mehr bewältigen können, können unter den Voraussetzungen des § 70 SGB XII, i. d. R. vorübergehend (bis max. 6 Monate – vgl. Rolfs et al./Kaiser 2023, § 70 SGB XII Rn. 7) die Kosten für eine Haushaltshilfe als Sozialleistung erhalten. Ausnahmsweise kann die Leistung auch dauerhaft erbracht werden, wenn dadurch eine stationäre Unterbringung vermieden oder aufgeschoben werden kann (§ 70 Abs. 1 S. 3 SGB XII).

Als Beispiel kann eine Person genannt werden, die aufgrund einer Oberschenkelamputation Hilfe bei einzelnen Haushaltstätigkeiten benötigt (z. B. beim Einkaufen, Wäsche trocknen, Bügeln, Reinigen der Wohnung und des Treppenhauses, Wechseln der Bettwäsche – vgl. Edtbauer/Rabe 2021, S. 330). An anderen Stellen des Sozialrechtes finden sich ebenfalls Rechtsnormen über die Gewährung einer Haushaltshilfe, die der sozialhilferechtlichen Norm vorgehen (z. B. § 38 SGB V, § 42 SGB VII, § 20 SGB VIII; vgl. Rolfs et al./Kaiser 2023, § 70 SGB XII Rn. 10).

Die Norm selbst hat folgende Voraussetzungen:

- Person mit eigenem Haushalt;
- weder die Person selbst, noch andere Haushaltsangehörige können den Haushalt weiterführen;
- Weiterführung des Haushaltes ist geboten.

Die Weiterführung des Haushaltes ist *geboten*, wenn die Auflösung des Haushaltes droht und die Weiterführung bspw. aus sozialpädagogischen Erwägungen heraus sinnvoll ist. Das kann etwa der Fall sein, wenn der Haushalt für die Entwicklung der dort lebenden minderjährigen Kinder oder zum Schutz von pflegebedürftigen Personen aufrechterhalten werden soll (vgl. Rolfs et al./Kaiser 2023: § 70 SGB XII Rn. 2).

Es handelt sich um eine *Soll-Leistung*, d. h., im Regelfall ist die Haushaltshilfe zu gewähren. Nur bei sog. atypischen Verhältnissen kann davon abgesehen werden.

Die Haushaltshilfe umfasst die persönliche Betreuung von Haushaltsangehörigen (z. B. von Kindern inklusive gemeinsamen Spielen und Betreuen der Hausaufgaben) sowie die sonstigen zur Weiterführung des Haushalts erforderlichen Tätigkeiten (z. B. Putzen und Einkaufen; vgl. § 70 Abs. 2 SGB XII). Umfasst sind die angemessene Vergütung für die Betreuungsperson und ggf. Beiträge für die Alterssicherung der Haushaltshilfe. Als letztes Mittel (Ultima Ratio) können aber auch im Wege des Ermessens die Kosten für eine Fremdunterbringung der haushaltsangehörigen Personen – neben oder anstatt der Weiterführung des Haushalts – übernommen werden (vgl. § 70 Abs. 4 SGB XII). Zuständig für die Leistung ist der örtliche Träger der Sozialhilfe (vgl. § 97 Abs. 1 SGB XII; vgl. GK-SRB/Busse 2023: § 70 SGB XII Rn. 3 ff.).

XII.2.2 Altenhilfe

Alte Menschen haben spezifische Bedarfe, die bereits über andere Sozialleistungen abgedeckt werden. Zu nennen sind bspw. die Grundsicherung im Alter (§ 41 SGB XII), die häusliche Pflege (§ 63 SGB XII), der Mehrbedarf für schwerbehinderte ältere Menschen (§ 30 Abs. 1 Nr. 1 SGB XII) und/oder die Leistungen der gesetzlichen Pflegeversicherung. Darüber hinausgehende Bedarfe sollen als Ergänzung durch die Altenhilfe abgedeckt werden (vgl. GK-SRB/Busse 2023, § 71 SGB XII Rn. 4). Zuständig für die Gewährung dieser Leistungen ist der örtliche Träger der Sozialhilfe (§ 97 Abs. 1 SGB XII – vgl. GK-SRB/Busse 2023: § 71 SGB XII Rn. 14).

§ 71 SGB XII enthält zwei Anspruchsgrundlagen:

- Absatz 1: Leistungen für alte Menschen
- Absatz 3: Leistungen zur Vorbereitung für das Alter

Leistungen der Altenhilfe werden *alten Menschen* gewährt. Ab wann ein Mensch als alt anzusehen ist, wird nicht weiter definiert. In der Literatur wird davon ausgegangen, dass nach systematischer Auslegung (in der Zusammenschau u.a. mit § 41 SGB XII) das Erreichen der Regelaltersgrenze jedenfalls als Erfüllung der

Voraussetzung angesehen werden kann. Mitunter wird schon ein früherer Zeitpunkt als ausreichend angesehen (vgl. dazu GK-SRB/Busse 2023: § 71 SGB XII Rn. 7; Rolfs et al./Kaiser 2023: § 71 SGB XII Rn. 2). Altenhilfe soll auch dann erbracht werden, wenn sie der *Vorbereitung auf das Alter* dient (über § 71 Abs. 3 SGB XII).

Weiterhin dürfen *keine vorrangigen Leistungen des* SGB XII und der Eingliederungshilfe gem. §§ 90 ff. SGB IX eingreifen.

Zudem müssen *Schwierigkeiten* bestehen oder absehbar sein, *die durch das Alter entstehen* (können) und die u.a. die *Teilhabe* am selbstbestimmten Leben in der Gesellschaft *betreffen* (§ 71 Abs. 1 S. 2 SGB XII). Solche altersbedingten Schwierigkeiten liegen vor, wenn altersbedingte Auswirkungen bestimmte Bedarfe hervorbringen – z. B. „drohende Vereinsamung und Isolation aus altersbedingten Gründen (etwa nach dem Ausscheiden aus dem Berufsleben oder nach dem Verlust des Partners)" oder eingeschränkte Selbsthilfemöglichkeiten aufgrund zunehmender geistiger oder körperlicher Schwäche (etwa eine nur noch eingeschränkte Möglichkeit, Einkäufe selbst zu erledigen; BSG, Urt. v. 24.02.2016 – B 8 SO 11/14 R, Rn. 16 – zit. nach juris).

Soweit im Einzelfall Beratung und Unterstützung erforderlich ist, soll Altenhilfe *ohne Rücksicht auf vorhandenes Einkommen oder Vermögen* geleistet werden (§ 71 Abs. 4 SGB XII). Das bedeutet im Umkehrschluss, dass bei anderen Formen der Unterstützung eine Anrechnung von Einkommen und Vermögen grundsätzlich zu erfolgen hat.

Eine nicht abschließende Aufzählung möglicher Leistungen findet sich in § 71 Abs. 2 SGB XII. Diese sollen dazu beitragen, Schwierigkeiten, die durch das Alter entstehen, zu verhüten, zu überwinden oder zu mildern und alten Menschen die Möglichkeit zu erhalten, selbstbestimmt am Leben in der Gemeinschaft teilzunehmen und ihre Fähigkeit zur Selbsthilfe zu stärken (§ 71 Abs. 1 S. 2 SGB XII). Unter anderem können folgende Leistungen erbracht werden:

- Leistungen zu einer Betätigung und zum gesellschaftlichen Engagement, wenn sie vom alten Menschen gewünscht wird (z. B. Übernahme von Fahrtkosten im Zusammenhang mit Hobbys, Vereinsmitgliedschaft oder Ehrenamt);
- Leistungen bei der Beschaffung und zur Erhaltung einer Wohnung, die den Bedürfnissen des alten Menschen entspricht (z. B. Beratung; Vermittlung einer Wohnung; nachrangige Kostenübernahme für altersgemäße Vorrichtungen);
- Beratung und Unterstützung im Vor- und Umfeld von Pflege, insbesondere in allen Fragen des Angebots an Wohnformen bei Unterstützungs-, Betreuungs- oder Pflegebedarf sowie an Diensten, die Betreuung oder Pflege leisten (umfassende Beratung zu unterschiedlichen Wohn- und Unterstützungsmöglichkeiten, z. B. „Alten-WG");
- Beratung und Unterstützung in allen Fragen der Inanspruchnahme altersgerechter Dienste (z. B. Reinigungsdienste, „Essen auf Rädern", Freizeitgestaltung, Einkaufsmöglichkeiten);

- Leistungen zum Besuch von Veranstaltungen oder Einrichtungen, die der Geselligkeit, der Unterhaltung, der Bildung oder den kulturellen Bedürfnissen alter Menschen dienen (z. B. Seniorennachmittage, Seniorenausflüge, Konzert- oder Theaterbesuche, Besichtigungen);
- Leistungen, die alten Menschen die Verbindung mit nahestehenden Personen ermöglichen (z. B. Familie, Freunde, Arbeitskollegen, Nachbarn – durch bspw. Fahrdienste oder Übernahme von Telefongebühren);
- weitere Leistungen (z. B.: Fahrdienste, Besuchsdienste, Hausnotruf, Büchereidienst).

(Beispiele nach Rolfs et al./Kaiser 2023: § 71 SGB XII Rn. 4 ff.)

Abschließend ist aber festzustellen, dass die *Hürde*, um finanzielle Leistungen über die Altenhilfe zu erhalten, *hoch* ist. Insbesondere wenn bestehende Bedarfe nicht ausschließlich altersbedingt sind und bereits über den Regelbedarf der Grundsicherung abgedeckt werden, greift § 71 SGB XII nicht (vgl. dazu bspw. LSG Bayern, Urt. v. 26.02.2010 – L 8 SO 1209/09 – Hier forderte der Kläger eine zusätzliche monatliche Unterstützung neben der Grundsicherung zum Besuch von Veranstaltungen. Dieses Begehren konnte vor dem SG und LSG nicht durchgesetzt werden, da u.a. die Bedarfe nicht als spezifisch altersbedingt angesehen wurden und nach Ansicht der Rechtsprechung durch den Regelbedarf abgedeckt seien. BSG, Urt. V. 24.02.2016 – B 8 SO 11/14 R – Hier forderte der Kläger finanzielle Leistungen für den Besuch seines Bruders (rund 460 km entfernt wohnend), den Besuch des Elterngrabes und die regelmäßige Teilnahme an kulturellen Veranstaltungen. Die gewünschte Leistung konnte auch hier nicht vor Gericht durchgesetzt werden, da keine spezifisch altersbedingte Bedarfslage angenommen wurde).

XII.2.3 Blindenhilfe

Bei der *Blindenhilfe* handelt es sich um eine pauschalierte Geldleistung. Sie dient blinden Menschen dazu, Mehraufwendungen im Zusammenhang mit der Blindheit zu finanzieren (z. B. Teilnahme an Veranstaltungen; Haushaltshilfe; Hilfsmittel; vgl. hierzu Rolfs et al./Kaiser 2023: § 72 SGB XII Rn. 1).

Zuständig ist der überörtliche Träger der Sozialhilfe (vgl. § 97 Abs. 3 Nr. 4 SGB XII), wenn das Recht der Bundesländer keine abweichende Regelung vorsieht (vgl. 97 Abs. 2 S. 1 SGB XII; vgl. Rolfs et al./Kaiser 2023: § 72 SGB XII Rn. 2 ff.)

Folgende *Voraussetzungen* müssen für einen Anspruch auf Blindenhilfe vorliegen:

- *Blinder oder einem Blinden gleichgestellter Mensch*: Es gibt keine Legaldefinition von Blindheit. Jedenfalls ist ein Schwerbehindertenausweis mit dem Merkzeichen „Bl" ausreichend. Der Sozialhilfeträger hat eigenständig zu ermitteln, ob Blindheit vorliegt, wenn keine Feststellung darüber getroffen wurde. Menschen, deren beidäugige Gesamtsehschärfe nicht mehr als ein Fünfzigstel beträgt oder bei denen dem Schweregrad dieser Sehschärfe gleichzuachtende, nicht nur vorübergehende Störungen des Sehvermögens vorliegen, stehen blinden Menschen gleich (§ 72 Abs. 5 SGB XII).

- *Kein Vorrang anderer Leistungen*: Blindenhilfe wird nur gewährt, soweit die Blinden und ihnen Gleichgestellten keine gleichartigen Leistungen nach anderen Rechtsvorschriften erhalten (§ 72 Abs. 1 S. 1 SGB XII). Zu den gleichartigen Leistungen gehören: Pflegezulage für Kriegsblinde (§ 35 Abs. 1 BVG; ab 01.01.2024 SGB XIV), Pflegegeld für Unfallblinde (§ 44 SGB VII), Schadensersatz- und Schmerzensgeldzulagen (§§ 823, 847 BGB), Landesblinden- und Landespflegeldgesetze der Bundesländer.
- *Kein ausreichendes Einkommen und Vermögen* (vgl. dazu §§ 85 ff., 90 SGB XII, insbesondere § 87 Abs. 1 S. 3 SGB XII).

Ohne die Berücksichtigung von Anrechnungs- und Verrechnungsvorschriften erhalten Blinde und Gleichgestellte Bundesblindengeld nach § 72 SGB XII in folgender Höhe:

Tabelle XII.2: Höhe der Blindenhilfe (BMAS Stand Juli 2024)[237]

Lebensalter	Betrag ab 01.07.2024
Vor Vollendung des 18. Lebensjahres	440,90 €
Nach Vollendung des 18. Lebensjahres	880,28 €

In § 72 Abs. 1, 3 und 4 SGB XII finden sich detaillierte *Anrechnungs- und Verrechnungsvorschriften*. Diese dienen dazu, Doppelleistungen zu verhindern und dementsprechende Sozialleistungen zu berücksichtigen (z. B. prozentuale Anrechnung des Pflegegeldes nach dem SGB XI auf das Blindengeld). In der Praxis hat insbesondere der Vorrang gleichartiger Leistungen zur Folge, dass dem Blindengeld nach § 72 SGB XII keine große Bedeutung zukommt. Denn das Blindengeld nach den Landesgesetzen ist ungefähr so hoch wie das Blindengeld des SGB XII.[238] Insofern wäre ggf. nur eine Aufstockung nach § 72 SGB XII möglich, wenn eine Differenz zwischen Landes- und Bundesblindengeld besteht.

---

[237] https://www.bmas.de/SharedDocs/Downloads/DE/tabelle-blindenhilfe-pflegegeld-grundbetraege.pdf?__blob=publicationFile&v=22 zuletzt abgerufen am 26.07.2024.
[238] Beispiel: Das Landesblindengeld nach dem „Bayerischen Blindengeldgesetz (BayBlindG)" beträgt ab 01.07.2023 für blinde Menschen monatlich 716 € und das Bundesblindengeld nach § 72 SGB XII für erwachsene blinde Menschen 841,77 €. Erwachsene in Bayern erhalten aufstockend Blindengeld gem. § 72 SGB XII i. H. v. 125,77 €, wenn keine weiteren Anrechnungs- und Verrechnungsvorschriften zu beachten sind. (Vgl. https://www.zbfs.bayern.de/menschen-behinderung/blindengeld/index.php – zuletzt abgerufen am 21.08.2023). In NRW ist das Landesblindengeld nach dem „Gesetz über die Hilfen für Blinde und Gehörlose (GHBG)" nach dem Lebensalter gestaffelt. Blinde erhalten vor Vollendung des 18. Lebensjahres 421,61 €, ab dem 18. bis zur Vollendung des 60. Lebensjahres 841,77 € und ab Vollendung des 60. Lebensjahres 473 € – ohne Berücksichtigung von Anrechnungs- und Verrechnungsvorschriften (Stand Juli 2023–https://www.lwl-inklusionsamt-soziale-teilhabe.de/de/hilfen/blindengeld/). Hier wäre eine Aufstockung grundsätzlich nur für unter 18-Jährige oder 60-Jährige und Ältere nach § 72 SGB XII möglich. Blinde vom 18. bis zur Vollendung des 60. Lebensjahres erhalten grds. Landesblindengeld i. H. d. Bundesblindengeldes gem. § 72 SGB XII, weshalb eine Aufstockung nach § 72 SGB XII regelmäßig nicht möglich ist (vgl. § 2 Abs. 1 GHBG).

XII.2.4 Hilfe in sonstigen Lebenslagen

Die *Hilfe in sonstigen Lebenslagen* stellt eine Auffangnorm dar und lautet folgendermaßen: Leistungen können auch in sonstigen Lebenslagen erbracht werden, wenn sie den Einsatz öffentlicher Mittel rechtfertigen (§ 73 S. 1 SGB XII). Geldleistungen können als Beihilfe oder als Darlehen erbracht werden (§ 73 S. 2 SGB XII).

Die Gewährung der Leistung setzt zunächst eine *„sonstige Lebenslage"* voraus. Damit ist ein atypischer Bedarf gemeint, der nicht bereits in anderen Rechtsnormen erfasst wird (vgl. GK-SRB/Busse 2023: § 73 SGB XII Rn. 3 ff.). Klienten können sich über § 73 SGB XII keine Leistungen verschaffen, die sie nur deshalb nicht über andere Normen erhalten, weil sie die dortigen Voraussetzungen nicht erfüllen. Insofern muss es sich um eine *bisher nicht geregelte Bedarfslage* handeln (vgl. Rolfs et al./Kaiser 2023: § 73 SGB XII Rn. 2).

Der Anwendungsbereich in der Praxis ist gering, da viele Bedarfslagen in anderen Regelungen erfasst sind. U.a. werden folgende Beispiele genannt (vgl. Rolfs et al./Kaiser 2023: § 73 SGB XII Rn. 5 ff.):

- Übernahme von Dolmetscherkosten zur Durchführung einer Therapie,
- Übernahme der Kosten für notwendige Körperpflege und der Kosten für eine Reinigungskraft, wenn der Bedarf besteht, aber lediglich Pflegegrad 1 erreicht wird, Übernahme der Kosten bei Notwendigkeit einer stationären Pflege bei Pflegegrad 1.

Weiterhin verlangt die Norm, dass der Einsatz öffentlicher Mittel *gerechtfertigt* ist. Im Rahmen einer Verhältnismäßigkeitsprüfung ist im Einzelfall die Abwägung der Interessen der beteiligten Parteien vorzunehmen (z. B. Art und Dringlichkeit der Bedarfsdeckung gegenüber der Möglichkeit, sich die begehrte Leistung selbst zu beschaffen; vgl. GK-SRB/Busse 2023: § 73 SGB XII Rn. 6).

Die Gewährung einer Hilfe in sonstigen Lebenslagen steht im *Ermessen* des zuständigen Sozialhilfeträgers („kann"). Erinnern Sie sich noch, was unter Ermessen im Verwaltungsrecht verstanden wird?[239]

Der Träger der Sozialhilfe entscheidet über das „Ob" und „Wie" der Hilfen. Zudem steht ihm ein Ermessen bei der Frage zu, ob eine Geldleistung als Darlehen oder als Beihilfe erbracht wird. (Vgl. Edtbauer/Rabe 2021, 333 f.).

XII.2.5 Bestattungskosten

§ 74 SGB XII sieht vor, dass die erforderlichen *Kosten einer Bestattung* übernommen werden, soweit den hierzu Verpflichteten nicht zugemutet werden kann, die Kosten zu tragen.

---

[239] Ermessen nennt man den Entscheidungsspielraum, den eine Behörde hat. Es wird zwischen dem Entschließungsermessen („Ob" eine Behörde leistet bzw. tätig wird) und dem Auswahlermessen („Wie", d. h. welche von mehreren zulässigen Maßnahmen ausgewählt wird) unterschieden.

Anspruchsberechtigt sind also Personen, die verpflichtet sind, die Bestattungskosten zu tragen. Eine Pflicht kann sich aus dem Erb- und Familienrecht, einem Testament oder den Bestattungsgesetzen der Bundesländer ergeben – siehe z. B. im Unterhaltsrecht § 1615 Abs. 2 BGB („Im Falle des Todes des Berechtigten hat der Verpflichtete die Kosten der Beerdigung zu tragen, soweit ihre Bezahlung nicht von dem Erben zu erlangen ist.") oder im Erbrecht § 1968 BGB („Der Erbe trägt die Kosten der Beerdigung des Erblassers.").

Weiterhin dürfte die Kostentragung dem Verpflichteten *nicht zumutbar* sein. Die Übernahme der Bestattungskosten durch den Verpflichteten ist regelmäßig zumutbar, wenn die Beerdigung aus dem Nachlass gezahlt werden kann. Im Übrigen richtet sich die Zumutbarkeit nach dem einzusetzenden Einkommen und Vermögen des Verpflichteten gem. §§ 82 ff. SGB XII.

Liegen die Voraussetzungen vor, ist der zuständige Träger der Sozialhilfe verpflichtet, die Kosten der Beerdigung zu übernehmen. Umfasst sind die Kosten für eine angemessene Beerdigung unterer oder mittlerer Einkommensschichten (vgl. GK-SRB/Busse 2023: § 74 SGB XII Rn. 5 ff.). Als Beispiele für angemessene Kosten können genannt werden: „Die Kosten für die Leichenschau, Leichenbeförderung, öffentliche Gebühren, Waschen, Ankleiden und Betten der Leiche, ein einfacher Sarg, einfacher Blumenschmuck, die Trauerfeier im Beerdigungsinstitut, Kosten für Sargträger und die Überführung auf den Friedhof, das erstmalige Herrichten des Grabes, ein Grabstein oder eine einfache Grabplatte mit Namen werden üblicherweise anerkannt" (GK-SRB/Busse 2023: § 74 SGB XII Rn. 8).

XII.3 Wiederholungsfragen

Fragen

- Welcher Personenkreis hat Anspruch auf „Hilfe bei Krankheit" gem. § 48 SGB XII?
- Handelt es sich bei den §§ 47-51 SGB XII jeweils um Muss-, Soll- oder Kann-Leistungen? Ist damit ein subjektives Recht verbunden?
- Wann liegt Pflegebedürftigkeit vor?
- Erläutern Sie den Nachranggrundsatz im Sozialhilferecht am Beispiel der „Hilfe zur Pflege"!
- Welche Leistungen können Pflegebedürftige mit Pflegegrad 1 im Rahmen der „Hilfe zur Pflege" grundsätzlich erhalten?
- Nennen Sie Beispiele für Lebenssituationen, in denen „Hilfe zur Überwindung besonderer sozialer Schwierigkeiten" in Betracht kommt!
- Welche Arten von Hilfen in anderen Lebenslagen gibt es? Beschreiben Sie diese kurz!

XIII. Kapitel: Das vollständige Gutachten

Im Folgenden haben Sie die Möglichkeit, das mit diesem Lehrbuch Gelernte am Lebenssachverhalt anzuwenden. Prüfen Sie die beiden Fälle zum SGB II und SGB XII im Gutachten-Stil unter Verwendung der Subsumtionstechnik durch. Die juristischen Methoden und die Falllösungstechnik haben Sie bestimmt in einer Grundlagenveranstaltung kennengelernt. Falls Sie damit Probleme haben, nutzen Sie die einschlägige Literatur.[240] Rechtswissen lebt von der steten Wiederholung. Schlagen Sie bei Bedarf Inhalte in diesem Lehrbuch nach. Und: Lesen Sie immer wieder den Gesetzestext! Das Gesetz ist nicht ihr Feind, sondern ihr Freund ;-) Viel Erfolg bei der Bearbeitung!

XIII.1 Fall SGB II

Fall: Familie Noelle besteht aus den Eheleuten Max (M, 45 Jahre, Veranstaltungstechniker) und Helena (H, 38 Jahre, Hausfrau) sowie den gemeinsamen Kindern Klara (K, 14 Jahre, Gymnasiastin), Friederike (F, 8 Jahre, Grundschülerin) und Leon (L, 2 Jahre). Herr Noelle erzielt seit letztem Monat als Veranstaltungstechniker in Teilzeit ein Bruttoeinkommen i. H. v. 1.500 €. Davon zahlt er bei Lohnsteuerklasse 3 keine Lohnsteuer, aber Sozialversicherungsabgaben i. H. v. 270 €. Weiterhin bezieht er Kindergeld für die drei Kinder i. H. v. 750 € (jeweils 250 € pro Kind). Die Eltern haben ein gemeinsames Girokonto mit einem Betrag i. H. v. 5.000 € und ein Tagesgeldkonto mit einem Betrag i. H. v. 10.000 €. Klara hat in diesem Monat zur Konfirmation 1.500 € von ihren Gästen geschenkt bekommen. Weiteres Vermögen liegt nicht vor. Familie Noelle wohnt in einer 110 m² Mietwohnung in Bielheim und zahlt eine angemessene Brutto-Kaltmiete i. H. v. 940 €/Monat. Die Familie überweist zudem einen Heizungskostenabschlag i. H. v. 110 €/Monat und Stromkosten i. H. v. 130 €/Monat an den Vermieter und Energieversorger – beides angemessen. Seit einer Krebserkrankung hat Frau Noelle einen angemessenen Bedarf für eine kostenaufwändige Ernährung i. H. v. 40 €/Monat. Familie Noelle bezieht seit 2 Jahren Leistungen nach dem SGB II. Herr Noelle hatte damals einen Antrag gestellt. Seit der Familienvater den neuen Job ausübt, geht es der Familie finanziell etwas besser. Noelles fragen sich nun: **Besteht weiterhin ein Rechtsanspruch auf Bürgergeld und in welcher Höhe? Prüfen Sie am Beispiel von Max Noelle seinen persönlichen Leistungsanspruch!**

Bearbeitungshinweis: Beantworten Sie die Frage in Form eines Rechtsgutachtens. Die örtliche und sachliche Zuständigkeit des Jobcenters ist nicht zu prüfen! Der Sofortzuschlag gem. § 72 SGB II ist nicht zu berücksichtigen.

---

[240] Wabnitz, R. J., Grundkurs Recht für die Soziale Arbeit, 6. Aufl. (2021), S. 50 ff.; Jox, R., Neue Fälle zum Familien- und Jugendrecht, 2. Aufl. (2016), S. 17 ff.; Löcher, J., Grundsicherungsrecht/Sozialhilferecht, Fälle und Lösungen, 5. Aufl. (2022), S. 131 ff.

Falllösung:

Anspruch Max Noelle (M)

A. M könnte einen Rechtsanspruch auf Bürgergeld als erwerbsfähiger Leistungsberechtigter (eLB) gem. § 19 Abs. 1 S. 1 i. V. m. § 7 Abs. 1 SGB II gegen das zuständige Jobcenter haben.

I. Leistungen nach dem SGB II setzen einen Antrag voraus (§ 37 Abs. 1 SGB II). Noelles beziehen bereits seit zwei Jahren SGB II-Leistungen. Das lässt darauf schließen, dass Herr Noelle damals einen Antrag stellvertretend für die gesamte Familie gestellt hatte (§ 38 Abs. 1 SGB II). Ein Antrag liegt vor.

II. M müsste das 15. Lebensjahr vollendet und dürfte die Altersgrenze nach § 7a SGB II noch nicht erreicht haben (§ 7 Abs. 1 S. 1 Nr. 1 SGB II). M ist 45 Jahre alt. Damit ist er älter als 15 Jahre und hat die Altersgrenze von 67 Jahren noch nicht erreicht (vgl. § 7a S. 2 SGB II).

III. Der Bezug von Bürgergeld setzt Erwerbsfähigkeit des M voraus (§ 7 Abs. 1 S. 1 Nr. 2 SGB II). Erwerbsfähig ist, wer nicht wegen Krankheit oder Behinderung auf absehbare Zeit außerstande ist, unter den üblichen Bedingungen des allgemeinen Arbeitsmarktes mindestens drei Stunden täglich erwerbstätig zu sein (§ 8 Abs. 1 SGB II). M arbeitet in Teilzeit als Veranstaltungstechniker und ist folglich erwerbsfähig.

IV. Weiterhin müsste M gem. § 7 Abs. 1 S. 1 Nr. 3 SGB II hilfebedürftig sein. Hilfebedürftig ist, wer seinen Lebensunterhalt nicht oder nicht ausreichend aus dem zu berücksichtigenden Einkommen oder Vermögen sichern kann und die erforderliche Hilfe nicht von anderen, insbesondere von Angehörigen oder von Trägern anderer Sozialleistungen erhält (§ 9 Abs. 1 SGB II).

1.) Zunächst ist der Lebensunterhalt von M festzustellen, der sich anhand seiner Bedarfe ergibt.

a) Der Regelbedarf für M könnte sich aus § 20 Abs. 1a und Abs. 4 SGB II ergeben. Haben zwei Partner der Bedarfsgemeinschaft (BG) das 18. Lebensjahr vollendet, ist für jede dieser Personen die Regelbedarfsstufe (RB-Stufe) 2 anzuerkennen (§ 20 Abs. 4 SGB II). M müsste in einer BG mit H leben. Zur BG gehören u.a. die erwerbsfähigen Leistungsberechtigten und als Partnerin oder Partner der erwerbsfähigen Leistungsberechtigten die nicht dauernd getrennt lebende Ehegattin oder der nicht dauernd getrennt lebende Ehegatte. M und H sind verheiratet und leben gemeinsam in einer Mietwohnung. M ist 45 und H 38 Jahre alt. Damit bilden M und H – vorausgesetzt sie sind eLB – eine BG. M hat einen Regelbedarf der Stufe 2 i. H. v. 506 € (Stand: 2024) (vgl. Anlage zu § 28 SGB XII)

b) M könnte weiterhin einen Bedarf für Unterkunft und Heizung haben. Bedarfe für Unterkunft und Heizung werden in Höhe der tatsächlichen Aufwendungen anerkannt, soweit diese angemessen sind. Familie Noelle zahlt eine Brutto-Kaltmiete i. H. v. 940 €/Monat und einen Heizungskostenabschlag i. H. v. 110 €/Monat. Beide Beträge sind jeweils angemessen. Fraglich ist, ob die monatlichen Stromkosten hier zu berücksichtigen sind. Nach § 20 Abs. 1 S. 1 SGB II umfasst der Regelbedarf insbesondere auch Haushaltsenergie. Die Stromkosten sind bei Unterkunftskosten also nicht zu berücksichtigen. M hat einen anteiligen Bedarf für Unterkunft und Heizung i. H. v. 210 € ([940 € + 110 €] : 5 Familienmitglieder).

c) Weitere Bedarfe sind nicht ersichtlich. M hat einen Gesamtbedarf i. H. v. 716 €.

2. Dem Lebensunterhalt ist nun das zu berücksichtigende Einkommen und Vermögen gegenüberzustellen. Bei Personen die in einer BG leben, sind auch das Einkommen und Vermögen des Partners zu berücksichtigen (§ 9 Abs. 2 S. 1 SGB II). Da M und H in einer BG leben, müssen sie mit ihrem Einkommen und Vermögen füreinander einstehen (vgl. A. IV. 1. a) der Prüfung). Weiterhin sind auch das Einkommen und Vermögen der Eltern zu berücksichtigen, wenn unverheiratete Kinder mit ihren Eltern in einer BG leben und ihren Lebensunterhalt nicht aus eigenem Einkommen oder Vermögen sichern können (§ 9 Abs. 2 S. 2 SGB II). Zur BG gehören auch die dem Haushalt angehörenden unverheirateten Kinder der u.a. eLB und der nicht dauernd getrennt lebenden Ehegatten der eLB, wenn sie das 25. Lebensjahr noch nicht vollendet haben, soweit sie die Leistungen zur Sicherung ihres Lebensunterhaltes nicht aus eigenem Einkommen oder Vermögen beschaffen können (§ 7 Abs. 3 Nr. 4 i. V. m. Nr. 1 und Nr. 2a SGB II). K ist 14, F 8 und L 2 Jahre alt und die Kinder sind noch nicht verheiratet. Sie bilden demnach mit M und H eine BG, vorausgesetzt dass die Kinder ihren Lebensunterhalt nicht selbst bestreiten können. Folglich muss M grundsätzlich mit seinem Einkommen und Vermögen für H, K, F und L einstehen.

a) Fraglich ist, welcher Anteil des Einkommens von M ihm selbst und welche Anteile H, K, F und L zugerechnet werden.

aa) Als Einkommen sind zunächst alle Einnahmen in Geld oder Geldeswert nach Beginn des Leistungsbezuges zu berücksichtigen, abzüglich der nach § 11b SGB II abzusetzenden Beträge mit Ausnahme u.a. der in § 11a SGB II genannten Einnahmen (§ 11 Abs. 1 S. 1 und 2 SGB II). M verdient als Veranstaltungstechniker ein Bruttoeinkommen i. H. v. 1.500 €. Von diesem Einkommen werden zunächst die darauf entrichteten Pflichtbeiträge zur Sozialversicherung i. H. v. 270 € abgesetzt (§ 11b Abs. 1 S. 1 Nr. 2 SGB II). Weiterhin werden anstelle der sich aus § 11b Abs. 1 S. 1 Nr. 3 bis 5 ergebenden Beträge 100 € monatlich aus dem Einkommen abgesetzt, wenn M nicht einen höheren Absetzbetrag nachweist (§ 11b Abs. 2 SGB II). Für M sind keine höheren Absetzbeträge für § 11b Abs. 1 S. 1 Nr. 3 bis 5 SGB II genannt, weshalb 100 € abzusetzen sind. Darüber hinaus ist bei eLB, die erwerbstätig sind, von dem monatlichen Einkommen aus Erwerbstätigkeit ein weiterer Betrag abzusetzen (§§ 11b Abs. 1 S. 1 Nr. 6 und Abs. 3 SGB II). Dieser beläuft sich für den Teil des monatlichen Erwerbseinkommens, der 100 € übersteigt und nicht mehr als 520 € beträgt, auf 20 % (§ 11b Abs. 3 S. 2 Nr. 1 SGB II). Eine Berechnung findet dabei vom Bruttoeinkommen statt. Weitere Absetzbeträge belaufen sich für den Teil des monatlichen Erwerbseinkommens, der 520 € übersteigt und nicht mehr als 1.000 € beträgt, auf 30 % (§ 11b Abs. 3 S. 2 Nr. 2 SGB II) und bei eLB, die mit mindestens einem minderjährigen Kind in BG leben, für den Teil des monatlichen Erwerbseinkommens, der 1.000 € übersteigt und nicht mehr als 1.500 € beträgt, auf 10 %. M erzielt 1.500 € aus einer Erwerbstätigkeit und lebt mit drei minderjährigen Kindern K, F und L in einer BG. Es ergeben sich folgende Absetzbeträge aus § 11b Abs. 3 SGB II:

§§	%	Absetzbetrag
§ 11b Abs. 3 S. 2 Nr. 1 SGB II	20 % von 420 €	84 €
§ 11b Abs. 3 S. 2 Nr. 2 SGB II	30 % von 480 €	144 €
§ 11b Abs. 3 S. 2 Nr. 3 und S. 3 SGB II	10 % von 500 €	50 €
	Insgesamt:	278 €

Neben dem Erwerbseinkommen erhält M Kindergeld i. H. v. 750 €. Das Kindergeld für zur BG gehörende Kinder wird als Einkommen dem jeweiligen Kind zugerechnet, soweit es bei dem jeweiligen Kind zur Sicherung des Lebensunterhaltes benötigt wird (§ 11 Abs. 1 S. 4 und 5 SGB II). Demnach wird das Kindergeld grds. nicht bei M berücksichtigt (Ausn.: sog. „überschießendes Kindergeld", vgl. dazu A. IV. 2. a) bb) der Prüfung). Unter Berücksichtigung aller Absetzbeträge ergibt sich ein bereinigtes Einkommen i. H. v. 852 € (1.500 € – 270 € – 100 € – 278 €)

bb) Ist in einer BG nicht der gesamte Bedarf aus eigenen Kräften und Mitteln gedeckt, gilt jede Person der BG im Verhältnis des eigenen Bedarfes zum Gesamtbedarf als hilfebedürftig, dabei bleiben Bedarfe nach § 28 SGB II außer Betracht (§ 9 Abs. 2 S. 3 SGB II). Nach dieser sog. Horizontalmethode wird das Einkommen auf die Mitglieder der BG verteilt. Aus folgender Tabelle (angelehnt an Edtbauer/Rabe, 2021, S. 81 ff.) ergibt sich die Einkommensverteilung:

Bedarf	Gesamt	M	H	K	F	L
Regelbedarf (2024)	2.230,-	506,- (§ 20 Abs. 4 SGB II: RB-Stufe 2)	506,- (§ 20 Abs. 4 SGB II: RB-Stufe 2)	471,- (§ 23 Nr. 1 SGB II: RB-Stufe 4)	390,- (§ 23 Nr. 1 SGB II: RB-Stufe 5)	357,- (§ 23 Nr. 1 SGB II: RB-Stufe 6)
Mehrbedarf	40,-		40,- (§ 21 Abs. 5 SGB II)			
U+H	1.050,-	210,-	210,-	210,-	210,-	210,-
Summe Bedarf	3.320,-	716,-	756,-	681,-	600,-	567

Bedarf	Gesamt	M	H	K	F	L
Minus Kindergeld	750,-			-250 (§ 11 Abs. 1 S. 5 SGB II)	-250 (§ 11 Abs. 1 S. 5 SGB II)	-250 (§ 11 Abs. 1 S. 5 SGB II)
Verbleibender Bedarf	2.570,-	716,-	756,-	431,-	350,-	317,-
Bedarfsquotient (§ 9 Abs. 2 S. 3 SGB II)	100 %	27,86 %	29,42 %	16,77 %	13,62 %	12,33 %
Einkommen	852,-	(852,-)	—	—	—	—
Verteilung Einkommen	852,-	237,37	250,66	142,88	116,04	105,05
Anspruch Bürgergeld	1.718,-	478,63	505,34	288,12	233,96	211,95

Demnach wird ein Einkommensanteil i. H. v. 237,37 € auf den Bedarf von M angerechnet. M hat einen verbleibenden Bedarf i. H. v. 478,63 €.

b) Fraglich ist, ob M zunächst Vermögen einsetzen muss, um den persönlichen Bedarf zu decken. Grundsätzlich sind alle verwertbaren Vermögensgegenstände als Vermögen zu berücksichtigen (§ 12 Abs. 1 S. 1 SGB II). Von dem zu berücksichtigenden Vermögen ist für jede Person in der BG ein Betrag i. H. v. 15.000 € abzusetzen (§ 12 Abs. 2 S. 1 SGB II). M und H haben ein gemeinsames Girokonto mit einem Betrag i. H. v. 5.000 € und ein Tagesgeldkonto mit einem Betrag i. H. v. 10.000 €. Da sowohl M, als auch H allein einen Absetzbetrag von jeweils 15.000 € haben, gehört das Guthaben auf dem Girokonto und dem Tagesgeldkonto zum Schonvermögen. M muss das Vermögen nicht einsetzen.

3. M ist damit hilfebedürftig gem. § 7 Abs. 1 S. 1 Nr. 3 i. V. m. § 9 SGB II mit einem Bedarf i. H. v. 478,63 €.

V. M müsste seinen gewöhnlichen Aufenthalt in der BRD haben (§ 7 Abs. 1 S. 1 Nr. 4 SGB II). Den gewöhnlichen Aufenthalt hat jemand dort, wo er sich unter Umständen aufhält, die erkennen lassen, dass er an diesem Ort oder diesem Gebiet nicht nur vorübergehend verweilt (§ 30 Abs. 3 S. 2 SGB I). M wohnt mit seiner Familie in einer Mietwohnung in Bielheim[241]. Folglich hat er seinen gewöhnlichen Aufenthalt in der BRD.

B. M ist eLB und hat einen Rechtsanspruch auf Bürgergeld i. H. v. 478,63 € gem. § 19 Abs. 1 S. 1 i. V. m. § 7 Abs. 1 SGB II gegen das zuständige Jobcenter.

---

241 Die fiktive Stadt Bielheim liegt in der BRD!

XIII.2 Fall SGB XII

Fall: Die Eltern von Helena Noelle (geb. Paschulke) haben ebenfalls finanzielle Schwierigkeiten. Manfred Paschulke (M) ist 70 Jahre alt und seine Ehefrau Karin Paschulke (K) feierte kürzlich ihren 60. Geburtstag. Das Ehepaar lebt in einer Mietwohnung der Bielheimer Wohnbaugenossenschaft und zahlt eine angemessene Warmmiete i. H. v. 710 €. Manfred Paschulke ist Rentner und bezieht, da er im Laufe seines Arbeitslebens häufiger arbeitslos war, eine niedrige Rente i. H. v. 650 € von der DRV Bund. Karin Paschulke erhält aufgrund eines schweren Rückenleidens eine befristete Erwerbsminderungsrente i. H. v. 350 €. Von den Renten sind die Beiträge zur Kranken- und Pflegeversicherung bereits abgezogen. Im Laufe der Jahre haben Sie fast ihr gesamtes angespartes Geldvermögen für ihren Lebensunterhalt ausgegeben. Mit einem Sparbrief hat das Ehepaar langfristig 18.000 € angelegt. Das Geld ist als Vorsorge für den Fall der Pflegebedürftigkeit gedacht und wird erst in 5 Jahren fällig. Auf ihrem Girokonto befinden sich nur noch 500 €. Ehepaar Paschulke ist verzweifelt. Sie stellen beim zuständigen Sozialamt einen Antrag auf Sozialhilfe. **Prüfen Sie gutachterlich auf welche existenzsichernden Leistungen Manfred und Karin Paschulke einen Anspruch haben?**

XIII.2.1 Anspruch Manfred Paschulke (M)

A. M könnte einen Anspruch auf Grundsicherung im Alter gegen den zuständigen Träger der Sozialhilfe gem. § 19 Abs. 2 i. V. m. § 41 SGB XII haben.

I. M müsste zunächst einen Antrag gem. § 44 Abs. 1 S. 1 SGB XII stellen, da Leistungen nach dem 4. Kap. des SGB XII nur auf Antrag erbracht werden. Ein Antrag beim zuständigen Sozialamt liegt vor.

II. Ein Rechtsanspruch nach § 41 SGB XII setzt zunächst voraus, dass M die Altersgrenze erreicht hat (§ 41 Abs. 2 SGB XII) oder dauerhaft voll erwerbsgemindert und volljährig ist (§ 41 Abs. 3 SGB XII) oder nach § 41 Abs. 3a zu den dort genannten Menschen mit Behinderung gehört. M ist 70 Jahre alt. Damit hat er die Altersgrenze gem. § 41 Abs. 2 SGB XII erreicht.

III. Weiterhin ist Voraussetzung, dass M seinen gewöhnlichen Aufenthalt im Inland hat (§ 41 Abs. 1 SGB XII). Den gewöhnlichen Aufenthalt hat jemand dort, wo er sich unter Umständen aufhält, die erkennen lassen, dass er an diesem Ort oder diesem Gebiet nicht nur vorübergehend verweilt (§ 30 Abs. 3 S. 2 SGB I). M wohnt mit seiner Ehefrau in einer Mietwohnung in Bielheim[242]. Folglich hat er seinen gewöhnlichen Aufenthalt im Inland.

IV. M dürfte seinen notwendigen Lebensunterhalt nicht oder nicht ausreichend aus Einkommen und Vermögen nach § 43 SGB XII bestreiten können (§ 41 Abs. 1 SGB XII).

1. Der Lebensunterhalt einer Person lässt sich anhand seiner Bedarfe ermitteln.

---

[242] Die fiktive Stadt Bielheim liegt in der BRD!

a) Zu den Bedarfen gehört der Regelbedarf nach der Anlage zu § 28 SGB XII (§ 42 Nr. 1 SGB XII). Der Regelbedarf der Stufe 2 gilt für jede erwachsene Person, wenn sie in einer Wohnung nach § 42a Abs. 2 S. 2 SGB XII mit einem Ehegatten oder Lebenspartner oder in eheähnlicher oder lebenspartnerschaftsähnlicher Gemeinschaft mit einem Partner zusammenlebt (vgl. Anlage zu § 28 SGB XII). Eine Wohnung ist die Zusammenfassung mehrerer Räume, die von anderen Wohnungen oder Wohnräumen baulich getrennt sind und die in ihrer Gesamtheit alle für die Führung eines Haushaltes notwendigen Einrichtungen, Ausstattungen und Räumlichkeiten umfassen. M ist 70 Jahre alt und lebt mit seiner Ehefrau in einer Mietwohnung der Bielheimer Wohnbaugenossenschaft. M hat daher einen Regelbedarf i. H. v. 506 €.

b) M könnte einen angemessenen Unterkunfts- und Heizungsbedarf gem. § 42 Nr. 4 i. V. m. § 35 SGB XII haben. Bedarfe für Unterkunft und Heizung werden in Höhe der tatsächlichen Aufwendungen anerkannt, soweit diese angemessen sind (§ 35 Abs. 1 S. 1 SGB XII). M und K leben in einer Mietwohnung und zahlen eine angemessene Warmmiete i. H. v. 710 €. M hat folglich einen anteiligen Bedarf für U+H i. H. v. 355 €.

c) Weitere Bedarfe des M sind nicht ersichtlich. M hat einen Gesamtbedarf i. H. v. 861 €.

2. Es ist zu prüfen, ob M den notwendigen Lebensunterhalt nicht oder nicht ausreichend aus Einkommen und Vermögen bestreiten kann (§ 41 Abs. 1 SGB XII). Einkommen und Vermögen des nicht getrennt lebenden Ehegatten, die dessen notwendigen Lebensunterhalt übersteigen, sind zu berücksichtigen (§ 43 Abs. 1 S. 2 SGB XII).

a) Zum Einkommen gehören alle Einkünfte in Geld oder Geldeswert (§ 82 Abs. 1 S. 1 SGB XII). M bezieht eine Altersrente i. H. v. 650 € von der DRV Bund. Absetzbeträge sind nicht ersichtlich. Da seine Ehefrau mit ihrer Rente nicht einmal den Regelbedarf decken kann, ist von K bei M kein Einkommen zu berücksichtigen. M muss seine Rente i. H. v. 650 € einsetzen.

b) Einzusetzen ist weiterhin das gesamte verwertbare Vermögen (§ 90 Abs. 1 SGB XII). Die Sozialhilfe darf u.a. nicht abhängig gemacht werden vom Einsatz oder von der Verwertung kleinerer Barbeträge (§ 90 Abs. 2 Nr. 9 SGB XII). Kleinere Barbeträge sind für jede in § 27 Abs. 1, 2 und § 41 genannte volljährige Person 10.000 € (§ 1 S. 1 Nr. 1 VO § 90 Abs. 2 Nr. 9 SGB XII[243]). M und K haben gemeinsam einen Sparbrief mit einem Anlagebetrag i. H. v. 18.000 € und ein Girokonto mit einem Betrag i. H. v. 500 €. Da beide gemeinsam ein Schonvermögen i. H. v. 20.000 € haben dürfen, muss das Vermögen im Umfang von 18.500 € nicht eingesetzt werden.

3. M hat nach Einsatz seiner Altersrente einen verbleibenden Bedarf i. H. v. 211 €.

---

[243] Verordnung zur Durchführung des § 90 Abs. 2 Nr. 9 des Zwölften Buches Sozialgesetzbuch.

B. M hat einen Anspruch auf Grundsicherung im Alter i. H. v. 211 € gegen den zuständigen Träger der Sozialhilfe gem. § 19 Abs. 2 i. V. m. § 41 SGB XII.

XIII.2.1 Anspruch Karin Paschulke (K)

A. K könnte einen Anspruch auf Hilfe zum Lebensunterhalt (HzL) gegen den zuständigen Träger der Sozialhilfe gem. § 19 Abs. 1 i. V. m. § 27 SGB XII haben.[244]

I. Die Sozialhilfe setzt grundsätzlich ein, sobald dem Träger der Sozialhilfe oder den von ihm beauftragten Stellen bekannt wird, dass die Voraussetzungen für die Leistung vorliegen (§ 18 Abs. 1 SGB XII). Demnach müsste K keinen Antrag stellen. Der Sozialhilfeträger erlangt Kenntnis von ihrer Notlage, da sich das Ehepaar an das zuständige Sozialamt wendet.

II. Voraussetzung ist zunächst, dass K ihren gewöhnlichen Aufenthalt im Inland hat, denn Deutsche mit gewöhnlichem Aufenthalt im Ausland, erhalten grundsätzlich keine Leistungen (Umkehrschluss aus § 24 Abs. 1 SGB XII). Den gewöhnlichen Aufenthalt hat jemand dort, wo er sich unter Umständen aufhält, die erkennen lassen, dass er an diesem Ort oder diesem Gebiet nicht nur vorübergehend verweilt (§ 30 Abs. 3 S. 2 SGB I). K wohnt mit ihrem Ehemann in einer Mietwohnung in Bielheim[245]. Folglich hat sie ihren gewöhnlichen Aufenthalt im Inland.

III. K dürfte weiterhin ihren notwendigen Lebensunterhalt nicht oder nicht ausreichend aus eigenen Kräften und Mitteln bestreiten können (§ 27 Abs. 1 SGB XII).

1. Der Lebensunterhalt einer Person lässt sich anhand seiner Bedarfe ermitteln.

a) K hat einen Regelbedarf i. H. v. 506 € (§§ 27a, 28 SGB XII i. V. m. der Anlage zu § 28 SGB XII) (vgl. dazu XIII.2.1 A. IV. 1. a)).

b) K hat einen anteiligen Bedarf für U+H i. H. v. 355 € (§ 35 SGB XII) (vgl. dazu XIII.2.1 A. IV. 1. b)).

c) Weitere Bedarfe der K sind nicht ersichtlich. K hat einen Gesamtbedarf i. H. v. 861 €.

2. Es ist zu prüfen, ob K den notwendigen Lebensunterhalt nicht oder nicht ausreichend aus eigenen Kräften und Mitteln bestreiten kann (§ 27 Abs. 1 SGB XII). Eigene Mittel sind insbesondere das eigene Einkommen und Vermögen (§ 27 Abs. 2 S. 1 SGB XII). Bei nicht getrennt lebenden Ehegatten sind das Einkommen und Vermögen beider Ehegatten gemeinsam zu berücksichtigen (§ 27 Abs. 2 S. 2 SGB XII).

a) Zum Einkommen gehören alle Einkünfte in Geld oder Geldeswert (§ 82 Abs. 1 S. 1 SGB XII). K bezieht eine volle befristete Erwerbsminderungsrente i. H. v.

---

[244] K hat keinen Anspruch auf Bürgergeld, da sie zumindest vorübergehend nicht erwerbsfähig ist (vgl. § 7 Abs. 1 S. 1 Nr. 2 i. V. m. § 8 SGB II). Leistungen nach dem 4. Kap. SGB XII kommen ebenfalls nicht in Betracht, da sie insbesondere die Altersgrenze nicht erreicht hat und ihre Erwerbsminderung nicht(!) dauerhaft ist. Nachrangig greift dann die Hilfe zum Lebensunterhalt nach dem 3. Kap. SGB XII (vgl. § 19 Abs. 2 S. 2 SGB XII).

[245] Die fiktive Stadt Bielheim liegt in der BRD!

350 €. Absetzbeträge sind nicht ersichtlich. Da ihr Ehemann mit seiner Rente nicht einmal den Regelbedarf decken kann, ist von M bei K kein Einkommen zu berücksichtigen. K muss ihre Rente i. H. v. 350 € einsetzen.

b) In Bezug auf das Vermögen wird auf die Ausführungen unter XIII.2.1 A. IV. 2. b) verwiesen.

3. K hat nach Einsatz ihrer Erwerbsminderungsrente einen verbleibenden Bedarf i. H. v. 511 €.

B. K hat einen Anspruch auf HzL i. H. v. 511 € gegen den zuständigen Träger der Sozialhilfe gem. § 19 Abs. 1 i. V. m. § 27 SGB XII.

XIV. Kapitel: Lösungen zu den Wiederholungsfällen

XIV.1 Lösungen zum 2. Kapitel

Milena erleidet einen Unfall

Zu prüfen ist, welche Leistung zur Sicherung des Lebensunterhalts für Milena in Betracht kommt. Da nach dem Sachverhalt andere Ansprüche nicht bestehen, ist Milena auf eine staatliche finanzielle Förderung angewiesen.

a) Bürgergeld

Gedanklich ist zunächst zu überlegen, ob Milena Anspruch auf *Bürgergeld für erwerbsfähige Leistungsberechtigte* hat, da das Bürgergeld für erwerbsfähige Leistungsberechtigte Vorrang sowohl vor dem Bürgergeld für nicht erwerbsfähige Leistungsberechtigte als auch vor den Leistungen nach dem SGB XII genießt (vgl. § 5 Abs. 2 SGB II, § 2 Abs. 1 SGB XII). Dafür müsste es sich bei Milena um eine erwerbsfähige Leistungsberechtigte handeln (§ 19 Abs. 1 Satz 1 SGB II). Als erwerbsfähig sind solche Personen anzusehen, die in absehbarer Zeit in der Lage sind, unter den üblichen Bedingungen des allgemeinen Arbeitsmarktes mindestens drei Stunden täglich erwerbstätig zu sein (vgl. § 8 Abs. 1 SGB II). Die Genesung von Milena wird sich noch ein Jahr lang hinziehen. Auch wenn sie nach Ansicht der Ärzte dann wieder arbeiten gehen kann und dem Arbeitsmarkt zur Verfügung steht, ist der Zeitraum zu lang, um noch als „absehbar" qualifiziert werden zu können.[246] Milena ist daher zum gegenwärtigen Zeitpunkt nicht erwerbsfähig. Ein Anspruch auf Bürgergeld für erwerbsfähige Leistungsberechtigte steht ihr daher nicht zu.

b) Bürgergeld für nicht erwerbsfähige Leistungsberechtigte

Deshalb ist in einem zweiten Schritt zu prüfen, ob Milena *Bürgergeld für nicht erwerbsfähige Leistungsberechtigte* auf der Grundlage des SGB II beziehen kann. Bürgergeld für nicht erwerbsfähige Leistungsberechtigte erhalten nicht erwerbsfähige Leistungsberechtigte, die mit erwerbsfähigen Leistungsberechtigten in einer Bedarfsgemeinschaft leben (§ 19 Abs. 1 Satz 2 SGB II).

Milena ist alleinstehend. Es gibt keine Person, mit der sie eine Bedarfsgemeinschaft begründet und die als „Türöffner" in das SGB II dienen könnte. Milena hat daher keinen Anspruch auf Bürgergeld für nicht erwerbsfähige Leistungsberechtigte.

c) Grundsicherung im Alter und bei Erwerbsminderung

Die Grundsicherung im Alter und bei Erwerbsminderung (4. Kapitel) hat im Rahmen des SGB XII Vorrang vor den Hilfen zum Lebensunterhalt (§ 19 Abs. 2 Satz 2 SGB XII).

---

246 Vgl. Zum Begriff der Erwerbsfähigkeit unter IV.1.2.

Milena ist mit ihren 23 Jahren viel zu jung, um Grundsicherung im Alter beziehen zu können. Eine Grundsicherung wegen Erwerbsminderung kommt nur in Betracht bei „dauernder voller Erwerbsminderung" (§ 41 Abs. 3 SGB XII). Zum gegenwärtigen Zeitpunkt ist die gesundheitliche Prognose für Milena gut. Die Ärzte gehen davon aus, dass sie vollständig genesen wird. Eine dauernde Erwerbsminderung ist in ihrem Fall also nicht gegeben. Ein Anspruch auf Leistungen nach dem 4. Kapitel SGB XII kommt im vorliegenden Fall daher nicht in Betracht.

d) Hilfe zum Lebensunterhalt

Da die anderen Leistungssysteme nicht eingreifen, kommt für Milena lediglich die *Hilfe zum Lebensunterhalt* (3. Kapitel SGB XII, §§ 19 ff. SGB XII) als letztes soziales Netz in Betracht. Dafür ist – neben dem Aufenthalt in Deutschland – ausschließlich die Hilfebedürftigkeit Voraussetzung.

Milena wird daher Hilfe zum Lebensunterhalt beziehen.

XIV.2 Lösungen zum 3. Kapitel

1. S in der WG

S könnte ihren gewöhnlichen Aufenthalt in der kreisfreien Stadt U haben.

Den gewöhnlichen Aufenthalt hat jemand dort, wo er sich unter Umständen aufhält, die darauf schließen lassen, dass er an diesem Ort oder in dieser Gegend nicht nur vorübergehend verweilt (§ 30 Abs. 3 Satz 2 SGB I).

S hat ihren gemeldeten Wohnsitz im Kreis O bei ihren Eltern. Dies könnte dafür sprechen, dass sie hier auch ihren gewöhnlichen Aufenthalt hat. Gleichzeitig ist zu bedenken, dass S unter der Woche in einer WG in der kreisfreien Stadt U lebt. Hier geht sie zur Universität. Hier wird sie wahrscheinlich über die Kommilitonen auch einen Freundeskreis aufbauen. In der WG wird S alle Sachen haben, um einen längeren Zeitraum dort verbringen zu können. Das spricht in der Gesamtschau dafür, dass der Lebensmittelpunkt von S in der kreisfreien Stadt U liegt.

S hat ihren gewöhnlichen Aufenthalt in der kreisfreien Stadt U.

2. A nach dem Umzug

A könnte ihren gewöhnlichen Aufenthalt in der kreisfreien Stadt K haben.

Den gewöhnlichen Aufenthalt hat jemand dort, wo er sich unter Umständen aufhält, die darauf schließen lassen, dass er an diesem Ort oder in dieser Gegend nicht nur vorübergehend verweilt (§ 30 Abs. 3 Satz 2 SGB I).

A ist gerade nach K umgezogen. Sie hat ihren Hausstand – noch in Kisten verpackt – mitgenommen. Das spricht dafür, dass A plant, längerfristig in K zu bleiben. Zwar hat A gerade erst ihren Wohnsitz in K angemeldet. Zur Begründung eines gewöhnlichen Aufenthalts ist es aber nicht erforderlich, dass man schon längere Zeit an einem bestimmten Ort verbracht hat. Entscheidend ist vielmehr die Perspektive, auch künftig längerfristig an diesem Ort zu bleiben.

A hat ihren gewöhnlichen Aufenthalt in der kreisfreien Stadt K.

3. K und die getrennten Eltern

K könnte seinen gewöhnlichen Aufenthalt in der kreisfreien Stadt K haben.

Den gewöhnlichen Aufenthalt hat jemand dort, wo er sich unter Umständen aufhält, die darauf schließen lassen, dass er an diesem Ort oder in dieser Gegend nicht nur vorübergehend verweilt (§ 30 Abs. 3 Satz 2 SGB I).

Im vorliegenden Fall stellt sich die Problematik, dass K wöchentlich seinen Aufenthalt wechselt. Er ist jeweils für eine Woche bei der Mutter und eine Woche bei dem Vater. Daraus kann sich in der Konsequenz ergeben, dass K zwei Lebensmittelpunkte hat: sowohl einen bei der Mutter als auch einen bei dem Vater (vgl. SG Reutlingen Urt. v. 27.2.2017 – S 7 AS 1594/16, BeckRS 2017, 108230).

K hat seinen gewöhnlichen Aufenthalt auch (!) in der kreisfreien Stadt K.

XIV.3 Lösungen zum 4. Kapitel

1. Vivian und die pflegebedürftige Oma

Vivian könnte Anspruch auf Leistungen nach dem SGB II auf der Grundlage des § 19 Abs. 1 Satz 1 SGB II gegenüber dem Jobcenter haben.

Dafür müsste Vivian eine erwerbsfähige Leistungsberechtigte sein.

Der Begriff des erwerbsfähigen Leistungsberechtigten ist in § 7 Abs. 1 Satz 1 SGB II legaldefiniert. Danach ist Voraussetzung, dass eine Person das 15. Lebensjahr vollendet und die Altersgrenze nach § 7a noch nicht erreicht hat (Nr. 1), erwerbsfähig ist (Nr. 2 i. V. m. § 8 SGB II), hilfebedürftig ist (Nr. 3 i. V. m. § 9 SGB II) und ihren gewöhnlichen Aufenthalt in der BRD hat (Nr. 4 i. V. m. § 30 Abs. 3 Satz 2 SGB I).

Offensichtlich erfüllt Vivian diese Voraussetzungen, denn sie bezieht bereits Bürgergeld. Am Vorliegen der Voraussetzungen ändert sich auch dadurch nichts, dass Vivian ihre Oma pflegt. Insbesondere schließt die Pflege nicht die Erwerbsfähigkeit von Vivian aus, da Vivian selbst weder krank noch behindert ist (§ 8 Abs. 1 SGB II). Ein Ausschlusstatbestand nach § 7 Abs. 4 SGB II (Unterbringung in einer stationären Einrichtung) oder § 7b SGB II (Verlassen des zeit- oder ortsnahen Bereichs) ist nicht ersichtlich.

Vivian bleibt also auch während der Pflege ihrer Oma eine erwerbsfähige Leistungsberechtigte und hat Anspruch auf Bürgergeld gegenüber dem Jobcenter.

Anmerkung:

Die Weigerung, eine Arbeit aufzunehmen, kann gleichwohl Konsequenzen haben. Gem. § 31 Abs. 1 Satz 1 Nr. 2 SGB II stellt die Weigerung, eine zumutbare Arbeit aufzunehmen, unter bestimmten Voraussetzungen eine *Pflichtverletzung* dar, die gem. § 31a SGB II zu einer *Leistungskürzung* führen kann. Dafür müsste weiter geprüft werden, ob Vivian die Aufnahme einer Arbeit zumutbar ist. Grundsätzlich ist einer erwerbsfähigen leistungsberechtigten Person jede Arbeit zumutbar (§ 10 Abs. 1 SGB II). Etwas anderes gilt ausnahmsweise dann, wenn die Ausübung der Arbeit mit der Pflege einer oder eines Angehörigen nicht vereinbar wäre und die Pflege nicht auf andere Weise sichergestellt werden kann (§ 10 Abs. 1 Nr. 4 SGB II). Das wäre im Einzelfall näher zu untersuchen.

Der Fall verdeutlicht die unterschiedlichen Konsequenzen von § 8 SGB II und § 10 SGB II: Eine Person, die nicht erwerbsfähig ist, erfüllt nicht die Voraussetzungen des § 7 Abs. 1 SGB II zum Bezug von Bürgergeld. Eine Person, die sich weigert, eine zumutbare Arbeit anzunehmen, bleibt eine erwerbsfähige leistungsberechtigte Person und damit berechtigt, Bürgergeld zu beziehen. Möglicherweise wird der Anspruch jedoch wegen einer Pflichtverletzung gekürzt.

2. Leander in der Einrichtung für Wohnungslose

Leander könnte Anspruch auf Leistungen nach dem SGB II auf der Grundlage des § 19 Abs. 1 Satz 1 SGB II gegenüber dem Jobcenter haben.

Dafür müsste Leander ein erwerbsfähiger Leistungsberechtigter sein.

Der Begriff des erwerbsfähigen Leistungsberechtigten ist in § 7 Abs. 1 Satz 1 SGB II legaldefiniert. Danach ist Voraussetzung, dass eine Person das 15. Lebensjahr vollendet und die Altersgrenze nach § 7a noch nicht erreicht hat (Nr. 1), erwerbsfähig ist (Nr. 2 i. V. m. § 8 SGB II), hilfebedürftig ist (Nr. 3 i. V. m. § 9 SGB II) und ihren gewöhnlichen Aufenthalt in der BRD hat (Nr. 4 i. V. m. § 30 Abs. 3 Satz 2 SGB I).

Leander befindet sich in einem erwerbsfähigen Alter und ist nach der Beschreibung im Sachverhalt „körperlich fit". Das spricht dafür, dass er erwerbsfähig (i. S. d. § 8 SGB II) ist. Die Einrichtung für Wohnungslose, in der Leander untergekommen ist, befindet sich in Frankfurt – also in Deutschland.

Fraglich könnte sein, ob Leander weiterhin hilfebedürftig ist, wenn er für die Einrichtung, in der er wohnt, „für 'nen Hunni" Hausmeistertätigkeiten ausübt. Gem. § 9 Abs. 1 SGB II ist hilfebedürftig, wer seinen Lebensunterhalt nicht oder nicht ausreichend aus dem zu berücksichtigenden Einkommen oder Vermögen sichern kann und die erforderliche Hilfe nicht von anderen, insbesondere von Angehörigen oder von Trägern anderer Sozialleistungen, erhält. Hier bedürfte es weitergehend einer genauen Gegenüberstellung des Bedarfs von Leander mit dem erzielten Einkommen. Wenn man einerseits bedenkt, dass der Regelbedarf für eine alleinstehende Person im Jahr 2024, 563 € beträgt und anderseits berücksichtigt, dass ein Einkommen nicht in vollem Umfang auf den Bedarf anzurechnen ist (insbesondere § 11a SGB II), wird die Vergütung durch die Einrichtung von rund 100 € wohl kaum ausreichen, um den Bedarf von Leander zu decken. Leander ist also auch weiterhin als hilfebedürftig anzusehen.

Leander ist also ein erwerbsfähiger Leistungsberechtigter.

Es könnte allerdings der Ausschlusstatbestand des § 7 Abs. 4 Satz 1 SGB II eingreifen. Danach erhält keine Leistungen nach dem SGB II, wer in einer stationären Einrichtung untergebracht ist.

Das ist dann der Fall, wenn der Verweilende u.a. aufgrund seiner Einbindung in die Tagesabläufe der Einrichtung räumlich und zeitlich so weitgehend fremdbestimmt ist, dass er für die für das SGB II im Vordergrund stehenden Integrationsbemühungen zur Eingliederung in Arbeit nicht oder nicht ausreichend zur Verfügung steht. Hierzu können nach den Weisungen der Bundesagentur für Arbeit im Einzelfall auch Einrichtungen für Wohnungslose nach §§ 67 – 69 SGB XII zählen (7.94). Hier bedürfte es einer genaueren Prüfung im Einzelfall.

Sollte man zu dem Ergebnis kommen, dass es sich um eine Einrichtung handelt, die grundsätzlich zu einem Leistungsausschluss nach dem SGB II führt, dann würde der Leistungsanspruch gleichwohl bestehen bleiben, wenn die betreffende Person unter den üblichen Bedingungen des allgemeinen Arbeitsmarktes mindestens 15 Stunden wöchentlich erwerbstätig ist (§ 7 Abs. 4 Satz 3 Nr. 2 SGB II). Denn in diesem Fall stellt die Person unter Beweis, dass sie trotz der Unterbringung in einer stationären Einrichtung für den Arbeitsmarkt zur Verfügung steht. Im vorliegenden Fall soll Leander allerdings nur 4 – 5 Stunden pro Woche für die Einrichtung arbeiten. Das wäre vom zeitlichen Umfang her nicht ausreichend. Es würde also beim grundsätzlichen Ausschluss von Leistungen nach dem SGB II bleiben.

Je nachdem, ob die Einrichtung in der Leander untergebracht ist als stationäre Einrichtung i. S. d. § 7 Abs. 4 Satz 1 SGB II anzusehen ist oder nicht, ist er von den Leistungen nach dem SGB II ausgeschlossen – oder eben nicht.

3. Ehepaar Meyer braucht Hilfe

Herr Meyer könnte Anspruch auf Grundsicherung im Alter gem. § 19 Abs. 2 S. 1 i. V. m. § 41 Abs. 1 SGB XII haben.

Das ist der Fall, wenn er hilfebedürftig ist, seinen gewöhnlichen Aufenthalt im Inland und die erforderliche Altersgrenze erreicht hat. Die Tabelle des § 41 Abs. 2 SGB XII macht deutlich, dass mit der Vollendung des 67. Lebensjahrs die Altersgrenze auf jeden Fall erreicht ist. Herrn Meyer steht daher ein Anspruch auf Grundsicherung im Alter zu.

Frau Meyer könnte Anspruch auf Hilfen zum Lebensunterhalt gem. § 19 Abs. 1 i. V. m. §§ 27 ff. SGB XII haben.

Gedanklich wäre zunächst zu überlegen, ob nicht ein Anspruch von Frau Meyer auf *Bürgergeld* gem. § 19 Abs. 1 Satz 1 i. V. m. § 7 Abs. 1 SGB II besteht. Allerdings ist eine Voraussetzung dafür, dass Frau Meyer erwerbsfähig i. S. d. § 8 SGB II ist. Der Umstand, dass Frau Meyer eine befristete volle Erwerbsminderungsrente bezieht macht klar, dass sie zumindest zum jetzigen Zeitpunkt nicht in der Lage ist, unter den üblichen Bedingungen des allgemeinen Arbeitsmarktes mindestens drei Stunden täglich erwerbstätig zu sein. Ein entsprechender Anspruch kommt daher nicht in Betracht.

Voraussetzung für einen Anspruch auf *Bürgergeld für nicht erwerbsfähige Leistungsberechtigte* ist gem. § 19 Abs. 1 Satz 2 i. V. m. § 7 Abs. 2 SGB II, dass die betroffene Person in einer Bedarfsgemeinschaft mit einem erwerbsfähigen Leistungsberechtigten lebt. Wie bereits festgestellt, ist Herr Meyer aufgrund seines Alters kein erwerbsfähiger Leistungsberechtigter i. S. d. SGB II. Er kann daher mit seiner Frau auch keine Bedarfsgemeinschaft begründen. In der Folge scheidet ein Anspruch auf Bürgergeld für nicht erwerbsfähige Leistungsberechtigte für Frau Meyer aus.

Grundsicherung bei Erwerbsminderung gem. § 19 Abs. 2 S. 1 i. V. m. § 41 Abs. 1 SGB XII kommt nur im Falle einer dauerhaften Erwerbsminderung in Betracht (vgl. § 41 Abs. 3 SGB XII). Frau Meyer bekommt lediglich eine befristete Erwerbsminderungsrente. Die dauerhafte volle Erwerbsminderung ist offensichtlich noch nicht festgestellt worden. Insofern scheidet auch ein Anspruch auf Grundsicherung bei Erwerbsminderung aus.

Insofern kommt nur ein Anspruch auf Hilfe zum Lebensunterhalt in Betracht. Frau Meyer ist laut Sachverhalt hilfebedürftig, und es ist anzunehmen, dass sie ihren gewöhnlichen Aufenthalt in Deutschland hat. Die Voraussetzungen für einen entsprechenden Anspruch sind daher erfüllt.

XIV.4 Lösungen zum 5. Kapitel

1. Justin auf dem Bauernhof

Justin könnte das Einkommen und Vermögen seiner Eltern auf der Rechtsgrundlage des § 9 Abs. 2 Satz 2 SGB II zugerechnet werden können. Danach sind bei unverheirateten Kindern, die mit ihren Eltern in einer Bedarfsgemeinschaft leben und die ihren Lebensunterhalt nicht aus eigenem Einkommen oder Vermögen sichern können, auch das Einkommen und Vermögen der Eltern zu berücksichtigen.

Damit die Bestimmung eingreift müsste Justin in einer Bedarfsgemeinschaft mit seinen Eltern leben. Zur Begründung der Bedarfsgemeinschaft braucht es zunächst eine erwerbsfähige leistungsberechtigte Person (§ 7 Abs. 3 Nr. 1 SGB II). Der Begriff des erwerbsfähigen Leistungsberechtigten ist in § 7 Abs. 1 Satz 1 SGB II legaldefiniert. Danach ist Voraussetzung, dass eine Person das 15. Lebensjahr vollendet und die Altersgrenze nach § 7a noch nicht erreicht hat (Nr. 1), erwerbsfähig ist (Nr. 2 i. V. m. § 8 SGB II), hilfebedürftig ist (Nr. 3 i. V. m. § 9 SGB II) und ihren gewöhnlichen Aufenthalt in der BRD hat (Nr. 4 i. V. m. § 30 Abs. 3 Satz 2 SGB I). Justin ist 24 Jahre alt und befindet sich damit in einem erwerbsfähigen Alter. Von einer Krankheit oder einer Behinderung ist im Fall nicht die Rede. Es ist daher davon auszugehen, dass er erwerbsfähig ist. Der Bauernhof, auf dem Justin mit seinen Eltern lebt, ist in Rheinland-Pfalz in Deutschland. Justin hat weder Einkommen noch Vermögen. Ohne die Unterstützung seiner Eltern verfügt er nicht über die erforderlichen Mittel, um seinen Lebensunterhalt bestreiten zu können. Justin ist daher – für sich allein betrachtet – auch hilfebedürftig. Justin ist folglich eine erwerbsfähige leistungsberechtigte Person i. S. d. § 7 Abs. 3 Nr. 1 SGB II.

Justin könnte mit seinen Eltern eine Bedarfsgemeinschaft bilden, § 7 Abs. 3 Nr. 2 SGB II. Danach gehören zur Bedarfsgemeinschaft die im Haushalt lebenden Eltern oder der im Haushalt lebende Elternteil eines unverheirateten erwerbsfähigen Kindes, welches das 25. Lebensjahr noch nicht vollendet hat. Justin ist das Kind der auf dem Bauernhof lebenden Eltern. Er hat die Altershöchstgrenze von 25 Jahren noch nicht erreicht, ist unverheiratet und erwerbsfähig. Der Bauernhof bildet den räumlichen Rahmen, innerhalb dessen die drei gemeinsam wohnen und wirtschaften. Sie leben zusammen in einem Haushalt und bilden folglich eine Bedarfsgemeinschaft.

Justin lebt als unverheiratetes Kind, das seinen Lebensunterhalt nicht aus eigenem Einkommen oder Vermögen sichern kann, mit seinen Eltern zusammen in einer Bedarfsgemeinschaft. Die Voraussetzungen des § 9 Abs. 2 Satz 2 SGB II sind erfüllt.

Das Einkommen und Vermögen seiner Eltern ist auf der Rechtsgrundlage des § 9 Abs. 2 Satz 2 SGB II zuzurechnen.

Anmerkungen:

1. Zu demselben Ergebnis würde man auch kommen, wenn man zunächst einen Elternteil als erwerbsfähigen Leistungsberechtigten prüfen würde. Zwar könnte man über die Hilfebedürftigkeit keine abschließende Aussage machen. Das liegt aber genau daran, dass im Falle der Bedarfsgemeinschaft alle Mitglieder gemeinschaftlich zu betrachten sind und deshalb die Prüfung der Bedarfsgemeinschaft und der Hilfebedürftigkeit untrennbar miteinander zusammenhängen.

2. Beim nächsten Geburtstag wird Justin 25 Jahre alt. Eine Voraussetzung zur Begründung der Bedarfsgemeinschaft entfällt dann und damit kann eine Zurechnung über den § 9 Abs. 2 Satz 2 SGB II nicht mehr erfolgen. Allerdings wäre dann weiter zu prüfen, ob es über die Vermutungsregelung des § 9 Abs. 5 SGB II (Haushaltsgemeinschaft) zu einer Anrechnung von Einkommen und Vermögen der Eltern kommen kann.

2. Romeo und Julia

Eine Anrechnung des Einkommens von Romeo auf den Bedarf von Julia könnte auf der Grundlage des § 9 Abs. 2 Satz 1 SGB II erfolgen. Danach sind bei Personen, die in einer Bedarfsgemeinschaft leben, auch das Einkommen und Vermögen des Partners zu berücksichtigen.

Damit die Bestimmung eingreift, müsste Julia als Partnerin in einer Bedarfsgemeinschaft mit Romeo leben. Zur Begründung einer Bedarfsgemeinschaft braucht man zunächst eine erwerbsfähige leistungsberechtigte Person (§ 7 Abs. 3 Nr. 1 SGB II). Der Begriff des erwerbsfähigen Leistungsberechtigten ist in § 7 Abs. 1 Satz 1 SGB II legaldefiniert. Danach ist Voraussetzung, dass eine Person das 15. Lebensjahr vollendet und die Altersgrenze nach § 7a noch nicht erreicht hat (Nr. 1), erwerbsfähig ist (Nr. 2 i. V. m. § 8 SGB II), hilfebedürftig ist (Nr. 3 i. V. m. § 9 SGB II) und ihren gewöhnlichen Aufenthalt in der BRD hat (Nr. 4 i. V. m. § 30 Abs. 3 Satz 2 SGB I). Julia hat bisher Bürgergeld bezogen. Es ist daher davon auszugehen, dass sie bislang alle Voraussetzungen des § 7 Abs. 1 Satz 1 SGB II erfüllt hat. Sie ist daher eine erwerbsfähige Leistungsberechtigte i. S. d. § 7 Abs. 3 Nr. 1 SGB II.

Julia könnte mit Romeo eine Bedarfsgemeinschaft i. S. d. § 7 Abs. 3 Nr. 3c SGB II bilden. Danach gehört zur Bedarfsgemeinschaft als Partner der erwerbsfähigen Leistungsberechtigen eine Person, die mit der erwerbsfähigen leistungsberechtigten Person in einem gemeinsamen Haushalt so zusammenlebt, dass nach verständiger Würdigung der wechselseitige Wille anzunehmen ist, Verantwortung füreinander zu tragen und füreinander einzustehen. Nach eigenem Bekunden gehen Julia und Romeo davon aus, die „Liebe fürs Leben" gefunden zu haben. Dies lässt erkennen, dass Sie sich selbst als ein Paar sehen. Durch den Umzug von Julia in die Wohnung von Romeo haben die beiden einen gemeinsamen Haushalt begründet. Fraglich ist, ob bereits zum jetzigen Zeitpunkt nach verständiger Würdigung der wechselseitige Wille anzunehmen ist, Verantwortung füreinander zu tragen und füreinander einzustehen. Dies wäre im Einzelfall noch genauer zu prüfen. Da kein Tatbestand der Vermutungsregelung des § 7 Abs. 3a SGB II erfüllt ist, ist eine Würdigung des tatsächlichen Geschehens vorzunehmen. Für die Begründung eines Einstandswillens spricht, dass beide von der „Liebe fürs Leben" sprechen. Das lässt auf eine gewünschte langfristige Bindung schließen. Darüber hinaus erfolgt der Umzug in eine gemeinsame Wohnung für gewöhnlich erst dann, wenn längerfristige Bindungswünsche bestehen. Andererseits ist zu berücksichtigen, dass die Vermutungsregelung des § 7 Abs. 3a Nr. 1 SGB II einen wechselseitigen Willen füreinander einstehen zu wollen erst ab einem Zusammenleben von länger als einem Jahr vermutet. Das zeigt, dass viele Paare erst im Rahmen eines längerfristigen Zusammenlebens erkennen, ob die Bindung dauerhaften Bestand haben wird. Nach einer gemeinsam verbrachten Nacht und im Rausch des ersten Verliebtseins wird ein solcher Einstandswille noch nicht angenommen werden können. Daher fehlt es im Ergebnis an dem erforderlichen Willen, füreinander einstehen zu wollen.

Julia und Romeo bilden daher zum jetzigen Zeitpunkt noch keine Bedarfsgemeinschaft. Eine Anrechnung des Einkommens von Romeo auf den Bedarf von Julia über die Bestimmung des § 9 Abs. 2 Satz 1 SGB II erfolgt daher nicht.

Anmerkung:

Sollte man zu dem Ergebnis gelangen, dass Romeo und Julia eine Bedarfsgemeinschaft bilden, dann wäre entsprechend auch das Einkommen von Romeo auf den Bedarf von Julia anzurechnen. Wahrscheinlich wird das Einkommen von Romeo (1.000 € netto/Monat) nicht ausreichen, um sowohl seinen als auch den Bedarf von Julia zu decken. Daher ist dann auch Romeo als hilfebedürftig anzusehen, obwohl er bisher vermutlich seinen eigenen Bedarf aus seinem Einkommen vollständig decken konnte (vgl. § 9 Abs. 2 Satz 3 SGB II).

3. Frau Fiebig verliebt sich

a) Ja. der Anspruch bleibt zunächst unverändert erhalten. Die beiden bilden noch keine Bedarfsgemeinschaft gem. § 7 Abs. 3 Nr. 3c) SGB II. Die Vermutungsregelung des § 7 Abs. 3a Nr. 1 SGB II greift erst ab einem Zusammenleben von länger als einem Jahr ein.

b) Im Fall der Geburt eines gemeinsamen Kindes ändert sich die Beurteilung der Rechtslage. Das Zusammenleben mit einem gemeinsamen Kind begründet die Vermutung, dass die Partner den wechselseitigen Willen haben, Verantwortung füreinander zu tragen und füreinander einzustehen (§ 7 Abs. 3a Nr. 2 SGB II). Damit wären dann im Fall von Frau Fiebig sämtliche Voraussetzungen zur Begründung der Bedarfsgemeinschaft gem. § 7 Abs. 3 Nr. 3c SGB II erfüllt.

c) Wenn Frau Fiebig und Herr Kraft eine Bedarfsgemeinschaft begründen (§ 7 Abs. 3 Nr. 3 c SGB II), dann käme für Frau Fiebig als Leistung sowohl das Bürgergeld für nichterwerbfähige Leistungsberechtigte (§ 7 Abs. 2, § 19 Abs. 1 Satz 2 SGB II) als auch die Hilfe zum Lebensunterhalt (3. Kapitel SGB XII) in Betracht. Das Bürgergeld für nichterwerbfähige Leistungsberechtigte hätte in diesem Fall den Vorrang (vgl. § 5 Abs. 2 Satz 1 SGB II, § 2 SGB XII).

d) Wenn Frau Fiebig und Herr Kraft eine Bedarfsgemeinschaft begründen (§ 7 Abs. 3 Nr. 3 c SGB II), dann käme für Frau Fiebig als Leistung sowohl das Bürgergeld für nichterwerbfähige Leistungsberechtigte (§ 7 Abs. 2, § 19 Abs. 1 Satz 2 SGB II) als auch die Grundsicherung bei Erwerbsminderung (4. Kapitel SGB XII) in Betracht. Die Grundsicherung hätte in diesem Fall den Vorrang (vgl. § 5 Abs. 2 Satz 2, § 19 Abs. 1 Satz 2 SGB II).

e) Ja. Vorausgesetzt, dass Herr und Frau Fiebig eine Bedarfsgemeinschaft bilden, dann gehört – sofern alle Voraussetzungen erfüllt sind – auch das Kind von Frau Fiebig mit zur Bedarfsgemeinschaft. Rechtsgrundlage ist § 7 Abs. 3 Nr. 4 SGB II. Diese Norm bezieht sich ausdrücklich auf die Kinder, der „in den Nummern 1 bis 3 genannten Personen". Damit sind auch Partnerkinder erfasst. Herr Kraft muss also aus Sicht des SGB II auch für ein Kind einstehen, mit dem er weder verwandt noch verschwägert ist. Die Norm zur Berücksichtigung des Einkommens ist § 9 Abs. 2 Satz 2 SGB II. Sie stellt ausdrücklich klar, dass nicht nur Einkommen und Vermögen eines Elternteils, sondern auch das Einkommen und Vermögen des in Bedarfsgemeinschaft lebenden Partners zugunsten eines unverheirateten Kindes zu berücksichtigen ist.

f) Hier handelt es sich um die Konstellation einer temporären Bedarfsgemeinschaft. Grundsätzlich wird der Regelbedarf als Pauschalleistung für den ganzen Monat erbracht. Aber nach § 41 Abs. 1 Satz 2 SGB II werden Leistungen nur anteilig erbracht, wenn die Leistungen nicht für den vollen Monat zustehen. Laut Sachverhalt kümmern sich Frau Fiebig und der leibliche Vater jeweils hälftig um das Kind. Entsprechend erfolgt dann auch eine Aufteilung des Regelbedarfs.

g) Herr Kraft und sein Neffe bilden keine Bedarfsgemeinschaft, da kein Tatbestand des § 7 Abs. 3 SGB II erfüllt ist. Allerdings sind Herr Kraft und sein Neffe miteinander verwandt. Daher greift die Vermutungsregelung des § 9 Abs. 5 SGB II (Haushaltsgemeinschaft). Das Jobcenter darf daher vermuten, dass der

Neffe Leistungen von Herrn Kraft erhält, soweit dies nach deren Einkommen und Vermögen erwartet werden kann. Ob bzw. in welchem Umfang dies der Fall ist, müsste weitergehend auf der Grundlage des § 1 Abs. 2 Bürgergeld-V geprüft werden.

XIV.5 Lösungen zum 6. Kapitel

1. Vladimir, der unbeteiligte Vater

Martha könnte Anspruch auf Mehrbedarf wegen Alleinerziehung auf Grundlage des § 21 Abs. 3 SGB II haben.

Voraussetzung dafür ist, dass sie als alleinerziehend anzusehen ist. Der unbestimmte Rechtsbegriff „alleinerziehend" bezieht sich nicht auf die rechtliche Personensorgeberechtigung nach dem BGB. Es geht darum, dass die Person mit einem oder mehreren minderjährigen Kindern zusammenlebt und in der Alltagspraxis allein für deren Pflege und Erziehung zu sorgen hat.

Die Behauptung von Martha, Vladimir habe mit der Erziehung der Kinder nichts zu tun, begegnet schon aufgrund der tatsächlichen Wohnverhältnisse in einer 3-Zimmer-Wohnung Zweifeln. In dieser Wohnung wird es den vier Personen so gut wie nicht möglich sein, sich aus dem Weg zu gehen. Die Lebenserfahrung spricht dafür, dass in diesem persönlichen Umgang dann auch erzieherisch auf die Kinder eingewirkt wird. Insofern reicht der Vortrag von Martha für sich gesehen nicht aus, um ihre Alleinerziehung zu begründen. Auch wenn es beim Tatbestandsmerkmal „alleinerziehend" nicht um das Personensorgerecht, sondern um die tatsächliche Ausübung der Pflege und Erziehung geht, ist gleichwohl zu berücksichtigen, dass die Eltern das Recht und die Pflicht der Pflege und Erziehung haben (Art. 6 Abs. 2 Satz 1 GG, § 1626 Abs. 1 Satz 1 BGB). Das unterstützt die grundsätzliche Vermutung, dass die Eltern der ihnen obliegenden Pflicht im Alltag auch nachkommen werden. Natürlich kann sich die tatsächliche Situation im Einzelfall anders gestalten. Dafür braucht es dann aber eines klareren Vortrages, dass die Last der Pflege und Erziehung allein bei Martha liegt.

Martha ist daher nicht alleinerziehend. Es besteht kein Anspruch auf Mehrbedarf gem. § 21 Abs. 3 SGB II

2. Yvonne zwischen den Eltern

Ebru könnte Anspruch auf Mehrbedarf wegen Alleinerziehung auf Grundlage des § 21 Abs. 3 SGB II haben.

Voraussetzung dafür ist, dass sie als alleinerziehend anzusehen ist. Der unbestimmte Rechtsbegriff „alleinerziehend" bezieht sich nicht auf die rechtliche Personensorgeberechtigung nach dem BGB. Es geht darum, dass die Person mit einem oder mehreren minderjährigen Kindern zusammenlebt und in der Alltagspraxis allein für deren Pflege und Erziehung zu sorgen hat.

Ebru und Darius wechseln sich bei der Pflege und Erziehung von Yvonne ab. Das könnte dafür sprechen, dass Ebru nicht als alleinerziehend anzusehen ist.

Andererseits ist zu berücksichtigen, dass in den 14 Tagen, in denen Yvonne bei Ebru ist, Darius gerade nicht unterstützend zur Seite steht. In diesen 14 Tagen muss Ebru die Pflege und Erziehung allein bewältigen und kann sich nicht darauf verlassen, dass ihr eine dritte Person unterstützend zur Seite steht, wenn sie einmal Hilfe benötigt.

In den 14 Tagen, in denen Yvonne bei Ebru ist, ist sie daher alleinerziehend. Entsprechend ist auch Darius in den 14 Tagen, in denen Yvonne bei ihm ist, als alleinerziehend anzusehen. Also sind beide Elternteile – jeweils zur Hälfte – alleinerziehend. Deshalb ist der Ebru zustehende Mehrbedarf zu teilen.

Ebru hat einen hälftigen Anspruch auf Mehrbedarf wegen Alleinerziehung gem. § 21 Abs. 3 SGB II (vgl. z. B. SGB II BSG 3.3.2009 – B 4 AS 50/07 R, BSGE 102, 190).

3. Anton will in die USA

Anton könnte Anspruch auf Mehrbedarf gem. § 21 Abs. 6 SGB II auf Gewährung der Reisekosten in Höhe von 900€ pro Quartal haben.

Voraussetzung für die Gewährung des Mehrbedarfs ist zunächst, dass es sich um einen *besonderen Bedarf* handelt. Ein solcher ist gegeben, wenn dieser nicht vom Regelbedarf abgedeckt ist, weil er auf Grund besonderer Umstände (atypische Lage) entweder vom Kostenvolumen her oder seiner Art nach nicht (mehr) als Durchschnittsbedarf erfasst sein kann.

Zwar enthält die Regelleistung, die Anton bezieht, auch einen gewissen Anteil an Fahrtkosten (Abteilung 7 der regelbedarfsrelevanten Verbrauchsausgaben). Dies betrifft jedoch nur die üblichen Fahrten im Alltag und keine Reisen zur Ausübung des Umgangsrechts. Insofern ist der von Anton geltend gemachte Bedarf ein besonderer.

Darüber hinaus ist zu prüfen, ob es sich bei dem geltend gemachten Bedarf um einen *laufenden oder um einen einmaligen Bedarf* handelt.

Die Ausübung des Umgangsrechts dient dazu, um die Nähebeziehung zwischen Anton und seiner Tochter dauerhaft aufrechtzuerhalten. Deshalb macht ein Besuch in den USA nur dann Sinn, wenn er in regelmäßigen Abständen – mehrfach – erfolgt. Es handelt sich mithin um einen laufenden Bedarf.

Letztlich müsste es sich um einen *unabweisbaren* Bedarf handeln.

Nach der Legaldefinition des § 21 Abs. 6 Satz 2 SGB II bezieht sich die Unabweisbarkeit auf die der Höhe der Kosten.

Anton kann sich bei der Ausübung des Umgangsrechts auf eine grundrechtlich geschützte Position berufen: Erziehung und Pflege sind das Recht der Eltern und die zuvörderst ihnen obliegende Pflicht (Art. 6 Abs. 2 Satz 1 GG). Die Kosten zur Ausübung des Umgangsrechts gehören damit zu den persönlichen Grundbedürfnissen des täglichen Lebens. Die hier geltend gemachten Kosten halten sich auch im Rahmen dessen, was ein verständiger Umgangsberechtigter außerhalb des

Bezugs von Grundsicherungsleistungen aufwenden würde. Zum einen hat Anton bereits die preiswerteste Variante der Reise gewählt. Zum anderen besteht eine enge persönliche Bindung zwischen Anton und seiner Tochter Katja. Auch aus Sicht eines verständigen Umgangsberechtigten würden daher vier Besuche je Jahr nicht als unangemessen erscheinen.

Anton hat einen Anspruch auf Mehrbedarf gem. § 21 Abs. 6 SGB II auf Gewährung der Reisekosten in Höhe von 900€ pro Quartal.

XIV.6 Lösungen zum 7. Kapitel

Verschiedene Wohnkonstellationen

a) Die abstrakte Angemessenheit der Kosten der Unterkunft setzt sich aus den beiden Faktoren angemessene Wohnraumgröße und angemessene Referenzmiete zusammen. Im Fall von Herrn und Frau Adam ist die Wohnraumgröße als angemessen zu beurteilen. Auf der Grundlage des zugrunde zu legenden schlüssigen Konzepts ist im Vergleichsraum für zwei Personen eine Wohnraumgröße von bis zu 65m² als angemessen anzusehen. Allerdings liegt die Kaltmiete mit 10 € pro m² deutlich über dem Betrag, der im Vergleichsraum als angemessen beurteilt wird (8,46 €). Die Produkttheorie besagt, dass es für die Angemessenheit nicht auf die Angemessenheit der einzelnen Faktoren, sondern auf die Angemessenheit des Produktes ankommt. Im Fall von Herrn und Frau Adam beträgt die Kaltmiete für die Wohnung insgesamt 550 €. Diese Kaltmiete wird auch nach dem im Vergleichsraum zugrunde zu legenden Maßstab als angemessen qualifiziert. Die Kosten der Unterkunft von Herrn und Frau Adam sind daher angemessen.

b) Bei Frau und Herrn Berta kommt ebenfalls die Produkttheorie zur Anwendung. Die Überschreitung der angemessenen Wohnraumgröße wird durch die kostengünstige Kaltmiete pro m² ausgeglichen, so dass sich das Produkt dieser beiden Faktoren im Rahmen der durch den kommunalen Träger gezogenen Grenze hält. Die Kosten der Unterkunft sind daher angemessen.

c) Berechnet man das Produkt der maßgeblichen KdU-Faktoren bei Herrn und Frau Charles, dann zeigt sich, dass die Wohnung unangemessen teuer ist. Unter zugrunde Legung der Richtlinien des kommunalen Trägers ist für einen 2-Personen-Haushalt eine Kaltmiete von 550 €/Monat angemessen. Die Kaltmiete von Ehepaar Charles beläuft sich auf 585 €/Monat. Fraglich ist, welche Konsequenz daraus zu ziehen ist. Hier kommt die Prüfung der konkreten Angemessenheit ins Spiel: Danach sind unangemessen hohe Kosten der Unterkunft nur so lange als Bedarf anzuerkennen, wie es der Bedarfsgemeinschaft nicht zuzumuten ist, die Aufwendungen zu senken (§ 22 Abs. 1 Satz 3 SGB II). Der im vorliegenden Fall zuständige kommunale Träger wird dabei auch Wirtschaftlichkeitsfaktoren berücksichtigen – das spiegelt sich auch in der abgedruckten Tabelle wider. Danach ist ein Umzug als unwirtschaftlich zu qualifizieren, wenn die angemessene Kaltmiete um bis zu 10 % überschritten wird (hier: bis zu einer Kaltmiete von 605 €). Die Kosten der Unterkunft von Ehepaar Charles sind also unangemessen hoch – gleichwohl wird der kommunale Träger die Kosten in tatsächlicher Höhe übernehmen.

d) Fraglich ist, ob im Fall von Frau Dora § 22 Abs. 5 SGB II zur Anwendung gelangt. Dora ist 20 Jahre alt. Die Familie von Dora plant einen Umzug. Das könnte für die Anwendbarkeit der Norm sprechen. Sinn und Zweck der Norm ist es allerdings, diejenigen Fälle zu kontrollieren, in denen junge Erwachsene durch ihren Auszug eine neue Einzelbedarfsgemeinschaft begründen, so dass die räumliche Lösung vom Elternhaus zu einer Kostensteigerung auf Seiten der Allgemeinheit führt. Im vorliegenden Fall zieht Dora gemeinsam mit ihren Eltern um. Die Anzahl der Bedarfsgemeinschaften bleibt gleich groß wie zuvor. Die Allgemeinheit braucht daher nicht vor der Begründung neuer Bedarfsgemeinschaften geschützt zu werden. Die Norm findet daher nach ihrer ratio keine Anwendung.

XIV.7 Lösungen zum 8. Kapitel

1. Leander und die Ausstattung seines Appartements

Leander könnte gegenüber dem Jobcenter Bielheim einen Anspruch auf Erstausstattung seines Appartements gem. § 24 Abs. 3 Satz 1 Nr. 1 SGB II haben.

Dafür müsste es sich bei der begehrten Ausstattung um eine *Erstausstattung* handeln. Davon sind alle Bedarfe umfasst, die *erstmalig* auftreten. Leander hatte bereits zu einem früheren Zeitpunkt eine eingerichtete Wohnung in Hannover. Dort war ihm bereits eine Erstausstattung auf der Grundlage des § 24 Abs. 3 Satz 1 Nr. 1 SGB II bewilligt worden. Insofern könnte man argumentieren, dass der Bedarf für eine Wohnungseinrichtung bei Leander nicht erstmalig auftritt. Allerdings ist anerkannt, dass auch dann von einer Erstausstattung zu sprechen ist, wenn ein Gegenstand zwar bereits im Haushalt vorhanden war, nun aber nicht mehr nutzbar ist. Die Wohnung in Hannover ist leergeräumt worden. Die Möbel, die sich ursprünglich in der Wohnung befanden, sind nicht mehr vorhanden. Sie sind nicht mehr nutzbar. Insofern macht Leander eine Erstausstattung geltend. Allerdings ist die fehlende Ausstattung auf ein vorwerfbares Verhalten von Leander selbst zurückzuführen. Die Wohnung wurde ausgeräumt, weil er sich „aus dem Staub gemacht hat". Insofern könnte man argumentieren, dass es nicht sein kann, dass jemand zunächst einen Bedarf selbst herbeiführt, um dann einen entsprechenden Anspruch gegenüber dem Jobcenter geltend machen zu können. Dagegen spricht, dass es die Aufgabe des Grundsicherungsträgers ist, einen tatsächlich und aktuell bestehenden Bedarf grds. auch zu decken (BSG 27.9.2011 – B 4 AS 202/10 R, NZS 2012, 434). Es ist wohl nicht anzunehmen, dass Leander sich in der Absicht auf die Wanderschaft gemacht hat, damit die Wohnung leergeräumt wird und er einen neuen Anspruch auf Erstausstattung geltend machen kann. Insofern besteht bei Leander trotz des vorwerfbaren Verhaltens ein Bedarf an Erstausstattung.

Leander hat daher gegenüber dem Jobcenter Bielheim einen Anspruch auf Erstausstattung seines Appartements gem. § 24 Abs. 3 Satz 1 Nr. 1 SGB II.

2. Frau Prill möchte neu anfangen

a) Grundlegender Anspruch auf Erstausstattung

Frau Prill könnte einen Anspruch auf Erstausstattung gem. § 24 Abs. 3 Satz 1 Nr. 1 SGB II gegenüber dem Jobcenter haben.

Dafür müsste es sich in ihrem Fall um eine *Erstausstattung* handeln. Erfasst sind davon alle Bedarfe, die erstmalig auftreten. Ein Bedarf tritt auch dann erstmalig auf, wenn ein Gegenstand zwar bereits im Haushalt vorhanden, aber nicht mehr nutzbar ist. Vor ihrem Auszug hat Frau Prill in der ehelichen Wohnung mit ihrem Mann gelebt. Es ist anzunehmen, dass diese Wohnung bereits voll ausgestattet war. Allerdings kann sie die Wohnung seit dem Auszug nicht mehr nutzen. Sie ist daher darauf angewiesen, eine Wohnung neu einzurichten. Insofern handelt es sich in ihrer Situation um eine Erstausstattung i. S. d. § 24 Abs. 3 Satz 1 Nr. 1 SGB II (vgl. BSG 19.9.2008 – B 14 AS 64/07 R).

Vom *Umfang* her ist die Fürsorgeleistung der Erstausstattung auf das *Notwendige* begrenzt. Es ist deshalb zunächst zu prüfen, ob Frau Prill zumutbar ist, einzelne Haushaltsgegenstände von ihrem Mann herauszuverlangen, um so ihren Bedarf an Erstausstattung zu reduzieren. Hierzu bestimmt § 1568b Abs. 1 BGB: „Jeder Ehegatte kann verlangen, dass ihm der andere Ehegatte anlässlich der Scheidung die im gemeinsamen Eigentum stehenden Haushaltsgegenstände überlässt und übereignet, wenn er auf deren Nutzung unter Berücksichtigung des Wohls der im Haushalt lebenden Kinder und der Lebensverhältnisse der Ehegatten in stärkerem Maße angewiesen ist als der andere Ehegatte oder dies aus anderen Gründen der Billigkeit entspricht." Dies wäre für die einzelnen Haushaltsgegenstände zu prüfen. Da die Kinder gemeinsam mit Frau Prill ausgezogen sind, spricht einiges dafür, dass sie zumindest stärker auf die Kinderzimmerausstattung angewiesen ist als ihr Mann. Darüber hinaus müsste geklärt werden, ob ein entsprechendes Herausgabeverlangen auch zeitnah realisierbar ist. Im Übrigen sind die Voraussetzungen des § 24 Abs. 3 Satz 1 Nr. 1 SGB II erfüllt.

Frau Prill hat einen (möglicherweise eingeschränkten) Anspruch auf Erstausstattung gem. § 24 Abs. 3 Satz 1 Nr. 1 SGB II gegenüber dem Jobcenter.

b) Anspruch auf Aufwendungen für einen Wäschetrockner

Fraglich ist, ob Frau Prill im Rahmen ihres Anspruchs auf Erstausstattung auch die Aufwendungen für einen Wäschetrockner geltend machen kann.

Dabei ist zu berücksichtigen, dass die Fürsorgeleistungen auf das Notwendige begrenzt sind. Zielsetzung des SGB II ist die Sicherung des soziokulturellen Existenzminimums (§ 1 Abs. 1 SGB II). Allein der Umstand, dass es umständlich ist, ohne Aufzug aus dem 2. Stock in den Keller zu gelangen, begründet noch nicht die Notwendigkeit eines Wäschetrockners. Anders wäre möglicherweise dann zu urteilen, wenn Frau Prill aufgrund einer körperlichen Beeinträchtigung die Wäsche nicht in den Keller tragen kann und daher darauf angewiesen ist, in der eigenen Wohnung eine Lösung zu finden. Das ist hier aber nicht ersichtlich.

Frau Prill wird daher im Rahmen ihres Anspruchs auf Erstausstattung nicht die Aufwendungen für den Wäschetrockner geltend machen können.

3. Marianne und die Schwangerschaftsverhütung

Marianne könnte einen Anspruch auf ein Darlehen für den Bedarf zur Deckung der Kosten für die Pille gegenüber dem Jobcenter gem. § 24 Abs. 1 SGB II haben.

Dafür müsste es sich zunächst um einen Bedarf handeln, der eigentlich aus dem *Regelbedarf* zu finanzieren wäre. Die Krankenkasse muss nach § 24a Abs. 1 Satz 2 SGB V nur die ärztliche Untersuchung und die Verordnung, nicht aber die Versorgung mit dem Verhütungsmittel gewährleisten. Aus § 49 Satz 2 SGB XII ergibt sich, dass eine Übernahme der Kosten für empfängnisverhütende Mittel von Seiten der Behörde nur dann erfolgt, wenn diese ärztlich verordnet worden sind. Das bedeutet im Umkehrschluss, dass Marianne darauf angewiesen ist, die Kosten für die Pille aus dem Regelbedarf heraus selbst zu bestreiten, sofern keine ärztliche Verordnung vorliegt (Abteilung 6 – Gesundheitspflege). Insofern handelt es sich um einen Bedarf, der aus dem Regelbedarf zu finanzieren ist.

Darüber hinaus kann ein Darlehen nur für einen *einmaligen Bedarf* erbracht werden. Er ist abzugrenzen von einem laufenden Bedarf. Ein laufender Bedarf zeichnet sich dadurch aus, dass es sich um einen regelmäßig wiederkehrenden, dauerhaften und längerfristigen Bedarf handelt. Vorliegend geht es Marianne um die Kosten für eine Depot-Pille, die eine Wirkung über einen Zeitraum von 3 Monaten entfaltet. Danach werden die Kosten erneut und in regelmäßigen Abständen entstehen. Es handelt sich vorliegend also nicht um einen einmaligen, sondern um einen laufenden Bedarf. Die Voraussetzungen zur Gewährung eines Darlehens nach § 24 Abs. 1 SGB II liegen demnach nicht vor.

Marianne hat keinen Anspruch auf ein Darlehen für den Bedarf zur Deckung der Kosten für die Pille gegenüber dem Jobcenter gem. § 24 Abs. 1 SGB II.

Anmerkung

Auch einen Mehrbedarf i. S. d. § 21 Abs. 6 SGB II wird Marianne nicht geltend machen können, denn die Nutzung der Pille wird wohl nicht als besonderer – atypischer – Bedarf angesehen werden können. Insofern wäre Marianne zu raten, sich die Pille verordnen zu lassen, um den Weg zur Übernahme der Kosten nach § 49 Satz 2 SGB XII beschreiten zu können.[247]

XIV.8 Lösungen zum 9. Kapitel

1. Anna und ihre Kinder

Anna ist als Bürgergeld Empfangende gesetzlich krankenversichert, nach § 5 Abs. 1 Nr. 2a SGB V.

---

247 Vgl. dazu unter IX.5.3.

Zugunsten der Kinder von Anna könnte die Familienversicherung nach § 10 SGB V eingreifen:

- Da Anna gesetzlich krankenversichert ist, handelt es sich bei ihren Kindern um „Kinder von Mitgliedern" der gesetzlichen Krankenversicherung (§ 10 Abs. 1 SGB V).
- Da die Kinder minderjährig sind, haben sie die nach § 10 Abs. 2 Nr. 1 SGB V relevante Altersgrenze noch nicht erreicht.
- Da Anna Bürgergeld-Leistungen bezieht, hat sie (und damit wohl auch ihre Kinder) ihren gewöhnlichen Aufenthalt in der BRD (vgl. § 7 Abs. 1 Satz 1 Nr. 4 SGB II, § 10 Abs. 1 Satz 1 Nr. 1 SGB V).
- Zugunsten der Kinder von Anna greift keine gesetzliche Versicherung nach § 5 SGB V. Sie sind auch nicht freiwillig gesetzlich krankenversichert (§ 10 Abs. 1 Satz 1 Nr. 2 SGB V).
- Eine Versicherungsfreiheit oder Befreiung von der gesetzlichen Versicherungspflicht besteht bei den Kindern von Anna nicht (§ 10 Abs. 1 Satz 1 Nr. 3 SGB V).
- Es ist dem Sachverhalt nicht zu entnehmen, dass die minderjährigen Kinder bereits hauptberuflich selbständig erwerbstätig wären (§ 10 Abs. 1 Satz 1 Nr. 4 SGB V).
- Von einem Einkommen der Kinder ist dem Sachverhalt nichts zu entnehmen (§ 10 Abs. 1 Satz 1 Nr. 5 SGB V).

Die Kinder von Anna sind daher über die Familienversicherung (§ 10 SGB V) gesetzlich krankenversichert.

2. Berta und der Pflegeheimplatz

A. B könnte einen Anspruch auf Leistungen der Hilfe zur Pflege i. H. v. 1.738 € gegen T gem. § 19 Abs. 3 i. V. m. §§ 61 ff. SGB XII haben.

I. Die Sozialhilfe, mit Ausnahme der Grundsicherung im Alter und bei Erwerbsminderung, setzt gem. § 18 Abs. 1 SGB XII ein, sobald u.a. dem Träger der Sozialhilfe bekannt wird, dass die Voraussetzungen für die Leistung vorliegen. Hier stellt B einen Antrag. Ab diesem Zeitpunkt muss T von Amts wegen die Voraussetzungen der Sozialhilfe prüfen.

II. Leistungen der Sozialhilfe erhält nicht, wer sich vor allem durch Einsatz seiner Arbeitskraft, seines Einkommens und seines Vermögens selbst helfen kann oder wer die erforderliche Leistung von anderen, insbesondere von Angehörigen oder von Trägern anderer Sozialleistungen, erhält (§ 2 Abs. 1 SGB XII). Eine Erwerbstätigkeit von B wird aufgrund ihres Alters und ihrer Pflegebedürftigkeit nicht mehr erwartet (vgl. dazu auch Umkehrschluss aus § 11 Abs. 3 S. 2 und 3 SGB XII). Neben der Altersrente und den Leistungen der Pflegeversicherung sind keine weiteren vorrangigen Leistungen bzw. Ansprüche ersichtlich.

III. B müsste gem. §§ 61, 61a SGB XII pflegebedürftig sein. Pflegebedürftig sind Personen, die gesundheitlich bedingte Beeinträchtigungen der Selbständigkeit oder

der Fähigkeiten aufweisen und deshalb der Hilfe durch andere bedürfen (§ 61a Abs. 1 S. 1 SGB XII). Vorliegend wurde B dem Pflegegrad 3 zugeordnet. Sie ist somit gem. §§ 61, 61a Abs. 1 S. 1 SGB XII pflegebedürftig.

IV. Die Voraussetzungen für eine stationäre Pflege und deren Notwendigkeit müssten vorliegen (§§ 63a, 65 SGB XII). Pflegebedürftige der Pflegegrade 2, 3, 4 oder 5 haben Anspruch auf Pflege in stationären Einrichtungen, wenn häusliche oder teilstationäre Pflege nicht möglich ist oder wegen der Besonderheit des Einzelfalles nicht in Betracht kommt (§ 65 S. 1 SGB XII). B hat den Pflegegrad 3. Sie lebt seit diesem Monat in einem Pflegeheim, da sie zu Hause niemand pflegen kann und ein Pflegedienst oder teilstationäre Pflege nicht ausreichen, um ihre pflegerischen Bedarfe zu decken. Folglich ist die stationäre Pflege erforderlich. Weitere Bedarfe, die durch die „Hilfe zur Pflege" zu decken wären, sind nicht ersichtlich.

V. Gem. § 63b Abs. 1 SGB XII werden Leistungen der Hilfe zur Pflege nicht erbracht, soweit Pflegebedürftige gleichartige Leistungen nach anderen Rechtsvorschriften erhalten. Die Pflegekasse von B zahlt für den Pflegeheimplatz monatlich 1.262 € gem. § 43 Abs. 2 S. 2 Nr. 2 SGB XI. Dabei handelt es sich um eine gleichartige Leistung nach einer Vorschrift des SGB XI, die angerechnet wird. Der Pflegeheimplatz für B kostet 3.000 €. Daher verbleibt ein pflegerischer Bedarf gem. §§ 63a, 65 SGB XII i. H. v. 1.738 €.

VI. Weiterhin dürfte B gem. § 61 S. 1 SGB XII nicht zuzumuten sein, dass sie die für die Hilfe zur Pflege benötigten Mittel aus Einkommen und Vermögen nach den §§ 82 ff. SGB XII aufbringt.

1. Fraglich ist zunächst, ob anrechenbares Einkommen vorliegt.

a) Gem. § 82 Abs. 1 S. 1 SGB XII gehören zum Einkommen alle Einkünfte in Geld oder Geldeswert. B bezieht eine Altersrente von der Deutschen Rentenversicherung Bund i. H. v. 848 €. Dieser Betrag ist bereits gem. § 82 SGB XII bereinigt. § 85 Abs. 1 Nr. 1 und 2 SGB XII sieht vor, dass u.a. bei der Hilfe zur Pflege der nachfragenden Person die Aufbringung der Mittel nicht zuzumuten ist, wenn während der Dauer des Bedarfes ihr monatliches Einkommen zusammen eine Einkommensgrenze nicht übersteigt, die sich aus einem Grundbetrag in Höhe des Zweifachen der Regelbedarfsstufe 1 nach der Anlage zu § 28 SGB XII und den Aufwendungen für die Unterkunft, soweit diese den der Besonderheit des Einzelfalles angemessenen Unterhalt nicht übersteigen, ergibt. Der doppelte Regelbedarf der Stufe 1 beträgt 1.126 € (2 x 563 € im Jahr 2024 – vgl. Anlage zu § 28 SGB XII) und die angemessenen Unterkunftskosten, die sich laut Sachverhalt auf 400 € belaufen. Damit liegt die Einkommensgrenze nach § 85 Abs. 1 SGB XII bei 1.526 €.

b) Allerdings schreibt § 88 Abs. 1 S. 2 SGB XII vor, dass in angemessenem Umfang die Aufbringung der Mittel – auch soweit das Einkommen unter der Einkommensgrenze liegt – verlangt werden soll, wenn eine Person für voraussichtlich längere Zeit Leistungen in einer stationären Einrichtung bedarf. Vorliegend lebt B in einem Pflegeheim, also einer stationären Einrichtung, und möchte dort bis zu ihrem Lebensende bleiben. Die Altersrente i. H. v. 848 € liegt auch unter der berechneten Einkommensgrenze i. H. v. 1.526 €. Anzeichen für atypische Umstände (Soll-Regelung!) sind nicht ersichtlich. Es stellt sich die Frage, welcher Anrechnungsbetrag des Einkommens angemessen ist. In der Kommentierung und Rechtsprechung wird bei der Pflege im Heim davon ausgegangen, dass ohne Vorliegen weiterer Bedarfe das Einkommen vollständig zur Deckung der Heimkosten herangezogen werden kann (vgl. GK-SRB/Ehmann 2023, §§ 85-89 SGB XII Rn. 35 mit Verweis auf BSG 12.5.2017 – B 8 SO 23/15 R). Hier ist davon auszugehen, dass B gem. § 27b SGB XII einen Barbetrag und eine Bekleidungspauschale erhält. Weitere Bedarfe sind nicht ersichtlich. Insofern wird die vollständige Altersrente als Einkommen berücksichtigt.

c) Die Pflegeheimkosten i. H. v. 3.000 € ergeben nach Abzug von 1.262 € aus der gesetzlichen Pflegeversicherung einen ungedeckten Bedarf i. H. v. 1.738 €. Nach Abzug des zu berücksichtigenden Einkommens i. H. v. 848 € verbleibt ein Bedarf der Hilfe zur Pflege i. H. v. 890 € pro Monat.

2. Darüber hinaus ist zu prüfen, ob Vermögen eingesetzt werden muss (vgl. §§ 61, 90 SGB XII). Gem. § 90 Abs. 1 SGB XII ist das gesamte verwertbare Vermögen einzusetzen.

a) § 90 Abs. 2 Nr. 9 SGB XII bestimmt, dass die Sozialhilfe nicht abhängig gemacht werden darf vom Einsatz oder von der Verwertung kleinerer Barbeträge oder sonstiger Geldwerte. Nach § 1 Nr. 1 VO zu Durchführung des § 90 Abs. 2 Nr. 9 SGB XII sind kleinere Barbeträge oder sonstige Geldwerte für jede volljährige Person 10.000 €. B hat ein Giroguthaben i. H. v. 1.720 €, ein Sparbuchguthaben i. H. v. 6.700 € und eine Lebensversicherung mit einem Rückvergütungsanspruch i. H. v. 349 €. Demnach müssen die insgesamt 8.769 € nicht eingesetzt werden.

b) Gem. § 90 Abs. 3 S. 1 SGB XII darf die Sozialhilfe ferner nicht vom Einsatz oder von der Verwertung eines Vermögens abhängig gemacht werden, soweit dies für den, der das Vermögen einzusetzen hat, und für seine unterhaltsberechtigten Angehörigen eine Härte bedeuten würde. B hat eine Sterbegeldversicherung bei der Bielheimer Sterbekasse Lebensversicherung AG mit einer Versicherungssumme i. H. v. 6.000 € abgeschlossen. Die Sterbegeldversicherung stellt einen angemessenen Bestattungsvorsorgevertrag dar, dessen Einsatz für B eine Härte bedeuten würde. Die Sterbegeldversicherung gehört deshalb zum Schonvermögen und ist nicht einzusetzen.

3. B muss ihre Altersrente als Einkommen einsetzen. Das vorhandene Vermögen der B ist nicht einzusetzen

VII. B hat einen Bedarf der Hilfe zur Pflege i. H. v. 890 €.

B) B hat einen Anspruch auf Leistungen der Hilfe zur Pflege i. H. v. 890 € gegen T gem. § 19 Abs. 3 i. V. m. §§ 61 ff. SGB XII.

XIV.9 Lösungen zum 10. Kapitel (Einkommen)

1. Das Einkommen von Herrn Hazinedar

Das Einkommen von Herrn Hazinedar ist nicht im vollen Umfang auf seinen im Rahmen des SGB II ermittelten Bedarf anzurechnen. Vielmehr sind unterschiedliche Beträge von dem Bruttoeinkommen in Höhe von 920 € abzusetzen.

Gem. § 11b Abs. 1 Nr. 1 und Nr. 2 SGB II sind zunächst die auf das Einkommen entrichteten Steuern sowie die Pflichtbeiträge zur Sozialversicherung abzusetzen. Aus dem Sachverhalt ergibt sich, dass diese beiden Posten zusammengerechnet insgesamt 190 € betragen (Differenz zwischen Brutto- und Nettoeinkommen).

Abzusetzen sind darüber hinaus die mit der Erzielung des Einkommens verbundenen notwendigen Ausgaben (§ 11b Abs. 1 Nr. 3-5 i. V. m. § 11b Abs. 2 SGB II). § 11b Abs. 2 Satz 2 SGB II beinhaltet zwei Möglichkeiten:

- Der erwerbsfähige Leistungsberechtigte kann eine Pauschale in Höhe von 100 €/Monat absetzen.
- Der erwerbsfähige Leistungsberechtigte kann bei einem Einkommen von mehr als 400 € einen höheren Betrag als 100 €/Monat absetzen, sofern er nachweist, dass die Summe der Beträge nach § 11b Abs. 1 Satz 1 Nr. 3 bis 5 SGB II den Betrag von 100 € übersteigt.

Da das Bruttoeinkommen von Herrn Hazinedar mit 920 € über der maßgeblichen Schwelle von 400 € liegt, ist zu untersuchen, ob er einen höheren Absetzungsbetrag nachweisen kann. In diesem Zusammenhang werden die Pauschbeträge nach § 6 Bürgergeld-V relevant. Herr Hazinedar kann geltend machen:

- Pauschalbetrag für private Versicherung, § 6 I 1 Nr. 1 Bürgergeld-V: € 30,00
- Fahrtkosten, § 6 II Bürgergeld-V: € 50,00
- Arbeitsmaterialien: € 30,00

Daraus ergibt sich ein Absetzungsbetrag von insgesamt 110,00 €.

Herr Hazinedar kann also einen höheren Absetzungsbetrag als die gesetzlich vorgesehene Pauschale nachweisen und daher nach § 11b Abs. 1 Nr. 5 i. V. m. § 11b Abs. 2 SGB II) einen weiteren Betrag in Höhe von 110,00 € vom Einkommen absetzen.

Letztlich ist zu prüfen, welchen Freibetrag Herr Hazinedar nach § 11b Abs. 3 SGB II geltend machen kann:

- Dieser beläuft sich für den Teil des monatlichen Einkommens, der 100 € übersteigt und nicht mehr als 520 € beträgt, auf 20 Prozent (§ 11b Abs. 3 Satz 2 Nr. 1 SGB II). Es ergibt sich damit ein Absatzbetrag von 84 € (20 % von 420 €).
- Dieser beläuft sich für den Teil des monatlichen Einkommens, der 520 € übersteigt und nicht mehr als 1.000 € beträgt, auf 30 Prozent (§ 11b Abs. 3 Satz 2 Nr. 2 SGB II). Es ergibt sich damit ein Absatzbetrag von 120 € (30 % von 400 €).

Herr Hazinedar kann damit nach § 11b Abs. 3 SGB II einen Betrag von 204 € absetzen.

Damit ergibt sich folgende Übersicht

Bruttoeinkommen	920,00
Steuern, Pflichtbeiträge zur Sozialversicherung (Abs. 1 Nr. 1 und 2)	190,00
zur Erzielung des Einkommens notwendige Ausgaben (Abs. 1 Nr. 5)	110,00
Freibetrag (Abs. 1 Nr. 6)	204,00
Einzusetzendes Einkommen	416,00

Der Bedarf des Ehepaars Hazinedar mindert sich aufgrund des von Herrn Hazinedar erzielten Einkommens um einen Betrag von 416,00 €.

2. Das Einkommen von Frau Druwetzki

Das Einkommen von Frau Druwetzki ist nicht im vollen Umfang auf den im Rahmen des SGB II ermittelten Bedarf der Familie Druwetzki anzurechnen. Vielmehr sind unterschiedliche Beträge von dem Bruttoeinkommen in Höhe von 1.400 € abzusetzen.

Gem. § 11b Abs. 1 Nr. 1 und Nr. 2 SGB II sind zunächst die auf das Einkommen entrichteten Steuern sowie die Pflichtbeiträge zur Sozialversicherung abzusetzen. Aus dem Sachverhalt ergibt sich, dass diese beiden Posten zusammengerechnet insgesamt 300 € betragen (Differenz zwischen Brutto- und Nettoeinkommen).

Abzusetzen sind darüber hinaus die mit der Erzielung des Einkommens verbundenen notwendigen Ausgaben (§ 11b Abs. 1 Nr. 5 i. V. m. § 11b Abs. 2 SGB II). Da das Bruttoeinkommen von Frau Druwetzki mit 1.400 € deutlich über der maßgeblichen Schwelle von 400 € liegt ist zu untersuchen, ob sie einen höheren Absetzungsbetrag nachweisen kann (§ 11b Abs. 2 Satz 2 SGB II). In diesem Zusammenhang werden die Pauschbeträge nach § 6 Bürgergeld-V relevant. Frau Druwetzki kann geltend machen:

- Pauschalbetrag für private Versicherung, § 6 I 1 Nr. 1 Bürgergeld-V: € 30,00
- Fahrtkosten, § 6 II Bürgergeld-V: € 50,00

Daraus ergibt sich ein Absetzungsbetrag von insgesamt 80,00 €.

Da die Pauschale (100 €) einen höheren Absetzungsbetrag ermöglicht, als die von Frau Druwetzki nachgewiesenen notwendigen Ausgaben zur Erzielung des Einkommens (80 €), kommt im vorliegenden Fall die Pauschale zur Anwendung.

Letztlich ist zu prüfen, welchen Freibetrag Frau Druwetzki nach § 11b Abs. 3 SGB II geltend machen kann:

- Dieser beläuft sich für den Teil des monatlichen Einkommens, der 100 € übersteigt und nicht mehr als 520 € beträgt, auf 20 Prozent (§ 11b Abs. 3 Satz 2

Nr. 1 SGB II). Es ergibt sich damit ein Absatzbetrag von 84 € (20 % von 420 €).

- Dieser beläuft sich für den Teil des monatlichen Einkommens, der 520 € übersteigt und nicht mehr als 1.000 € beträgt, auf 30 Prozent (§ 11b Abs. 3 Satz 2 Nr. 2 SGB II). Es ergibt sich damit ein Absatzbetrag von 144 € (30 % von 480 €).
- Dieser beläuft sich für den Teil des monatlichen Einkommens, der 1.000 € übersteigt und nicht mehr als 1.200 € beträgt auf 10 Prozent. Da Frau Druwetzki ein Kind im Alter von sechs Jahren hat, greift in ihrem Fall die Grenze von 1.500 €. Das Einkommen von Frau Druwetzki in Höhe von 1.400 € übersteigt 1.000 € um 400 €. 10 Prozent von 400 € sind 40 €.

Insgesamt ergibt sich nach § 11b Abs. 3 SGB II ein Freibetrag in Höhe von 268 €, den Frau Druwetzki von ihrem Einkommen absetzen kann.

Damit ergibt sich folgende Übersicht

Bruttoeinkommen	1.400,00
Steuern, Pflichtbeiträge zur Sozialversicherung (Abs. 1 Nr. 1 und 2)	300,00
zur Erzielung des Einkommens notwendige Ausgaben (Abs. 1 Nr. 5)	100,00
Freibetrag (Abs. 1 Nr. 6)	268,00
Einzusetzendes Einkommen	732,00

Der Bedarf der Familie Druwetzki mindert sich aufgrund des von Frau Druwetzki erzielten Einkommens um einen Betrag von 732,00 €.[248]

XIV.10 Lösungen zum 10. Kapitel (Vermögen)

Familie Zöllner und ihr Vermögen

Sowohl im Bereich der Grundsicherung für Arbeitsuchende (§ 12 Abs. 1 Satz 2 Nr. 2 SGB II) als auch im Bereich der Sozialhilfe (§ 90 Abs. 2 Nr. 10 SGB XII) ist ein angemessenes Kraftfahrzeug als Schonvermögen geschützt:

- Der Verkehrswert des Autos (20.000 €) übersteigt jedoch den Wert, der nach den Fachlichen Weisungen der Agentur für Arbeit im Bereich des SGB II als angemessen angesehen wird (15.000 €) um 5.000 €.
- Im Bereich der Sozialhilfe wird regelmäßig ein Kraftfahrzeug im Wert von 7.500 € als angemessen angesehen. Diesen Wert übersteigt das Auto um 12.500 €.

Besondere Umstände des Einzelfalls, aufgrund derer eine andere Beurteilung möglich wäre, sind im vorliegenden Fall nicht ersichtlich. Damit wird zu prüfen sein,

---

[248] Bitte beachten Sie, dass es weitere Einkünfte geben kann, die den Bedarf der Familie Druwetzki mindern. Hierzu gehört insbesondere das Kindergeld in Höhe von 250 €. Dieses mindert allerdings nicht den Bedarf der Familie Druwetzki insgesamt, sondern wird ausschließlich Katharina als Einkommen zugerechnet, vgl. § 11 Abs. 1 Satz 3 und 4 SGB II.

ob der überschießende Vermögenswert von 5.000 € (bzw. von 12.500 € im Bereich des SGB XII) durch die weitergehenden Freibeträge abgedeckt werden kann.

Bürgergeld, Grundsicherung für Arbeitsuchende:

Gem. § 12 Abs. 2 Satz 1 SGB II ist für jede Person in der Bedarfsgemeinschaft ein Betrag in Höhe von 15.000 € abzusetzen.

Mutter Zöllner hat ein Barvermögen von 10.000 €. Hinzu kommt ein Wert von 5.000 € für das Kraftfahrzeug, der nicht über die Bestimmung des § 12 Abs. 1 Satz 2 Nr. 2 SGB II geschützt ist. Mutter Zöllner verfügt also insgesamt über ein Vermögen von 15.000 €, das vollständig durch die Freibetragsregelung des § 12 Abs. 2 Satz 1 SGB II geschützt ist.

Vater Zöllner hat ein Vermögen von 20.000 €. Sein Vermögen übersteigt also grundsätzlich das nach § 12 Abs. 2 SGB II geschonte Vermögen.

Allerdings ist zu beachten, dass auch den *Kindern Anton und Berta* jeweils zwei Freibeträge in Höhe von 15.000 € zustehen. Sie schöpfen ihre Freibeträge jedoch nicht aus. Es verbleiben Freibeträge von 12.000 € (Anton) und 13.000 € (Berta). Diese nicht ausgeschöpften Freibeträge kann der Vater zu seinen Gunsten nutzen (§ 12 Abs. 2 Satz 2 SGB II).

Damit ist das Vermögen der Familie Zöllner nach den Bestimmungen des SGB II vollständig geschützt.

Sozialhilfe

Im Bereich der Sozialhilfe ist für jede volljährige Person ein Barbetrag in Höhe von 10.000 € geschützt (§ 1 der Verordnung zur Durchführung des § 90 Abs. 2 Nr. 9 SGB XII).

Wie bereits festgestellt, hat Mutter Zöllner ein Vermögen von 22.500 € (10.000 € Barvermögen zuzüglich 12.500 € Wert des KfZ, der über dem Angemessenheitswert liegt). Ein vollumfänglicher Schutz des Vermögens lässt sich über § 90 SGB II daher nicht herstellen. Sie wird sich überlegen müssen, ob sie das Kraftfahrzeug veräußert oder einen Teil ihres ersparten Vermögens einsetzt, um den Lebensunterhalt der Familie zu bestreiten.

Vater Zöllner hat ein Vermögen von 20.000 €. Sein Vermögen übersteigt das geschonte Vermögen um 10.000 €. Dies hat er für den Lebensunterhalt der Familie zu nutzen.

Für die beiden minderjährigen Kinder ist nur ein Betrag in Höhe von jeweils 500 € geschützt. Auch diese müssen jeweils einen Teil ihres Vermögens (Anton: 2.500 €, Berta: 1.500 €) zur Sicherung des eigenen Lebensunterhalts einsetzen.

XIV.11 Lösungen zum 11. Kapitel

Arbeit in der Schokoladenfabrik

A. Die Kürzung des Bürgergeldes i. H. v. 10 % des Regelbedarfes von A per Sanktionsbescheid durch das Jobcenter könnte rechtmäßig sein. Dies wäre dann der Fall, wenn A eine Pflichtverletzung gem. § 31 SGB II begangen hat und die sonstigen Rechtmäßigkeitsvoraussetzungen vorliegen.

I. Dies setzt gem. § 31 Abs. 1 S. 1 SGB II zunächst voraus, dass A erwerbsfähiger Leistungsberechtigter ist. A bezieht seit einem Jahr als eLB Bürgergeld und ist somit erwerbsfähiger Leistungsberechtigter.

II. Weiterhin müsste eine Pflichtverletzung vorliegen. Gem. § 31 Abs. 1 S. 1 Nr. 2 SGB II liegt eine Pflichtverletzung vor, wenn eLB sich u.a. weigern eine zumutbare Arbeit aufzunehmen, fortzuführen oder deren Anbahnung durch ihr Verhalten verhindern. Laut Sachverhalt wird A vom Jobcenter ein Stellenangebot einer Schokoladenfabrik vorgelegt und er wird aufgefordert, sich auf die vakante Stelle zu bewerben.

1. Fraglich ist zunächst, ob es sich bei der angebotenen Stelle um eine zumutbare Arbeit handelt. Gem. § 10 Abs. 1 SGB II ist grundsätzlich jede Arbeit zumutbar. Ausnahmsweise ist die Zumutbarkeit nach § 10 Abs. 1 Nr. 1 SGB II nicht gegeben, wenn eLB zu der bestimmten Arbeit körperlich, geistig oder seelisch nicht in der Lage sind. A soll in der Schokoladenfabrik leicht zu lernende Tätigkeiten, u.a. Sortier- und Verpackungsarbeiten im 3-Schicht-System ausführen. Die Tätigkeit ist mit permanenter körperlicher Anstrengung verbunden. A weist mit ärztlichem Attest nach, dass er aufgrund einer Arthrose und Bewegungseinschränkungen der Schulter keine körperlich anstrengenden Tätigkeiten übernehmen kann. Folglich ist A körperlich nicht in der Lage die Arbeit in der Schokoladenfabrik auszuführen.

2. Es fehlt bereits an der Zumutbarkeit der Arbeit, weshalb es auf die weiteren Voraussetzungen der Pflichtverletzung nicht mehr ankommt.

III. Eine Pflichtverletzung gem. § 31 Abs. 1 S. 1 Nr. 2 SGB II liegt nicht vor. Weitere Pflichtverletzungen sind nicht ersichtlich.

B. Ergebnis: Die Kürzung des Bürgergeldes i. H. v. 10 % des Regelbedarfes von A per Sanktionsbescheid durch das Jobcenter ist rechtswidrig.

Literaturverzeichnis

Berlit, Uwe-Dietmar/Conradis, Wolfang/Pattar, Andreas Kurt (Hrsg.)
Existenzsicherungsrecht: SGB II | SGB XII | AsylbLG | Verfahrensrecht, [4.] Auflage Baden-Baden 2024.

Bieritz-Harder, Renate/Conradis, Wolfgang/Palsherm, Ingo (Hrsg.)
Sozialgesetzbuch XII: Sozialhilfe. Lehr- und Praxiskommentar, 13. Auflage Baden-Baden 2024.

Davilla, Sofia
Die Eigenverantwortung im SGB III und SGB II, Obliegenheiten und Sanktionen zur Beendigung von Arbeitslosigkeit und Hilfebedürftigkeit, Frankfurt am Main 2011.

Dürig, Günter/Herzog, Roman/Scholz, Rupert
Grundgesetz: Kommentar, 102. Lieferung München 2023.

Edtbauer, Richard/Rabe, Annette
Grundsicherungs- und Sozialhilferecht für soziale Berufe (Soziale Arbeit in Studium und Praxis), 5. Auflage München 2021.

Ehmann, Frank/Karmanski, Carsten/Kuhn-Zuber, Gabriele (Hrsg.)
Gesamtkommentar Sozialrechtsberatung, 3. Auflage Baden-Baden 2023 (zitiert: GK-SRB/Bearbeiter).

Eikötter, Mirko (2013): Sanktionen im SGB II: System, Wirkungen und rechtspolitische Forderungen, in: NDV 1/2013. S. 15–21.

Estelmann, Martin (Hrsg.)
Kommentar zum SGB II: Grundsicherung für Arbeitsuchende, München 2024.

Fasselt, Ursula/Schellhorn, Helmut (Hrsg.)
Handbuch Sozialrechtsberatung, 7. Auflage Baden-Baden 2024 (zitiert: Fasselt/Schellhorn HSRB/Bearbeiter).

Flint, Thomas (Hrsg.)
SGB XII: Sozialhilfe mit Eingliederungshilfe (SGB IX Teil 2) und Asylbewerberleistungsgesetz, 8. Auflage München 2024.

Frings, Dorothee/Schweigler, Daniela
Sozialrecht für die Soziale Arbeit, 5. Auflage Stuttgart 2021.

Geiger, Udo/Stascheit, Ulrich/Winkler, Ute/Arbeitslosenprojekt TuWas
Leitfaden zum Bürgergeld: Der Rechtsratgeber zum SGB II, 17. Auflage Frankfurt am Main 2023.

Geiger, Udo
Unterkunfts- und Heizkosten nach dem SGB II: Das Handbuch für Bürgergeldberechtigte, Frankfurt am Main 2023.

Grosse, Michael/Weber, Dirk/Wesemann, Michael
SGB II und SGB XII für Studium und Praxis, Band 2, Sozialhilfe, 11. Auflage Witten 2020.

Groß, Ingo Michael
Beratungshilfe – Prozesskostenhilfe – Verfahrenskostenhilfe, 14. Auflage Heidelberg 2018.

Grühn, Corinna (Hrsg.)
Fälle zum Sozialrecht: Einstieg in die sozialrechtliche Fallarbeit, 2. Auflage Leverkusen, Opladen, Toronto 2022.

Grüneberg, Christian
Bürgerliches Gesetzbuch: mit Nebengesetzen, 83. Auflage München 2024.

Herbe, Daniel/Palsherm, Ingo
Das neue Bürgergeld, Baden-Baden 2023.

Herbst, Sebastian/Luhn, Katharina
Formulierungshilfen für die sozialrechtliche Praxis: SGB II | SGB XII | Verfahren, 2. Auflage Baden-Baden 2017.

Herbst, Sebastian/Wehrhahn, Lutz,
   Existenzsicherung durch Grundsicherung für Arbeitsuchende und Sozialhilfe mit Eingliederungshilfe: Lehr- und Handbuch zu SGB II und SGB XII mit Eingliederungshilfe, 2. Auflage Stuttgart 2020.
Hüttenbrink, Jost/Kilz, Gerhard
   Sozialhilfe und Arbeitslosengeld II, 13. Auflage München 2018.
Jox, Rolf
   Neue Fälle zum Familien- und Jugendrecht, 3. Auflage Opladen und Toronto 2023.
Knickrehm, Sabine/Kreikebohm, Ralf/Waltermann, Raimund (Hrsg.)
   Kommentar zum Sozialrecht, 8. Auflage München 2023.
Kokemoor, Axel
   Sozialrecht, 10. Aufl. München 2022.
Löcher, Jens/Wendtland, Carsten
   Grundsicherungsrecht Sozialhilferecht: Fälle und Lösungen, 5. Auflage Baden-Baden 2022.
Luik, Steffen/Harich, Björn (Hrsg.)
   SGB II Kommentar, 6. Auflage München 2024 (beck-online.de).
Muckel, Stefan/Ogorek, Markus
   Sozialrecht, 5. Auflage München 2019.
Mrozynski, Petere
   SGB I, Sozialgesetzbuch Allgemeiner Teil, 6. Auflage München 2019.
Münder, Johannes/Geiger, Udo/Lenze, Anne (Hrsg.)
   SGB II: Bürgergeld, Grundsicherung für Arbeitsuchende, Lehr- und Praxiskommentar, 8. Auflage Baden-Baden 2024.
Papenheim, Hans-Gert/Baltes, Joachim/Palsherm, Ingo/Kessler, Rainer
   Verwaltungsrecht für die soziale Praxis: Ein Handbuch für Sozialberufe, 27. Auflage Frankfurt am Main 2023.
Post, Franz-Joseph/Thien, Ulrich
   Die Katholische Wohnungslosenhilfe zwischen Hamm und Paderborn, eine Pilotstudie. Münster/Paderborn 2006 (abrufbar über www.caritas-muenster.de).
Renn, Heribert/Schoch, Dietrich/Löcher, Jens/Wendtland, Carsten
   Grundsicherung für Arbeitsuchende (SGB II): Das Sozialleistungsrecht für erwerbsfähige leistungsberechtigte Personen, 4. Auflage Baden-Baden 2018.
Rixen, Stephan
   Abschied vom Sozialstaat der Sanktionen? Das Urteil des BVerfG vom 5.11.2019 zu den Sanktionen im SGB II („Hartz IV"), in: SGb 1/2020.
Rolfs, Christian/Giesen, Richard/Meßling, Miriam/Udsching, Peter (Hrsg.)
   BeckOK Sozialrecht, 71. Edition München 2023 (beck-online.de).
Schellhorn, Helmut/Hohm, Karl-Heinz/Scheider, Peter/Busse, Angela
   SGB XII Kommentar: Sozialhilfe, 21. Auflage Alphen aan den Rijn, 2023.
Schwab, Dieter
   Familienrecht, 30. Auflage München 2022.
Stöckle, Annett/Montforts, Anja
   Sozialrecht, 4. Auflage Hamburg 2022.
Thomé, Harald
   Leitfaden SGB II–SGB XII: Bürgergeld und Sozialhilfe von A bis Z, 32. Auflage Baden-Baden 2023/2024.
Wabnitz, Reinhard Joachim
   Grundkurs Recht für die Soziale Arbeit, 6. Auflage München 2021.
Waltermann, Raimund/Schmidt, Benjamin/Chandna-Hoppe, Katja
   Sozialrecht, 15. Auflage Heidelberg 2022.
Widerspruchs e.V. (Herausgeber):

Wie sichere ich meinen Lebensunterhalt? Arbeitslosengeld II, Sozialhilfe, Grundsicherung, Bielefeld, Stand: März 2017.

Winkler, Jürgen (Hrsg.)
SGB II: Bürgergeld, Grundsicherung für Arbeitsuchende, 3. Auflage München 2024.

Zimmermann, Ludwig
Die Sanktionen nach dem SGB II, in: NJ 4/2012, S. 139-148.

Zimmermann, Ludwig
Das Grundsicherungsrecht in der Beratungspraxis: SGB II und SGB XII nach der Bürgergeldreform, 5. Auflage Baden-Baden, 2023.

Sachregister

Die Angaben verweisen auf die Seitenzahlen des Buches.

A

Abweichende Erbringung von Leistungen im SGB II 157
Alleinerziehung 116, 117, 123, 165, 266, 267
Allgemeine Leistungsgrundsätze (Strukturprinzipien) 52
Altersgrenzen (im SGB II und SGB XIII) 34, 50, 56, 69, 73, 85, 89, 122, 145, 248, 252, 254, 259–263, 272
Anfechtungsklage 229
Anordnung der aufschiebenden Wirkung 229, 230
Anrechnung von Einkommen und Vermögen 97, 181, 187, 241, 263
Antrag auf Grundsicherungsleistungen nach Kap. 4 des SGB XII 97
Antrag auf Leistungen der Grundsicherung für Arbeitsuchende 47, 172
Arbeitslosengeld I 29, 30, 40, 172, 204, 224, 228
Auskunftspflichten 38, 159
Ausländer 34, 59, 64, 71
Ausnahmen nach dem SGB II 31, 50–52, 65, 67, 153, 165, 179, 196, 217, 218, 231, 233
Auszubildende 30, 67, 68, 70, 71, 165, 169, 204

B

BAföG 26, 29, 30, 67, 165
Bedarfsberechnung 98, 111, 188
Bedarfsgemeinschaft 31–33, 35, 36, 38, 39, 45, 50, 63, 68, 76–81, 83–93, 95–99, 101, 106, 111–113, 130, 133, 134, 140, 145, 146, 148, 175, 201, 205, 206, 213, 215, 216, 223, 248, 257, 262–265, 268, 278
Beiträge für die Kranken- und Pflegeversicherung
Berücksichtigung von Einkommen und Vermögen 91, 93, 99, 101, 207, 237

D

Darlehen 67, 120, 144, 150, 153, 157–161, 164, 165, 168, 169, 189, 212, 217, 244, 271

E

Eheähnliche und lebenspartnerschaftsähnliche Gemeinschaften 82, 97
Eingetragene Lebenspartnerschaften 80–82
Einkommen und Vermögen 27, 36, 69, 87, 90–92, 96–98, 179, 181, 187, 188, 190, 192, 200–204, 221, 223, 237, 238, 241, 243, 245, 249, 252–254, 262, 263, 265, 266, 273
Einkommens- und Vermögenseinsatz 35
Einkommensbereinigung 111, 200, 205, 210
Einkommensberücksichtigung 191
Einmalige Leistungen 119, 158, 164, 267, 271
Elterngeld 26, 194
Energiekostenschulden 150
EU-Bürger 64

F

Feststellung der vollen und dauerhaften Erwerbsminderung 26, 31, 33–36, 38–40, 51–53, 58, 60, 68, 69, 71, 72, 79, 87, 89, 95–101, 122, 151, 166, 209, 217, 235, 237, 254, 257, 258, 262, 265, 272
Freibetrag wegen Erwerbstätigkeit 188, 198, 204, 205, 216, 218, 275–277

G

Gemischte Bedarfsgemeinschaften 98
Gewöhnlicher Aufenthalt 61, 69
Grundsicherung im Alter und bei Erwerbsminderung nach dem 4. Kap. des SGB XII 26, 33–36, 40, 51–53, 68, 69, 79, 95–98, 101, 122, 151, 209, 235, 237, 257, 272

H

Haushaltsgemeinschaft 75, 77, 85, 91–95, 97, 98, 101, 136, 200, 263, 265

Heranziehung Unterhaltsverpflichteter 179, 231

Hilfe zum Lebensunterhalt nach Kapitel 3. des SGB XII 31, 36, 68–72, 108, 208, 254, 258, 262, 265

Hilfebedürftigkeit 17, 21, 22, 31–33, 36, 49, 50, 52, 55, 59–63, 69, 70, 72, 73, 76, 78, 90, 91, 93, 98, 104, 165, 176, 189, 191, 196, 200, 205, 209, 219, 258, 263

K

Kenntnisgrundsatz im Sozialhilferecht 27, 51, 52, 108, 123, 151, 152, 167, 181, 207, 245, 247

Kindergeld im SGB II 26, 29, 55, 75, 86, 91, 92, 187, 193, 197–199, 247, 250, 277

Kinderzuschlag 26, 29, 31, 32, 40, 198

Kosten für Unterkunft und Heizung 227, 228

- Angemessenheit der Unterkunftskosten 142
- Umzugskosten 137, 143, 144, 204

Kranken- und Pflegeversicherung 67, 171, 204, 252

L

Leistungen für Bildung und Teilhabe für Kinder und Jugendliche 42, 67, 166, 167

Leistungsausschlüsse 64

M

Mehrbedarfe 67, 114, 115, 165, 169, 191, 227

Mietrückstände, Mietschuldenübernahme 150

Mischhaushalte (siehe unter Gemischte Bedarfsgemeinschaften) 87

Mittagessen in Schulen oder Kindertageseinrichtungen 103, 115, 187, 241

N

Nachranggrundsatz 21, 22, 35, 179, 237, 245

O

Örtliche Zuständigkeit 43

R

Regelbedarf und Regelbedarfsstufen nach dem RBEG 27, 89, 109, 111, 113, 121

Regelsätze (siehe unter Regelbedarfe bzw. Regelbedarfsstufen) 112

Rückzahlung 149, 153, 157, 161, 164

S

Sachliche Zuständigkeit 42, 50

Sanktionen 17, 20–22, 24, 219, 221, 229, 231

Schonvermögen 137, 217, 251, 253, 274, 277

Sozialhilfe 24, 26, 27, 29, 31–33, 35, 36, 40, 43, 46, 50–53, 57, 58, 64, 68, 69, 71, 73, 77, 87, 89, 94, 96, 97, 99, 108, 109, 113, 121, 122, 124, 151, 154, 164–166, 169, 175–182, 185, 207, 209, 213, 217, 218, 231, 232, 235, 237, 240, 242, 244, 245, 252–255, 272, 274, 277, 278

T

Träger der Grundsicherung für Arbeitsuchende 42

Träger der Sozialhilfe 50–52, 151, 178–182, 185, 232, 235, 240, 242, 244, 245, 252, 254, 255, 272

U

Übergang von zivilrechtlichen Unterhaltsansprüchen 26, 75, 86, 91, 92, 98, 109, 110, 120, 160, 179, 187, 191, 193–195, 198, 199, 201, 220, 230–233, 237, 242, 245, 273

Umgangsrecht 86, 123, 133, 267

Umzug 80, 130, 132, 137–147, 154, 162, 163, 183, 258, 264, 268, 269

Unzumutbarkeit von Arbeit 224

V

Verhältnis der Leistungen des SGB II zu Leistungen des SGB XII 68, 89, 104, 157, 166, 195, 222, 235, 241

Vermögensberücksichtigung 91, 93, 99, 101, 207, 237

Volle Erwerbsminderung nach dem Vierten Kap. des SGB XII 26, 31, 33–36, 38–40, 51–53, 58, 60, 68, 69, 71, 72, 79, 87, 89, 95–101, 122, 151, 166, 209, 217, 235, 237, 254, 257, 258, 262, 265, 272

W

Widerspruchsverfahren 135, 150, 203, 229

Wohngeld 29, 31, 40

Wohngemeinschaft 77, 94, 116

Z

Zumutbarkeit von Arbeit 57, 136, 222–224, 245, 279

Zuordnung zu den verschiedenen Leistungssystemen 25, 28, 33, 35, 36, 67, 71, 89, 258

Bereits erschienen in der Reihe
KOMPENDIEN DER SOZIALEN ARBEIT

Link zum
Nomos-Shop

Soziale Arbeit und Sport
Von Prof. Dr. Nina Proufas, LL.M., Karlsson Olberg, B.A. und Prof. Dr. Christoph Clephas
2024, 181 Seiten, broschiert,
ISBN 978-3-8487-8948-1

Suchtprävention in der Sozialen Arbeit
Von Prof. Dr. Heino Stöver und Larissa Hornig
2023, 160 Seiten, broschiert,
ISBN 978-3-8487-6678-9

Das Asylbewerberleistungsgesetz für die Soziale Arbeit
Von RA Volker Gerloff
2022, 341 Seiten, broschiert,
ISBN 978-3-8487-6718-2

Schuldnerberatung für die Soziale Arbeit
Von Prof. Dr. Carsten Homann und Malte Poppe
2022, 327 Seiten, broschiert,
ISBN 978-3-8487-6302-3

Bereits erschienen in der Reihe KOMPENDIEN DER SOZIALEN ARBEIT

Einladung zur Sozialen Arbeit
Von Prof. Dr. Peter Löcherbach
und Prof. Dr. Ria Puhl
2. Auflage 2022, 251 Seiten, broschiert,
ISBN 978-3-8487-8185-0

Migration und Integration
in der Sozialen Arbeit
Von Prof. Dr. Beate Aschenbrenner-Wellmann und Lea Geldner
2022, 251 Seiten, broschiert,
ISBN 978-3-8487-6832-5

Beratung und Beratungswissenschaft
Herausgegeben von Prof. Dr. Tanja Hoff
und Prof. Dr. Renate Zwicker-Pelzer
2. Auflage 2022, 239 Seiten, broschiert,
ISBN 978-3-8487-7846-1

Jungen als Opfer sexueller Gewalt
Von Clemens Fobian, Prof. Dr. Michael Lindenberg und Rainer Ulfers
2. Auflage 2022, 181 Seiten, broschiert,
ISBN 978-3-8487-7259-9

Pflegekinderhilfe für die Soziale Arbeit
Von Prof. Dr. Klaus Wolf
2022, 227 Seiten, broschiert,
ISBN 978-3-8487-6707-6

Bereits erschienen in der Reihe KOMPENDIEN DER SOZIALEN ARBEIT

Soziale Arbeit nach traumatischen Erfahrungen
Von Prof. Dr. Julia Gebrande
2021, 245 Seiten, broschiert,
ISBN 978-3-8487-6412-9

Sozialleistungsansprüche für Flüchtlinge und Unionsbürger
Von Prof. Dr. Gabriele Kuhn-Zuber
2018, 304 Seiten, broschiert,
ISBN 978-3-8487-3206-7